Klaus Dembowski

Einführung in Unified Threat Management

Handbuch für IT-Sicherheit und Netzwerktechnik

Bibliografische Information der Deutschen Bibliothek

Die Deutsche Bibliothek verzeichnet diese Publikation in der Deutschen Nationalbibliografie; detaillierte bibliografische Daten sind im Internet über http://www.d-nb.de/ abrufbar.

ISBN 978-3-00-033091-9

© Klaus Dembowski, 2010

Druck: Bookstation GmbH, Sipplingen

Inhaltsverzeichnis

3 Vom TCP/IP-Filter zum Unified Threat Management System 93

4 Installation und Inbetriebnahme 133

1 IT-Sicherheit und Datenschutz

Unter *Sicherheit in der Informations-Technik* (IT) werden sicherheitsrelevante Eigenschaften von informationsverarbeitenden Systemen verstanden. Die Informationstechnik ist ein recht weites Gebiet der Elektrotechnik (Signalverarbeitung, Kommunikation) in Verbindung mit der Informatik (Computer, EDV), so dass es prinzipiell zahlreiche Sicherheitsaspekte gibt, die berücksichtigt werden müssen.

Mit der fortschreitenden Digitalisierung und dem Einzug des Personal Computers (PC) in nahezu alle Lebensbereiche sowie der Verbreitung des Internet wurde im Laufe der Zeit der Begriff *Computersicherheit* zur *Informationssicherheit* gewandelt.

Damals wurde bereits die einwandfreie, bestimmungsgemäße Funktion von Hardware und Software als ein wichtiges Sicherheitskriterium angesehen. Heutzutage wird die IT-Sicherheit unterteilt in die Informations- oder deutlicher in die *Datensicherheit* und den *Datenschutz*.

Datensicherheit soll in erster Linie eine sichere Kommunikation und eine Unversehrtheit der Daten sicherstellen, während der Datenschutz den Schutz persönlicher Daten herstellen soll. Beide „Disziplinen" haben zwar Gemeinsamkeiten, etwa wenn vertrauliche Daten zu übertragen sind, denn hierfür ist eine sichere Kommunikation (LAN-Internet) plus der Schutz der persönlichen Daten vor einem Missbrauch (Abhören) herzustellen, was gewissermaßen beides in die gleiche Verantwortlichkeit fällt, typischerweise in die des Systemadministrators.

Wenn es allerdings darum geht, ein Netzwerk vor Missbrauch zu schützen, wozu der Systemadministrator – als IT-Sicherheitsbeauftragter – Analyse-Tools einsetzt, die damit auch zeigen, welcher Mitarbeiter wann und wo im Internet unterwegs war, erregt dies nicht selten die Aufmerksamkeit des Datenschutzbeauftragten, der hier eine Verletzung der Vertraulichkeit von Daten erkennt. Dieses Beispiel macht deutlich, dass es sich bei IT-Sicherheit und Datenschutz prinzipiell um zwei unterschiedliche Arbeitsfelder handelt, die sich oftmals nur schwer miteinander kombinieren lassen.

Hinzu kommt, dass beide Aufgaben in den meisten Firmen von ein und derselben Person – dem Systemadministrator – zu erledigen sind, was das Arbeitsfeld sehr umfangreich und kompliziert machen kann, wenn eben einerseits eine funktionsfähige IT-Infrastruktur verlangt wird, die andererseits aber nicht in irgendeiner Form gesetzliche Vorschriften betreffs

Datenschutz verletzten soll. Auf diesen Zwiespalt und wie er in der Praxis bewältigt werden kann, wird in diesem Kapitel noch näher eingegangen, nachdem kurz die möglichen Bedrohungen vergegenwärtigt werden.

Hinweis: IT-Sicherheit und Datenschutz sind prinzipiell nicht die gleichen Arbeitsfelder und haben in der Praxis auch nicht unbedingt die gleichen Ziele. Aus diesen Zwiespalt heraus können sich zahlreiche sicherheitstechnische und gesetzliche Probleme ergeben.

1.1 Gefahren und Bedrohungen

Die Risiken und Gefahren, die sich durch den Einsatz von Computern und Netzwerken ergeben, sind vielfältiger Art. In Firmen ist das größte Gefahrenpotential immer noch durch Irrtum und Nachlässigkeit der eigenen Mitarbeiter gegeben. An zweiter Stelle findet sich bereits die Bedrohung durch Schadprogramme.

Bis Mitte des Jahres 2004 waren rund 100.000 unterschiedliche Computer-Viren im Umlauf, die im Jahre 2007 dramatisch auf über eine Million angestiegen sind. Diese haben weltweit Kosten und Schäden in Milliardenhöhe verursacht. Allein in Deutschland ist jährlich von einer dreistelligen Millionensumme mit steigender Tendenz auszugehen.

Neben den gemeinhin als *Viren* bezeichneten Schadprogrammen, die als bekannteste Vertreter gelten, gibt es einige weitere, die zusammengefasst oftmals auch als Malware bezeichnet werden. Dabei werden die meisten aktuellen Malware-Programme seit einigen Jahren aus Profitgründen erstellt und verbreitet und weniger aus Geltungssucht, wie es früher oft der Fall war.

Angaben zu finanziellen Schäden, die durch Malware entstanden sind, sind nicht einfach zu ermitteln, zumal geschädigte Firmen den Befall als Imageschaden ansehen und ihn deshalb nicht veröffentlichen. Daher entsprechen die offiziellen Angaben zum Befall mit Schadsoftware und die dadurch hervorgerufenen Schäden auch vermutlich nicht der Wirklichkeit, die Dunkelziffer ist weitaus höher.

Laut dem FBI haben sich die Schäden aus den damit verbundenen Betrügereien im Jahre 2009 gegenüber dem Vorjahr mehr als verdoppelt und betragen geschätzte 600 Millionen US Dollar. Dabei sind Angaben zur Internet-Kriminalität, wo Bankdaten ausspioniert werden oder auch Betrügereinen wie Überweisungsbetrug stattfinden oder bereits bezahlte Waren nicht geliefert werden, kaum mehr zu quantifizieren.

Gefahrenbereich	Bedeutung heute		Prognose		Schäden	
	Rang	Priorität	Rang	Priorität	Rang	ja, bei
Irrtum und Nachlässigkeit eigener Mitarbeiter	1	1,50	2	1,70	2	51 %
Malware (Viren, Würmer, Trojanische Pferde usw.)	2	1,34	1	2,80	1	54 %
unbefugte Kenntnisnahme, Informationsdiebstahl, Wirtschaftsspionage	3	0,60	4	1,14	8	9 %
Softwaremängel/-defekte	4	0,57	5	0,96	3	43 %
Hacking (Vandalismus, Probing, Missbrauch usw.)	5	0,48	3	1,26	5	9 %
Hardwaremängel/-defekte	6	0,40	8	0,32	4	38 %
unbeabsichtigte Fehler von Externen	7	0,30	9	0,26	7	15 %
höhere Gewalt (Feuer, Wasser usw.)	8	0,24	11	0,04	9	8 %
Manipulation zum Zweck der Bereicherung	9	0,17	7	0,43	10	8 %
Mängel der Dokumentation	10	0,15	10	0,20	6	17 %
Sabotage (inkl. DoS)	11	0,12	6	0,55	11	8 %
Sonstiges	12	0,03	12	0,00	12	3 %

Quelle: kes/Microsoft

Bild 1.1: *Die Gefahrenbereiche in deutschen Firmen.*

1.1.1 Viren

Viren sind meist relativ kleine Programme, die in der Lage sind, sich an andere Programme »anzuhängen«, wodurch sie sich reproduzieren und zeitgesteuert Schäden verursachen können. Der erste Computervirus, der ein kurzes Gedicht eingeblendet hat, wenn der Computer zum fünfzigsten Mal gestartet wurde, ist bereits im Jahre 1982 aufgetreten. Seitdem sind Millionen von unterschiedlichen Viren und Ablegern (Malware) erschienen. Deren vorrangiges Ziel ist es keineswegs, Scherze oder Chaos zu verbreiten, sondern ihren Entwicklern Geld zu erbringen.

Viren können über die üblichen Datenträger (Disketten, DVDs, USB-Memory-Sticks) und besonders einfach über das Internet auf den PC gelangen, sobald eine Datei geladen wird. Das Internet ist für Viren deshalb

13

besonders attraktiv, weil es weltumspannend ist und viele potentielle Infektionsopfer bietet. Außerdem ist das Internet weitgehend unkontrolliert, so dass Programme, die Viren enthalten, leicht verbreitet werden können. Die Viren-Autoren bleiben meist anonym, so dass es schwierig ist, sie zur Verantwortung zu ziehen.

Die meisten Viren verraten sich nicht direkt und sofort durch eine Beeinträchtigung der Funktionsweise des Wirtsprogramms oder des Rechners. Häufig schlagen sie erst nach einer bestimmten Zeit (Rechenzeit oder Tageszeit), ab oder an einem bestimmten Datum oder nach erfolgreicher Infektion bestimmter Dateien zu.

Boot-Viren setzen sich in dem Bereich einer Festplatte oder Diskette oder einem Flash-Speicher (USB Stick) fest, der beim Starten eines Computers in den Arbeitsspeicher gelesen wird. Wenn der Prozessor das Betriebssystem von der Festplatte startet, lädt er deshalb automatisch den Virus, der daraufhin die Kontrolle über den PC erlangen kann.

Datei-Viren infizieren Programmdateien, wie beispielsweise Spiele oder Betriebssysteme. Wenn der Anwender die befallene Datei startet, infiziert der Virus weitere Dateien und pflanzt sich somit fort. In jeder ausführbaren Datei, wie zum Beispiel *.exe oder *.com, kann sich ein Virus verstecken.

Auch Textdokumente vom Typ *.doc oder Tabellen vom Typ *.xls können virenverseucht sein. Dies sind dann meist Makroviren, die in Makrosprachen (VBA, Visual Basic for Applications) von Anwendungsprogrammen wie etwa für MS Office verfasst sind und sich in den entsprechenden Dokumenten (.doc, .xls) verbergen können.

Makroviren können sich auch unabhängig vom eingesetzten Betriebssystem fortpflanzen und sind relativ einfach zu programmieren. Sie haben sich in den letzten Jahren durch den zunehmenden Datenaustausch per Email und die Nutzung des Internet schlagartig vermehrt.

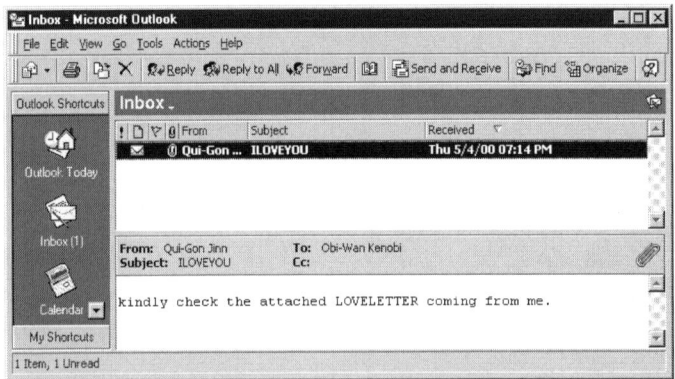

Bild 1.2: Der legendäre Love Letter-Virus nutzt VBA (Visual Basic).

Ein Virus ist unabhängig vom jeweiligen Typ meist nach dem folgenden Schema aufgebaut:

- **Erkennungsteil:** Hiermit stellt der Virus fest, ob die Datei bereits befallen ist, so dass unnötige Mehrfachinfektionen vermieden werden. Der Virus erhöht damit schnell seine Ausbreitung und wird nicht so leicht erkannt.

- **Infektionsteil:** Dieser Teil wählt ein Programm (das Wirtsprogramm) aus und fügt den Programmcode des Virus ein. Das ausgewählte Programm ist damit infiziert und kann von nun an bei einem Aufruf selbst weitere Programme infizieren.

- **Funktionsteil:** Im Funktionsteil wird festgelegt, was im System manipuliert werden soll. Um möglichst nicht gleich entdeckt zu werden, sind in vielen Viren so genannte Trigger implementiert. Der Virus wird erst aktiv, wenn ein bestimmtes Ereignis eintritt, zum Beispiel an einem bestimmten Datum oder nach dem x-ten Start eines Programms. Vom einfachen Nichtstun (lediglich Verbreitung) bis zum Löschen der Festplatte ist dabei alles möglich.

Zunehmend stecken Viren auch in Bild- und Sounddateien, was bedeutet, dass noch nicht einmal ein Anhang geöffnet werden muss, sondern die Email nur aufgerufen zu werden braucht, damit der Virus aktiv werden kann. Durch die wachsende Beliebtheit von „sozialen Netzwerken" wie Twitter oder Facebook ergeben sich außerdem neue Verbreitungswege und Infizierungsmöglichkeiten.

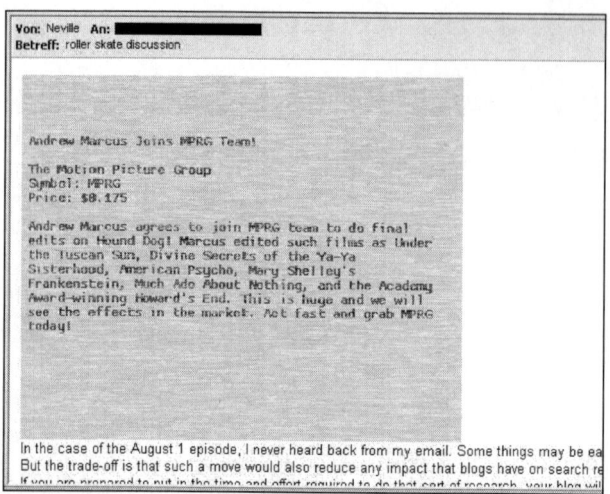

Bild 1.3: *In dieser Mail steckt der Virus im Hintergrundbild, auf dem der Text steht.*

Generell gibt es kein Antiviren-Programm, das alle Viren detektieren und daraufhin erfolgreich beseitigen kann. Der mitunter zu lesende Tipp, deshalb mehrere unterschiedliche Virenscanner einzusetzen, damit die Wahrscheinlichkeit steigt, dass möglicht viel erkannt wird, funktioniert deshalb nicht, weil sich die Scanner gegenseitig behindern und bereits die Installation scheitern kann, wenn schon ein anderer Scanner (im Speicher) aktiv ist.

1.1.2 Würmer

Eine Variante von Viren sind die so genannten Würmer. Der erste Wurm bestand aus 99 Zeilen Code und wurde vom Sohn eines NSA-Sicherheitsexperten im Jahre 1988 für UNIX geschrieben. UNIX ist allerdings nicht die bevorzugte Plattform für Schadsoftware, sondern aufgrund der hohen Verbreitung ist dies natürlich Windows.

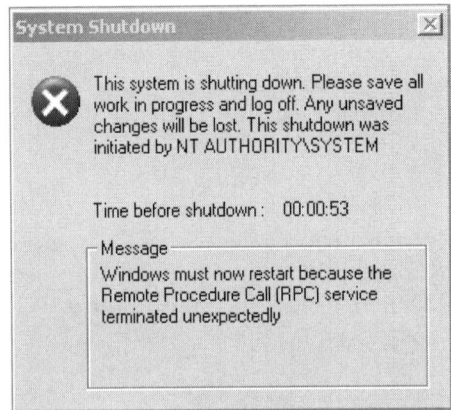

Bild 1.4: *Der bekannte W32 Blaster-Wurm führt zum Herunterfahren des PC.*

Würmer benötigen kein Wirtsprogramm und können sich selbst verbreiten. Es sind eigenständige Programme, die für ihre Aktivierung in der Regel irgendeine Aktion des Anwenders erfordern, wie den Aufruf einer an die Email gehängten Datei, und sich anschließend selbst weiterverbreiten. Würmer sind auf die selbstständige Verbreitung in Netzwerken ausgerichtet und können deshalb in kürzester Zeit hunderte von PCs infizieren und diese außer Betrieb setzen.

Einige Würmer nutzen gezielt Schwachstellen im Betriebssystem aus, so dass es ratsam ist, die aktuellen, vom Hersteller (Microsoft, Apple) zur Verfügung gestellten (Sicherheits-)Patches einzuspielen, was meist über die Update-Funktion des Betriebssystems erfolgen kann.

In diesem Zusammenhang sei erwähnt, dass sich kein Software-Hersteller direkt per Email an einen Benutzer wendet, um ihn zum Aufruf bestimmter Adressen oder Programme aufzufordern. Eine derartige Vorgehensweise lässt stattdessen dahinterstehende Malware vermuten.

Besondere Aufmerksamkeit erregen immer wieder so genannte AutoRun- (Hairy-A) oder auch AutoPlay-Würmer (Conflicker), die gezielt die AutoRun-Funktion von Windows ausnutzen und automatisch – meist von angesteckten USB-Sticks aus – gestartet werden.

Diese Auto-Funktionen mögen im Prinzip ganz nützlich sein, wenn etwa zum Inhalt des angeschlossenen Datenträgers dazu passende Programme gestartet werden, es könnte aber auch Schadsoftware sein, die dadurch aktiviert wird. Je nach Windows-Version gibt es verschiedene Möglichkeiten, die Auto-Funktionen abzuschalten. Wenn hierfür kein spezielles Tool zur Verfügung steht, wird ein manueller Eingriff in die Registry (Regedit, Gruppenrichtlinien) erforderlich.

1.1.3 Trojanische Pferde

Als *Trojanische Pferde* werden Programme mit mehr oder weniger destruktivem Charakter bezeichnet, die neben den spezifizierten Aufgaben auch noch andere Funktionen ausführen, ohne dass die Benutzer dies bemerken.

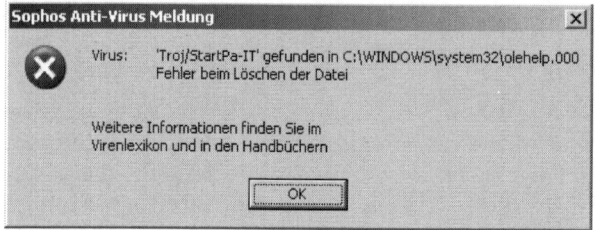

Bild 1.5: *Der Trojaner wird zwar als Schädling detektiert, er kann von diesem Virenscanner jedoch noch nicht beseitigt werden.*

Meistens werden Trojanische Pferde zum Ausspionieren von Daten eingesetzt. Sie geben sich als scheinbar nützliches Programm aus und werden maskiert in das Computersystem eingeschleust oder auch als Ersatz eines normalen Programms eingeschmuggelt. Damit können beispielsweise Passwörter und andere vertrauliche Daten ausgespäht, verändert, gelöscht oder bei der nächsten Datenübertragung an den Angreifer verschickt werden. Dieser Datendiebstahl bleibt in der Regel unbemerkt, weil im Gegensatz zum Diebstahl materieller Dinge nichts fehlt.

Anders als Computer-Viren können sich Trojanische Pferde jedoch nicht selbstständig verbreiten. Die Verbreitung erfolgt typischerweise durch die folgenden Wege:

- Durch aktive Inhalte von WWW-Seiten, die aufgrund nicht sicher eingestellter Internet-Browser die Dateien auf die Festplatte kopieren.

- Durch kostenlose Software, die zum Download im Internet angeboten wird und nicht nur das ausführt, was sie vorgibt.

- Durch Email-Anhänge, die nach Ausführung ein Trojanisches Pferd auf dem PC installieren.

- Durch versteckte, aktive Inhalte in HTML-Emails.

Auf Bestreben der NSA sollen ab Windows Vista zahlreiche Mechanismen im Betriebsystem untergebracht worden sein, die dem Prinzip eines *Trojanischen Pferdes* entsprechen, d.h., mit ihnen können Informationen abgefragt werden, ohne dass es der Anwender bemerkt. Entsprechende Pläne des damaligen Bundesinnenministers Schäuble, zwecks Terroristenbekämpfung einen so genannten *Bundestrojaner* auf den PCs einzusetzen, hat es auch bereits gegeben.

1.1.4 Hoaxes

Hoax ist eine englische Bezeichnung für einen schlechten Scherz. Dieser Begriff hat sich im Internet als Bezeichnung für die zahlreichen falschen Warnungen vor bösartigen Computerprogrammen eingebürgert. Angeblich können Hoaxes Festplatten löschen, Daten ausspionieren oder anderweitig Schaden auf den Rechnern der Betroffenen anrichten. Typischerweise wandern Hoaxes wie Kettenbriefe durch das Internet.

Die meisten Hoaxes sind nach dem gleichen Schema verfasst. Sie beginnen mit einem Aufhänger, der Seriosität vermitteln soll. Es folgt die angebliche Aufklärung über die Bedrohung aus dem Netz sowie meist ein Tipp, was dagegen zu tun ist: Etwa *Löschen Sie die Datei xyz*, was nach Befolgung meist nicht mehr als Scherz empfunden wird, weil Windows und/oder bestimmte Software dann nicht mehr funktioniert. Auf jeden Fall enthält der Hoax noch die Bitte, diese Warnung möglichst allen Bekannten zukommen zu lassen.

Echte Warnungen werden jedoch nie auf diese Weise verschickt. Seriöse Informationen über akute Bedrohungen bieten die Hersteller von Antivirensoftware (siehe Kapitel 1.2.3) sowie auch öffentliche Institutionen, wie das Bundesamt für Sicherheit in der Informationstechnik, https://www.bsi.bund.de. Nähere Informationen speziell zu Hoaxes stellt die TU-Berlin auf der Seite http://hoax-info.tubit.tu-berlin.de/ zur Verfügung.

1.1.5 SPAM

Unter SPAM versteht man unverlangt zugestellte Emails. Die richtige Bezeichnung hierfür ist *Unsolicited Commercial Email* (UCE), allerdings ist SPAM die gebräuchlichere, die von einem Monty Python-Sketch um ein Dosenfleisch (Spiced **P**orc **A**nd **H**am) abgeleitet worden ist.

Auch wenn SPAMs keine direkte Bedrohung darstellen, sondern im Zweifelsfalls nur äußerst lästig sind, wird hierauf kurz eingegangen, denn für ihre Verteilung werden oftmals „gekaperte" PCs (siehe Bot-Netze in Kapitel 1.1.8) eingesetzt, was bedeutet, dass durchaus der eigene PC am Verteilen von SPAM beteiligt sein kann.

Die automatisierte Massensendung von Werbung steht ohne Beziehung zum Empfänger und überflutet nicht selten die Email-Konten, was für einen gewaltigen Internetverkehr sorgt, der auch über Bot-Netze abgewickelt wird. Nicht nur Werbung, auch Betrügereien werden mit SPAMs versucht, wenn etwa jemand Hilfe benötigt oder nicht weiß, wo er mit seinem vielen Geld hin soll.

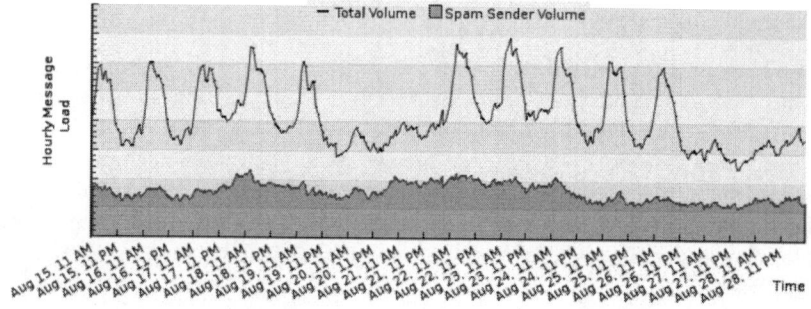

Bild 1.6: *Der SPAM-Anteil ist bei Emails recht hoch und erzeugt eine unnötige Grundlast im Internet.*

Grundsätzlich sollte nie auf eine SPAM-Mail geantwortet werden, weil dies für den Versender zunächst eine Bestätigung dafür ist, dass unter der Email-Adresse tatsächlich jemand zu erreichen ist, der dann gewissermaßen als Dank noch mehr SPAMs erhalten wird. Jedes aktuelle Mailprogramm kennt von Hause aus zumindest einfache, regelbasierte SPAM-Filter. Am besten wird ein SPAM-Filter direkt auf dem verwendeten Mail-Server nach den eigenen Ansprüchen konfiguriert, so dass ungewollte Emails gar nicht erst auftauchen und auf den PC geladen werden.

Um möglichst wenig SPAM zu erhalten, empfiehlt es sich, mit der eigenen Email-Adresse sorgsam umzugehen. Sie sollte also nicht direkt auf einer Internetseite zu finden sein, von wo aus sie unmittelbar in die SPAM-Verteilungsprogramme gelangen kann.

Außerdem ist die Verwendung von BBC (Blind Carbon Copy) statt CC im Email-Programm ein Mittel, damit Email-Adressen nicht übermäßig im Internet verteilt werden. BBC kann in jedem üblichen Mail-Programm statt CC selektiert werden, womit verhindert wird, dass die Empfängerliste im Header erscheint.

Die Teilnahme an Chats kann geradezu Unmengen an ungewollten Emails zur Folge haben. Beim *Instant Messaging* werden Benutzerdaten in verschiedene Datenbanken eingetragen (MSN, IcQ), die von entsprechenden Programmen automatisch durchsucht und dann für die Verteilung von Werbung oder ungewollten Kontaktadressen eingesetzt werden. Die Chatclients selbst sind zwar selbst kein direktes Sicherheitsrisiko, sie werden jedoch in zunehmendem Maße für die Verbreitung von Schädlingen (Trojaner) verwendet.

1.1.6 Cookies

Cookies gelten wie SPAM ebenfalls nicht als eine direkte Bedrohung, gleichwohl können sie die Privatsphäre gefährden und deshalb als unerwünscht angesehen werden. Cookies sind kleine Textdateien, die Informationen zu bereits besuchten Internet-Seiten enthalten.

Cookies werden ohne Einwilligung und ohne dass es der Benutzer bemerkt, lokal auf dem PC abgelegt. Bei einem erneuten Besuch werden die Cookie-Daten der jeweiligen Internet-Seite übermittelt, so dass dann beispielsweise gleich der eigene Benutzername zu erkennen ist oder auf bestimmte Produkte hingewiesen wird, die in einer bestimmten Verbindung zum Cookie-Inhalt und damit zum Benutzer stehen.

Im Laufe der Zeit können dadurch Benutzerprofile betreffs Internet-Nutzung und Interessen entstehen, wobei der Anwender nicht erkennen kann, was über ihn in den Cookies gespeichert ist und wohin diese Informationen übertragen werden.

Bei den Sicherheitseinstellungen der Internet-Browser kann die Cookie-Verarbeitung deaktiviert werden, was sich zur Eindämmung von Werbung und generell zum Schutz der Privatsphäre wohl empfiehlt, auch wenn immer wieder behauptet wird, dass sich durch das Sammeln von Cookie-

Informationen zwar Surfprofile ergeben, die jedoch keiner konkreten Person zuzuordnen sind.

1.1.7 Phishing

Gegen die erwähnten Gefahren gibt es entsprechende Abhilfe in Form von Antivirus-Software (siehe Kapitel 1.2). Wohingegen es jedoch keinen direkten Schutz gibt, ist die (vermeintliche) Ahnungslosigkeit der Anwender, die Emails unbekannter Herkunft und deren Anhänge öffnen und dann auch auf Phishing hereinfallen.

Mit Phishing wird dem Anwender eine seriöse Internet-Seite wie von einer Bank oder einem Auktionshaus vorgegaukelt, die angeblich wichtige Informationen enthält und an irgendeiner Stelle seine Kontonummer, die PIN oder die TAN verlangt. Mit diesen Informationen kann der Angreifer dann per Online-Banking Beträge vom Konto des Ahnungslosen abbuchen.

Im Bild 1.7 ist eine typische Phishing-Mail gezeigt, die nur auf den ersten Blick aussieht, als wenn sie von der Postbank stammt. Typische Merkmale, an denen man gefälschte Emails erkennt, sind, dass nicht selten recht grobe Rechtschreibfehler im Text enthalten sind.

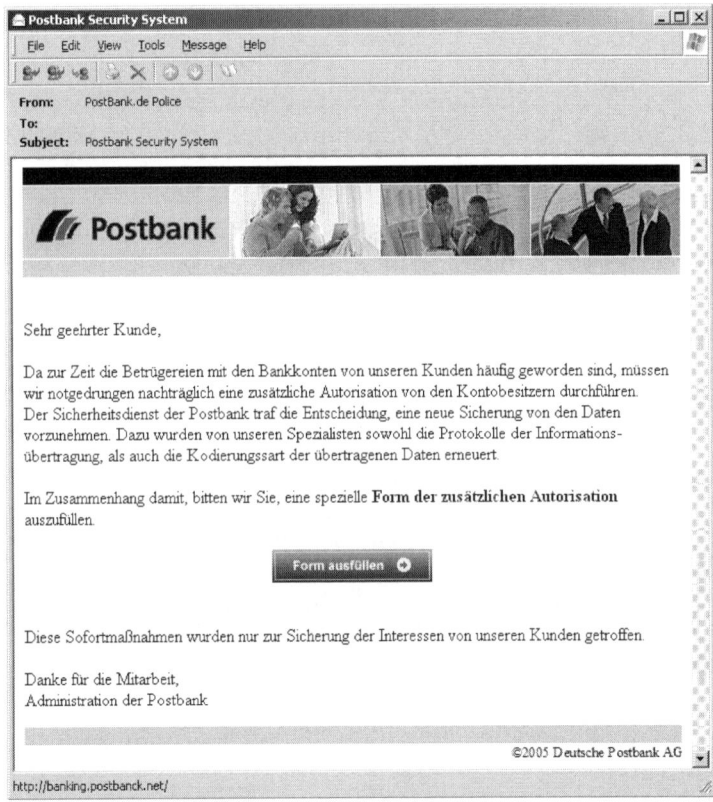

Bild 1.7: *Eine typische Phishing-Mail, die eben nicht von der Postbank gesendet wurde.*

Außerdem gibt keine persönliche Anrede (nur ein *Sehr geehrter Kunde*), die Email ist nicht direkt an den Empfänger adressiert, es wird keine sichere Verbindung genutzt (nur http statt https) und die Internetadresse (banking.postbanck.net) stimmt nicht mit dem Absender überein.

Seit dem Jahr 2007, als es bereits über drei Millionen Phishing-Opfer gab, hat der Betrug beim Online-Banking weiter stetig zugenommen. Die bis dahin geltende Praxis, dass der geprellte Kunde bei der Bank beweisen muss, dass er nicht der Abbucher war, ist mittlerweile nicht mehr allgemein gültig.

Einige Institute haben sich in der Vergangenheit zwar außergerichtlich mit ihren Kunden bei vorgefallenem Online-Betrug geeinigt, nicht selten haben jedoch langwierige Auseinandersetzungen stattgefunden, bei denen zu klären war, ob dem Kunden nicht doch eine gewisse Mitschuld zuzuschreiben ist.

Im Jahre 2009 sind immerhin zwei Gerichtsentscheidungen gefällt worden, die besagen: Hat der Bankkunde ein Antivirenprogramm, ein aktuelles Betriebssystem und eine eingeschaltete Firewall, habe er seinen PC ausreichend abgesichert. Ansonsten trage das Fälschungsrisiko eines Überweisungsauftrags grundsätzlich die Bank. Mit der Umsetzung der EU-Zahlungsdiensterichtlinie tritt eine Haftung für den Kunden über 150 Euro hinaus nur noch bei mindestens grob fahrlässigem Verhalten ein.

Grundsätzlich muss der Kunde seiner Sorgfaltspflicht nachgekommen sein, d.h., er darf nicht leichtfertig mit seinen Daten umgegangen sein und aktuelle Sicherheitssoftware muss er auch im Einsatz gehabt haben. Es ist also keineswegs sicher, dass der Geschädigte sein Geld von der Bank zurück erhält.

In aktuellen Internet-Browsern ist die Funktion eines *Phishing Warner* implementiert, der Alarm geben soll, wenn eine verdächtige Seite auftaucht. Die Funktion beruht dabei auf dem Überprüfen von Listen, die typischerweise vom Browser-Hersteller oder hierauf spezialisierten Firmen (Netcraft, Truste, PhishTank) gepflegt werden. Deshalb ist dies keine verlässliche Methode, nicht doch auf eine gefälschte Seite hereinzufallen. Der wichtigste Phishing-Filter sitzt immer noch vor dem PC.

1.1.8 Bot-Netze

Wer danach sucht, findet im Internet die passenden Werkzeuge (Toolkits) für die Erstellung von Schadsoftware. Dies sind dann meist zwar nur Abwandlungen von bereits bekannten Viren und Würmern, so dass die aktuelle Antivirussoftware anhand der jeweiligen Signatur diese als solche erkennen kann. Allerdings führt die individuelle Kombination einzelner Codesequenzen mit bestimmten Dateitypen (*.com, *.doc) sowie unterschiedlichen Verteilungswegen (Email, Internet) immer wieder dazu, dass sie dennoch den Weg zum Anwender finden und diverse Manipulationen ausführen können.

Dazu gehört es auch, PCs zu „kapern", um dann mit möglichst vielen Computern ein so genanntes Bot-Netz aufzubauen. So wird der unfreiwillige Zusammenschluss von Computern bezeichnet, mit deren Hilfe dann SPAM verteilt oder auch gezielte Angriffe (Distributed Denial of Service) gegen bestimmte Firmen oder Institutionen ausgeführt werden.

Der Aufbau von Bot-Netzen ist ein lohnendes Geschäft, denn diese werden an entsprechende (kriminelle) Interessenten vermietet, was laut Meldung des Heiseverlages pro Stunde ca. 80 € oder auch 22000 € pro Monat kostet.

 **Achtung:** Bei gekaperten PCs werden verschiedene TCP/IP-Funktionen aufgerufen, was an offenen Ports (Anzeige mit netstat –a) zu erkennen ist, die nicht wieder automatisch geschlossen werden. Erst im IPv6-Stack sind hierfür entsprechende Sicherheitsmechanismen implementiert.

Die Gefahr, die von einem PC ausgeht, der nicht mehr der eigenen, sondern einer ferngesteuerten Kontrolle unterliegt, ist deshalb kaum abzuschätzen, weil der „momentane Inhaber" ihn aus Ausgangspunkt für das weitere Verteilen von Schadsoftware, von rechtsextremen oder auch pornografischen Inhalten sowie für das Plündern von Bankkonten einsetzen kann, wobei das eigene LAN als Ausgangspunkt des Übels festgestellt werden kann.

Der eigentliche PC-Besitzer, der nichts von alldem weiß, sieht sich dann zunächst dem Verdacht ausgesetzt, dass er selbst diese Taten begangen hätte, was strafrechtliche und zivilrechtliche Folgen sowie finanzielle Ansprüche der Geschädigten mit sich bringen kann.

Die Rechtssprechung ist deshalb in derartigen Fällen bereits dazu übergegangen, dem wirklichen Benutzer des Computers zumindest eine Fahrlässigkeit, mitunter sogar eine Teilschuld, zu attestieren, wenn er nicht die bekannten Sicherheitsmaßnahmen wie Virenscanner und eine Firewall zur Absicherung eingesetzt hat.

In mehreren Urteilen haben Gerichte derartige Entscheidungen damit begründet, dass man bei Personen, die mit PCs arbeiten, davon ausgehen kann, dass sie über die Gefahren hinsichtlich der Datensicherheit, wozu auch die Datensicherung gehört (Backup), hinlänglich informiert sind. Woher sie diese Informationen erhalten, ob sie sich diese privat aneignen, wovon ausgegangen wird, wenn sie auch privat einen PC nutzen, oder ob der Arbeitgeber entsprechende Schulungen vorsieht, ist dabei nicht von Bedeutung.

1.2 Schutzmechanismen

Um das Sicherheitsrisiko möglichst gering zu halten, gibt es die folgenden grundsätzlichen Ratschläge, die gewissermaßen die Mindestausrüstung für einen sicheren PC beschreiben:

- Betriebssystem, welches regelmäßig mit Sicherheits-Updates aktualisiert wird

- Internet-Browser mit sicherer Konfigurationseinstellung

- Virenscanner mit automatischer Aktualisierungsfunktion

- Spyware-Schutz und zusätzliche Sicherheits-Tools

1.2.1 Betriebssystem

Ein Betriebssystem sollte im Hinblick auf Sicherheits-Patches stets auf dem aktuellem Stand gehalten werden. Windows-Betriebssysteme, für die Microsoft keine entsprechenden Updates mehr zur Verfügung stellt, sind demnach als unsicher einzustufen.

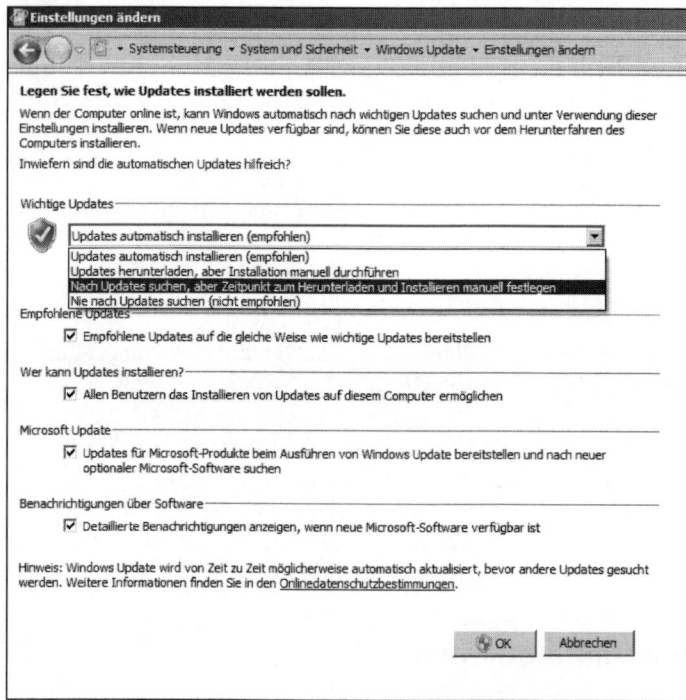

Bild 1.8: *Die Einstellungen für die Windows-Update-Funktion.*

Eine generelle Empfehlung lautet, dass die automatische Update-Funktion stets eingeschaltet sein sollte. In der Praxis wird man feststellen, dass dies auch Nachteile haben kann. Auch wenn sich der Update-Mechanismus in gewissen Grenzen konfigurieren lässt (Bild 1.8), können häufig auftretende Update-Meldungen und längere Wartezeiten nach dem Herunterfahren des PC, bevor er sich tatsächlich ausschaltet, durchaus als störend empfunden werden.

In dieser Wartezeit (Meldung: *Windows-Updates werden konfiguriert. Schalten Sie den Computer nicht aus*) werden die als notwendig erachteten Updates installiert, was durchaus eine Viertelstunde oder länger dauern kann, je nach dem, auf welchem Stand sich das Betriebssystem befindet. Falls die Systemaktualisierung nicht auf später verschoben wird, verlangt Windows einen Neuboot, was während der PC-Arbeit auch nicht immer passend erscheint.

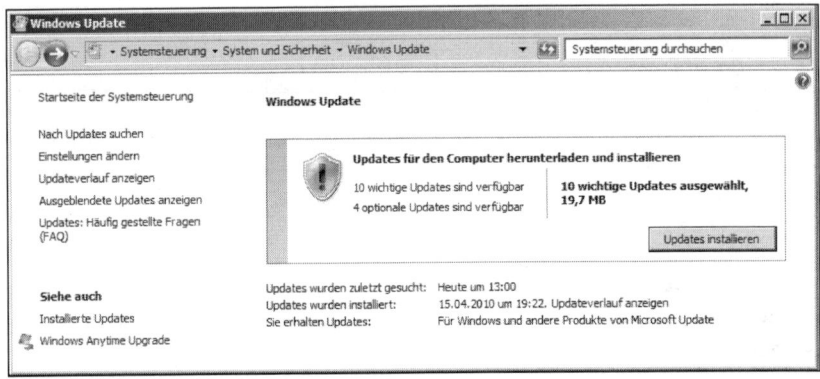

Bild 1.9: *Windows 7 hat Updates gefunden, wobei einige als wichtig und andere als optional angegeben werden.*

Außerdem mag den Anwender ein ungutes Gefühl beschleichen, wenn der PC plötzlich von sich aus eine rege Betriebsamkeit an den Tag legt. Was bei den Updates genau an Daten ermittelt und danach auf den PC geschrieben wird, bleibt ohnehin ein Geheimnis von Microsoft und den anderen Software-Herstellern.

Microsoft hat lediglich bei den Update-Einstellungen (Bild 1.8) unter ONLINEDATENSCHUTZBESTIMMUNGEN einige eher allgemein gehaltene Informationen zum Datenschutz angegeben.

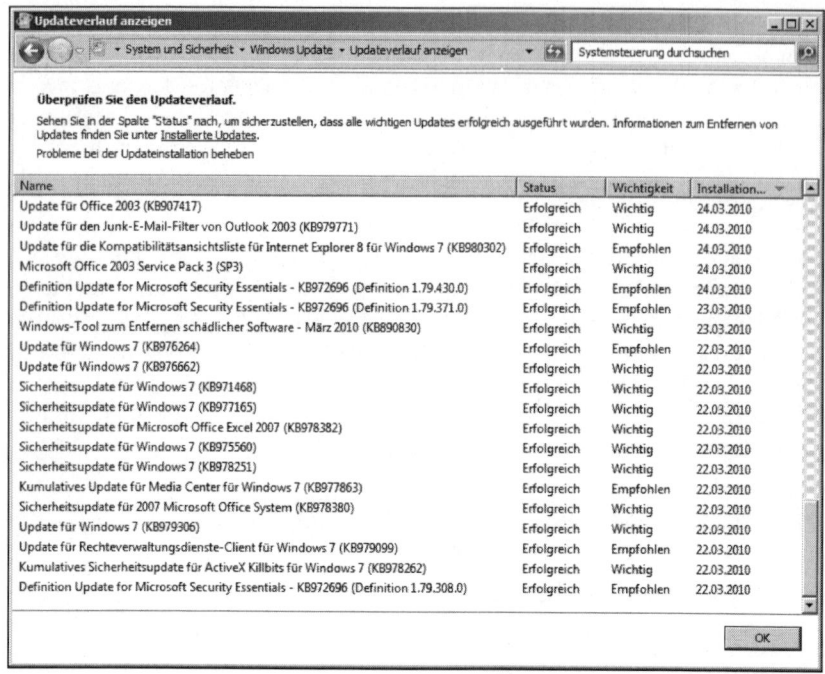

Bild 1.10: *Der Updateverlauf bietet Informationen darüber, was bisher an Updates installiert wurde und wie ihr Status aussieht.*

Neben dem Betriebssystem werden auch der Internet Explorer sowie weitere Microsoft-Programme (MS Office, Visual Studio etc.) per Windows-Update-Funktion versorgt. Separate Update Checker, wie etwa der *Personal Software Inspector* von Secunia, erweitern die Update-Funktion, damit auch andere Programme (Adobe Reader, Java, Quicktime), die nicht von Microsoft stammen, automatisch aktualisiert werden können. Einige Programme (z.B. ScanSoft PDF Professional) bringen sogar eigene Update-Programme (InstallShield Update Manager, Bild 1.11) mit.

Leider ist nicht allgemein zu erkennen, was definitiv als Sicherheits-Update gelten kann. Immerhin weist Microsoft bei seinem Update-Mechanismus die Sicherheitsupdates (Bild 1.10) mit entsprechender Kennung (KB...) aus, so dass anhand dieser im Internet nachgeschaut werden kann, worum es sich dabei genau handelt.

Eher im Verborgenen bleibt, was sich nach der Installation an der Funktion des Systems und der Programme ändert. Zugegebenermaßen ist dies auch kaum zweifelsfrei darzustellen, weil sich jedes System in Hinsicht auf die installierten Treiber, Programme und Einstellungen als einmalig darstellt, was somit zu ganz unterschiedlichen Wechselwirkungen und damit einhergehenden Phänomen führen kann. Deshalb ist keinesfalls sichergestellt, dass sich das System oder auch bestimmte Programme nach einem Update wie bisher gewohnt (oder besser) verhalten. Es ist durchaus möglich, dass nach einem Update bestimmte Programme gar nicht mehr richtig funktionieren wollen, was dann möglicherweise wiederum ein Update erfordert.

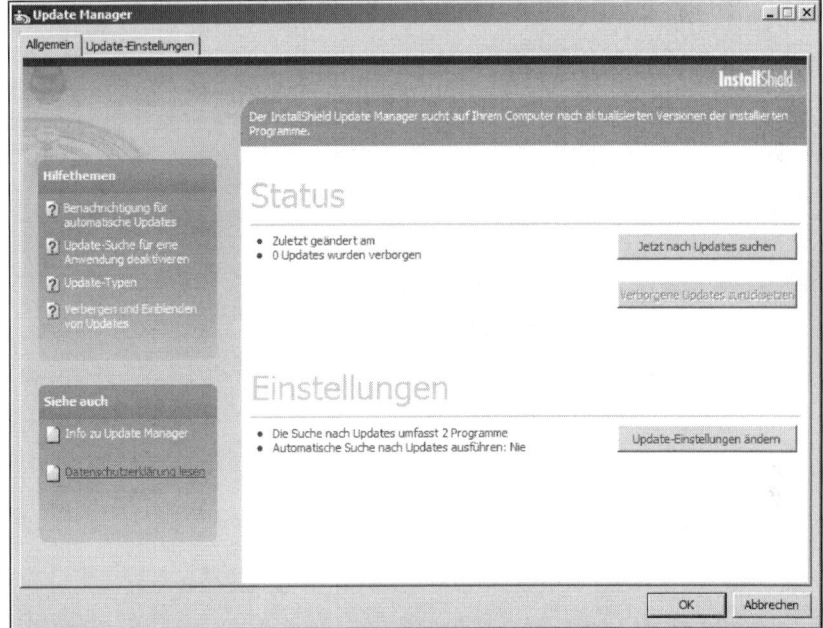

Bild 1.11: *Ein Update Manager arbeitet neben der Windows-eigenen Update-Funktion für nur bestimmte Programme.*

Dass der Grund für ein plötzlich auftretendes Fehlverhalten des PC in einem „unglücklichen" Update zu suchen ist, wird meist nicht offensichtlich, weil die Aktualisierung oft automatisch und damit für den Anwender unbemerkt erfolgt. Deshalb erscheint es fragwürdig, einfach zu konstatieren: *Updates sind immer gut*, wie es laufend von den Herstellern und der Presse behauptet wird.

 **Hinweis:** **Ein Update kann grundsätzlich auch gravierende negative Auswirkungen für ein System nach sich ziehen. Idealerweise überprüft der Anwender, was ein bevorstehender Update bewirken soll, so dass er selbst darüber entscheiden kann, ob eine Aktualisierung sinnvoll erscheint.**

Falls ein Update nicht das gewünschte Verhalten bewirkt, kann prinzipiell der vorherige Systemzustand über die Windows-Systemwiederherstellung (Systemeigenschaften – Computerschutz – Systemwiederherstellung) wieder herstellt werden. Voraussetzung hierfür ist eine vorangegangene Einschaltung und Konfigurierung des Windows-Systemsschutzes.

1.2.2 Internet-Browser

Der jeweils verwendete Internet-Browser ist ein wichtiger Ansatzpunkt bei der Betrachtung von Schutzmaßnahmen, denn was er nicht an Sicherheitsoptionen beinhaltet, muss möglicherweise durch zusätzliche Software „ausgebügelt" werden, wenn dies überhaupt adäquat umsetzbar ist.

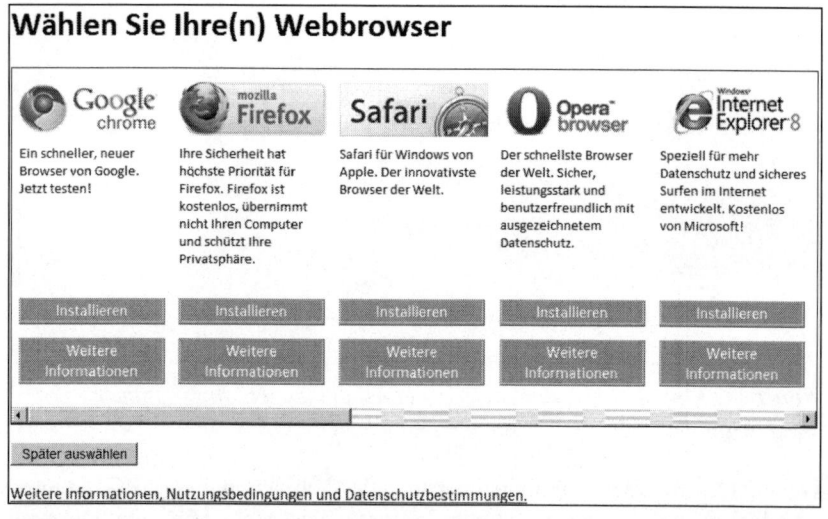

Bild 1.12: *Die Auswahl des gewünschten Webbrowsers wird seit einiger Zeit auch direkt von Microsoft unterstützt.*

Eine eindeutige Empfehlung für einen bestimmten Browser (Internet Explorer, Firefox, Opera, Safari, Chrome) zu geben, ist nicht möglich. Die oft gehörte Behauptung, aus Sicherheitsgründen statt dem Internet Explorer von Microsoft den Browser Firefox zu verwenden, beinhaltet nur dann in dieser allgemeinen Aussage etwas Wahres, solange die Verbreitung von Firefox kleiner ist als die des Internet Explorers.

Schädlinge, die Schwachstellen ausnutzen, die auch als *Exploits* bezeichnet werden, werden vorzugsweise für die verbreitetsten Systeme und Anwendungen geschrieben und eben nicht für die weniger üblichen. Weil Firefox im Laufe der Zeit gegenüber dem Internet Explorer immer häufiger zum Einsatz kommt, ist auch er zunehmend ins Blickfeld von Schadsoftware geraten.

Auch wenn sich das Erscheinungsbild und der Funktionsumfang der verschiedenen Browser prinzipiell voneinander unterscheidet, haben sie sich beim grundsätzlichen Browser-Fenster und den dort vorhandenen Bedienelementen mittlerweile einander angepasst, so dass die Orientierung bei der Verwendung eines anderen Browsers nicht mehr schwerfällt.

Grundsätzlich sollte eine neuere Browser-Version sicherer sein als die vorherige und sich auch besser auf die eigenen Bedürfnisse anpassen lassen. Neuere Versionen eines Browser-Typs oder auch Erweiterungen (Add-Ons) werden in immer kürzeren Zeitabständen veröffentlicht, so dass es immer schwerer fällt, hier auf dem Laufenden zu bleiben. Alle aktuellen Browser schauen selbstständig auf den Servern ihrer Hersteller nach, ob es eine aktualisierte Version gibt, damit Sicherheitslücken möglichst rasch geschlossen werden können. Dieser Vorgang ist für den Internet Explorer im Update-Mechanismus des Betriebsystems integriert, wie es auch im vorherigen Kapitel erläutert wurde.

Neben der Sicherheit spielen die Verarbeitungsgeschwindigkeit bei der Darstellung unterschiedlicher Web-Inhalte (Webfonts, Bilder, Video), der Funktionsumfang, die Kompatibilität sowie natürlich auch persönliche Vorlieben eine wichtige Rolle.

Komfort und Sicherheit sind jedoch zwei gegenläufige Eigenschaften, die sich mitunter nur schwer in Einklang bringen lassen. Die aktuellen Browser bieten zwar alle bestimmte Voreinstellungen, die versuchen, hier einen Kompromiss herstellen, gleichwohl wird man meist nicht umhinkommen, selbst die optimalen, individuellen Einstellungen vorzunehmen, was nicht selten einen länger andauernden Prozess des Ausprobierens zur Folge hat.

Für alle aktuellen Browser zeigt das *Bundesamt für Sicherheit in der Informationstechnik* praktikable Konfigurationsempfehlungen auf der folgenden Internet-Seite:

https://www.bsi.bund.de/DE/Themen/weitereThemen/Betriebssysteme/Brow serKonfigurationsempfehlungen/browserkonfig_node.html

1.2.3 Virenscanner

Aus den bisherigen Erläuterungen sollte deutlich geworden sein, dass ein Virenscanner für einen Computer ein absolutes Muss ist, denn auch wenn er nicht mit dem Internet kommuniziert, können Viren über die gebräuchlichen Datenträger auf den PC gelangen.

Beim Erwerb eines neuen PCs ist meist eine Security-Lösung auf dem PC vorinstalliert, wie etwa *Norton Internet Security* der Firma Symantec oder die *BullGard Internet Security Suite*. Diese – zunächst kostenlosen – PC-Beigaben müssen beim Hersteller registriert werden und stellen andernfalls ihren Dienst nach einiger Zeit (30 bis 90 Tagen) ein oder nehmen ihn erst gar nicht auf, sofern nicht ein Jahres-Abonnement der Software bestellt wird. Je nach Leistungsumfang und der Anzahl der damit zu bestückenden Systeme beginnen die Preise hierfür bei 20 bis 50 Euro für einen einzelnen PC.

Bei vorinstallierten Security-Lösungen ergibt sich nicht selten die Problematik, dass man diese nicht so einfach wieder los wird, d.h., sie lassen sich nicht rückstandslos deinstallieren und behindern dann möglicherweise die Installation eines anderen Virenscanners, wie es insbesondere die Lösungen von Symantec zeigen. Ein äußerst lästiges Phänomen, was mitunter eine komplette Neuinstallation des Betriebssystems erfordert.

Es gibt Hersteller von Virenscannern, die ihre Software auch kostenlos für die private und nicht kommerzielle Nutzung zum Download bereitstellen. Diese Varianten sind typischerweise Ableger der kostenpflichtigen Versionen, die demgegenüber zusätzliche Eigenschaften aufweisen wie Web-Filter oder eine Verhaltenserkennung.

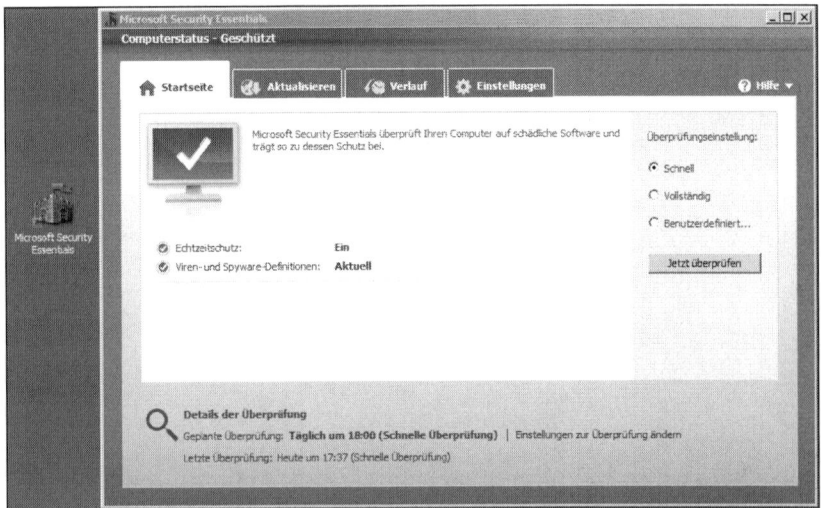

Bild 1.13: *Die Security Essentials gibt es bei Microsoft kostenlos zum Download. Sie bieten eine akzeptable Leistung mit guter Erkennungsrate.*

Für den Heimgebrauch reichen die kostenlosen Versionen meist völlig aus. Wer nicht den ganzen Tag daheim am PC sitzt und dabei im Internet unterwegs ist, begibt sich auch nicht in große Virengefahr, wenn die Update-Intervalle für die nachzuladenden Signaturen möglicherweise 24 Stunden (oder mehr) betragen. Für eine geschäftliche bzw. kommerzielle und damit quasi permanente Nutzung erscheint hingegen bereits ein 24 Stunden Update-Interval als zu gering. Das Nachladen der Signaturen (Aktualisierung) ist ein wesentliches Element für einen aktuellen Virenscanner.

Die Virensignaturen stellen jeweils ganz charakteristische Merkmale eines Virus dar, was von den Herstellern der Virenscanner anhand mehrerer Exemplare eines Virus und deren von Muster sowie Regelmäßigkeiten ermittelt wird. Ein neuer Virus muss demnach erst einmal auftauchen, damit die Hersteller den Virenscanner entsprechend aktualisieren können.

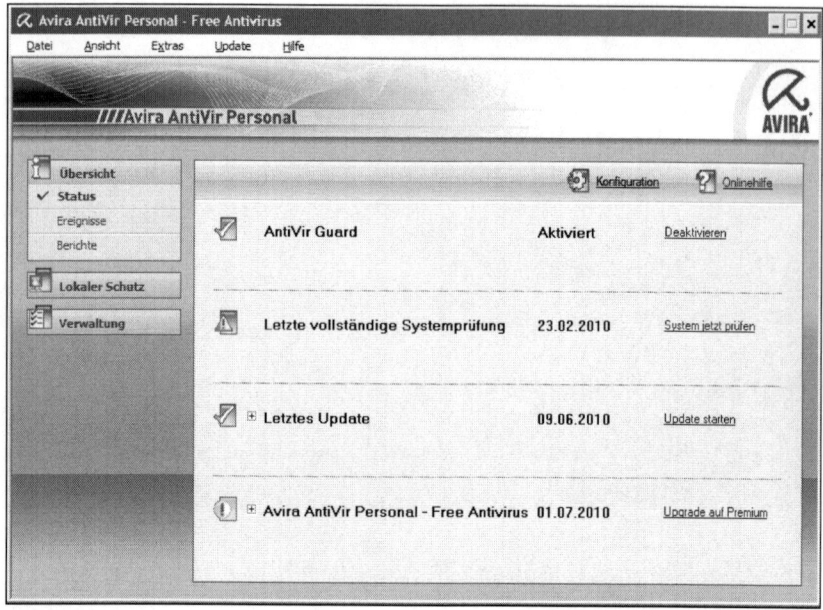

Bild 1.14: *AntiVir Personal der Firma Avira ist ein schneller und kostenloser Virenscanner.*

Neben der Verarbeitung von Signaturen arbeiten Virenscanner auch nach heuristischen Verfahren, die Eigenschaften von Dateien auswerten und mit typischen Viren vergleichen und gewissermaßen nach bestimmten „Faustregeln" feststellen, dass es sich um einen Virus handeln muss. Gleichwohl kann die Feststellung natürlich auch nicht zutreffend sein, und es wird damit ein Fehlalarm ausgelöst. Durch manuell festzulegende Ausnahmeregeln lassen sich alle aktuellen Virenscanner entsprechend anpassen.

Auch wenn allgemein von Viren und Virenscannern gesprochen wird, werden auch andere Schädlinge (Malware) erkannt und können beseitigt oder zumindest in eine Quarantäne verschoben werden.

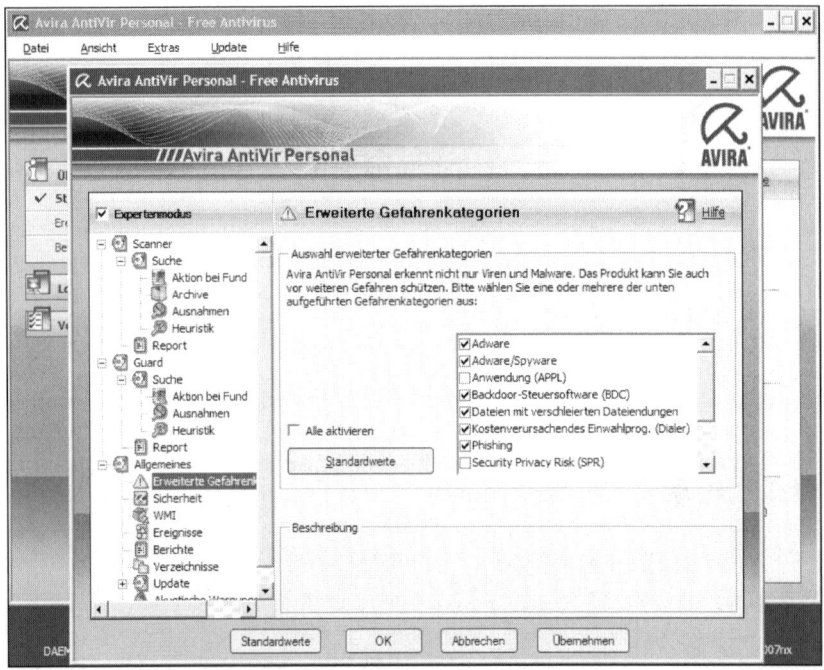

Bild 1.15: *Im Expertenmodus lässt sich der Virenscanner sehr gut anpassen.*

Virensanner der verschiedenen Firmen arbeiten betreffs Scanzeit und Speicherverbrauch unterschiedlich „gut" und belasten den PC-Prozessor dementsprechend unterschiedlich, wobei die heutigen Mehrkernprozessoren mit den typischen Arbeitsspeichergrößen von 4 GByte die zusätzliche Belastung durch einen im Hintergrund arbeiteten Virenscanner leicht wegstecken. Single-CPU-Systeme älterer Bauart können demgegenüber durch einen laufenden Virenscanner ganz gehörig ausgebremst werden.

Hinweis: Virenscanner erkennen nicht nur klassische Viren, sondern auch alle anderen typischen Schädlinge (Würmer, Trojanische Pferde etc.), was zusammengefasst auch als Malware bezeichnet wird. Im Sprachgebrauch hat sich jedoch der Begriff Virenscanner für ein „Schädlingsbekämpfungs- programm" durchgesetzt.

Kostenlose Virenscanner (Avira AntiVir Personal, Avast Free Antivirus, Microsoft Security Essentials) können gute bis sehr gute Ergebnisse abliefern und damit einen zuverlässigen Virenschutz bieten. Der Eindruck, dass die Hersteller dabei nichts verdienen, täuscht allerdings.

Die kostenlosen Versionen sind zunächst als „Appetitanreger" und Werbeplattform für die gebührenpflichtigen und prinzipiell leistungsfähigeren Versionen gedacht, was nicht selten mit störenden Werbe-Einblendungen beim Scan oder beim Update mit den Signaturen einhergeht. Typischerweise ist eine Upgrade-Möglichkeit auf eine kostenpflichtige Version direkt im Programm (Bild 1.14, Upgrade auf Premium) zu finden.

Außerdem wird auch für andere Produkte bzw. Utilities wie beispielsweise Toolbars (Google, Yahoo) geworben, die mehr oder weniger automatisch während der Installation des Virenscanners mit installiert werden. Toolbars leiten vertippte Domain-Namen auf bestimmte Seiten, die Werbe-Links und allerlei Unsinn enthalten können. Derartige Software ist eigentlich überflüssig, für ihre Installation erhält der Hersteller des Virenscanners jedoch einen gewissen Betrag vom Utility-Hersteller.

Wichtiger als diese beiden Punkte ist allerdings, dass die kostenlosen Versionen die Nutzerbasis der betreffenden Virenscanner-Hersteller vergrößern und sich dadurch deren Datenbestand betreffs unbekannter Malware vergrößert, was wiederum allen Nutzern des jeweiligen Schutzprogramms – sei es kostenlos oder kostenpflichtig – zugute kommt.

Diese Datensammlungen, die auch die Basis für das Erkennen von Phishing-Attacken, SPAMs und anderem bilden, sind aus Datenschutzgründen jedoch nicht ganz unproblematisch, denn welche Daten beim Scan möglicherweise weitergeleitet werden, kann der Benutzer nicht erkennen. Dadurch können auch persönliche Dokumente, die der Scanner für verdächtig hält, zum Hersteller gesendet werden. Wenn die *Microsoft Security Essentials* (MSE) verwendet werden, ist mindestens die Basis-Mitgliedschaft in der so genannten *Microsoft SpyNet Community* notwendig, was unter den MSE-Einstellungen zu erkennen ist.

 **Achtung:** **Virenscanner verwenden für die Schädlings-erkennung auch Datensammlungen der Hersteller aus dem Internet, die wiederum aus Daten der Benutzer gespeist werden, was durchaus datenschutzrechtliche Probleme aufwerfen kann, zumal es dem Benutzer verborgen bleibt, welche Daten – und persönlichen Dokumente – übertragen werden.**

1.2.4 Spyware-Schutz und zusätzliche Tools

Ein Virenscanner kann bereits einen recht umfassenden Schutz vor Schadsoftware bieten. Einerseits sollte der Virenscanner keine Schadsoftware übersehen, andererseits möglichst wenig Fehlalarme auslösen, so dass meist noch eine gewisse manuelle Anpassung (Bild 1.15) notwendig ist. Möglicherweise geht dies einfacher, wenn noch Ergänzungen zum Virenscanner verwendet werden.

Ein spezielles Programm zur Abwehr von Spyware erweist sich dabei als nützlich. Recht verbreitet sind das Shareware-Programm *Spybot Search & Destroy* und der Defender, den Microsoft seit Vista mitliefert. Wenn die *Microsoft Security Essentials* (MSE) installiert wurden, ist der Defender übrigens automatisch deaktiviert worden und ist funktionstechnisch in den MSE integriert.

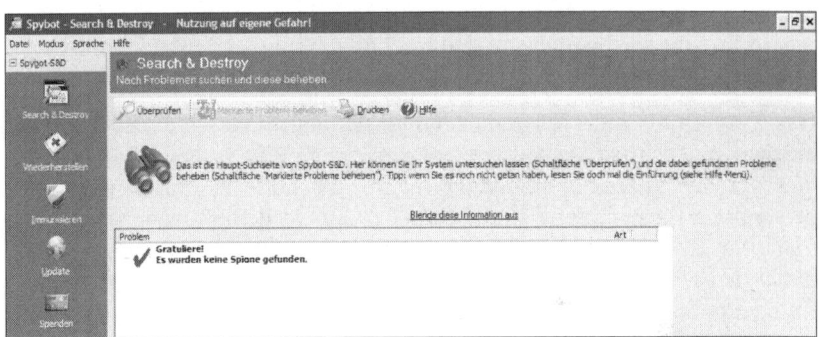

Bild 1.16: *Search & Destroy dient zur Erkennung und Beseitigung von Spyware.*

Die kostenlosen Virenscanner verfügen meist nicht über eine Verhaltenserkennung. Diese überwacht und bewertet Programmaktivitäten auf bestimmte Aktionen hin, wie etwa das Abfangen von Tastatureingaben oder das Dazwischenschalten von Code beim Internet-Browser, was auf einen Trojaner hindeutet. Derartige Aktionen kann eine Verhaltenserkennung unterbinden. Das Programm ThreatFire wird von der Firma PC Tools in einer kostenlosen Version angeboten, die somit einen typischen Virenscanner, der im Wesentlichen auf Signaturen und Heuristik beruht, sehr gut ergänzen kann.

Mit dem Betriebssystem Windows XP wurde es üblich, dass Windows laufend versucht, sich mit Microsoft über das Internet zu verbinden, sei für das Senden von Fehlerprotokollen oder um Titelinformationen über den Musiktitel, der vom MediaPlayer gerade abgespielt wird, zu besorgen. Mittlerweile ist es fast gängige Praxis, dass alle möglichen Programme ohne Nachfrage versuchen, eine Internet-Verbindung zum Hersteller oder auch zu sonst jemandem aufzunehmen, um Daten zu versenden. Was diese beinhalten und wohin sie zu welchem Zweck verschickt werden, ist vielfach völlig unklar, was deshalb möglichst unterbunden werden sollte.

Die üblichen Spyware-Programme (Defender o.ä.) sind für das Verhindern des „Nach Hause Telefonierens" ungeeignet, weil es sich aus deren Sicht eben nicht um Spyware, sondern um ganz normale Funktionen des Betriebssystems handelt.

Das Abstellen dieser lästigen Verbindungen ist meist nur durch die manuelle Bearbeitung der Registry möglich, was eine genaue Kenntnis der einzelnen Parameter erfordert. Einfacher geht dies mit einem nützlichen Freeware-Tool namens *xp-AntiSpy* (Bild 1.17), welches seit Windows XP hierfür als äußerst praktisch gilt und ebenfalls mit den Nachfolgeversionen funktioniert. Ab der Version 3.97-8 unterstützt es auch explizit Windows 7.

Das Programm sieht bestimmte Voreinstellungen vor, die leicht an die eigenen Bedürfnisse angepasst werden können. Was letztendlich als lästig und was als sinnvoll empfunden wird, ist sicherlich auch eine ganz persönliche Einstellung. Gleichwohl ist es aus sicherheitstechnischer Sicht immerhin fragwürdig, wenn auf dem PC automatisierte Vorgänge ablaufen, deren genaue Funktion und Auswirkungen dem Anwender mehr oder weniger unbekannt sind.

Bei xp-AntiSpy handelt es sich um eine einzelne, ausführbare Datei, die demnach eigentlich auch nicht installiert werden muss. Dies ist dennoch standardmäßig vorgesehen, damit es automatisch unter PROGRAMME und/oder auf dem Desktop landet und das eBay-Sponsoring erscheinen kann.

Als Schutzwall gegen Angriffe aus dem Internet werden Firewalls eingesetzt, was ausführlich im Kapitel 3 und dort auch als Einstieg in die Unified Thread Management-Systeme behandelt wird.

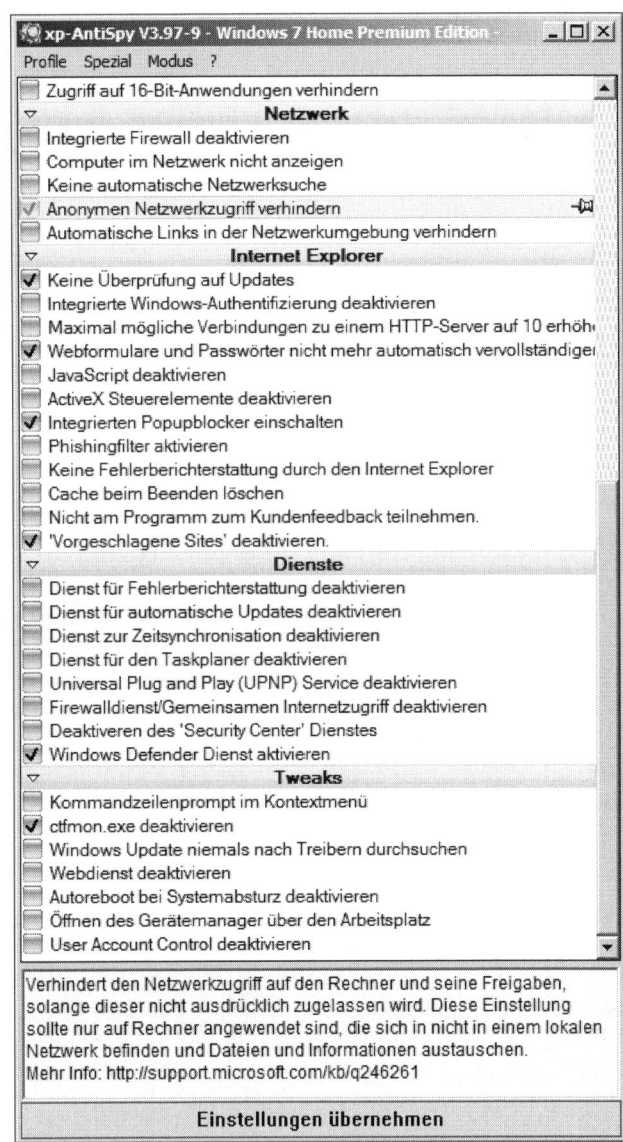

Bild 1.17: *xp-Antispy erlaubt das Abschalten zahlreicher Windows-Funktionen, die sich automatisch mit dem Internet verbinden wollen. Die Einstellungen werden erst dann übernommen und aktiviert, wenn die untere Schaltfläche EINSTELLUNGEN ÜBERNEHMEN betätigt wird.*

1.3 Datenschutz

Eingangs wurde bereits auf mögliche Konflikte hingewiesen, die sich aus der IT-Sicherheit und dem Datenschutz ergeben können. Ein etwas genauerer Blick auf den Datenschutz soll in diesem Kapitel die Grenzen und praktischen Möglichkeiten verdeutlichen.

1.3.1 Gesetzliche Grundlagen

Für den Datenschutz ist von Bedeutung, dass im deutschen Recht nach der Rechtssprechung des Bundesverfassungsgerichts aus dem Jahre 1983 (Volkszählungsurteil) das Recht auf die *Informationelle Selbstbestimmung* existiert:

Das Grundrecht gewährleistet insoweit die Befugnis des Einzelnen, grundsätzlich selbst über die Preisgabe und Verwendung seiner persönlichen Daten zu bestimmen. Einschränkungen dieses Rechts auf „informationelle Selbstbestimmung" sind nur im überwiegenden Allgemeininteresse zulässig.

Demnach besteht ein Schutz des Einzelnen gegen unbegrenzte Erhebung, Speicherung, Verwendung und Weitergabe seiner persönlichen Daten. Das Grundrecht auf informationelle Selbstbestimmung wird als besondere Ausprägung des grundrechtlich geschützten, allgemeinen Persönlichkeitsrechts angesehen. Wie dieses wird es verfassungsrechtlich aus Art. 2 Abs. 1 (sog. allgemeine Handlungsfreiheit) in Verbindung mit Art. 1 Abs. 1 GG (Menschenwürde-Garantie, unter C II 1 a) hergeleitet.

Der Datenschutz, der in den USA, in Deutschland und vielen anderen Ländern seit Anfang der 70er-Jahre in Gesetzen geregelt war und den Missbrauch der Datenverarbeitung verhindern sollte, war fortan ein Grundrecht. Im Grundgesetz ist dieses Grundrecht bisher aber nicht ausdrücklich enthalten. Bisher fand sich für den Vorschlag, dies zu ändern, nicht die erforderliche zwei Drittel-Mehrheit im Deutschen Bundestag. Gleichwohl hat das Bundesverfassungsgericht jedoch in vielen Urteilen die informationelle Selbstbestimmung als eine der wesentlichen Grundlagen unserer Rechtsordnung bestätigt.

Der Datenschutz als wesentliches Element der Informationsgesellschaft ist auch international anerkannt. Fast gleichzeitig haben die OECD und der Europarat 1980/81 in zwei wichtigen Dokumenten ihre Mitgliedsstaaten angehalten, Datenschutzgesetze zu erlassen. Die Vereinten Nationen folgten 1990. Nachdem die Europäische Union 1995 zunächst Datenschutzrichtlinien geschaffen hatte, wurde der Datenschutz im Jahr 2000 in den Katalog der Grundrechte der Europäischen Grundrechtecharta aufgenommen.

Das Recht auf informationelle Selbstbestimmung leitet sich nach Ansicht des EU-Parlamentes auch aus Artikel 8 Absatz 1 der Europäischen Menschenrechtskonvention ab:

Jedermann hat Anspruch auf Achtung seines Privat- und Familienlebens, seiner Wohnung und seines Briefverkehrs.

Informationelle Selbstbestimmung bedeutet konsequenterweise, dass dem Betroffenen auch die Option eröffnet wird, der Verarbeitung seiner eigenen Daten nicht nur zu widersprechen, sondern ausdrücklich in sie einzuwilligen. Voraussetzung für die Wirksamkeit der Einwilligung ist, dass die Betroffenen darüber informiert sind, worauf sie sich einlassen (informed consent).

Die Praxis zeigt allerdings, dass es mit der Aufklärung und der Kenntnis der Betroffenen meist nicht gut bestellt ist. Insbesondere bei den „sozialen Netzwerken" wie Facebook, Twitter, MySpace oder StudiVZ ist es dem Anwender nicht klar, was mit seinen persönlichen Daten passiert und mit welchen Datenbeständen sie verknüpft werden.

Die Datenschutzgesetze gelten zwar nur für personenbezogene Daten; die Daten müssen sich demnach auf bestimmte Personen beziehen. Wenn es jedoch aufgrund vorhandener Datensätze mit verhältnismäßig einfachen Mitteln möglich ist, eine bestimmte Person ausfindig machen zu können, unterliegen auch diese Datensätze den Vorschriften der Datenschutzgesetze.

Das Recht auf informationelle Selbstbestimmung ist weit gefasst. Deshalb gibt es noch besondere Regeln für besondere Arten personenbezogener Daten, die auch als *sensible Daten* oder *sensitive Daten* bezeichnet werden. Angaben über Gewerkschaftszugehörigkeit, politische Meinungen, ethnische Herkunft, religiöse oder philosophische Überzeugungen, Gesundheit oder Sexualleben gehören dazu. Sensitive Daten dürfen nur dann verarbeitet werden, wenn ein Gesetz das ausdrücklich vorsieht oder die Betroffenen eingewilligt haben.

1.3.2 Datenschutzbeauftragte

Für Bundesbehörden und private Unternehmen gilt das Bundesdatenschutzgesetz (BDSG). Öffentliche Stellen der Länder (Behörden, Universitäten) unterliegen den jeweiligen Landesdatenschutzgesetzen (LDSG).

Die Bundes- und Landesdatenschutzbeauftragten werden von den Parlamenten gewählt und arbeiten weisungsfrei. Sie kontrollieren die Einhaltung der datenschutzrechtlichen Vorschriften durch öffentliche Stellen auch bei denjenigen Daten, die besonderen Berufs- und Amtsgeheimnissen unterliegen. Dafür sind ihnen alle gewünschten Informationen zur Verfügung zu stellen sowie Zugang zu Unterlagen und Zutritt zu Räumen zu gestatten.

Anlass des Tätigwerdens der Datenschutzbeauftragten sind zumeist Beschwerden von Betroffenen, Beratungsersuche von Firmen und öffentlichen Stellen sowie Prüfungen von Amts wegen.

Die Datenschutzbeauftragten sind verpflichtet, Tätigkeitsberichte vorzulegen, die somit einen guten Überblick über den Stand des Datenschutzes liefern. Die Berichte sind auf den Websites der Datenschutzbeauftragten abrufbar.

http://www.datenschutz.de/institutionen/adressen/

Den umfassenden Informationsrechten und -pflichten stehen allerdings keine Exekutivbefugnisse gegenüber. Die Handlungsmöglichkeiten beschränken sich vielmehr auf das Beanstandungsrecht sowie darauf, Maßnahmen zur Verbesserung des Datenschutzes zu empfehlen. Weisungsbefugnisse gegenüber öffentlichen Stellen haben die Datenschutzbeauftragten demnach nicht. Die Umsetzung ihrer Empfehlungen obliegt der Leitung des Unternehmens bzw. der Behörde.

Die Tätigkeiten eines Datenschutzbeauftragten werden nicht allein durch das BDSG und das LDSG beschrieben, sondern es sind dabei eine Vielzahl anderer Gesetze mit zu berücksichtigen, die den Schutz persönlicher Daten betreffen, wie das Telekommunikationsgesetz, das Telemediengesetz, das Sozialgesetzbuch, Bankengesetze und noch weitere.

1.3.3 Ist Datenschutz verzichtbar?

Bereits im Jahre 1999 konstatierte Scott McNealy, der Chef der Firma Sun, mit der Aussage „Privacy? Get Over it!", dass man auf Datenschutz verzichten könnte. Aktuell hält einer der Gründer von Facebook, Mark

Zuckerberg, die Privatsphäre im Internet sogar für ein weitgehend überholtes Konzept.

Auch wenn viele User das Risiko eines zunehmenden Kontrollverlustes ihrer persönlichen Daten eingehen, wenn sie sich in den „sozialen Netzwerken" wie Facebook, MySpace oder StudiVZ bewegen, ist der Datenschutz ein wichtiges Gut, welches keinesfalls neuen Technologien (Web 2.0) und kommerziellen Interessen geopfert werden darf. Derartige Statements hört man auch immer wieder aus der Politik, insbesondere dann, wenn Datenskandale wie bei der Telekom, der Bahn oder bei Lidl gerade öffentlich werden.

Der Staat ist jedoch weit davon entfernt, das Recht der informationellen Sicherheit bzw. Selbstbestimmung, wie es das Bundesverfassungsgericht grundlegend vorgegeben hat, für den Bürger transparent zu machen und ihn vor dem Missbrauch seiner Daten zu schützen.

Vielmehr ist auch er, wie Google und insbesondere die Betreiber von „sozialen Netzwerken", einer „Datensammelwut" erlegen. Hierfür gibt es spätestens seit dem Terroranschlag vom 11. September 2001 immer wieder die Argumentation, dass es einer umfassenden staatlichen proaktiven und zugleich verdeckten Datenerhebung und Datenverarbeitung bedarf, um Sicherheit gewährleisten zu können. Damit sollten Telekommunikations-überwachungen, Online-Durchsuchungen, Vorratsdatenspeicherungen (Bundestrojaner), Videoüberwachung und auch biometrische Ausweise legitimiert werden. Außerdem begehren bestimmte Wirtschaftslobbys immer wieder, auf die vom Staat gesammelten Daten zugreifen zu wollen, wofür es aber keinerlei rechtliche Grundlagen gibt.

Lobenswerterweise hat das Bundesverfassungsgericht die Begründungs-pflicht für derartige staatliche Eingriffe bestätigt und bezieht sich dabei auf das Volkszählungsurteil von 1983, welches die verschiedenen Regierungen mit Neuregelungen immer neu zu interpretieren versuchen. Es müssen also bestimmte (strafrechtliche) Gründe vorliegen, damit persönliche Daten von staatswegen erfasst, ausgewertet und verknüpft werden dürfen.

Viele Anwender geben im Internet sehr persönliche Daten über sich preis, ohne zu wissen wo sie genau landen und wie sie miteinander verknüpft werden. Wer der Meinung ist, dass seine Daten nur seinem „Online-Freundeskreis" bekannt sind, wird sich getäuscht sehen, denn was allein per *Openbook* an Informationen und auch Peinlichkeiten öffentlich für jedermann im Internet sichtbar ist, ist so meist nicht beabsichtigt.

 **Achtung:** Viele Informationen in „sozialen Netzwerken" werden für die Allgemeinheit zugänglich gemacht (Google Suchdienste, Openbook) und für die kommerzielle Verwertung weitergeleitet, wofür es eigene Dienste gibt (Klout, Twitnest).

Sind private Daten erst einmal im Internet gelandet, lässt sich ihre Verbreitung nicht mehr aufhalten und schon gar nicht mehr ändern oder vollständig löschen.

Weil die Internet-Firmen international agieren, gestaltet es sich äußerst schwierig, ihre „Sammelleidenschaft" unter dem Aspekt des Datenschutzes (national) reglementieren zu wollen, wie es die jüngste Vergangenheit insbesondere mit Google Street View gezeigt hat. Nur weil Datenschützer hier massiv Alarm geschlagen haben, mussten die Unternehmen reagieren und haben einige Auflagen betreffs Datenschutz erfüllt. Eine Rufschädigung kann sich letztlich kein Unternehmen leisten.

1.3.4 Praktische Umsetzung

Datenschutz wird in erster Linie mit der elektronischen Datenverarbeitung in Verbindung gebracht, was allerdings nur eine Facette ist, denn das Datenschutzrecht gilt unabhängig von der angewandten Datenverarbeitungs-technik und somit auch für Briefe, Akten, Videoaufzeichnungen und den Inhalt von Dienstbesprechungen (Vertraulichkeit des gesprochenen Wortes). Wer beispielesweise Personalakten oder Briefe offen herumliegen lässt oder den Inhalt von internen Besprechungen öffentlich macht, was durchaus als nette Plauderei gemeint sein kann, kann damit den Datenschutz verletzt haben und macht sich möglicherweise strafbar.

 **Hinweis:** Das Datenschutzrecht bezieht sich nicht allein auf die Verarbeitung durch Computer und Netzwerke, sondern gilt beispielsweise auch für Schriftstücke, Briefe, Telefongespräche und Kameraaufzeichnungen.

Interessanterweise erinnern sich viele Anwender, auch oder gerade diejenigen, die im Internet freiwillig und sorglos alle möglichen Daten von sich preisgeben, daran, dass es ja so etwas wie den Datenschutz gibt, wenn in der Firma, in der sie arbeiten, beispielsweise Daten über die Internet-Nutzung erhoben werden. Was wird hier womöglich aufgezeichnet? Welche

Internet-Seiten werden von wem aufgerufen? Ist dies erlaubt und nicht ein Eingriff in meine Persönlichkeitsrechte?

Von erheblicher Konsequenz ist generell die Frage, ob Kennzeichnungen, die technischen Geräten zugeordnet sind wie Telefonnummern oder IP-Adressen, bereits einen Personenbezug herstellen. Das Bundesverfassungsgericht stellte fest, dass unter den Verarbeitungs- und Verknüpfungsmöglichkeiten der Informationstechnologie auch ein für sich gesehen belangloses Datum einen neuen Stellenwert bekommen könne und es insoweit keine belanglosen Daten gebe. Mit anderen Worten: Es kommt letztendlich auf den Einzelfall an, so dass Datenschützer, Gerichte und Politik hier prinzipiell ein weites Betätigungsfeld haben.

Während ein betrieblich genutztes LAN in der Regel als ein Arbeitsmittel anzusehen ist, wird ein privates LAN oftmals für das Hobby und das Vergnügen eingesetzt. Betrieblich und privat sind zunächst zwei völlig verschiedene Nutzungsgebiete, auch wenn für beide möglicherweise typische PCs sowie übliche Programme und das Internet genutzt werden.

Dementsprechend sind auch unterschiedliche Kriterien für die Sicherheit und den Datenschutz anzulegen. Während beispielsweise der Administrator einer Firma keine Videos- und MP3-Dateien auf den Servern duldet und sie beim Auffinden aus den Benutzerverzeichnissen löscht, sind die Firmenangestellten der Meinung, dass dies dem Datenschutz widerspreche, weil Daten in ihren Verzeichnissen als vertraulich einzustufen seien und der Administrator hier deshalb nichts zu suchen habe. Daran wird offensichtlich, dass IT-Sicherheit und Datenschutz im Prinzip zwei kontroverse Themen sind.

Deshalb sollte in einer Firma die Bestimmung und die Verwendung der PCs und des Netzwerkes eindeutig durch eine Dienstanweisung und/oder eine Sicherheitsrichtlinie definiert werden. Um die Anwender für die Sicherheit und den Datenschutz zu sensibilisieren, sollten entsprechende Informations-veranstaltungen oder Schulungen durchgeführt werden.

IT-Sicherheit bedeutet meist auch eine Einschränkung bei der Bedienbarkeit und Funktionalität, was nicht immer sofort akzeptiert wird. Bei der Erstellung einer Dienstanweisung für IT-Sicherheit und Datenschutz sollte auch der Personal- oder Betriebsrat von vornherein mit einbezogen werden, um den Verdacht der Bespitzelung zu vermeiden.

Wichtig ist auch noch die Erarbeitung eines Notfallplans, etwa für den Ausfall der Firewall oder beim Auftreten eines massiven Viren-Angriffs, damit die übliche Arbeit möglichst rasch wieder aufgenommen werden kann.

 <u>Tipp:</u> **Eine Dienstanweisung sollte eindeutig die Bestimmung und die Verwendung der PCs und des Netzwerkes in einer Firma, Behörde oder Institution definieren. Eine Unterlassung führt häufig zu beiderseitigen Missverständnissen und wirft vermeidbare Sicherheitsprobleme auf.**

Die Dienstanweisung sollte zudem definieren, ob eine private Nutzung des Internet und/oder Emails gestattet sind. Oftmals wird stillschweigend davon ausgegangen, dass dies erlaubt ist, wenn es nicht explizit verboten ist, was den Arbeitsgeber durchaus in Bedrängnis bringen kann, denn ohne Verbot fungiert er laut TKG (Telekommunikationsgesetz) als Diensteanbieter, der auch eine Vertraulichkeit und Unversehrtheit der Benutzerdaten garantieren muss.

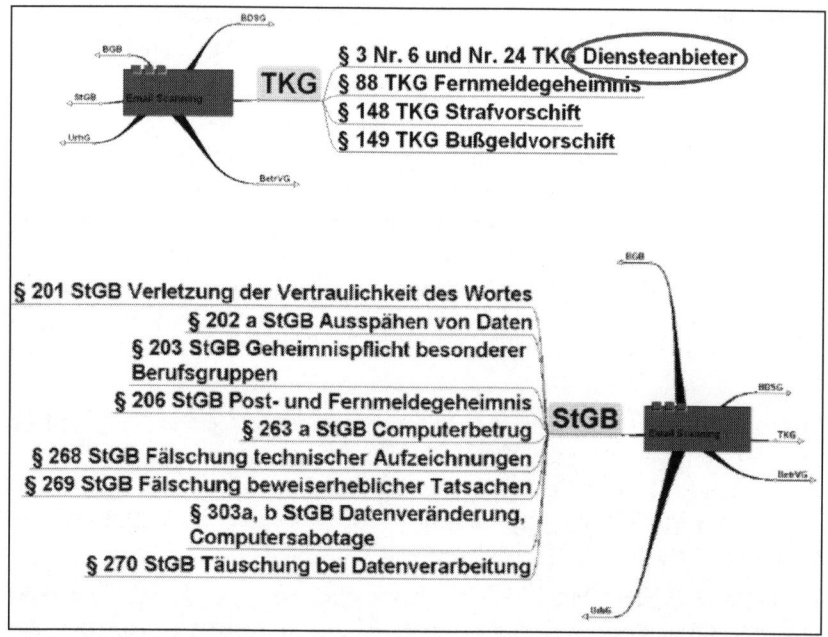

Bild 1.18: *Zahlreiche Gesetze tangieren direkt oder auch indirekt die IT-Sicherheit und den Datenschutz, wobei hier nur diejenigen gezeigt sind, die die Suche nach Viren betreffen können.*

Dies hat genau genommen zur Folge, dass die Daten der Angestellten dann noch nicht einmal nach SPAM oder Viren durchsucht werden dürfen, und dem Administrator ist es unter diesen Umständen tatsächlich nicht erlaubt – sei es manuell oder auch automatisiert per Software –, die Daten aus Sicherheitsgründen zu durchsuchen.

Mit dem Backup und der Archivierung von Daten und Emails sowie dem Loggen von Verbindungsdaten kann sich ein weiteres Problemfeld auftun, wenn hierfür keine eindeutige und einvernehmliche Verfahrensbeschreibung erstellt worden ist.

Nach wie vor gibt es kein Gesetz zum Arbeitnehmerdatenschutz. Deshalb müssen sich Arbeitnehmer und -geber letztendlich in einer Grauzone bewegen – in der sich auch genau der Systemadministrator befindet – und sich im Streitfall auf die allgemeine Rechtslage und eine lückenhafte Rechtsprechung stützen. So verwundert es nicht, dass es in Schadensfällen recht unterschiedliche Urteile gibt, die meist nach langwierigen Verhandlungen unter Berücksichtung der individuellen Umstände zustande kommen. Nicht selten wird die Versicherung, die für einen entstandenen Schaden eintreten soll, den Gang durch die Instanzen anstreben.

2 Netzwerkgrundlagen

Ohne die Kenntnis von aktuellen Topologien wie sie für LAN- und WAN-
Verbindungen üblich sind und das notwendige *Know How* über TCP/IP ist
keine Konfigurierung von LAN-Clients zu bewältigen. Was hierzu
notwendig ist, damit auch komplette Computernetzwerke realisiert werden
können, wird in diesem Kapitel erläutert.

2.1 Local Area Network - LAN

LAN wird mit *Local Area Network* übersetzt, es ist demnach ein lokales
Netzwerk, welches im einfachsten Fall lediglich zwei Computer
miteinander koppelt. Ein LAN kann sich prinzipiell aus tausenden von
Computern zusammensetzen, wobei mithilfe von Switches oder Routern als
Kopplungseinheiten so genannte Subnetze gebildet werden, so dass sich ein
Netzwerk – etwa das einer Firma – aus vielen einzelnen LANs
zusammensetzt. Diese können prinzipiell um die ganze Welt herum verteilt
sein – was dann prinzipiell einem WAN entspricht – und dennoch für den
Anwender als ein einziges wirken, wofür VLANs und VPNs eine wichtige
Rolle spielen.

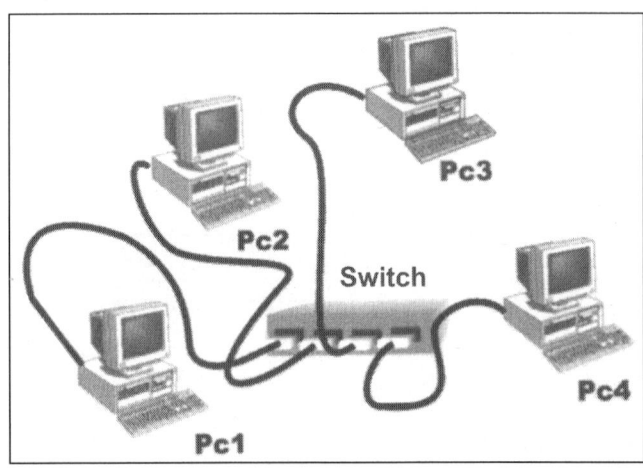

Bild 2.1: *Ein einfaches Netzwerk mit einem Switch als zentralem Element.*

2.1.1 Ethernet

LANs werden fast nur noch entsprechend des Ethernet-Standards realisiert. Andere Implementierungen wie Token Ring oder FDDI sind mittlerweile ausgestorben oder führen ein Schattendasein.

Das *Institute of Electrical and Electronic Engineers* (IEEE) hat für Netzwerke verschiedene verbindliche Standards definiert, deren wichtigste Daten in der folgenden Tabelle angegeben sind. Diesen Bezeichnungen wird man laufend begegnen, so dass es nützlich ist zu wissen, was sich dahinter eigentlich verbirgt.

Standard	Bedeutung
IEEE 802.1	Definition, Architektur, Management, Internetworking
IEEE 802.2	Protokollfestlegung und Definitionen von Datenformatpaketen (Frames) zwischen Logical Link Controls (LLCs)
IEEE 802.3j	CSMA/CD für Busnetz, Ethernet, 10BaseX
IEEE 802.3u	Fast-Ethernet, 100BaseX
IEEE 802.3z	1 Gigabit-Ethernet, 1000BaseX
IEEE 802.3ak	10 Gigabit-Ethernet mit Twinax
IEEE 802.3ae	10 Gigabit-Ethernet mit LWL
IEEE 802.4	Token Passing für Busnetz, MAP-Standard
IEEE 802.5	Token Passing für Ringnetz, Token Ring-Standard, High Speed Token Ring
IEEE 802.6	Metropolitan-Area-Network (MAN)
IEEE 802.7	Broadband Media, Breitbandnetzwerke
IEEE 802.8	Fiber Optic Media, Lichtwellenleiter (LWL)
IEEE 802.9	Integrated Voice and Data Line, Sprachkommunikation über IP-Netze (VoIP).
IEEE 802.10	Secure Data Interchange, Sicherheits- und Geheimhaltungs-mechanismen
IEEE 802.11	Wireless LANs, drahtlose LANs IEEE 802.11: 2 MBit/s (2,4 GHz Band) IEEE 802.11a: 54 MBit/s (5 GHz Band) IEEE 802.11b: 11 MBit/s (2,4 GHz Band) IEEE 802.11g: 22 MBit/s (2,4 GHz Band)

Standard	Bedeutung
	IEEE 802.11h: 54 MBit/s (5 GHz Band) mit europäischen Ergänzungen (DFS, TPC) IEEE 802.11i: Sicherheitsstandard IEEE 802.11n: MIMO-Technik mit 135-600 Mbps
IEEE 802.12	100VG-AnyLAN, Fast-Ethernet
IEEE 802.14	CAT-TV-Netze, Kabelfernsehen im Netzwerk
IEEE 802.15	Wireless Personal Networks (WPAN, Bluetooth)
IEEE 802.16	Broadband Wireless Access (BWA, für MANs)
IEEE 802.17	Resilient Packet Ring (RPR, Protokoll für Ringstruktur)

Tabelle 2.1: *Die wichtigsten IEEE-Standards für Netzwerke im Überblick.*

Das ursprüngliche Ethernet verwendet zur Kommunikation das CSMA/CD-Verfahren (Carrier Sense Multiple Access/Collision Detection) in einer Bustopologie mit Koaxialkabel. Will eine Station eine Nachricht über das Netzwerk senden, prüft sie zunächst, ob sich die Nachricht bereits einer anderen Station auf dem Bus befindet (Carrier Sense). Ist der Bus frei, kann sie danach auf den Bus zugreifen und Daten senden (Access). Haben jedoch mehrere Stationen gleichzeitig den Bus abgehört und beginnen zeitgleich, auf den Bus zuzugreifen (Multiple Access), kommt es zu einer Kollision, die von den einzelnen Stationen detektiert werden muss (Collision Detection). Daraufhin werden die Signale zurückgenommen, und die Stationen versuchen, ihre Nachrichten zeitversetzt auf den Bus zu legen. Welche Station den Zugriff erhält und wie lange die anderen Stationen zu warten haben, kann nicht vorhergesagt werden, so dass dieses Verfahren für Echtzeitsysteme und zeitrelevante Einsatzzwecke nicht geeignet ist. Ab einer bestimmten Anzahl von Stationen (ca. 40%ige Auslastung) wird die Verarbeitungsgeschwindigkeit aufgrund der stattfindenden Kollisionen merklich langsamer.

Dieses grundlegende Verfahren, welches mit Ethernet vor über 30 Jahren eingeführt wurde, ist im Laufe der Zeit stets weiterentwickelt worden und hat im Fast- und im Gigabit-Ethernet seine kompatiblen Nachfolger gefunden. In den aktuellen Auslegungen mit Twisted Pair-Kabel oder auch mit Lichtwellenleiter sowie geeigneten Switches als Kopplungselemente (Switched Ethernet) gibt es prinzipiell nur noch 1:1-Verbindungen (Full-Duplex), so dass keine Kollisionen mehr auftreten können und jede Station in beiden Richtungen über die jeweils volle Bandbreite (z.B. 100 MBit/s, 1 GBit/s) verfügt.

Für das Ethernet gibt es verschiedene Base-Standards, wobei *Base* für eine Basisbandübertragung steht, die sich dadurch auszeichnet, dass sie einen bestimmten Frequenzbereich (fest) belegt. Im Gegensatz dazu existiert die Breitbandübertragung (Broad), die im Frequenzmultiplex und mit einer Signalmodulation auf einem Trägersignal (Carrier) arbeitet, so dass hier mehrere Netzwerkverbindungen quasi gleichzeitig auf einer Kabelverbindung realisiert werden können. Für Ethernet spielt die Broadband-Übertragung, wie beispielsweise 10Broad36 (10 MBit/s auf 75 Ω-Koaxialkabel), jedoch keine Rolle mehr.

Bild 2.1: *Twisted Pair-Kabel der Kategorie 5 ist das bevorzugte Medium für lokale Netzwerke.*

Die Zahl vor dem Begriff *Base* weist stets die Datenrate in MBit/s aus (10Base, 100Base, 1000Base), gefolgt von einem Bindestrich, der mitunter auch weggelassen wird, und einem Kürzel für die Kennzeichnung des jeweiligen Übertragungsmediums (Kabeltyp, z.B. 10Base-T = Twisted Pair) oder direkt einer Zahlenangabe, die (ungefähr) die maximal erlaubte Segmentlänge des Netzwerkes in Vielfachen von 100 m angibt, wie beispielsweise 10Base5 (500 m Segmentlänge). Die Tabelle 2.2 zeigt weitere Beispiele.

Standard	Bedeutung/Verwendung
10Base2	Cheapernet oder Thin Wire (Koaxialkabel, RG58) mit 185 m maximaler Kabelsegmentlänge und für maximal 30 Stationen.
10Broad36	Breitband-Ethernet (10 MBit/s) mit 3600 m maximaler Kabel-segmentlänge.

Standard	Bedeutung/Verwendung
10Base5	Thick Ethernet mit Koaxialkabel (Yellow Cable) und 500 m Kabelsegmentlänge für maximal 100 Stationen.
10Base-F	Ethernet mit Lichtwellenleiter – Fiber Optic-Verbindungen. **10Base-FB:** Verwendung von LWL im Backbone, maximal 2 km Segmentlänge **10Base-FL:** Entspricht dem FORIL-Standard (Fiber Optic Repeater Inter Link), maximal 2 km Segmentlänge. **10Base-FP:** Enthält Richtlinien für passive LWL-Hubs, maximal 1 km Segmentlänge.
10Base-T	Ethernet auf Twisted Pair-Kabel mit maximal 100 m Kabelsegmentlänge.
100Base-FX	Fiber Optic-Verbindungen mit 100 MBit/s (Fast Ethernet), maximal 410 m Segmentlänge mit einem Multimode-Kabel.
100Base-T	Fast-Ethernet mit verschiedenen Twisted Pair-Kabeln. **100Base-T2:** Kann bereits mit Kabeln der Kategorie 3 zum Einsatz kommen, wofür dann drei Datenleitungen und eine Leitung für die Kollisionserkennung verwendet werden, so dass hiermit kein Vollduplex-Betrieb möglich ist. Alternativ lässt sich ein 8-adriges Twisted Pair-Kabel einsetzen, wodurch diese Einschränkung dann nicht mehr gegeben ist, was dann unter 100Base-T4 firmiert. **100Base-TX:** Verwendet UTP/STP-Kabel der Kategorie 5 und ist Vollduplex-fähig, gilt als Standard für Fast-Ethernet.
100Base VG-AnyLAN	Fast-Ethernet mit DPMA-Verfahren (Demand Priority Medium Access) auf Twisted Pair (8-adrig) oder LWL-Kabel, sternförmige Topologie. Zusammenführung von Ethernet mit Token Ring. Hat sich nicht durchgesetzt.
1000Base	**1000Base-CX:** Gigabit Ethernet mit Twinax-Kabel (150 Ω) bei maximal 25 m. **1000Base-LX:** Gigabit Ethernet mit Lichtwellenleiter für maximal 316 m (Halb-Duplex) oder maximal 5 km (Voll-Duplex, 10 µm) bei Verwendung von Multimode-LWL. Es sind dabei unterschiedliche Fasern (10 oder 50 oder 62,5 µm) möglich.

Standard	Bedeutung/Verwendung
	1000Base-TX: Gigabit Ethernet (IEEE 802.3), 1000 MBit/s auf Twisted Pair-Kabel ab der Kategorie 5 mit maximal 100 m.
	1000Base-SX: Gigabit Ethernet mit Lichtwellenleiter (Multimode) bei maximal 275 m.
10GBase	**10GBase-SR:** 10 Gigabit Ethernet mit Lichtwellenleiter (Multimode) mit maximal 82 m.
	10GBase-LR: 10 Gigabit Ethernet mit Lichtwellenleiter (Monomode) mit maximal 10 km.
	10GBase-ER: 10 Gigabit Ethernet mit Lichtwellenleiter (Monomode) mit maximal 40 km.
	10GBase-LX4: 10 Gigabit Ethernet mit Lichtwellenleiter (Multimode) auf vier Kanälen mit maximal 300 m.

Tabelle 2.2: Die verschiedenen Ethernet-Standards und ihre Bedeutung.

2.2   Wide Area Network - WAN

Der Weg vom LAN zum WAN ist im Prinzip ein logischer Schritt, gleichwohl ist die sich jeweils dahinter befindende Technik recht verschieden. Bei kleineren Netzen lässt sich die Verbindung zum Internet (WAN) relativ einfach mittels eines xDSL-Modems herstellen. Was gewissermaßen *hinter* der Anschlussdose vor sich geht, ist für den PC-Anwender nicht weiter von Bedeutung.

Anders sieht es aus, wenn ein (größeres) lokales Firmennetz mit dem WAN Verbindungen aufnehmen soll, denn dann reichen die Datenübertragungsrate, die Sicherheit und die für den Privatkunden verfügbaren Zugänge nicht aus. Außerdem sind bei umspannenden Firmennetzwerken in der Regel auch ganz bestimmte Netzwerk-Topologien und -Infrastrukturen notwendig, die sich von einem Heimnetz maßgeblich unterscheiden, zumal bestimmte Daten (Quality of Service) für bestimmte Geschäftsprozesse garantiert zur Verfügung stehen müssen.

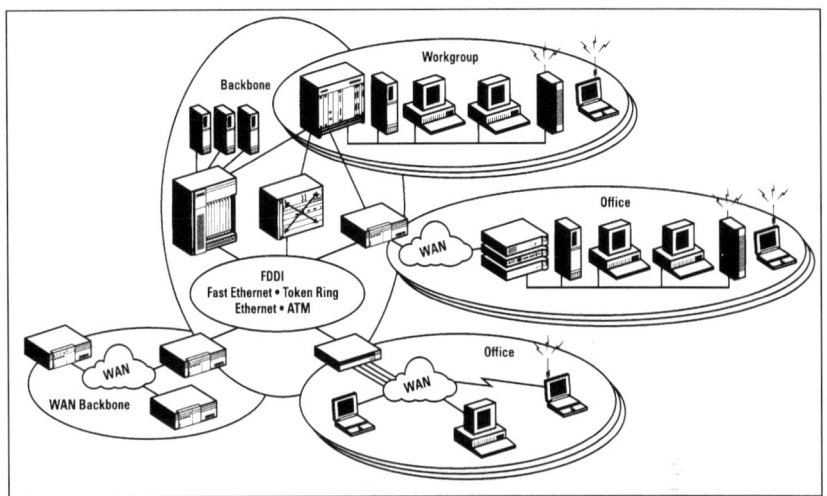

Bild 2.3: *Ein Firmennetzwerk kann sich aus verschiedenen LANs zusammensetzen, die über unterschiedliche WAN-Verbindungen gekoppelt sind.*

Das grundlegende Unterscheidungsmerkmal zwischen LANs und WANs ist, dass WANs als so genannte *Breitbandsysteme* realisiert werden. SDH (Synchrone Digitale Hierarchie) oder SONET (Synchronous Optical Network), wie es in Amerika bezeichnet wird, ist die in WANs vorherrschende Carrier-Technologie für den Transport verschiedener digitaler Dienste wie ISDN, ATM, oder auch 10-Gigabit-Ethernet. Es bildet gewissermaßen die entsprechenden Übertragungsrahmen für die unterschiedlichsten Dienste und fungiert dabei als Transitsystem mit verschiedenen Multiplex- und Codierungsverfahren.

Die klassischen Systeme wie Frame-Relay, ISDN und ATM werden dabei zunehmend durch die in LANs allgegenwärtige Ethernet-Technologie ersetzt. Im WAN-Bereich ist hierfür momentan 10 Gigabit (10GE) als Standard zu betrachten.

Einige Anbieter von xDSL-Anschlüssen (z.B. Telekom, Vodafone, QSC, HanseNet) können neben der für den Privatkunden gebräuchlichen Variante (ADSL) auch welche (SDSL, VDSL) für Geschäftskunden zur Verfügung stellen, wofür oftmals eigene weltumspannende Hosting-Netze genutzt werden, so dass WAN-Topologien recht einfach zu realisieren sind.

Neben LANs und WANs gibt es quasi ein „Mittelding", welches als *Metropolitan Area Network* – kurz MAN – bezeichnet wird. Diese Architektur dient zur Verbindung von LANs innerhalb eines (Groß-) Stadtbereiches. Die Grenzen zwischen einem MAN und einem WAN sind dabei fließend, und daher sagt allein die Bezeichnung MAN im Prinzip nichts Konkretes aus. Die Unterscheidung in LAN-, MAN- und WAN-Topologien erscheint heutzutage deshalb auch kaum mehr sinnvoll.

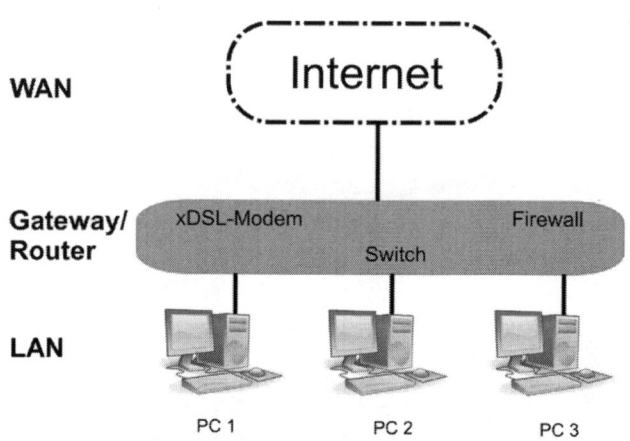

Bild 2.4: *Ein LAN wird über ein Gateway/Router, was im einfachsten Fall einem ADSL-Modem entspricht, an das WAN angeschlossen.*

Letztendlich werden LANs mithilfe von Geräten (xDSL) eines (Breitband-) Anbieters an das WAN schlechthin – eben das Internet – angeschlossen. Die etablierten Wege des Internets (Hosting-, Carrier-Netze) werden dabei mit unterschiedlichen Zugriffmechanismen, Prozessen und Diensten genutzt.

2.3 Demilitarized Zone - DMZ

Die Verbindung eines LANs mit dem Internet (WAN) wird mit einem Gateway/Router hergestellt (Bild 2.4), wobei es sich im einfachsten Fall – beim Privatanwender – um ein ADSL-Modem handelt. An dieser zentralen Schnittstelle ist außerdem eine Firewall zu platzieren, die als separates Gerät (Server, Appliance) ausgeführt oder auch gleich mit im xDSL-Modem integriert sein kann, um das LAN somit vor unerwünschten Zugriffen aus dem Internet abzuschotten.

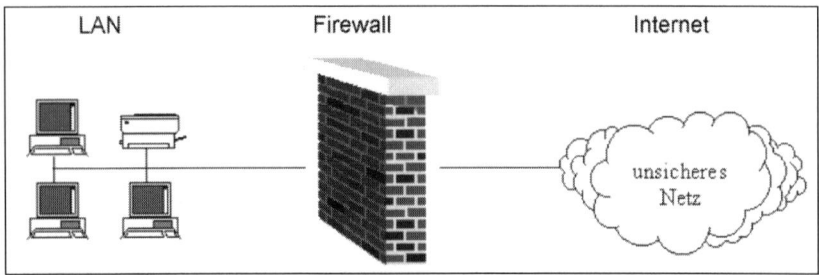

Bild 2.5: *Eine Netzwerk-Firewall befindet sich an der Schnittstelle zwischen einem LAN und dem Internet.*

Aus zusätzlichen Sicherheitsgründen wird oftmals neben der LAN-Zone eine weitere eingeführt, die sich gewissermaßen zwischen WAN und LAN befindet und üblicherweise als *DeMilitarisierte Zone* (DMZ) bezeichnet wird.

 **Hinweis: Mit DMZ wird ein Netzwerk mit sicherheitstechnisch kontrollierten Zugriffmöglichkeiten auf die daran angeschlossenen Server bezeichnet.**

Die in der DMZ platzierten Systeme werden durch Filterregeln gegen die anderen Netze (LAN, Internet) abgeschirmt. Durch diese Trennung kann der Zugriff auf öffentlich erreichbare Dienste (Web-, Mail-Server) gestattet und gleichzeitig das interne Netz vor unberechtigten Zugriffen geschützt werden. UTM-Appliances (Netzwerk-Firewall) verfügen üblicherweise mindestens über einen separaten Netzwerkanschluss, der explizit für eine DMZ vorgesehen ist.

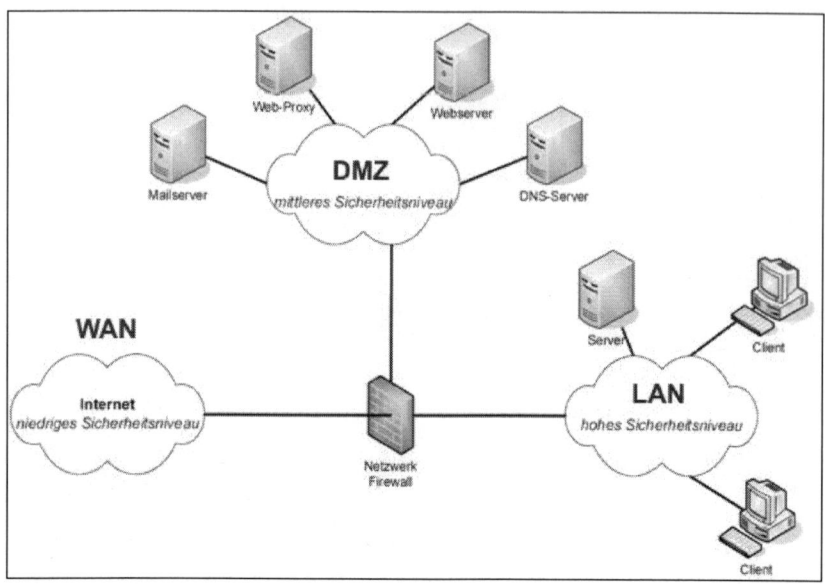

Bild 2.6: *In der DMZ sind Server angeschlossen, die vom Internet aus erreichbar sein sollen.*

2.4 Virtual Local Area Network - VLAN

Die Bezeichnung *Virtual Local Area Network* (VLAN) soll zum Ausdruck bringen, dass es sich dabei um ein scheinbar eigenes Netzwerk innerhalb eines LANs oder auch WANs (VPN) handelt.

Mit Hilfe von VLANs werden räumlich verteilte Computer zu Arbeitsgruppen zusammengefasst, etwa eine Gruppe der Buchhaltung, eine der Produktion und eine der Entwicklungsabteilung. Router und mitunter auch einige Managed Switches (Layer-3-Switch) bieten die Möglichkeit, die Ports einem oder auch mehreren VLANs zuordnen zu können.

Durch die Aufteilung eines LANs in VLANs ist es möglich, den Gruppen bzw. den jeweils dazugehörigen Ports unterschiedliche Prioritäten einzuräumen. Die Zusammenfassung bestimmter Clients zu einem VLAN kann zu einem geringeren Datenverkehr innerhalb eines LANs führen, da beispielsweise die Daten der Buchhaltung nicht im VLAN der Entwicklungsabteilung transportiert werden, was auch zu zusätzlicher Sicherheit führt.

Die Kommunikation von einem VLAN zu einem anderen ist gewissermaßen ein Umweg, der stets über einen Router führt, wie es im Bild 2.7 gezeigt ist. Dies war auch einer der Gründe für die Entwicklung der Layer-3-Switches, die von der Funktion her einem Router entsprechen.

Demnach muss man sich bei der Planung von VLANs einige Gedanken machen und kann hier nicht einfach diese oder jene Port-Zuordnung treffen, die bei Nichtbeachtung der typischen Wege innerhalb eines Geschäftsnetzes den Datenverkehr letztendlich gehörig ausbremsen und auch sicherheitstechnisch bedenklich werden kann, wenn etwa die Gehaltskonten der Mitarbeiter in der Entwicklungsabteilung auftauchen.

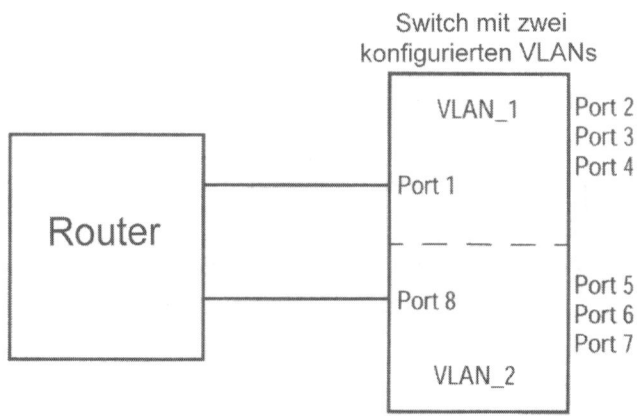

Bild 2.7: Die Ports 1 bis 4 des Switch gehören zum VLAN_1 und die Ports 5 bis 8 zum VLAN_2. Die Kommunikation der Clients, die an die jeweiligen Ports angeschlossen sind, findet nur innerhalb des jeweiligen VLANs statt, und falls ein Client vom Port 4 zu einem an Port 7 kommunizieren will, geht dies nur über den Weg »Port 1 zum Router« und »Router zum Port 8«.

Computer, die zu einem bestimmten VLAN gehören, sind den jeweiligen Gruppendefinitionen untergeordnet, die eine eigene Broadcast-Domain bilden. Je nach Switch-Typ sind eine unterschiedliche Anzahl von VLANs möglich, und die Mitglieder können zu einem oder auch zu mehreren VLANs gehören.

Alle aktuellen Switches, die die Möglichkeit von VLANs bieten, entsprechen dem Standard IEEE 802.1Q, wobei es auch ältere, herstellerspezifische VLAN-Realisierungen gibt. Während Geräte nach dem aktuellen IEEE-Standard mehrere VLANs über einen einzigen Link bilden können, gilt dies nicht für die älteren VLANs, bei denen stets separate Links für ein VLAN notwendig sind.

Wenn ein VLAN über LAN-Grenzen hinweg, also auch über WAN-Verbindungen (Internet), realisiert wird, führt dies automatisch zu den so genannten *Virtual Private Networks*.

2.5   Virtual Private Network - VPN

Mit der VPN-Technik ist es möglich, eine Verbindung zwischen einem Home-Office und dem Firmennetzwerk herzustellen (Site-to-End) oder auch ganze Unternehmensstandorte miteinander zu koppeln (Site-to-Site). Hierfür wird über das Internet ein gesicherter Tunnel zwischen den Teilnehmern aufgebaut, der einen abhörfreien Datentransfer ermöglicht.

Der Vorteil gegenüber den klassischen WAN-Lösungen mit Standleitungen (Frame-Relay, ATM, ISDN) ergibt sich durch die weitaus geringeren Kosten, weil mit einem VPN das Internet als Verbindungsmedium genutzt wird.

Als Nachteile können längere Paketlaufzeiten, der Aufwand für die rechenintensive Verschlüsselungstechnik und die mitunter etwas umständlichere Handhabung mit der notwendigen Software und deren sichere Konfigurierung angesehen werden.

Die häufigste VPN-Anwendung ist der Zugriff von Mitarbeitern, die momentan mit ihren Laptops oder auch anderen webfähigen Endgeräten unterwegs sind, auf firmeninterne Daten. Hierfür wird auf den mobilen Geräten Software in Form eines VPN-Client und auf der Seite zum Firmennetz hin ein VPN-Server benötigt. Vielfach arbeitet die VPN-Serversoftware (Bild 2.8) in einer UTM-Appliance, die auch als Firewall fungiert.

Als Verschlüsselungsprotokolle für VPN sind TLS (Transport Layer Security), welches unter der Bezeichnung SSL (Secure Sockets Layer) eher bekannt ist und IPsec (Internet Protocol SECurity) die gebräuchlichsten. TLS bzw. SSL arbeitet auf der Transportschicht (Layer 4) und IPsec auf der Internet-Schicht   (Layer 3). Daneben sind für VPNs noch das klassische PPTP (Point-to-Point Tunneling Protocol, Layer 4) sowie L2TP, das *Layer 2 Tunneling Protocol* einsetzbar.

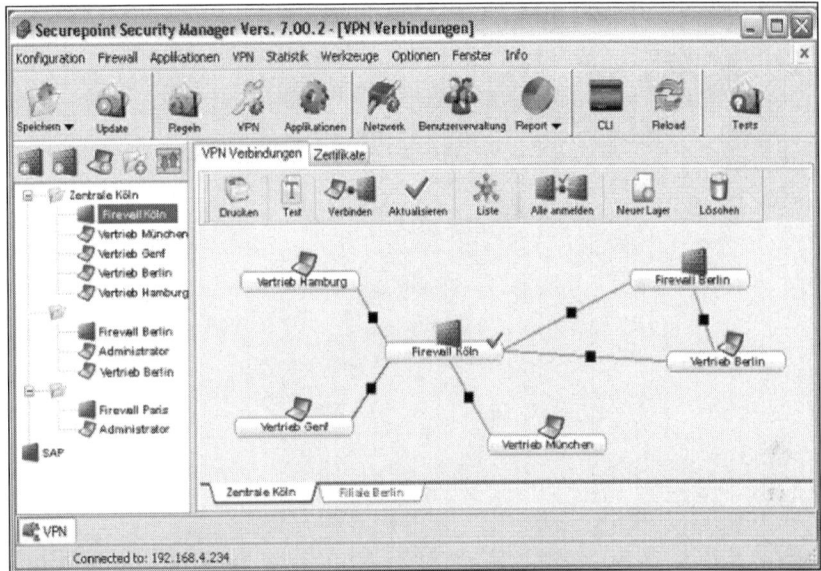

Bild 2.8: *Die Verwaltung von VPN-Verbindungen einer Firma.*

Für den Aufbau einer SSL-basierten VPN-Verbindung ist lediglich ein üblicher Internet-Browser, also keine spezielle Client-Software wie bei der Verwendung von IPsec, notwendig. Ein weiterer Vorteil ist, dass damit alle möglichen Endgeräte wie auch PDAs und Handys, die internetfähig sind, einfach mit ihrem jeweiligen Browser auf den SSL-fähigen Webserver per https (statt per http) zugreifen können.

Da diese Methode im Transport Layer (4) arbeitet, kann per SSL-VPN standardmäßig nur auf Webinhalte, nicht jedoch auf die Dateiebene zugegriffen werden. Abhilfe würde hierfür ein VPN-Server schaffen, den der Anwender dann per *Remote File Access* nutzen kann.

Die Securepoint-Appliances erlauben mit einem OpenVPN-Client den Zugriff auf die Firewall, die dann mithilfe einer entsprechenden Regel den Zugriff auf das dahinter liegende LAN gestattet, sodass hiermit der Nachteil von SSL-basierten VPN-Verbindungen beseitigt wird.

61

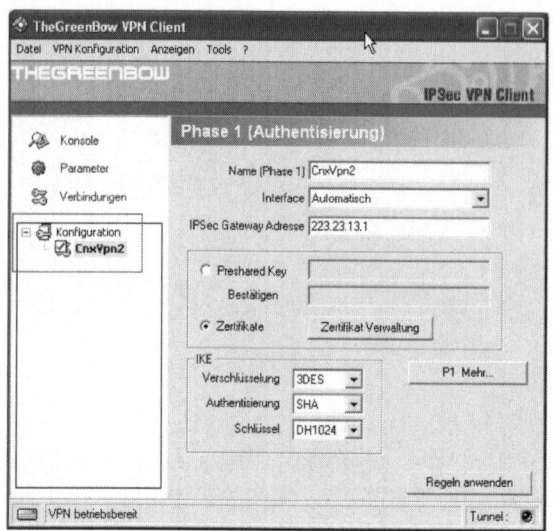

Bild 2.9: *Konfigurierung der IPsec-VPN-Verbindung mit dem VPN-Client.*

IPsec arbeitet, wie es die Bezeichnung impliziert, auf IP-Ebene, so dass hiermit beispielsweise ein Heimnetzwerk mit dem Netzwerk der Firma verbunden werden kann und der Anwender von zuhause aus wie gewohnt mit seinen Firmendaten und Anwendungen arbeiten kann. Bekannte IPsec-Clients für VPNs stammen von TheGreenBow (Bild 2.9) und NCP Communication, die es auch als zeitlich limitierte, kostenlose Versionen gibt.

2.6 Wireless Local Network - WLAN

Mit *Wireless Local Area Networks* werden die drahtlosen Ethernet-Implementierungen bezeichnet. Daneben gibt es noch einige andere drahtlose Realisierungen für Netzwerke (DECT, Bluetooth, HomeRF), die jedoch nicht mit berücksichtigt werden.

An vielen zentralen Orten wie etwa Bahnhöfen, Flughäfen, Coffee Shops und Restaurants sind so genannte Hot Spots installiert, die von entsprechenden WLAN-fähigen mobilen Geräte (Laptops, PDAs) genutzt werden können.

Neben diesem mobilen Aspekt werden WLANs generell auch dort installiert und genutzt, wo keine Kabel verlegt werden können oder sollen. Also auch daheim, wo man nicht die Wände aufstemmen will, nur um ein paar PCs netzwerktechnisch miteinander zu koppeln.

Im Jahre 1997 wurde der erste WLAN-Standard unter IEEE 802.11 (vgl. Tabelle 2.1) festgeschrieben. Geräte laut IEEE 802.11 bieten eine Datenrate von 1 MBit/s und einige der späteren von maximal 2 MBit/s. Die Weiterentwicklungen davon sind IEEE 802.11b mit maximal 11 MBit/s sowie IEEE 802.11g mit bis zu 54 MBit/s. Diese Standards arbeiten im 2,4 GHz-Frequenzband. Daneben existierten auch zwei IEEE 802.11-Standards für das 5 GHz-Band, die ebenfalls bis zu 54 MBit/s erreichen, wobei diese Implementierungen (a, h) jedoch weniger gebräuchlich sind.

Einheiten nach dem neueren Standard IEEE 802.11n werden in MIMO-Technik (Multiple Input Multiple Output) realisiert. Dabei wird das Datensignal auf verscheidene Kanäle verteilt, was meist anhand mehrerer Antennen am Gerät unmittelbar zu erkennen ist. Hiermit sind dann Übertragungsraten von 135-600 MBit/s möglich, wobei sich diese Version als abwärtskompatibel zu IEEE 802.11b und IEEE 802.11g darstellt. Je nach unterstütztem Modus schaltet der leistungsfähigere Gegenpart in eine der langsameren Betriebsarten um.

Anders als Kabel-basierte Netzwerklösungen weisen WLANs von der Stabilität und der Leistung her einige Nachteile auf, doch sie sind auch nicht dazu gedacht, die üblichen LANs zu ersetzen. Vielmehr stellen WLANs eine Ergänzung oder auch Erweiterung der bestehenden Netze dar.

Grundsätzlich gilt, dass die angegebenen Datenübertragungsraten allesamt als Brutto-Datenraten zu verstehen sind, und was davon als Nutzdatenrate – quasi auf IP-Ebene – übrig bleibt, ist von mehreren Faktoren abhängig. Zunächst ist dem Protokoll-Overhead entsprechend Rechnung zu tragen, und das Zugriffsverfahren (CSMA/CA) erfordert einen gewissen Verwaltungsaufwand, der mit steigender Geräteanzahl zunimmt. Außerdem ist die Datenrate auch von der Entfernung abhängig; sie wird mit größerem Abstand geringer, und die Geräte schalten automatisch einen oder mehrere »Gänge« herunter.

Im günstigsten Fall erreicht man mit WLANs laut IEEE 802.11b statt der theoretischen 10 MBit/s ungefähr gerade mal die Hälfte, und von 54 MBit/s der neueren WLAN-Realisierungen bleiben im Idealfall noch 32 MBit/s übrig.

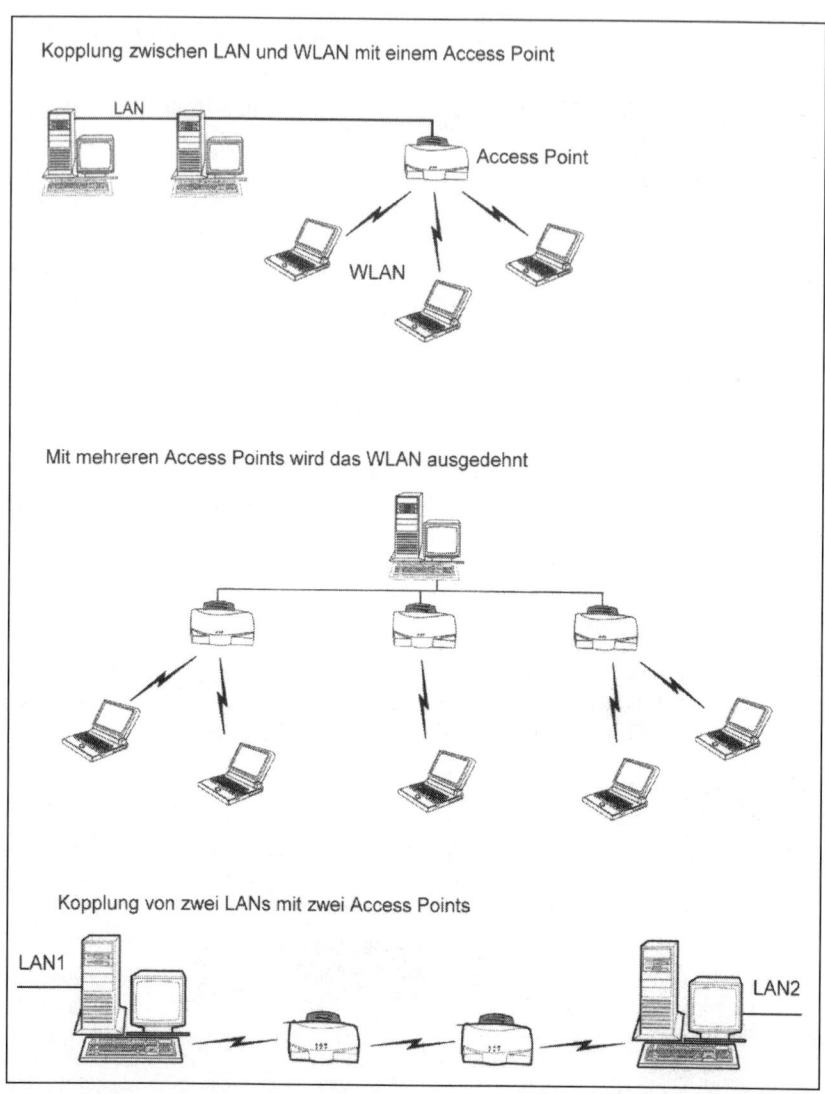

Bild 2.10: *WLAN-Realisierungen mit Access Points.*

Aktuelle Notebooks, Netbooks und andere mobile Geräte verfügen bereits von Hause aus über ein WLAN-Interface, so dass sie unmittelbar mit einem geeigneten Gegenpart kommunizieren können. In den meisten Fällen wird dies ein Access Point sein, der ebenfalls über einen oder mehrere LAN-

Anschlüsse (Switch) verfügt und somit die mobilen Clients funktionstechnisch im LAN integrieren kann.

Bild 2.11: *Diese Fritz! Box der Firma AVM beinhaltet einen WLAN-Access-Point, einen Router mit LAN-Switch sowie ein DSL-Modem.*

2.7 Netzwerkprotokolle – TCP/IP

Die in einem Netzwerk vorhandenen Einheiten verständigen sich anhand eines Protokolls über die Art des Datenaustausches und wie die Daten selbst zu interpretieren sind. Außerdem bestimmen diese Protokolle, wie mit beschädigten oder auch unvollständigen Datenpaketen zu verfahren ist.

Trotz der Unterschiede, die es bei verschiedenen Protokollen gibt, können mehrere davon gleichzeitig über dasselbe Übertragungsmedium (Netzwerkkarte Kabel, Switches usw.) abgewickelt und ein und dasselbe Gerät über verschiedene Protokolle benutzt werden. Nach Möglichkeit sollte in einem Netzwerk darauf geachtet werden, dass hier kein »Wildwuchs« an eingesetzten Protokollen entsteht, da jedes Protokoll eines gewissen Bearbeitungsaufwandes bedarf und somit auch zusätzlichen Netzwerkverkehr (traffic) erzeugt, der das Netzwerk belastet. Am günstigsten ist es demnach, wenn nur ein einziges Protokoll im LAN verwendet wird. Praktisch für jede Netzwerkeinheit – und dies weltweit – eignet sich TCP/IP, welches deshalb im Folgenden ausschließlich betrachtet wird, zumal andere Protokolle wie NetBEUI oder IPX/SPX nur noch in Ausnahmefällen zur Anwendung kommen.

Das *Transmission Control Protocol/Internet Protocol* ist eine Protokoll-Familie für die Kommunikation zwischen unterschiedlichen Computer-systemen. Spätestens seit der starken Verbreitung des Internet stellt TCP/IP das Standard-Protokoll – oder genauer *die* Protokoll-Familie – in der Netzwerktechnik dar. Sie besteht aus rund 500 einzelnen Protokollen, wovon hier nur die wichtigsten kurz besprochen werden können.

TCP/IP gibt es bereits seit Anfang der siebziger Jahre, wenn auch damals noch nicht mit dem heutigen Funktionsumfang. Es wurde vor dem OSI-Schichtenmodell definiert, welches sich durchaus an TCP/IP orientiert hat. TCP/IP definiert bzw. verwendet jedoch nicht sieben, sondern nur vier Schichten, die dann mehrere Funktionen übernehmen.

TCP/IP Schicht	OSI-Schicht	TCP/IP-Bezeichnung	Funktionen	Dienste/ Anwendungen
4	6 und 7	Anwendungsschicht	WinSock, NetBIOS	FTP, Telnet, E-Mail, http, X-Window
3	4	Transportschicht	TCP, UDP	Kommunikation
2	3	Internetschicht	IP, ARP, ICMP, IGMP, RIP, PPP	Ping, Multicast
1	2 und 1	Netzwerkschicht	LAN, WAN	Bitübertragung

Tabelle 2.3: Die einzelnen Schichten und Funktionen bei TCP/IP.

In der Netzwerkschicht findet die Bitübertragung statt, wobei hier Ethernet die gebräuchlichste Realisierung ist. In der darüberliegenden Schicht ist das IP (Internet Protocol) für die Adressierung und Versendung der Datenpakete verantwortlich. Es arbeitet im Gegensatz zum TCP in der Schicht 3 (bzw. OSI-Schicht 4) als verbindungsloses Protokoll.

Dem *Internet Protocol* (IP) kommen bei der Adressierung, der Vermittlung und dem Verbindungsaufbau zwischen den Kommunikationspartnern weitere Protokolle zur Hilfe, wie das *Address Resolution Protocol* (ARP) für die Umsetzung der logischen IP-Adresen in die MAC-Adressen (siehe Kapitel 2.7.2)

Des Weiteren finden sich in der Internetschicht das *Internet Control Message Protocol* (ICMP) sowie das *Internet Group Management Protocol*

(IGMP). ICMP wird für die Übertragung von kurzen Nachrichten verwendet, wobei es sich dabei in erster Linie um Status- und Fehlerinformationen handelt. Der Befehl Ping, der sich stets als nützlich für die Detektierung von Netzwerkeinheiten erweist, nutzt beispielsweise dieses Protokoll.

Um Daten gleich an eine Gruppe von Computern zu übertragen, was auch unter *Multicast Messages* firmiert, wird IGMP verwendet, was z.B. für Videokonferenzen im Internet einsetzbar ist.

TCP ist auf der vierten OSI-Schicht lokalisiert und gilt als verbindungs-orientiertes Protokoll, d.h., während der Datenübertragung wird eine Kontrollfunktion zwischen den Partnern ausgeführt, wodurch es sehr zuverlässig ist, weil keine Daten verloren gehen können. Dies fordert seinen Tribut in Form eines gewissen Daten-Overhead für die Kontroll- und Fehler-erkennungsmechanismen, so dass bei einigen Anwendungen stattdessen das *User Datagram Protocol* (UDP) zum Einsatz kommt, wie etwa für relativ kurze Netzwerkmeldungen. Beispiele hierfür sind das *Simple Network Management Protocol* (SNMP) und das *Routing Information Protocol* (RIP).

UDP wird auch für größere Datenmengen eingesetzt, bei denen es in erster Linie auf Geschwindigkeit und weniger auf eine garantierte »Datenechtheit« ankommt. Den Geschwindigkeitsvorteil gewinnt es durch den Umstand, dass es ein verbindungsloses Protokoll ist, und daher wird es bevorzugt für die Übertragung von Audio- und Videodaten (Real Audio/Video) im Internet verwendet.

TCP/IP betrifft darüber hinaus die OSI-Schichten 6-7, die solche Dienste wie die Übertragung von Dateien zwischen unterschiedlichen Computersystemen (FTP, File Transfer Protocol) für eine einfache Terminal-zu-Terminal-Verbindung (TP, Telnet Protocol) und für die Nachrichtenübermittlung (SMTP, Simple Mail Transfer Protocol) zur Verfügung stellen.

Für die oberste Schicht von TCP/IP gibt es verschiedene Programmierschnittstellen (APIs: Application Programming Interfaces), wie beispielsweise die *Windows Sockets* (WinSock), auf die Anwendungen wie das *File Transfer Protocol* (FTP), Email oder auch das *Hypertext Transfer Protocol* (HTTP) aufsetzen. Des Weiteren ist hier NetBIOS angesiedelt, welches als NetBIOS over TCP/IP die Verbindung zur darunterliegenden Transportschicht übernimmt.

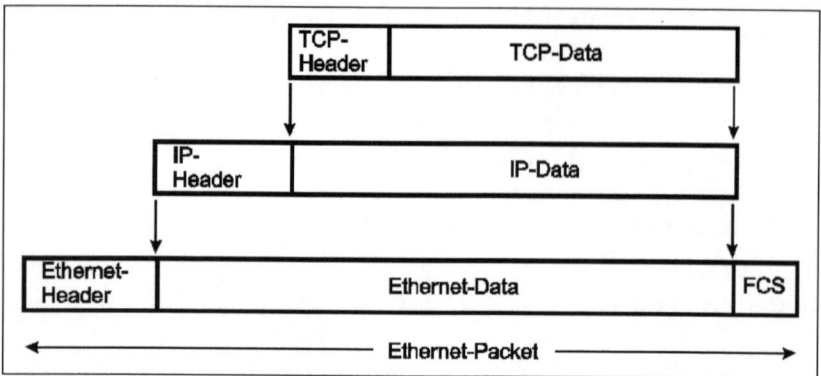

Bild 2.12: *Die Daten auf dem Weg durch die Schichten.*

Im Bild 2.12 wird gezeigt, wie man sich den Datentransport über die Schichten vorstellen kann, wobei die verschiedenen Protokolle den eigentlichen Dateninhalt nicht verändern, sondern die Daten in definierte kleinere Datenteile zerlegen sowie Prüf- und Fehlerkorrekturmechanismen anwenden und die jeweiligen Datenpakete dann mit entsprechenden Headers versehen.

2.7.1 Ports

Das gezielte Ansprechen bestimmter Protokolle auf den höheren Schichten über TCP und UDP erfolgt durch *Ports*, auch als *Sockets* bezeichnet. Die Bedeutungen der möglichen Funktionen und Dienste unterscheiden sich dabei bei TCP und UDP. Die wichtigsten (*Well Known Ports*) sind in der folgenden Tabelle angegeben.

Port Nr.	Protokolle	Bezeichnung	Bedeutung/Funktion
7	TCP, UDP	echo	Test
11	TCP	sysstat	Aktive User
13	TCP, UDP	daytime	Tagesquoten
20	TCP	ftp-data	Daten des File Transfer Protokolls
21	TCP	ftp	File Transfer Protocol
22	TCP	ssh	SSH Remote Login Protocol

Port Nr.	Protokolle	Bezeichnung	Bedeutung/Funktion
23	TCP	telnet	Terminaldienst
25	TCP	Mail, SMTP	Simple Mail Transfer Protocol
42	TCP, UDP	nameserver	Host Name Server
43	TCP	nickname	Whois, Anfrage für Clients, Domänen
53	TCP, UDP	domain	Domain Name Server
69	UDP	tftp	Trivial File Transfer Protocol
70	TCP	gopher	Älterer Informationsdienst
79	TCP	finger	Nutzer eingeloggt?
80	TCP	http	World Wide Web
88	TCP, UDP	kerberos sec	Sicherheitsdienst
110	TCP	pop3	Post Office Protocol Version 3
137	TCP/UDP	netbios	NetBIOS-Namensdienst
138	TCP/UDP	netbios	NetBIOS-Datagrammdienst
139	TCP/UDP	netbios	NetBIOS-Sitzungsdienst
143	TCP	imap4	Internet Message Access Protocol
162	UDP	snmp	Simple Network Management Protocol
389	TCP	ldap	Lightweight Directory Access Protocol
445	TCP/UDP	microsoft-ds	Windows 2000/XP/Vista/7 SMB

Tabelle 2.4: Die Ports werden für unterschiedliche Dienste verwendet.

Insgesamt stehen jeweils 65535 verschiedene Ports für TCP und UDP zur Verfügung. Neben den reservierten und standardisierten *Well Known Ports*, die den Bereich von 1 bis 1023 abdecken, werden außerdem so genannte *Registered Ports* (1024-49151) und *Dynamically Allocated Ports* (49152-65535) definiert.

Die *Registered Ports* werden üblicherweise für bestimmte Dienste als „Nebenstellen" zusätzlich zu den bekannten Ports verwendet, etwa der Port 3128 für Proxy-Server als Alternative zu http (Port 80) oder die Ports 1433 und 1434 für Microsofts SQL-Server. Die *Dynamically Allocated Ports* sind ebenfalls als „Nebenstellen" zu betrachten, werden jedoch stets dynamisch verwendet und erlauben demnach keine Zuordnung zu bestimmten Diensten.

Weil Ports quasi offene Tore darstellen können, bilden sie auch ein potentielles Sicherheitsrisiko für Angreifer wie Würmer oder Trojaner, denn mithilfe eines Port-Scanners kann sehr leicht festgestellt werden, welche Ports eines PC offen sind.

2.7.2 MAC-Adressen

Eine IP-Adresse wird stets auf einer MAC-Adresse abgebildet. Dies bedeutet, dass bei einem Datenaustausch in einem Netzwerk erst die zu einer bestimmten IP-Adresse gehörende MAC-Adresse gesucht wird, was durch das *Address Resolution Protocol* (ARP) erfolgt, bevor die Übertragung beginnen kann.

Die *Media Access Control Address* (MAC) stellt eine nicht veränderbare Adresse dar, die beispielsweise bei einer Netzwerkkarte vom jeweiligen Hersteller im Netzwerkcontroller festgelegt worden ist.

Die MAC-Adressen, die mitunter auch als *physikalische oder physische Adressen* bezeichnet werden, werden zentral verwaltet und vergeben, so dass sie sich weltweit stets als einmalig darstellen (sollten). Sie bestehen aus zwölf hexadezimalen Ziffern zu sechs Blöcken.

```
C:\Users\Klaus>ipconfig /all

Windows-IP-Konfiguration

    Hostname  . . . . . . . . . . . . : Klaus-PC
    Primäres DNS-Suffix . . . . . . . :
    Knotentyp . . . . . . . . . . . . : Hybrid
    IP-Routing aktiviert  . . . . . . : Nein
    WINS-Proxy aktiviert  . . . . . . : Nein

Ethernet-Adapter LAN-Verbindung:

    Verbindungsspezifisches DNS-Suffix:
    Beschreibung. . . . . . . . . . . : Realtek PCIe GBE Family Controller
    Physikalische Adresse . . . . . . : 40-61-86-99-F3-CA
    DHCP aktiviert. . . . . . . . . . : Nein
    Autokonfiguration aktiviert . . . : Ja
    IPv4-Adresse  . . . . . . . . . . : 192.168.0.11(Bevorzugt)
    Subnetzmaske  . . . . . . . . . . : 255.255.255.0
    Standardgateway . . . . . . . . . : 192.168.0.110
    DNS-Server  . . . . . . . . . . . : 213.191.92.84
    NetBIOS über TCP/IP . . . . . . . : Aktiviert
```

Bild 2.13: *Die Anzeige der MAC-Adresse (Physikalische Adresse) und sonstiger Netzwerkeinstellungen mit IPCONFIG /ALL.*

Unter Windows kann man sich die MAC-Adresse des eingebauten Netzwerkadapters und weitere nützliche Angaben zur Netzwerkkonfiguration grundsätzlich mit *ipconfig /all* von der MS-DOS-Eingabeaufforderung (Bild 2.13) aus anzeigen lassen. Bei Windows 7 ist dies auch über STATUS VON LAN-VERBINDUNG und Selektierung von DETAILS einsehbar.

2.8 Aufbau und Einstellung von IP-Adressen

Eine IP-Adresse besteht aus einem 32-Bit langen Feld, wobei jede Zahl kleiner als 256 ist und jeweils durch Punkte getrennt wird (Dotted Decimal Notation, DDN). Die IP-Adresse setzt sich aus zwei Teilen zusammen: der Netzwerk- und der Hostadresse, die mitunter auch als *Rechneradresse* bezeichnet wird. Eine IP-Adressse wird dabei stets in Dezimalzahlen zu vier Böcken, durch einen Punkt voneinander getrennt, angegeben. Ein Block wird auch als Oktett bezeichnet.

Die Netzwerkadresse bildet den vorderen (linken) Teil, während der hintere Teil (rechts) von der Hostadresse gebildet wird. Anhand der Netzwerkadresse wird das gesamte Netz bzw. ein Teilnetz (Subnet) angesprochen, nicht aber ein einzelner Host. Der zweite Teil ist die Hostadresse, die innerhalb der jeweiligen Institution (lokal) etwa für einen PC vergeben wird.

Durch diese Aufteilung ist es möglich, beispielsweise einer Firma eine Netzwerkadresse zuweisen zu können, die dann – je nach Klasse – eine bestimmte Anzahl von Host-Adressen zur Verfügung hat. Ein Beispiel:

Netz- Host-Adresse

134.28.56.10

Der PC mit dieser IP-Adresse befindet sich demnach im gleichen Netzwerk wie einer mit der Adresse 134.28.56.56. Ein PC mit der Adresse 134.30.60.10 befindet sich hingegen in einem anderen Netz, was einen Routing-Vorgang – eine Wegfindung – zur Folge hat, der per Router bzw. per Gateway erfolgt.

Die Router-Adresse muss sich dabei im gleichen Netzwerk wie die der Clients befinden, damit die Wegfindung stattfinden kann. Auf der anderen Seite – beispielsweise zum Internet hin – ist das Gateway mit einer entsprechenden Adresse Mitglied in einem anderen Netz. Üblicherweise wird als Gateway ein eigenständiges Gerät oder ein separater Computer für diese Funktion abgestellt. Ein im LAN befindlicher Server mit einer Verbindung zum Internet kann diese Funktion ebenfalls übernehmen.

Prinzipiell existieren fünf verschiedene Klassen von IP-Adressen, wobei in der Praxis jedoch nur drei – die Klassen A bis C – für die manuelle Vergabe eingesetzt werden. Die Klasse D ist für Multicast-Anwendungen (z.B. RIP) und die Klasse E für Testzwecke vorgesehen.

Klasse	Bits	Netzwerk-ID	Host-ID
A	0	W	X.Y.Z
B	10	W.X	Y.Z
C	110	W.X.Y	Z

Tabelle 2.5: *Die Auflösung der Adressklassen.*

Anhand der ersten beiden Bits ist erkennbar, welcher Klasse eine bestimmte IP-Adresse entspricht, während die Abtrennung durch die Punkte keinen unmittelbaren Rückschluss darüber erlaubt, welcher Teil der Netz- und welcher der Hostadresse entspricht, wobei die Adressen oftmals auch als IDs (Identifiers) bezeichnet werden.

Bei Adressen der Klasse A wird das erste Oktett (die ersten 8 Bit) für die Netzwerk-ID verwendet, bei Adressen der Klasse B werden das erste und das zweite Oktett (16 Bit) und bei Adressen der Klasse C die ersten drei (24 Bit) verwendet, woran sich dementsprechend die Host-IDs anschließen, wie es auch in der Tabelle 2.6 gezeigt ist.

Klasse	Bereich	Netzadressen	Hostadressen in einem Netz
A	0-127	126	16.777.214
B	128-191	16.384	65.534
C	192-223	2.097.152	254
D	224-247	-	-
E	248-255	-	-

Tabelle 2.6: *Die Internet-Adressklassen und die sich daraus ergebende maximale Anzahl von Netz- und Hostadressen.*

Die Adressen der Klasse A wurden hauptsächlich in der Vergangenheit festgelegt und lassen einen großen Freiraum für die Adressenvergabe innerhalb eines Unternehmens oder Verbundes zu, da hiermit relativ große Netze aufgebaut werden können. Üblich sind heute Adressen der Klasse B und C, wobei einige für spezielle Aufgaben (Broadcast, Loopback) reserviert sind.

Klasse	Anfang	Ende
A	0.0.0.0	127.0.0.0
B	128.0.0.0	191.255.0.0
C	192.0.0.0	223.255.255.0

Tabelle 2.7: *Die Adressintervalle der verschiedenen Klassen.*

Adressen der Klasse A sind im Prinzip bereits alle vergeben, beispielsweise an Firmen wie IBM, Hewlett-Packard und Apple, was auch für Adressen der Klasse B gilt, die insbesondere von Firmen wie Exxon und Microsoft belegt sind. Demnach ist nur noch eine begrenzte Anzahl von Adressen der Klasse C verfügbar, die vielleicht noch nicht belegt, aber bereits für Institutionen oder Provider reserviert sind.

Bei der Klasse C umfasst die Netzwerk-ID 24 Bits, und da die ersten drei Bits stets den Wert 110 aufweisen, bleiben noch 21 Bits verfügbar, was ca. 2,1 Millionen unterschiedliche Netzwerkadressen (2^{21}) bedeutet. Innerhalb eines Netzes sind dann jeweils 8 Bit (das letzte Oktett) für die Selektierung der Hosts möglich, was somit theoretisch 256 (2^8) davon erlaubt. Per Definition darf eine Host-ID jedoch weder komplett 0 (00000000) noch komplett 1 (11111111) sein, was daher 254 erlaubte Hosts innerhalb eines Netzes bedeutet.

 **Achtung: Eine Host-ID darf weder den Wert 0 noch den Wert 255 aufweisen, so dass es stets zwei Adressen weniger als theoretisch möglich gibt.**

2.8.1 Reservierte und private IP-Adressen

Es existieren einige spezielle IP-Adressen, die für bestimmte Funktionen reserviert sind und nicht für Hosts vergeben werden dürfen:

0.0.0.0: Bezeichnet den eigenen Host im betreffenden Netzwerk. Eine Adresse von 134.28.0.0 bezieht sich auf den Host selbst im Netzwerk 134.28.

127.0.0.1: Loopback-Adresse

Diese IP-Adresse entspricht grundsätzlich der eigenen Host-Adresse. Also kann hiermit die TCP/IP-Funktion einer Netzwerkkarte z.B. mit Ping getestet werden. Mit der Eingabe von *ping 127.0.0.1* wird ein Testpaket initiiert, welches die Schichten in beiden Richtungen durchläuft.

```
Eingabeaufforderung                                              _ □ ×
Microsoft Windows [Version 6.1.7600]
Copyright (c) 2009 Microsoft Corporation. Alle Rechte vorbehalten.

C:\Users\Klaus>ping 127.0.0.1

Ping wird ausgeführt für 127.0.0.1 mit 32 Bytes Daten:
Antwort von 127.0.0.1: Bytes=32 Zeit<1ms TTL=128
Antwort von 127.0.0.1: Bytes=32 Zeit<1ms TTL=128
Antwort von 127.0.0.1: Bytes=32 Zeit<1ms TTL=128
Antwort von 127.0.0.1: Bytes=32 Zeit<1ms TTL=128

Ping-Statistik für 127.0.0.1:
    Pakete: Gesendet = 4, Empfangen = 4, Verloren = 0
    (0% Verlust),
Ca. Zeitangaben in Millisek.:
    Minimum = 0ms, Maximum = 0ms, Mittelwert = 0ms

C:\Users\Klaus>
```

Bild 2.14: *Testen der TCP/IP-Funktion mit der Loopback-Adresse.*

224.0.0.1: Entspricht einer Multicast-Funktion für alle Hosts innerhalb eines Subnetzes.

224.0.0.2: Entspricht einer Multicast-Funktion für alle Router innerhalb eines Subnetzes.

224.0.0.5: Sendet Daten an alle OSPF-Router (Open Shortest Path First Protocol).

224.0.0.6: Sendet Routing-Informationen an alle OSPF-Router.

224.0.0.9: Wird von RIP für das Senden von Routing-Informationen verwendet.

224.0.1.24: Wird für die Suche nach WINS-Servern verwendet.

255.255.255.255: Entspricht einem Broadcast an alle Hosts im Netzwerk. In einem LAN mit der Adresse 136.28 können alle Hosts mit 136.28.255.255 angesprochen werden.

 **Hinweis:** Eine Broadcast-Übertragung entspricht einem Rundruf oder auch einer anderen Anwendung von einem Host an alle Geräte in einem Netzwerk, während Multicast dies auch über Router hinweg ermöglicht.

Die IP-Adressen müssen weltweit einmalig sein, wenn man sich im Internet bewegt. Falls es ausgeschlossen werden kann, dass ein lokales Netzwerk jemals mit der Außenwelt in Kontakt tritt, kann man hierfür im Prinzip IP-Adressen nach Lust und Laune vergeben, was jedoch nicht empfehlenswert ist.

Stattdessen werden für LANs meist die so genannten *privaten IP-Adressen* eingesetzt, die im Internet generell nicht zur Anwendung kommen. Die Vorgehensweise bei der Vergabe ist – unter Beachtung der entsprechenden Regeln – dabei die gleiche, als wenn es sich um offizielle IP-Adressen handeln würde.

Adressbereiche	Klasse	Subnet Mask
10.0.0.0 - 10.255.255.255	A	255.0.0.0
	B	255.255.0.0
	C	255.255.255.0
172.16.0.0 - 172.31.255.255	B	255.255.0.0
	C	255.255.255.0
192.168.0.0 - 192.168.255.255	C	255.255.255.0

Tabelle 2.8: Die privaten Internetadressen.

Wie es der Tabelle 2.8 zu entnehmen ist, erhält man in Abhängigkeit von einer *Subnet Mask* den Klassen entsprechend (vgl. Tabelle 2.6) eine unterschiedliche Anzahl von Netz- und Hostadressen. Im folgenden Kapitel wird auf die Subnet-Mask noch genau eingegangen.

Für ein LAN in einer Firma oder auch daheim macht es sicher keinen Sinn – und fördert auch nicht gerade die Übersichtlichkeit – , wenn mehr als eine einzige Netzadresse verwendet wird. Demnach sollte man sich eine aussuchen und dann eine Unterteilung auf einzelne Hosts mit der Subnet-Mask vornehmen, etwa durch 255.255.255.0, was zu einem Netz mit 254 möglichen Hosts führt.

2.8.2 Die Subnet-Mask

Neben der IP-Adresse ist bei der TCP/IP-Konfiguration eine *Subnet Mask* (Netzmaske) festzulegen, die innerhalb eines Unternehmens oder einer Organisation der Selektierung von Subnetzen dient.

Allgemein wird die Subnet-Mask verwendet um festzustellen, ob sich die Clients im gleichen Netzwerk befinden oder in unterschiedlichen, wobei die Kommunikation dann über Router hinweg erfolgt.

In Anhängigkeit von der jeweiligen Adressklasse existieren zunächst Standard-Subnet-Masks, die in der folgenden Tabelle in dezimaler und binärer Schreibweise angegeben sind.

Klasse	Dezimal	Binär
A	255.0.0.0	11111111.00000000.00000000.00000000
B	255.255.0.0	11111111.11111111.00000000.00000000
C	255.255.255.0	11111111.11111111.11111111.00000000

Tabelle 2.9: *Die Standard-Subnet-Masks.*

Mit diesen benutzerdefinierten Subnet-Masks lässt sich festzulegen, welche Bits der Netzwerk-ID und welche der Host-ID entsprechen. Sie stellen somit ein probates Mittel dar, bei immer knapper werdenden IP-Adressen eine flexible Aufteilung zwischen Netzen und Hosts vornehmen zu können, ohne dass dabei unnötigerweise Adressen verschwendet werden.

Netzwerk			Hosts (254)	
11111111	11111111	11111111	00000000	
255	255	255	0	
Netzwerk			**Subnet**	**Hosts (64)**
11111111	11111111	11111111	11	000000
255	255	255	192	

Tabelle 2.10: *Durch die Subnet-Mask wird die Anzahl der möglichen Hosts reduziert, dafür werden Teilnetze geschaffen.*

Bei der Klasse C sind standardmäßig 2.097.152 Netze mit jeweils 254 Hosts möglich. Je mehr Bits nun für die Unterteilung in Subnetze herangezogen werden, desto weniger Hosts sind dann in einem Subnet möglich, wie es die

Tabelle 2.10 an einem Beispiel veranschaulicht. Dort ist zu erkennen, dass durch die Festlegung einer Subnet-Mask von 255.255.255.192 zwei Teilnetze entstehen, die jeweils maximal 62 Hosts (64-2, da weder 0 noch 255 erlaubt sind) enthalten können. Ein PC beispielsweise mit der IP-Adresse 200.50.30.35 liegt im ersten Teilnetz und einer mit der IP-Adresse 200.50.30.78 im zweiten.

Von außen her – aus der Sicht des Internets – spielt die interne Aufteilung in Subnetze und Hosts keine Rolle, und jeder Host lässt sich eindeutig selektieren. Innerhalb eines LANs, welches keine Internet-Verbindung besitzt, ist es im Grunde nicht nötig, sich weitere Gedanken über die Subnet-Mask zu machen, gleichwohl kann sie eben der logischen Aufteilung dienlich sein und überschaubarere Gruppen schaffen. Falls nur ein einziges Netzwerk verwendet wird, wird meist die standardmäßige Subnet-Mask verwendet.

 **Achtung:** Die Angabe einer falschen IP-Adresse führt entweder dazu, dass andere PCs im Netz nicht (per ping) erreichbar sind oder aber (von Windows) eine Fehlermeldung wie *Duplicate IP Address* ausgegeben wird, wenn die gewählte Adresse bereits verwendet wird.

Falls die Netzwerkmaske nicht korrekt gesetzt ist, wird dies nicht unmittelbar bemerkt, sondern dies kann sich in ganz unterschiedlichen Phänomen äußern, etwa, dass nur bestimmte Computer erreichbar sind. In manchen Fällen lässt sich nicht direkt auf diese Ursache schließen.

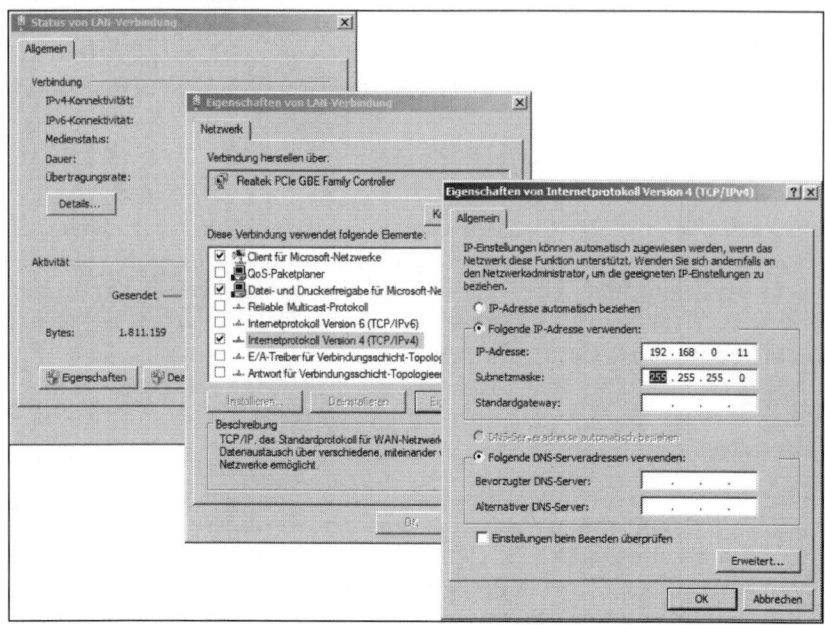

Bild 2.15: *Die Festlegung der IP-Adresse und der Subnet Mask bei Windows 7. Alle nicht benötigten Optionen sollten dabei deaktiviert werden.*

Als Beispiel für die Zahlendarstellung und die Anwendung einer *Subnet Mask* soll noch ein kleines Beispiel gezeigt werden. Die Aufteilung in die Netz- und Hostadressen ist, wie oben erläutert, von der jeweiligen Adressklasse abhängig.

Eine Adresse, beispielsweise mit 134 am Anfang, entspricht einer Adresse der Klasse B, womit 65.534 (2^{16} -2) Hosts in einem Netzwerk möglich sind. Nur das erste und das zweite Oktett sind hier für die Netzadresse zuständig und nicht die drei wie beim obigen Beispiel. Es sind dann zunächst 254 Subnets (2^8-2) durch die Angabe einer Subnet-Mask von 255.255.255.0 auf 254 Routern möglich, wodurch man prinzipiell bei einem Netz der Klasse C angelangt ist und daraufhin eine weitere Unterteilung erfolgen kann.

Maximal sind jetzt wiederum 62 Subnets (2^6-2) möglich, was durch eine Subnet-Mask von 255.255.255.252 erreicht wird, was das Maximum darstellt, weil der nächste Schritt 2^7 wäre, was nicht als Maskenwert angegeben werden kann. 62 Subnets bedeuten jedoch, dass dann in jedem Netz lediglich zwei Hosts selektiert werden können, wie es auch der Tabelle 2.11 noch einmal verdeutlicht wird.

Bei der Anwendung einer Subnet-Mask findet eine Bit-Maskierung statt, und es können nur diejenigen Adressen innerhalb des betreffenden Subnetzes verwendet werden, die nicht durch eine 1 »ausmaskiert« sind, wie es das Beispiel im Bild 2.16 zeigt.

```
                                        IP-Adresse:
134      .28      .56      .10          dezimal
10000110.00011100.00111000.00001010     binär
                                        Subnet-Mask:
255      .255     .255     .192         dezimal
11111111.11111111.11111111.11000000     binär
```

Bild 2.16: *Die Nullen in der Subnet-Mask bestimmen die Anzahl der möglichen Computer.*

Demnach können in diesem Subnetz maximal 62 (32+16+8+4+2+1 = 63 -1) Computer mit einer IP-Adresse versehen werden. Die folgende Tabelle zeigt weitere Beispiele für das letzte Oktett bei Subnet-Masks.

dezimal	binär	CIDR	Berechnung	Hostadressen
255	11111111	32	2^0-2	0, ungültig
254	11111110	31	2^1-2	0, ungültig
252	11111100	30	2^2-2	2
248	11111000	29	2^3-2	6
240	11110000	28	2^4-2	14
224	11100000	27	2^5-2	30
192	11000000	26	2^6-2	62
128	10000000	25	2^7-2	126
0	00000000	24	2^8-2	254

Tabelle 2.11: *Werte für die Subnet-Mask (Adressklasse C) und die Anzahl der dabei maximal zu verwendenden Hosts.*

2.8.3 Bitcount

Für die Angabe von Netzmasken gibt es eine weitere Methode, die als *Classless InterDomain Routing* (CIDR) bezeichnet wird. Dabei wird die Maske in Form einer Längenangabe ausgewiesen, die die Anzahl der Bits angibt, die den binären Wert 1 aufweisen. Mitunter wird der CIDR-Wert auch mit der Bezeichnung *Bitcount* versehen. Die Bitcount-Schreibweise ist unter Windows weniger üblich, gilt jedoch bei der Konfigurierung von separaten Firewalls als Standard.

Netz	Netzmaske	Netzmaske in Bitcount	Anzahl IPs
Gesamtes Netz:	0.0.0.0	0	4294967296
Class A Netz:	255.0.0.0	8	16777216
Class B Netz:	255.255.0.0	16	65536
Class C Netz:	255.255.255.0	24	256
Subnetz:	255.255.255.128	25	128
Subnetz:	255.255.255.192	26	64
Subnetz:	255.255.255.224	27	32
Subnetz:	25 5.255.255.240	28	16
Subnetz:	25 5.255.255.248	29	8
Subnetz:	255.255.255.252	30	4
Ein Host:	255.255.255.255	32 oder Host	1

Tabelle 2.12: Netzmaskenangaben in Bitcount-Notation.

2.8.4 Automatische Adressenzuweisung per DHCP

Die IP-Adresse kann, wenn etwa ein entsprechend konfigurierter Server im LAN zum Einsatz kommt, mit Hilfe des *Dynamic Host Configuration Protocol* (DHCP) automatisch zugeteilt werden. Aktuelle DSL-Modems mit integrierter Firewall sowie UTM-Appliances bieten in der Regel ebenfalls die Möglichkeit, IP-Adressen im LAN per DHCP vergeben zu können.

Statt eine TCP/IP-Adresse für einen Client explizit festzulegen, wird dann die Option IP-ADRESSE AUTOMATISCH BEZIEHEN (vgl. Bild 2.15) selektiert.

Gedanken über die Subnet-Mask muss man sich dabei nicht machen, denn sie wird dann ebenfalls automatisch gesetzt.

Bei einer statischen Adressenfestlegung hat man es bei einer bestimmten TCP/IP-Adresse stets mit der gleichen Netzwerkeinheit zu tun, was sich für grundlegende Einheiten eigentlich als unabdingbar darstellt und auch die Fehlersuche in einem Netzwerk erleichtert.

Falls die Einheit, die DHCP-Funktion zur Verfügung stellt, aus irgend einem Grunde nicht funktioniert, kommen natürlich auch die Clients, die DHCP verwenden, nicht in das LAN, was beim bequemen Einsatz von DHCP nicht vergessen werden sollte.

Tipp: **In einem Netzwerk, in dem nicht ständig alle Clients in Betrieb sind, kann es sinnvoll sein, einen Teil der verfügbaren TCP/IP-Adressen per DHCP – etwa für mobile Endgeräte – verfügbar zu machen.**

Spätestens wenn die verfügbaren TCP/IP-Adressen in einem LAN langsam knapp werden, sollte man sich mit der Zuteilung per DHCP beschäftigen, denn häufig sind nicht ständig alle Clients in Betrieb, belegen aber fest eine Adresse. Dann ist es besser, wenn ein Teil der verfügbaren Adressen für die Vergabe per DHCP auf dem Server konfiguriert wird.

2.8.5 Automatic Private IP-Adressing

Bei aktuellen Windows-Versionen ist es außerdem möglich, dass die automatische IP-Adressenvergabe auch ohne einen separaten DHCP-Server funktioniert. Ist diese bei den Clients aktiviert und kein DHCP-Server aktiv, suchen sich die PCs selbst eine aus dem Netzbereich von 169.254.x.x aus.

Als Subnet-Mask wird dabei automatisch 255.255.0.0 verwendet. Diese Funktionalität, die standardmäßig mit Windows 2000 eingeführt wurde, wird als *Automatic Private IP-Adressing* (APIPA) bezeichnet. APIPA wird immer dann automatisch gestartet, wenn weder eine statische IP-Adresse festgelegt worden ist, noch eine Adresse per DHCP-Server bezogen werden kann, was auch dann eintreten kann, wenn keine freien IP-Adressen mehr zur Verfügung stehen sollten.

Die PCs probieren dann einfach einige Adressen aus dem APIPA-Bereich aus, und falls eine als nicht belegt detektiert wird, wird sie verwendet. Dieser

Vorgang wird u.U. bis zu zehnmal ausgeführt, bevor er ohne eine erfolgreiche Adressenzuweisung abgebrochen wird.

Achtung: **Eine automatische IP-Adressenvergabe (DHCP, APIPA) kann den Bootvorgang und auch das Herunterfahren merklich verlangsamen, so dass stattdessen eine manuelle Adressenvergabe zu bevorzugen ist.**

Der Nachteil dieser Art der IP-Adressenvergabe ist, dass die PCs eine geraume Zeit im Netzwerk herumsuchen müssen, was den Bootvorgang und auch das Herunterfahren – für die Abmeldung – stark verlangsamt. Außerdem kann dieser Mechanismus die vom Server ausgeführte DHCP-Funktion stören. Adressenfestlegungen für ein Gateway oder auch WINS- und DNS-Server können per APIPA grundsätzlich nicht getroffen werden.

Im Zweifels- oder auch Fehlerfall sollten stattdessen explizit die privaten IP-Adressen zum Einsatz kommen, damit dieser automatische Mechanismus gar nicht erst in Kraft treten kann.

2.8.6 IP-Namen-Umsetzung mit DNS

Üblicherweise wird nicht über IP-Adressen kommuniziert, sondern über Namen. Hierfür gibt es das System der Domänennamen (Domain Name System, DNS) und einen dazugehörigen Server, der eine entsprechende Umsetzung vornimmt, den DNS-Server. Meist werden mehrere DNS-Server angegeben, wobei die richtige Reihenfolge von Bedeutung ist. Falls ein eigenes LAN mit einem Server betrieben wird, fungiert dieser üblicherweise auch als erster DNS-Server, d.h., hier schaut ein PC aus dem LAN zunächst nach, ob der Name in eine IP-Adresse umgesetzt und damit einem bestimmten Computer zugeordnet werden kann. Falls dies nicht klappen sollte, wird der nächste angegebene DNS-Server angesteuert, der sich dann typischerweise im Internet befindet. Dabei empfiehlt es sich, hier einen DNS-Server seines Providers anzugeben.

Tipp: **Viele Probleme in der Netzwerkkommunikation, sei es im LAN oder auch im Internet, sind auf falsche DNS-Server-Einstellungen zurückzuführen.**

Falls sich überhaupt keine Internet-Seite anzeigen lässt und eine Fehlermeldung erscheint wie *Die Website kann nicht angezeigt werden*, sollte die DNS-Einstellung überprüft werden. Am einfachsten ist es, wenn dann die IP-Adresse einer bekannten Seite wie von http://www.google.de/ eingegeben wird, beispielesweise http://209.85.135.105/.

Wenn der Aufruf per direkt angegebener IP-Adresse funktioniert, nicht jedoch per Namenseingabe, liegt ein Problem mit dem DNS-Server vor, weil der Name (die URL, Uniform Resource Locator) offensichtlich nicht aufgelöst werden kann.

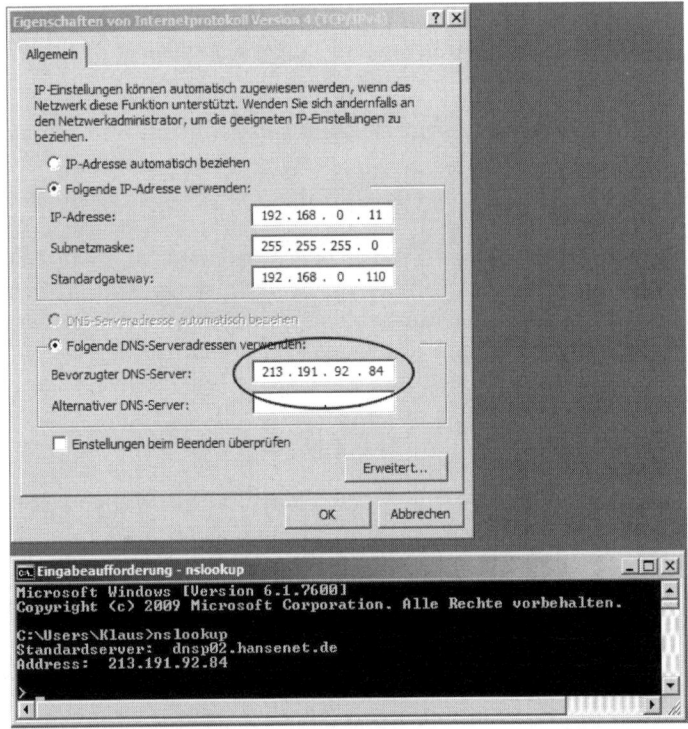

Bild 2.17: *Kontrolle des eingestellten DNS-Servers mit nslookup.*

Durch die Eingabe von *nslookup* an der Windows-Eingabeaufforderung wird der geltende DNS-Server (vgl. Bild 2.17) angezeigt. Auf dem Client-PC werden in einem temporären Zwischenspeicher, dem DNS-Cache, alle erfolgreichen und nicht erfolgreichen Adressenanfragen gespeichert. DNS überprüft stets zunächst den lokalen Cache, bevor eine Anfrage bei einem DNS-Server erfolgt. Wird ein Datensatz gefunden, der der Anfrage entspricht, wird dieser Datensatz verwendet und keine Anfrage an den Server gesendet. Hierdurch werden Anfragen beschleunigt und der Datenverkehr im Netzwerk und im Internet reduziert. Der Inhalt des DNS Cache wird angezeigt mit:

ipconfig /displaydns

und kann gelöscht werden mit:

ipconfig /flushdns

Es kann sehr interessant sein festzustellen, wie viele DNS-Anfragen beim Aufruf des jeweiligen Internet-Browsers mit der eingerichteten Startseite stattfinden und wohin diese gehen.

Falls kein DNS-Server existiert, kann die Zuordnung von IP-Adressen zu Host-Namen lokal mit Hilfe einer anzulegenden HOSTS-Datei vorgenommen werden, wodurch die konfigurierten Host-Namen dann unter Windows zur Verfügung stehen. Jede Windows-Version verfügt über eine entsprechende Datei (C:\Windows\System32\drivers\etc\hosts), die mit einem üblichen Editor unter Administratorrechten den eigenen Bedürfnissen angepasst werden kann. Die von Microsoft mitgelieferten HOST-Dateien (z.B. host.sam) sind nur als Beispieldateien zu verstehen und müssen auf jeden Fall mit den eigenen Angaben versehen werden. Nach der Bearbeitung ist die Datei dann im gleichen Verzeichnis, allerdings ohne die Endung »sam«, zu speichern.

Hinweis: UTM-Appliances und auch einige xDSL-Modems mit integriertem Router, können die Funktion eines DHCP- und eines DNS-Servers zur Verfügung stellen. Dabei ist zu beachten, dass in einem LAN nicht gleich mehrere Geräte versuchen entsprechende Zuteilungen durchzuführen.

Neben DNS gibt es für die Auflösung von Computernamen in IP-Adressen außerdem noch den *Windows Internet Name Service*. WINS ist jedoch im Gegensatz zu DNS nicht UNIX-konform, sondern allein für Windows-Systeme, die NetBIOS-Computernamen in IP-Adressen umsetzen, vorgesehen. DNS setzt stattdessen die Host-Namen in IP-Adressen um, die damit zu einem Bestandteil der Gesamtbezeichnung (plus Domänenname) werden.

Auch bei der Verwendung von NetBIOS-Computernamen ist es, falls kein WINS-Server verfügbar ist, möglich, diese Funktion mit Hilfe einer Zuordnungsdatei – LMHOSTS – ausführen zu lassen. Das Prinzip ist das gleiche wie beim DNS. Beide Verfahren mit den separaten Dateien sind nur als Notbehelf zu verstehen, und bei aktuellen Implementierungen wird im LAN ein Server oder auch ein (DSL-)Router die DNS-Funktion übernehmen können.

2.8.7 IPv4 und IPv6

Eine IP-Adresse stammt wie erläutert aus einem Adressraum von 32 Bit, was somit zu 4,3 Milliarden (2^{32}) verschiedenen Adressen führt, was auf den ersten Blick eine ganz beachtliche Anzahl ist. Andererseits reicht dies nicht aus, damit jedem Menschen auf der Erde eine IP-Adresse zugeteilt werden kann, zumal alle möglichen Geräte per Internet erreichbar sein sollen.

Die zur Zeit gängige IP-Version wird als IPv4 bezeichnet. Der bereits im Jahre 1994 definierte Nachfolger IPv6 verwendet einen Adressraum von 128 Bit, was somit zu einer geradezu unvorstellbaren Anzahl (340,28 Sextillionen) von möglichen IP-Adressen führt. IPv6 oder IPnG (IP Next Generation), wie dieser Standard auch bezeichnet wird, muss natürlich zu IPv4 kompatibel sein, was dadurch erreicht wird, dass die bisherigen IPV4-Adressen mit in den unteren Bereich von IPV6 aufgenommen werden.

Neben den 128-Bit-Adressen bietet IPV6 zusätzliche Sicherheitsfunktionen (Authentification & Privacy), neue Routing-Mechanismen, eine flexiblere Klassenteilung und einen *Quality Of Service*. Vom QoS, was man sich vereinfacht als eine garantierte Bandbreitenzuteilung für eine Übertragung vorstellen kann, sollen insbesondere Real-Time-Applikationen wie für Audio und Video profitieren.

Bisher hat sich IPv6 allerdings noch nicht so wie intendiert durchgesetzt, obwohl alle aktuellen Betriebssysteme über einen *Dual IP Stack* verfügen und beide Versionen gleichermaßen unterstützt werden. Ab Windows Vista ist IPv6 von Microsoft standardmäßig aktiviert.

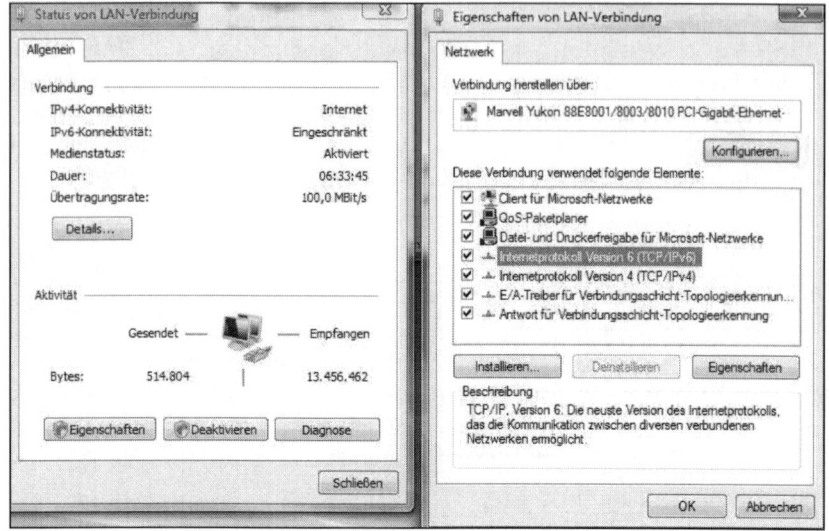

Bild 2.18: *Ab Windows Vista ist IPv6 standardmäßig aktiviert. Falls es nicht zur Anwendung kommt, sollte diese Option deaktiviert werden.*

Die IP-Adresse für IPv6 wird prinzipiell genauso festgelegt – per DHCP oder manuell –, wie es mit IPv4 praktiziert wird. Allerdings müssen der Netzwerkkartentreiber, die Computer-verbindende Infrastruktur (DSL-Router) sowie die Internet-Provider ebenfalls IPv6 unterstützen, was vielfach noch nicht der Fall ist, so dass stattdessen nach wie vor hautsächlich IPv4 eingesetzt wird. Dann sollte auch die IPv6-Unterstützung bei den Netzwerkeinstellungen (Eigenschaften von LAN-Verbindung) deaktiviert werden und ganz generell all diejenigen Optionen, die nicht benötigt werden.

2.9 Routing

Das Routing ist zunächst nicht anderes als ein Prozess, der Datenpakete von einem Netzwerk in ein anderes leitet. In einem (abgeschotteten) LAN ist kein Routing, sondern nur die Anwendung des *Address Resolution Protocol* (ARP) notwendig. Falls jedoch Daten in ein anderes LAN oder ins Internet übertragen werden sollen, ist Routing für die Wegfindung erforderlich. Ein Router führt entsprechende Routing-Listen, die er zunächst erst einmal lernen muss, bevor die Daten ihren richtigen Weg finden können.

Dabei wird zwischen statischem und dynamischem Routing unterschieden. Das statische Routing wird standardmäßig vom IP durchgeführt, und es lassen sich entsprechende Routing-Tabellen etwa mit dem Befehl *route* anzeigen und auch manuell anpassen. Mit *route /s* können die zur Verfügung stehenden Optionen angezeigt werden, und mit *route /print* wird die aktuelle Routing-Tabelle ausgegeben, sofern eine vorhanden ist, d.h. ein Router/Gateway konfiguriert wurde.

 **Hinweis: Die Begriffe Gateway und Router werden oftmals für den gleichen Gerätetypus verwendet. Die ursprüngliche Aufgabe eines Gateway umfasst jedoch die Funktion eines Router plus Code- und Protokollumsetzungen. Ein Gateway, wie er beispielsweise unter Windows für TCP/IP festgelegt werden kann, ist vielfach nur als ein Router zu verstehen.**

Im Bild 2.17 ist zu erkennen, dass als Standardgateway das Gerät mit der IP-Adresse 192.168.0.110 angegeben ist. Typischerweise entspricht dieses Gerät dem Router in einem ADSL-Modem (Kombigerät). Demnach ist für die Konfigurierung eines Internetzugangs für mehrere PCs in einem LAN nur die Angabe dieser IP-Adresse bei den einzelnen PC notwendig und weder eine *Neue Verbindung/Neues Netzwerk* mit einem Netwerkassistenten von Windows durchzuführen, noch spezielle Software des Providers zu installieren.

Die manuelle Bearbeitung von Routing-Tabellen erscheint kaum praktikabel, deshalb gibt es auch das dynamische Routing. Zwei bekannte Protokolle führen dies durch und zwar das *Open Shortest Path First-Protocol* (OSPF) und das *Routing Information Protocol* (RIP), wovon es auch noch unterschiedliche Implementierungen gibt. Bei der RIP-Version 1 werden alle 30 Sekunden per Broadcast die Tabellen zur Bekanntgabe der Wege in das Netz gesendet, was einen nicht unerheblichen Datenverkehr verursacht.

```
Eingabeaufforderung                                                    _ □ X

C:\Users\Klaus>route print -4
===========================================================================
Schnittstellenliste
 12...40 61 86 99 f3 ca ......Realtek PCIe GBE Family Controller
  1...........................Software Loopback Interface 1
 13...00 00 00 00 00 00 00 e0 Microsoft-ISATAP-Adapter
 11...00 00 00 00 00 00 00 e0 Microsoft-Teredo-Tunneling-Adapter
===========================================================================

IPv4-Routentabelle
===========================================================================
Aktive Routen:
    Netzwerkziel       Netzwerkmaske         Gateway    Schnittstelle Metrik
         0.0.0.0           0.0.0.0     192.168.0.110     192.168.0.11    276
       127.0.0.0         255.0.0.0     Auf Verbindung       127.0.0.1    306
       127.0.0.1   255.255.255.255     Auf Verbindung       127.0.0.1    306
 127.255.255.255   255.255.255.255     Auf Verbindung       127.0.0.1    306
     192.168.0.0     255.255.255.0     Auf Verbindung     192.168.0.11   276
    192.168.0.11   255.255.255.255     Auf Verbindung     192.168.0.11   276
   192.168.0.255   255.255.255.255     Auf Verbindung     192.168.0.11   276
       224.0.0.0         240.0.0.0     Auf Verbindung       127.0.0.1    306
       224.0.0.0         240.0.0.0     Auf Verbindung     192.168.0.11   276
 255.255.255.255   255.255.255.255     Auf Verbindung       127.0.0.1    306
 255.255.255.255   255.255.255.255     Auf Verbindung     192.168.0.11   276
===========================================================================
Ständige Routen:
   Netzwerkadresse          Netzmaske  Gatewayadresse  Metrik
          0.0.0.0            0.0.0.0   192.168.0.110  Standard
          0.0.0.0            0.0.0.0   192.168.0.110  Standard
===========================================================================

C:\Users\Klaus>
```

Bild 2.19: *Anzeige der Routing-Tabelle für IPv4.*

Eine Reduzierung der Netzlast verspricht demgegenüber die RIP-Version 2, die dies per Multicasting vollzieht. Außerdem bietet RIP V2 den Vorteil, dass hier eine Authentifizierung möglich ist und Subnetze (anhand der Subnet-Mask) vollständig unterstützt werden. RIP V2 ist dennoch zu RIP V1 abwärtskompatibel, so dass die ältere Version eigentlich nicht mehr benötigt wird.

Das Bild 2.20 zeigt das Prinzip einer Kopplung von zwei LANs über einen Router, der außerdem die Verbindung zum Internet herstellt und demnach (mindestens) drei Einträge in seiner Routing-Tabelle führt, um sowohl eine LAN-LAN- als auch eine LAN-WAN-Kopplung beider lokalen Netze zu ermöglichen.

Die Routing-Tabellen werden dann auf einem Server geführt, und hier ist auch das entsprechende RI-Protokoll zu installieren. Ab Windows-2000-Server kann RIP V2 verwendet werden. RIP ist ein *Distance Vector Protocol*, was bedeutet, dass RIP unter der Berücksichtigung der Hops (Weg von einem Netzwerkknoten zum anderen) versucht, möglichst kurze Wege (Routen) zu finden.

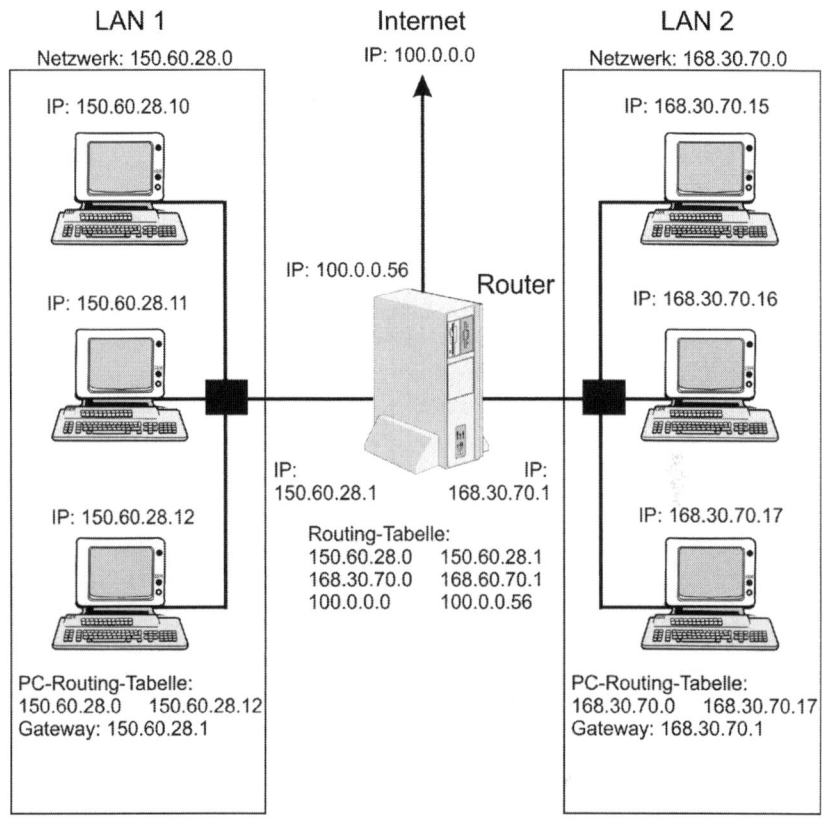

Bild 2.20: *Eine beispielhafte LAN-LAN-WAN-Kopplung mit den Routing-Tabellen.*

Damit in den Routing-Tabellen immer die kürzesten Wege angegeben sind, findet ein ständiger Vergleich dahingehend statt, ob ein neuer Eintrag einen günstigeren Weg aufweist als der in der Routing-Tabelle vorhandene, und nur dann wird der Eintrag entsprechend aktualisiert. Der Wert unter *Metric (Count)* wird hierfür zur Hilfe genommen.

Das *Open Shortest Path First Protocol* (OSPF) ist ebenfalls ein Protokoll (Link State Protocol) für das dynamische Routing. Es wird standardmäßig ab Windows 2000-Server mitgeliefert. OSPF arbeitet jedoch nicht mit dem Austausch von Routing-Tabellen, sondern die Daten werden in einer Verbindungsdatenbank (Link State Database) gesammelt und gespeichert.

Ein spezieller Algorithmus berechnet daraus die kürzeste Route (Open Shortest Path First). Es ist im Gegensatz zu RIP auch für größere Netze geeignet, weil es Bereichsaufteilungen vornehmen kann und die hierfür erzeugten Bereichsverbindungsdatenbanken miteinander synchronisiert werden können.

2.9.1 Multipath Routing

Mit *Multipath Routing* können verschiedene Verbindungstypen (Router, ADSL, ISDN) und Dienste für redundante Backup-Verbindungslösungen eingesetzt werden. Außerdem lassen sich Verbindungen funktionstechnisch bündeln, was zu höheren Bandbreiten führt. Als Geräte eignen sich hierfür separate Server, Router und spezielle Appliances, die entsprechend zu konfigurieren sind. Im Kapitel 5.3 wird dies anhand der Securepoint-Lösung noch etwas verdeutlicht.

Beim Ausfall eines Anschlusses schaltet das System automatisch auf eine andere zur Verfügung stehende Leitung. Dadurch werden die verbliebenen Leitungen zwar stärker belastet, aber die Dienste können weiter ohne oder nur mit geringen Einschränkungen benutzt werden. Ebenso werden bei Wiederherstellung der unterbrochenen Leitung die Dienste automatisch auf die wieder neu erstellte Leitung geschaltet.

Multipath Routing sorgt nicht nur für höhere Bandbreiten für den Internet-Zugang, es bietet auch verbesserte Redundanz, besonders dann, wenn unterschiedliche Provider verwendet werden. Der Datenverkehr kann dabei gewichtet und auf mehrere Leitungen verteilt werden. Ein *Load Balancing* kann dabei für eine optimale Lastverteilung auf die einzelnen Leitungen Sorge tragen.

2.9.2 Port Trunking

Nicht zu verwechseln mit dem *Multipath Routing* ist das *Port Trunking*, einer ähnlichen Technologie, wie sie vorwiegend in *Managed Switches* gewissermaßen in Hardware zu finden ist.

Diese Funktion erlaubt es, mehrere Switch-Ports zu einem einzigen Link zusammenfassen zu können. Dies führt je nach Port-Anzahl zu höheren Übertragungsraten, was insbesondere für Backbone-Verbindungen angewendet wird. Durch das Port Trunking von beispielsweise vier 1000Base-Ports ergibt sich im Full-Duplex-Mode eine Bandbreite von 8

GBit/s (8000 MBit/s, MBps) und ein Load Balancing ist dabei ebenfalls möglich.

Das *Port Trunking* ist wie das *Multipath Routing* eine Maßnahme für die Redundanzherstellung bei Übertragungsstrecken, denn falls ein Port ausfallen sollte, werden die noch funktionierenden weiterhin für den Datentransport verwendet. Dafür müssen die Ports in Bezug auf den Standard, das Medium und den Mode allerdings vom gleichen Typ sein, während beim Multipath Routing prinzipiell völlig unterschiedliche „Wege" (ADSL, ISDN) verwendet werden können und die Ausfallsicherheit dadurch weitaus höher ist.

2.9.3 Load Balancing

Load Balancing bedeutet in der Praxis, dass die Ports je nach Datenaufkommen möglichst optimal ausgenutzt werden können und die Netzlast entsprechend verteilt werden kann.

Beim so genannten *Switch Meshing* können die Verbindungen zwischen den Switches, die diese Technologie unterstützen, unterschiedlicher Auslegung sein, und ein Switch sucht beim Eintreffen neuer Daten automatisch denjenigen Pfad aus, der hierfür die höchste Performance zur Verfügung stellen kann.

Voraussetzung sind hier also redundante Links zwischen mehreren Switches, was insbesondere in Server-Farmen notwendig ist und für kleinere Installationen mit vielleicht nur zwei Switches eigentlich keinen Sinn macht.

3 Vom TCP/IP-Filter zum Unified Threat Management System

Ein aktuelles Betriebssystem verfügt bereits über einige eingebaute Sicherheitsfunktionen, wie etwa für die Datenfilterung (Firewall) oder eine Authentifizierungsfunktion. Außerdem gehören ein Virenscanner, der sich möglichst häufig automatisch aktualisiert, sowie Spyware-Filter mittlerweile ebenfalls zur Grundausstattung eines Computers. Über diese standardmäßig vorhandenen Sicherheitsmöglichkeiten, die im Laufe der Zeit immer umfangreicher geworden sind, sollte nicht nur der Administrator, sondern auch der PC-Anwender informiert sein.

Lokale Sicherheitsmaßnahmen sind jedoch generell mit einem recht hohen Administrierungs- und Supportaufwand verbunden, der umso höher ausfällt desto mehr Computer im Netwerk verwendet werden. Da das Bedrohungspotential einem ständigen Wandel unterliegt, sind Einzelmaßnahmen nicht geeignet ein Unternehmen zu schützen, sondern es wird ein ganzheitliches IT-Security-Konzept benötigt. Dieses sollte auch mobile Datenträger und Mitarbeiter, die von unterwegs oder dem Heimarbeitsplatz aus mit dem Firmennetzwerk kommunizieren, mit einbeziehen.

Als Basis für ein ganzheitliches IT-Security-Konzept haben sich *Unified Threat Management Systeme* (UTM) bewährt, die eine Kombination von Firewall, Intrusion Detection, SPAM- und Content-Filter sowie VPN-Gateway bilden. Je nach Modell und Typ können noch weitere Funktionalitäten in einem UTM-System integriert sein, worauf im Kapitel 3.7 näher eingegangen wird.

3.1 Windows-Sicherheitsoptionen

Mit Windows 2000 sind von Microsoft erstmalig zusätzliche Sicherheitsvorkehrungen für die Netzwerkbenutzung in das Betriebssystem integriert worden. Die IP-Sicherheitseinstellungen bestehen dabei zunächst aus individuell zu konfigurierenden TCP/IP-Filtern, was als Microsofts Einstieg in die Firewall-Technik verstanden werden kann sowie der Internetprotocol Security IPSEC.

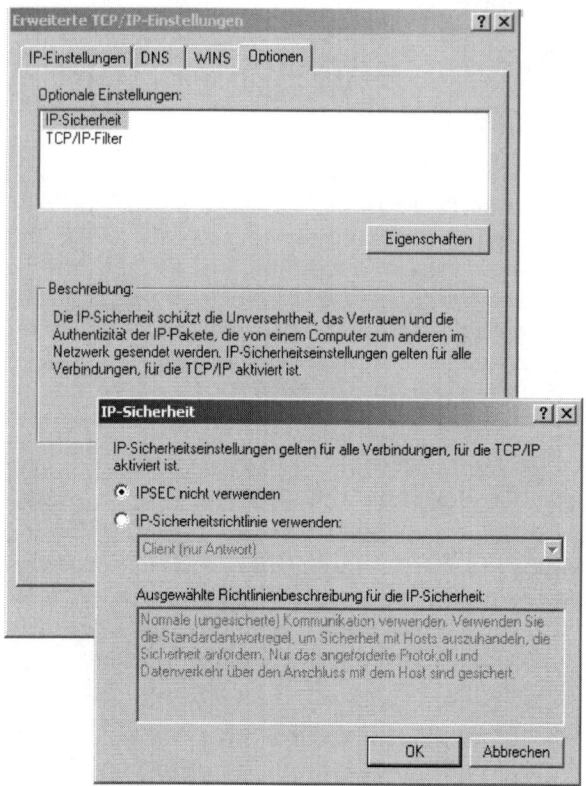

Bild 3.1: *Windows 2000 bietet erstmalig zusätzliche Sicherheitsoptionen für den TCP/IP-Datenverkehr.*

Mit den darauf folgenden Windows-Versionen sind die Sicherheits-funktionen dann immer weiter ausgebaut worden, worauf im Folgenden näher eingegangen wird.

3.1.1 TCP/IP-Filter

Die Konfiguration bestimmter TCP/IP-Filter stellt gewissermaßen eine einfache Firewall dar, die jedoch keine Automatismen kennt, sondern anhand von Ports manuell zu konfigurieren ist. Weil Ports quasi offene Tore darstellen können, bilden sie auch ein potentielles Sicherheitsrisiko, das Angreifer wie Würmer oder Trojaner ausnutzen können.

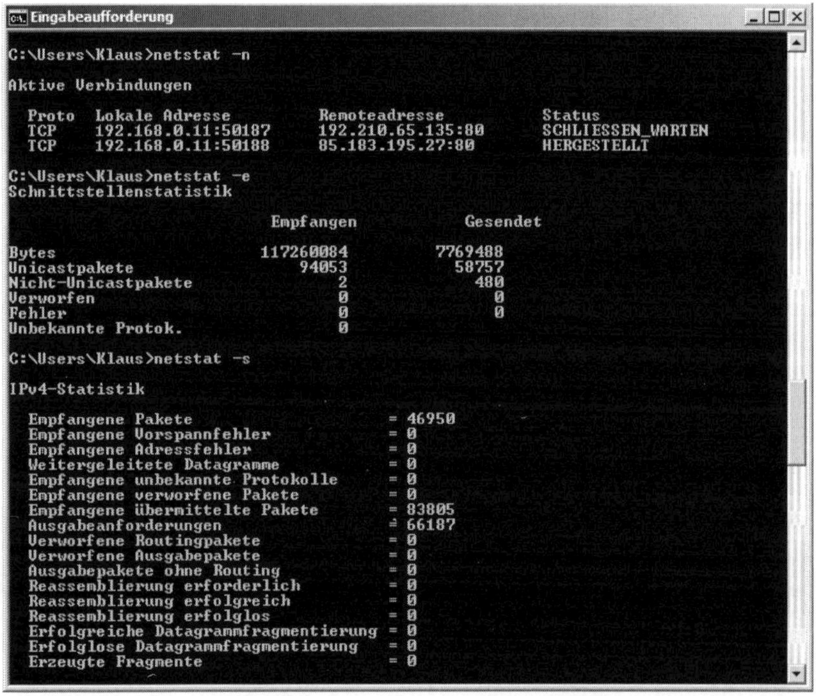

```
C:\Users\Klaus>netstat -n

Aktive Verbindungen

  Proto  Lokale Adresse          Remoteadresse           Status
  TCP    192.168.0.11:50187      192.210.65.135:80       SCHLIESSEN_WARTEN
  TCP    192.168.0.11:50188      85.183.195.27:80        HERGESTELLT

C:\Users\Klaus>netstat -e
Schnittstellenstatistik

                           Empfangen              Gesendet

Bytes                      117260084              7769488
Unicastpakete                  94053                 58757
Nicht-Unicastpakete                2                   480
Verworfen                          0                     0
Fehler                             0                     0
Unbekannte Protok.                 0

C:\Users\Klaus>netstat -s

IPv4-Statistik

  Empfangene Pakete                            = 46950
  Empfangene Vorspannfehler                    = 0
  Empfangene Adressfehler                      = 0
  Weitergeleitete Datagramme                   = 0
  Empfangene unbekannte Protokolle             = 0
  Empfangene verworfene Pakete                 = 0
  Empfangene übermittelte Pakete               = 83805
  Ausgabeanforderungen                         = 66187
  Verworfene Routingpakete                     = 0
  Verworfene Ausgabepakete                     = 0
  Ausgabepakete ohne Routing                   = 0
  Reassemblierung erforderlich                 = 0
  Reassemblierung erfolgreich                  = 0
  Reassemblierung erfolglos                    = 0
  Erfolgreiche Datagrammfragmentierung         = 0
  Erfolglose Datagrammfragmentierung           = 0
  Erzeugte Fragmente                           = 0
```

Bild 3.3: *Das Tool NETSTAT kennt einige nützliche Optionen für die Analyse von Ports und Netzwerkverbindungen.*

Mit dem Windows-Standard-Tool NETSTAT lassen sich auf der Kommandozeilenebene etwa mit netstat /a oder netstat –a die verwendeten sowie mit netstat /n oder netstat -n die aktiven (offenen) Ports anzeigen, was sich noch komfortabler und ausführlicher mit einem separaten Portscanner (siehe Kapitel 3.2) bewerkstelligen lässt.

Hinweis: NETSTAT, welches von der Windows-Kommandozeile aufgerufen werden kann, zeigt je nach angegebenem Parameter (netstat –h = Hilfe) nützliche Informationen zu den Netzwerkverbindungen an, wobei die höheren Port-Nummern stets einen besondere Beachtung verdienen.

Über die Ports werden bei der TCP/IP-Kommunikation generell Informationen für spezielle Dienste bereitgestellt, wie es im Kapitel 2.7.1 erläutert ist. Dort sind auch die so genannten *well known Ports* angegeben, die für bestimmte und allgemein bekannte Funktionen und Dienste zum Einsatz kommen, wie beispielsweise der Port 80 für http. Eine Gefahr stellen jedoch meist andere Ports dar, die auf Grund der TCP-Flexibilität von fast jeder beliebigen Applikation angelegt und geöffnet werden können und über die dann eine entsprechende Kommunikation stattfinden kann.

 **Tipp:** **Informationen zu den standardisierten Protokoll-Nummern sind in der Datei *protocol* und über die Ports in der Datei *services* im Verzeichnis Windows\system32\drivers\etc zu finden.**

Typische Vertreter für Applikationen, die über „unbekannte" Ports Daten austauschen, sind die Clients für Tauschbörsen oder auch Chat-Applikationen, die in Firmen deshalb meist überhaupt nicht gern gesehen werden. Wer also derartige Tools installiert, sollte sich darüber klar sein, dass dadurch sicherheitskritische Tore aufgemacht werden, womit auch unliebsamen Zeitgenossen der Zugriff ermöglicht wird, die dann Daten manipulieren oder den PC unter ihre Kontrolle bringen können.

Mit Hilfe der TCP/IP-Filter lassen sich bestimmte Ports von der Kommunikation ausschließen, was schon eine recht effektive Schutzfunktion darstellt, wenn nur die bekannten Ports zugelassen werden. Falls in einer LAN-Umgebung generell das Benutzen von Tauschbörsen wie eDonkey (TCP-Port 4662, UDP-Port 4666), Gnutella (TCP/UDP-Port: 6346) oder auch BitTorrent (TCP-Port: 6882) unterbunden werden soll, empfiehlt es sich, die Filter gleich auf Switch- oder Firewall-Ebene anzuwenden, damit diese Einstellungen nicht einzeln bei jedem PC durchzuführen sind.

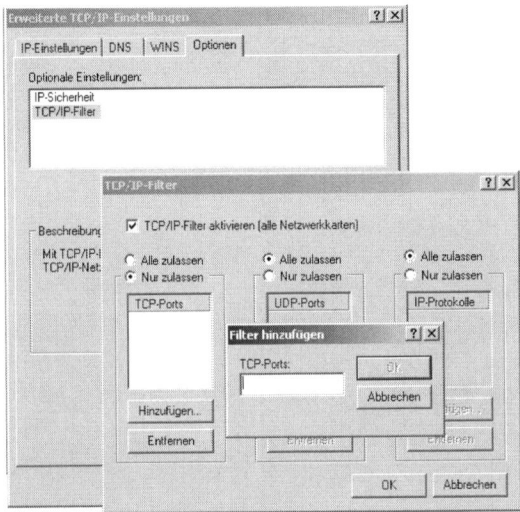

Bild 3.4: *Die TCP/IP-Kommunikation kann auf bestimmte Ports beschränkt werden.*

Außerdem lassen sich neben den Ports auch noch bestimmte Protokolle (IP) von der Verarbeitung ausschließen. Wenn etwa das IP der Nummer 1 (ICMP) gesperrt wird, reagiert der PC nicht mehr auf eine Anfrage mit dem Befehl Ping, und es ist somit auch vom Internet her nicht mehr feststellbar, ob dieser PC aktiv ist.

3.1.2 IPsec

Die *Internetprotocol Security* (IPSec) erweitert TCP/IP um Sicherheitsfunktionen durch den Austausch von Schlüsseln und die Durchführung einer Authentifizierung, und zwar nicht nur für ein LAN, sondern auch für den externen Netzwerkzugang. IPsec ist somit für den Aufbau gesicherter IP-Verbindungen gedacht, was dann gemeinhin unter VPN (Virtual Private Network, Kapitel 2.5 und Kapitel 6.2) firmiert.

IPsec ist, wenn es im LAN zur Anwendung kommen soll, bei allen beteiligten PCs und dem Server – wenn vorhanden – zu konfigurieren. Je nach Windows-Version gibt es verschiedene IPSec-Einstellungsmöglichkeiten. Die sicherste Methode ist *Sicherer Server*, bei der ausschließlich eine IP-Kommunikation unter Verwendung von *Kerberos* zugelassen ist.

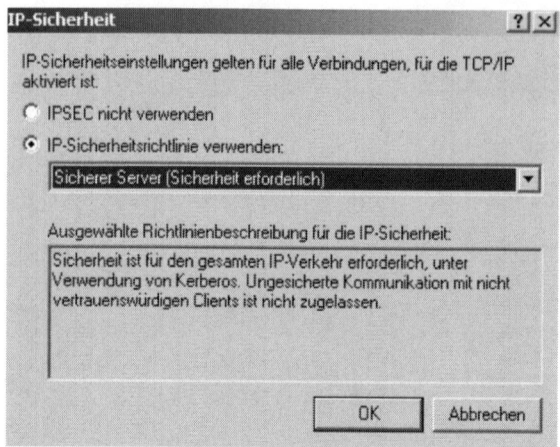

Bild 3.2: *Einstellung der IP-Sicherheitsrichtlinie.*

Das Kerberos-Authentifizierungsprotokoll ist bereits in den 80ger Jahren am MIT (Massachusetts Institute of Technology) entwickelt worden und im Prinzip auf allen (Server-) Plattformen verfügbar. Kerberos ersetzt das in den vorherigen Versionen (NT) verwendete NTLM (NT LAN Manager) und dient auch der Anmeldung an einer Windows-Domäne. Die entsprechende Authentifizierung läuft dabei im Hintergrund ab, ohne dass der Benutzer davon etwas bemerkt.

Zum Verwalten und Austauschen von IPSec Schlüsseln wird meist das *Internet Key Exchange Protocol* (IKE) benutzt. Es regelt den Aufbau einer Verbindung und dient der Authentifizierung der Kommunikationspartner und der Aushandlung der Verschlüsselungsparameter sowie der Generierung der Schlüssel. Die Komplexität dieses Protokolls erschwert jedoch die Konfigurierung von IPSec-Verbindungen, insbesondere beim Einsatz unterschiedlicher Endgeräte.

 **Hinweis: Ab Windows 7 steht standardmäßig das *Internet Key Exchange Protocol* (IKEv2) zur Verfügung, was somit die IPsec-Anwendung und den Aufbau von VPN-Verbindungen vereinfacht.**

Die neue Version des IKE Protokolls (IKEv2) entschärft diese Problematik, es ermöglicht einen schnelleren Verbindungsaufbau und eine stabilere Verbindung. Mittlerweile wird diese Version von vielen Programmen unterstützt und ist auch direkt in Microsoft Windows 7 implementiert. Für native IPSec-Verbindungen wird demnach kein separates Client-Programm mehr benötigt.

3.1.3 Internetverbindungsfirewall

Ab Windows XP findet sich unter den EIGENSCHAFTEN VON LAN-VERBINDUNG – ERWEITERT eine Internetverbindungsfirewall. Die bereits von Windows 2000 her bekannten TCP/IP-Filter sind nunmehr mit der gleichen Funktion bei den ERWEITERTEN TCP/IP-EINSTELLUNGEN – OPTIONEN lokalisiert.

Durch die Einschaltung der integrierten Firewall werden zunächst alle möglichen Dienste für den Zugriff von außen deaktiviert, so dass, falls der PC etwa auch als Web-Server fungieren soll, das entsprechende Kästchen erst angeklickt werden muss. Unter ICMP (Internet Control Message Protocol) lässt sich optional festlegen, auf welche Messages der Computer reagieren soll.

Ab Windows Vista sind die Firewall-Einstellungen vereinfacht worden, denn es werden dort praktikable Regeln voreingestellt, die daraufhin nach eigenen Bedürfnissen angepasst werden können. Dort sind die Einstellungen für die Authentifizierung, IPSEC, die Sicherheitsprotokollierung usw. nicht mehr bei den EIGENSCHAFTEN VON LAN-VERBINDUNG zu finden, sondern bei der WINDOWS-FIREWALL – ERWEITERTE EINSTELLUNGEN.

Grundsätzlich ist eine Firewall-Protokollierung (Sicherheitsprotokollierung im Bild 3.5) in einer Datei (pfirewall.log) möglich, was ganz aufschlussreiche Informationen darüber bieten kann, welche Pakete von der Firewall abgewiesen worden sind.

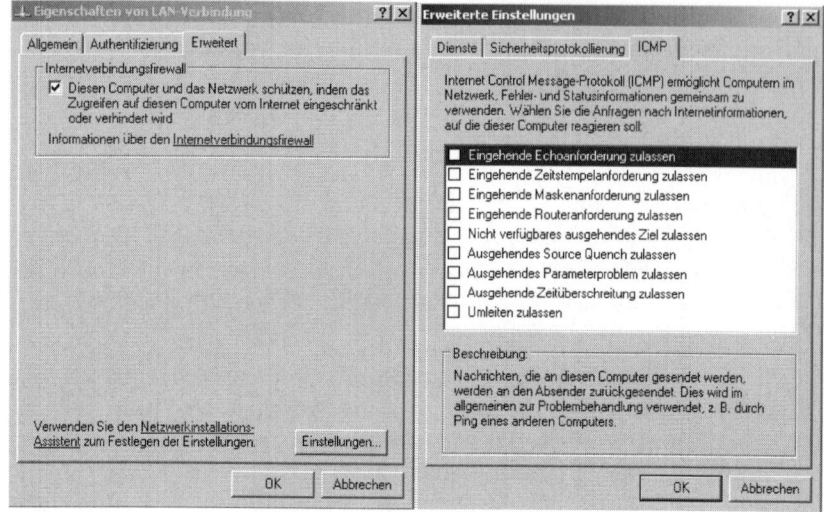

Bild 3.5: *Nach der Aktivierung der Firewall müssen benötigte ICMP-Dienste und -Messages erst wieder eingeschaltet werden.*

Die Log-Datei pfirewall.log gibt es bei Windows XP/Vista/7. Sie muss möglicherweise (Windows 7) aber erst für die Aufzeichnung aktiviert und konfiguriert werden und kann grundsätzlich auch mit einer anderen Bezeichnung versehen werden.

Für einen Arbeitsplatz-PC empfiehlt es sich, die Firewall einzuschalten, was allerdings erst nach erfolgreicher Netzwerkkonfiguration stattfinden sollte, denn der damit geschützte PC lässt sich für einen Funktionstest nicht mehr von einem anderen PC aus per Ping ansprechen, wenn dies nicht explizit per ICMP-Firewall-Einstellung zugelassen wird.

Falls der per Firewall geschützte PC nicht mehr in der Netzwerkumgebung auftaucht, kein Abholen von Emails und keine Fernwartung (Remote Access) mehr möglich ist, sollte man an die aktive Firewall denken, die außerdem an verschiedene LAN-Adapter gebunden sein kann. Insbesondere dann, wenn gleich mehrere Firewalls, etwa die von Windows und einen zusätzliche (Zone-Alarm o.ä.) aktiv sind, können sich die jeweiligen Einstellungen durchaus gegenseitig behindern, was letztendlich die Sicherheit wieder reduzieren und auch Netzwerkverbindungen verhindern kann.

3.1.4 Authentifizierung mit EAP und Netzwerkzugriffssteuerung

In einigen Windows-Versionen findet sich – beispielsweise unter EIGENSCHAFTEN VON LAN-VERBINDUNG – die Option *Authentifizierung*. Um eine Authentifizierung des Computers bzw. des Anwenders für den Netzzugriff zu ermöglichen, kommt das *Extensible Authentification Protocol* (EAP) zum Einsatz. Dazu kann eine Smartcard, die die entsprechenden Informationen beinhaltet, verwendet werden. Hierfür muss der PC über einen passenden Card Reader verfügen, falls die Authentifizierung nicht unter Zuhilfenahme der Daten von einer offiziellen Stammzertifizierungsstelle, von denen gleich eine ganze Reihe voreingestellt sind, durchgeführt wird.

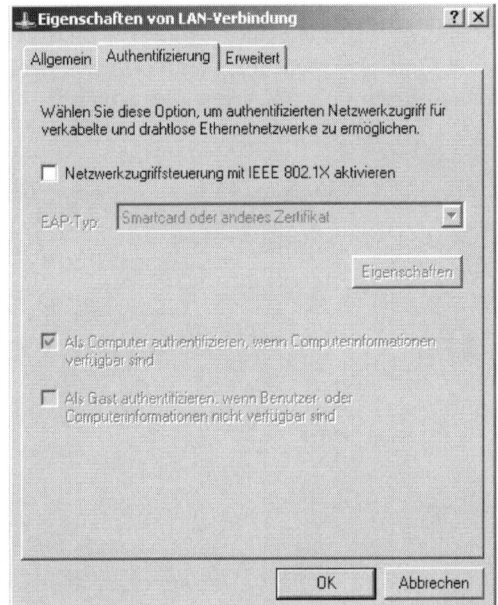

Bild 3.6: *Falls im LAN keine Authentifizierung zum Einsatz kommt, sollte diese Funktion explizit abgeschaltet werden.*

Diese Optionen firmieren unter NETZZUGRIFFSSTEUERUNG MIT IEEE 802.X AKTIVIEREN, was missverständlich wirkt. Laut dem IEEE-Standard handelt es sich dabei um *Base Network Access Control*, was eigentlich nichts mit dem EAP oder sonstigen Authentifizierungsmechanismen zu tun hat und quasi nur einen recht groben Oberbegriff für alle möglichen Netzwerkzugriffssteuerungen darstellt.

Diese automatisch aktivierte Option kann dafür verantwortlich sein, dass sich keine Verbindung zu einem Server herstellen lässt, wie es etwa für einen Linux-Server mit Samba. Falls also keine Authentifizierung im LAN vorgesehen ist, sollte die NETZZUGRIFFSSTEUERUNG MIT IEEE 802.X deaktiviert werden, damit nicht von dieser Seite her Probleme beim Netzwerkzugriff hervorgerufen werden.

3.1.5 Windows-Firewall

Die in Windows integrierte Firewall ist mit Vista gegenüber der vorherigen (Windows XP mit Service Pack 2) verbessert worden, wozu in erster Linie zählt, dass sie nunmehr nicht nur für eingehende, sondern auch für ausgehende Verbindungen konfiguriert werden kann. Hiermit wird dem Umstand Rechnung getragen, dass Gefahren nicht nur von außen aus dem Internet auf den PC drängen, sondern auch im LAN selbst sowie vom LAN nach außen.

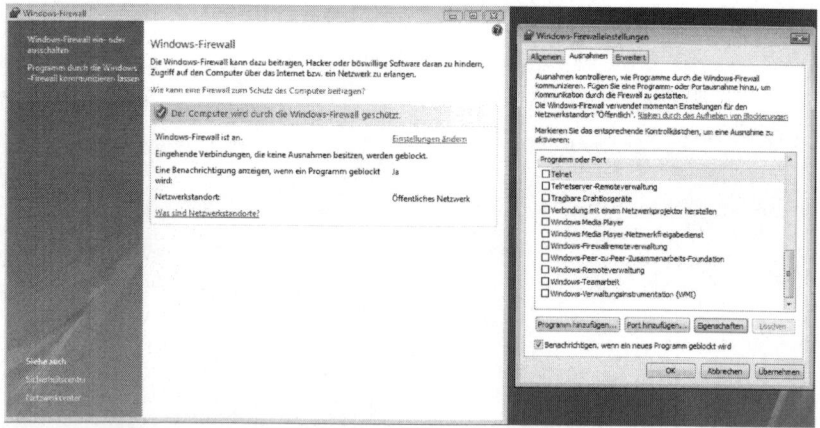

Bild 3.7: *Die Firewall bei Vista lässt zunächst nur wenige Anwendungen passieren, Ausnahmen müssen erst explizit zugelassen werden.*

Diese Erweiterung ist wegen des vermehrten Einsatzes von Notebooks und insbesondere USB-Sticks notwendig geworden, die Mitarbeiter von Zuhause mit zur Arbeit nehmen und dort an den PC im LAN anschließen. Falls der Stick mit Schadsoftware verseucht ist, können zunächst die im LAN

102

vorhandenen PCs befallen werden und dann die weitere Verbreitung über das Netzwerk nach draußen erfolgen, so dass die Gefahr aus dem (eigenen) LAN stammt.

Außerdem lassen sich die Eigenschaften dieser Firewall genauer spezifizieren, und es können hierfür optional auch wieder IPsec-Optionen (Internet Protocol Security) angelegt werden, die bereits bei Windows 2000 zu finden sind, doch zwischenzeitlich verschwunden waren.

Mit Windows 7 sind die Firewall-Funktionen noch einmal erweitert worden. Dabei können die Regeln der Windows-Firewall den drei Profilen *Privat*, *Domäne* und *Öffentlich* zugeordnet werden. Hierfür setzt Windows (ab Vista) eine Funktion mit der Bezeichnung *Network Location Awareness* (NLA) ein, die angeschlossene Netzwerke den Kategorien Öffentliches, Domänen-, Arbeitsplatz- und Heimnetzwerk zuordnet.

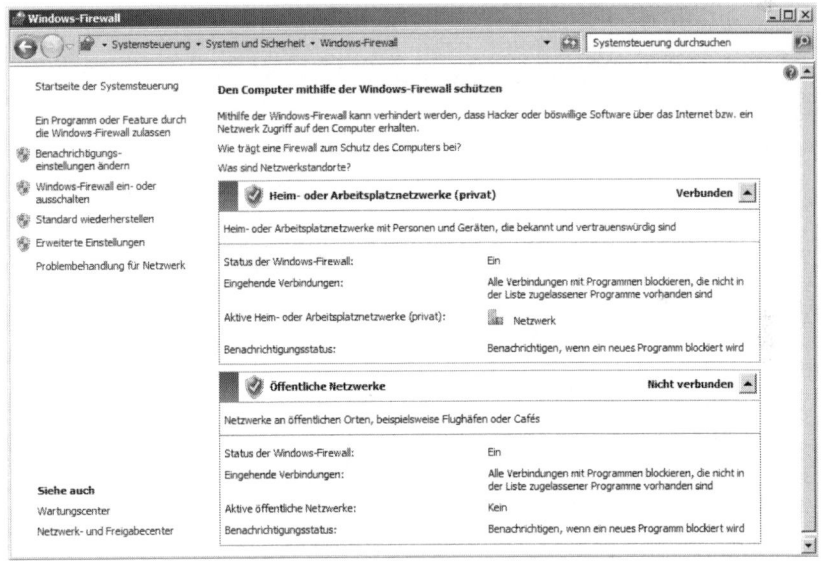

Bild 3.8: *Die Windows-Firewall von Windows 7 kennt unterschiedliche Profileinstellungen, die automatisch aktiviert werden.*

Mithilfe dieser Zuordnung wird die Firewall automatisch eingestellt, was nicht unproblematisch ist, denn ein *Nicht identifiziertes Netzwerk* führt dazu, dass die Firewall das Windows abschottet und sich deshalb noch nicht

103

einmal zwei Windows 7-PCs im Netzwerk finden, obwohl sie beide am selben Switch angeschlossen sind und keine Internetverbindung besteht.

Ein Domänen-basiertes Netzwerk wird anhand des Domänen-Controllers – üblicherweise dem Server – erkannt, wofür die Firewall die entsprechenden Profilregeln aktiviert. Die anderen Netzwerke werden hingegen mithilfe einer Gateway-Adresse identifiziert, die in den meisten Fällen von einem Router (ADSL-Gateway) stammt. Fehlt diese Instanz in einem Netzwerk, wird es als *Nicht identifiziertes Netzwerk* ausgewiesen. Das Gateway muss im Netz tatsächlich existieren, und es funktioniert nicht, wenn stattdessen die eigene IP-Adresse bei den TCP/IP-Einstellungen eingegeben wird.

 **Achtung: Computer mit Windows 7 benötigen eine im LAN gültige Standardgateway-Adresse, andernfalls wird die LAN-Verbindung als nicht identifizierbar oder öffentlich eingestuft, was zur Folge hat, dass die Firewall komplett sperrt oder nur wenige Ports erlaubt, so dass der PC im LAN nicht mit anderen Computern kommunizieren kann.**

Ein Abschalten der Firewall erscheint nur dann vertretbar, wenn sich der PC in einem sicheren LAN hinter einem UTM-System befindet. Die Alternative einer manuellen Konfigurierung mit dem Freischalten der benötigten Ports ist meist mit einigem Herumprobieren verbunden, und falls es sich um einen Laptop handelt, der naturgemäß unterschiedliche Standorte kennt, ist diese Methode zu unsicher. Dann wären unterschiedliche Einstellungen notwendig, damit beispielsweise Zugriffe auf Windows-Freigaben im LAN zwar möglich sind, in einem öffentlichen Netzwerk (Internet-Cafe) jedoch keinesfalls gestattet sein sollen.

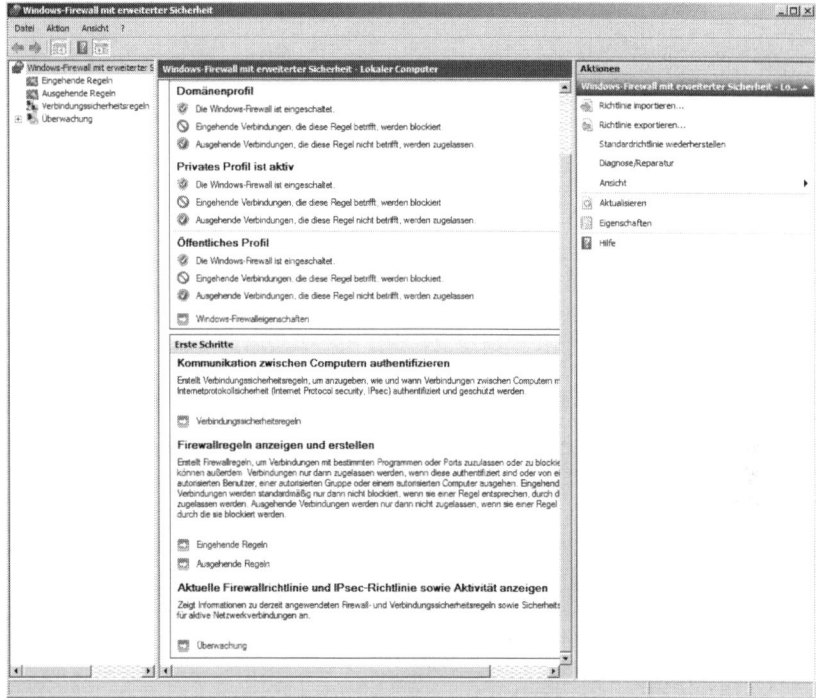

Bild 3.9: *Über die Erweiterten Einstellungen lässt sich die Windows-Firewall den eigenen Bedürfnissen anpassen.*

Windows verwendet für das Profil *Öffentliches Netzwerk* ein recht regides Regelwerk, welches eine Vielzahl von Verbindungsmöglichkeiten unterbindet. Im privaten Profil, das beim Arbeitsplatz- und Heimnetzwerk angewendet wird, werden lokale Verbindungen hingegen zugelassen, so dass hier *ping* möglich ist und auf Freigaben zugegriffen werden kann. In einem Domänen-Netzwerk werden die Computer und Benutzer zentral authentifiziert, so dass das hierfür zuständige Firewall-Profil vergleichsweise wenige Regeln kennen muss und Verbindungsprobleme eher selten auftreten.

Heimnetzwerk

Das Heimnetzwerk stellt eine Besonderheit dar, da es sich von einem Arbeitsplatz- (Arbeitsgruppe) oder Domänennetzwerk (Domänen-Controller) vom Einsatz her maßgeblich unterscheidet. Es wurde mit

Windows 7 eingeführt und stellt quasi eine spezielle Variante eines Arbeitsgruppennetzwerkes dar.

Mit dem Heimnetzwerk soll die Konfiguration eines Netzwerkes für den Heimgebrauch maßgeblich erleichtert werden. Die so organisierten PCs können sich automatisch erkennen und verbinden, was den Datenaustausch untereinander prinzipiell vereinfacht. Gleichwohl ist hiermit keine Koexistenz mit Computern möglich, die Windows XP oder Vista (oder auch ein anderes Betriebssystems) verwenden, und Verbindungen mit anderen Netzen sind ebenfalls nicht vorgesehen, so dass es sich für den professionellen Gebrauch nicht eignet.

3.2 Port Scans und Sniffing

Port Scans dienen der Informationsgewinnung über einen Host. Der Befehl Ping (ICMP Scan) stellt gewissermaßen die einfachste Form eines Scans dar. Programme, die als *Portscanner* oder *Netzwerkscanner* bezeichnet werden, eignen sich zur Überprüfung offener Ports und können im Netzwerk aktive Computer mit deren jeweiligen Freigaben analysieren. Es gibt eine Vielzahl von Portscannern, wobei sich das Windows-Tool NETSTAT als die einfachste Variante darstellt, die lediglich die Ports auf dem PC analysieren kann, auf dem NETSTAT gestartet wird.

Versionen, die ohne Installation auskommen, wie PortScan oder Network Scanner (SoftPerfect) bieten bereits Informationen über verwendete Ports, Dienste und Freigaben der PCs, die im jeweils anzugebenden IP-Adressbereich liegen, was für eine schnelle Übersicht im LAN meist ausreicht. Ein Netzwerkscanner wie Nmap bietet zudem die Möglichkeit, ein LAN auch explizit nach bestimmten Diensten (microsoft-ds, gnutella, eDonkey), durchsuchen zu können, was schnell unerwünschte und potentielle Problemfälle offenbart.

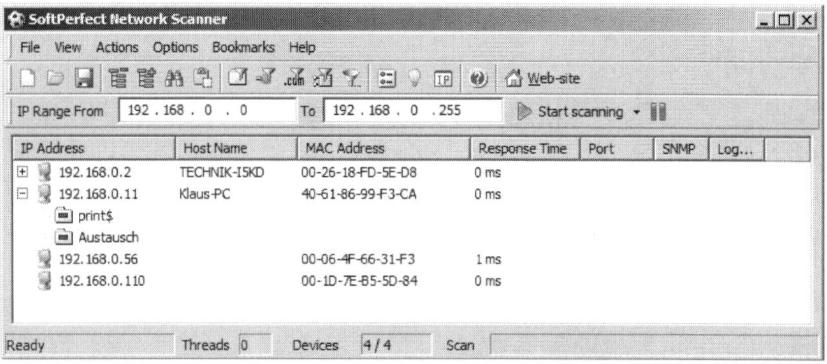

Bild 3.10: *Der Network Scanner hat das Netzwerk durchsucht und dabei vier Einheiten gefunden.*

Im LAN arbeitende Portscanner verursachen relativ viel Netzwerkverkehr, und die Scans fallen durch eine hohe Anzahl von Verbindungen auf, was ebenfalls für Peer-To-Peer-Verbindungen, die Telefonsoftware Skype sowie Schadprogramme wie Sasser und Dabber gilt. Deshalb sollten Portscanner nicht kontinuierlich in einem LAN arbeiten, sondern nur (einer) für Analysezwecke und die Fehlersuche eingesetzt werden.

Einen noch tieferen Einblick in die LAN-Kommunikation ermöglichen so genannte Sniffer. Sniffen ist das Abhören des Datenverkehrs, sowohl im Ethernet als auch im WLAN. Unverschlüsselte Verbindungsdaten (Webseiten, Bilder, Email) sind dabei im Klartext lesbar. Auch hierfür existieren mehr oder weniger komfortable und leistungsfähige Programme.

Besonders flexibel lässt sich Wireshark einsetzen, welches eine Weiterentwicklung des bekannten, aber mittlerweile eingestellten Ethereal-Projektes ist. Es benötigt – wie andere Sniffer auch – für seine korrekte Funktion die Programmbibliothek WinPcap, die dafür zuständig ist, dass die Pakete vom Hardwaretreiber entgegengenommen und durch die Umgehung des Protokollstacks weitergeleitet werden können, um somit den Datenstrom analysieren zu können. Üblicherweise wird WinPcap zusammen mit dem jeweiligen Sniffer-Programm installiert, es ist aber wie Wireshark, auch separat und kostenlos erhältlich.

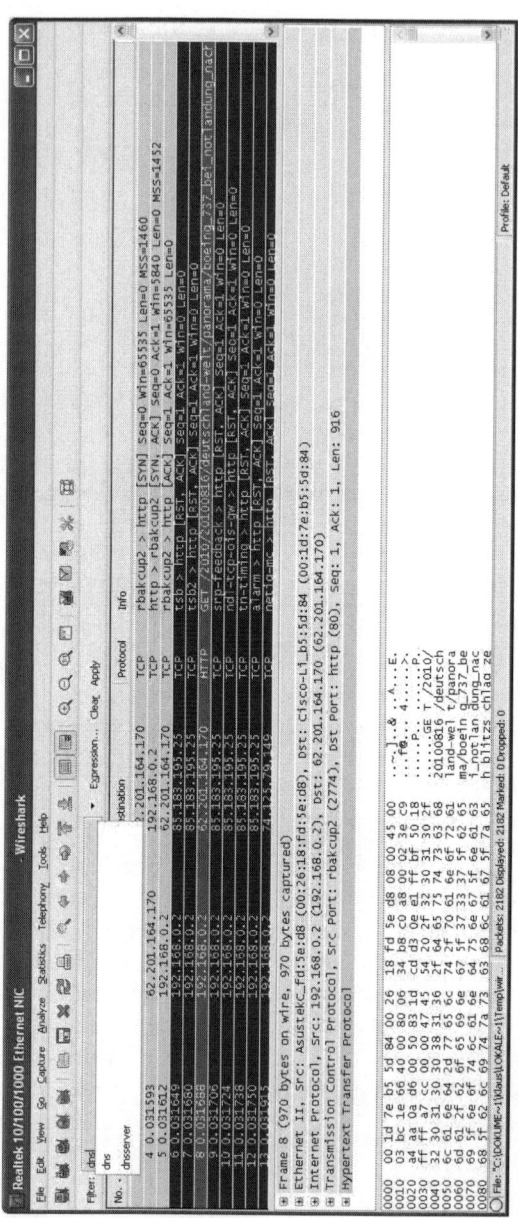

Bild 3.11: *Wireshark ist ein leistungsfähiger Sniffer, der sehr genaue Paketanalysen erlaubt.*

Um nicht nur die Pakete des PCs analysieren zu können, auf dem Wireshark installiert ist, also nur vom eigenen Netzwerk-Interface, ist die Funktion *Capture packets in promiscuous mode* im Capture-Menü unter *Options* anzuklicken. Daraufhin werden auch die Daten analysiert, die eben nicht speziell an die eigene Adresse gerichtet sind, sondern quasi alle, die an dem PC vorbeikommen.

Wireshark bietet eine Fülle an möglichen Filtereinstellungen, um beispielesweise nur bestimmte Pakete anzuzeigen. Im Bild 3.11 wird ein Filter für DNS gesetzt, so dass dann nur noch diese Pakettypen erscheinen. Auch den Datenverkehr zwischen zwei bestimmten Netzwerkeinheiten zu analysieren, ist mit Wireshark kein Problem. Zudem empfiehlt sich das Programm für die Unterstützung bei der Konfigurierung einer Netzwerk-Firewall, weil die Auswirkungen des getroffenen Regelwerkes hiermit genauestens analysiert werden können.

3.3 Authentifizierung

Unter Authentifizierung wird ein Verfahren verstanden, das für die Überprüfung der Identität einer Person oder auch eines Computers verwendet wird, etwa bei der Anmeldung an ein Netzwerk. Außerdem sind verschiedene Authentifizierungsverfahren für die Prüfung der Herkunft und Unverfälschtheit von elektronischen Dokumenten und Daten üblich. Demnach können mit dem Begriff *Authentifizierung* unterschiedliche Szenarien gemeint sein.

Authentisch ist das, was echt und in diesem Zusammenhang auch sicher ist. Eine Authentifizierung gewährleistet, dass nur berechtigte Personen Zugriff auf Systeme bekommen, keine Zweifel über Ursprung, Echtheit und die Unverfälschtheit von Dokumenten bestehen und nur zugelassene Daten Eingang in die Systeme erhalten.

Je nach Netzwerkumgebung werden verschiedene Authentifizierungs-methoden verwendet, etwa bei der Netzwerkanmeldung an einem Server oder für den Aufbau einer VPN-Verbindung.

- **Lokale Authentifizierung:** Authentifizierung durch eine lokale Nutzerdatenbank, die beispielsweise auf einem Router oder UTM-System geführt wird.

- **NTLM-Authentifizierung:** NTLM wird ab Windows NT für die Authentifizierung in einer Domäne verwendet. Ursprünglich als LM (LAN Manager) bezeichnet und für die Anbindung von Windows

95/98/Me-Clients vorgesehen, ist es als überarbeitete Version als NTLM oder NTLMv2 (ab Windows Server 2003) für verschlüsselte Passwords mit bis zu 127 Zeichen aus dem Unicode-Zeichensatz einsetzbar.

- **Authentifizierung mit Kerberos:** Kerberos bietet eine sichere und einheitliche Authentifizierung in einem ungesicherten TCP/IP-Netzwerk. Mithilfe des Kerberos-5-Netzwerkdienstes muss sich der Benutzer nur noch einmal anmelden, dann kann er alle Netzwerkdienste nutzen, ohne ein weiteres Mal ein Passwort eingeben zu müssen. Kerberos übernimmt die weitere Authentifizierung und ist das Standardprotokoll für die Authentifizierung unter Windows (ab Windows Server 20000), wo die Schlüssel im Active Directory gespeichert werden.

- **Radius-Authentifizierung:** Der *Remote Authentification Dial-In User Service* ist ein zentraler Authentifizierungsdienst für Einwahlverbindungen (Modem, DSL, VPN). Zentraler Bestandteil ist dabei ein RADIUS-Server, der beispielsweise von einem Windows Server 2003/2008 gebildet wird und die Benutzerdaten (Name, Kennwort, Parameter) aus seiner Konfigurationsdatenbank bezieht. Um die RADIUS-Authentifizierung anwenden zu können, ist beim Windows Server der Internetauthentifizierungsdienst (IAS, Bild 3.12), notwendig, der mit *ias.msc* unter AUSFÜHREN oder unter der EINGABEAUFFORDERUNG aufgerufen werden kann.

- **Active Directory-Authentifizierung:** Authentifizierung über das im Active Directory integrierte Verfahren, so dass nur eine einmalige Anmeldung zur Nutzung alle Active Direcctory-kompatiblen Netzwerkanwendungen notwendig ist. Die Basis hierfür bilden Kerberos (s.o.) sowie das *Lightweight Directory Access Protocol* (LDAP) als Zugriffsprotokoll auf X.500-Verzeichnisse. LDAP kann ebenfalls als separate Authentifizierungsmethode (**LDAP-Authentifizierung**) ausgeführt werden. Die Active Directory-Authentifizierung kombiniert gewissermaßen Kerberos mit LDAP.

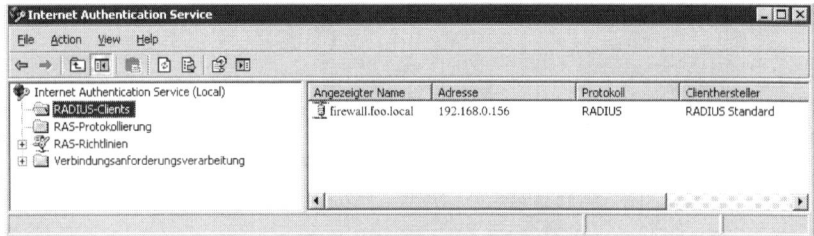

Bild 3.12: *Die Firewall fungiert beim Windows Server als RADIUS-Client, der die Internetbenutzer authentifiziert.*

Sicherer als eine reine PC- oder Netzwerkanmeldung mit einem Account, der aus einem Namen und einem Kennwort besteht, ist eine Zwei-Faktor-Authentifizierung, womit üblicherweise die Anmeldung über ein Zertifikat gemeint ist, welches mit Namen und Kennwort abgesichert ist und auf einer Speicherkarte oder einem USB-Stick gespeichert sein kann. Dann ist ein Zugriff auf Systeme und Daten nur über den Besitz dieser Karte bzw. des Sticks *und* mit exakter Kenntnis des Passwortes möglich.

3.4 Zertifikate

Zertifikate oder genauer die *Digitalen Zertifikate* dienen der Sicherstellung und dem Schutz der Authentizität, der Integrität und der Vertraulichkeit von Daten.

Ein digitales Zertifikat weist den Eigentümer bestimmter Daten anhand eines öffentlichen Schlüssels aus. Dieser wird von einer Zertifizierungsorganisation zur Verfügung gestellt – der man letztendlich vertrauen muss –, und er ist nur eine bestimmte Zeit lang gültig. Dabei gibt es unterschiedliche Zertifikatstypen für die verschiedenen Authentifizierungsmethoden, die vom System auch unterschiedlich gehandhabt werden.

Grundsätzlich bilden *Digitale Zertifikate* keinen wirklichen Schutz. Beim Zugriff auf eine Internet-Seite wird beispielsweise nur eine Warnmeldung ausgegeben, wenn ein bestimmtes Zertifikat möglicherweise als nicht vertrauenswürdig erkannt wird, was man auch leicht übergehen kann.

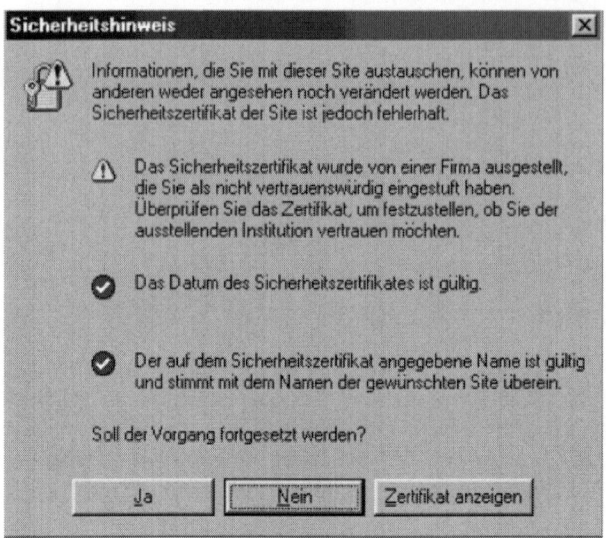

Bild 3.13: *Warnmeldung, wenn ein Zertifikat als nicht gültig, d.h. als nicht vertrauenswürdig, eingestuft wurde.*

Derartige Warnmeldungen sollten allerdings ernst genommen, und es sollte dann nach der Ursache für dieses Verhalten gesucht werden. Die Zertifikatsüberprüfung im jeweiligen Internet-Browser sollte nicht deaktiviert werden. Warnmeldungen betreffs ungültiger Zertifikate sollte nachgegangen werden.

Die Verwendung gültiger Zertifikate ist Voraussetzung für die Verarbeitung von Emails mit Outlook und anderen Email-Programmen sowie für den Zugang zu sicheren Internet-Seiten, die mit https statt mit http beginnen. Wenn derartige Seiten ohne Zertifikatswarnung aufgerufen werden können, sollten die Zertifikate auf aktuellem Stand sein, vorausgesetzt die Überprüfung wurde im jeweiligen Internet-Browser nicht deaktiviert. Wenn der Zugriff auf eine sichere Internet-Seite erfolgt, ist unten in der Taskleiste ein Schlosssymbol zu erkennen. Beim Klick darauf wird das verwendete Zertifikat angezeigt.

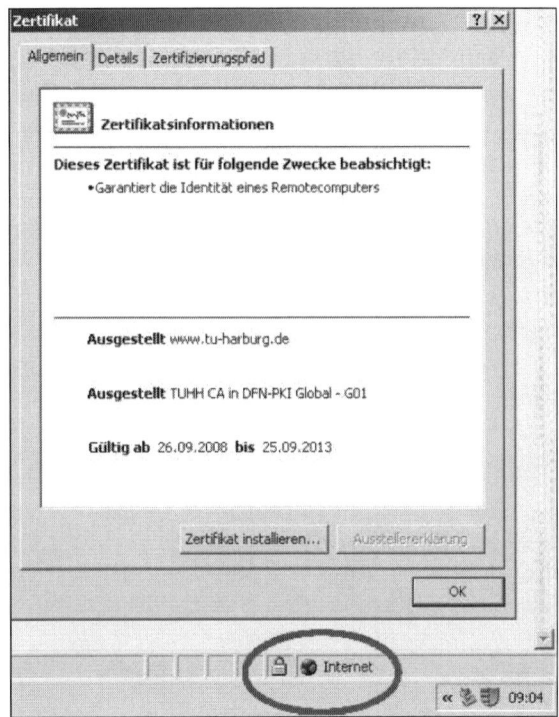

Bild 3.14: *Beim Zugriff auf eine sichere Internet-Seite ist unten in der Taskleiste ein Schlosssymbol zu erkennen. Beim Klick darauf wird das verwendete Zertifikat angezeigt.*

Zertifikate können von Zertifizierungsorganisationen oder auch von Herstellern bestimmter Hard- und Software (UTM, NAS, Switches, Router) bezogen werden, die eigene Internet-Seiten für die Gerätekonfigurierung implementieren. Wichtig ist dabei, dass die Fingerprints der Zertifikate kontrolliert werden und dass das Zertifikat im richtigen Zertifikatsspeicher landet, der im Internet-Explorer über

EXTRAS – INTERNETOPTIONEN – INHALTE – ZERTIFIKATE und VERTRAUENSWÜRDIGE STAMMZERTIFIZIERUNGSSTELLEN

zu finden ist.

Es gibt auch Zertifikate für Dateien, Makros und VBA-Projekte, die für die Arbeit mit (nicht selbst erstellen) Office-Dokumenten von Bedeutung sein können. Diese sind hier jedoch nicht gemeint und können auf

113

unterschiedliche Art und Weise verarbeitet werden. Gleichwohl ist auch hierfür der Internet-Explorer die erste Anlaufstelle für die Installation des jeweiligen Zertifikats.

Außerdem werden Zertifikate zur Authentifizierung von VPN-Anwendern benutzt. Dabei handelt es sich auch hier um eine Identitätsbescheinigung, die eine digitale Signatur enthält und Angaben über den Inhaber. Derartige Zertifikate werden mit einer *Certification Authority* (CA) signiert, um die Echtheit des Zertifikats zu garantieren.

Für VPNs und andere Verbindungen kann aber auch eine eigene CA-Signatur (siehe Kapitel 6.3) erstellt werden, um damit selbsterstellte Zertifikate zu signieren, die dann an die Benutzer, die sich per VPN mit der Firewall bzw. dem lokalen Netz verbinden wollen, verteilt werden. Diese Signierung stellt sicher, dass nur Zertifikate zur Authentifizierung benutzt werden, die von der Firewall und nicht von dritten ausgestellt worden sind.

Für die vollständige Authentifizierung benötigt nicht nur die Gegenstelle ein Zertifikat, sondern auch die Firewall selbst. Es muss also ein Zertifikat für die Firewall erstellt werden und jeweils eins für jeden externen Benutzer. Wie dies praktisch umzusetzen ist, wird im Kapitel 6.5 näher erläutert.

3.5 Personal Firewalls

Eine Firewall soll einen Einbruch in einen Computer und das Ausspionieren von Daten verhindern. Die Spionage über das Netzwerk, etwa durch Belauschen des internen Datenverkehrs, ist heutzutage nicht mehr zu unterschätzen, genauso wenig wie die Möglichkeit, PCs in einem LAN, wenn sie schon nicht manipuliert werden können, zumindest durch Attacken aus dem Internet (Denial of Service, Syn Flooding) am normalen Betrieb zu hindern.

Die in Windows integrierten Firewalls, die gemeinhin als *Desktop Firewalls* oder auch als *Personal Firewalls* bezeichnet werden, sind bereits eingangs erläutert worden. Zur gleichen Kategorie gehören die separat erhältlichen Versionen für Windows, beispielsweise die bekannten Programme *McAffee Desktop Firewall*, *Symantec Personal Firewall* oder auch *Zone Alarm*.

Personal bedeutet in diesem Zusammenhang, dass die Firewall nach ganz persönlichen Vorstellungen konfiguriert werden kann und nicht etwa eine separate Firewall gemeint ist, die als ein eigenständiges Gerät ein komplettes LAN vom Internet absichern kann. Der Vorteil einer derartigen Netzwerk-Firewall ist wiederum der, dass die Firewall-Regeln nur einmal an zentraler

Stelle und nicht bei mehreren PCs konfiguriert werden müssen, was Update und Support wesentlich vereinfacht.

3.6 Netzwerk-Firewalls

Eine Netzwerk-Firewall befindet sich an der Schnittstelle zwischen dem eigenen Netzwerk und dem nicht vertrauenswürdigen Internet. Sie wirkt wie eine Sicherheitsschleuse oder wie die Passkontrolle an einem Grenzübergang. Die Aufgabe besteht darin, die Kommunikation zu und von einem Netzwerk anhand von bestimmten Regeln zu erlauben oder zu verbieten.

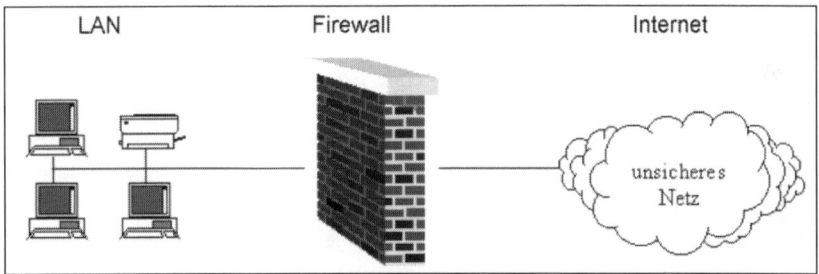

Bild 3.15: *Eine Netzwerk-Firewall schützt an zentraler Stelle nicht nur einen einzelnen PC, sondern gleich ein komplettes LAN.*

Eine Netzwerk-Firewall erfüllt im Wesentlichen die folgenden Aufgaben:

- Blockieren von unerwünschtem bzw. unbekanntem Verkehr.

- Protokollierung des Verkehrs von und zum LAN.

- Weiterleitung eingehenden Verkehrs an vertrauenswürdige, interne Systeme.

- Verbergen von kompletten Systemen sowie Informationen über Systemnamen, Netzwerktopologie, Netzwerk-Gerätetypen und interne Usernamen vor dem Internet.

Grundsätzlich kann man verschiedene Firewall-Konzepte unterscheiden, die auf verschiedenen Levels arbeiten.

Auf der unteren Ebene (OSI-Sicht 3) arbeiten Firewalls mit Paketfiltern, die anhand von IP-Paketen eine Unterscheidung zwischen erlaubten und unerlaubten Verbindungen vornehmen. Hierfür wird eine Liste (State Table) mit Quell- und Zieladresse sowie Quell- und Zielport geführt, die bestimmt, welche Computer im zu schützenden und welche im unsicheren Netzwerk mit welchen Ports und mit welchen Diensten Verbindungen aufnehmen dürfen. Die jeweiligen Antwortpakete (aus dem Internet) werden üblicherweise zugelassen, was als *Stateful Filter* bezeichnet wird.

Die Filterregeln sind an die Netzwerkschnittstellen gebunden und werden vom Packet-Filter in der Reihenfolge abgearbeitet, in der sie angegeben sind.

Die Paketfilterung ist eine kostengünstige Technologie, die bei fast allen Router-Produkten standardmäßig implementiert ist. Der Konfigurationsaufwand hält sich in Grenzen, und wenn neue Dienste oder Protokolle transportiert werden müssen, lassen sich neue Regeln relativ leicht einführen.

 **Tipp:** Die grundlegende Regel für die Paketfilterung ist die **Dioden-Regel: Der Verkehr aus dem LAN ins Internet wird erlaubt, nicht jedoch in umgekehrter Richtung. Als allgemeine Filterregel gilt schlechthin: Alles, was nicht ausdrücklich erlaubt wurde, ist verboten.**

Auf der OSI-Schicht 4 (TCP, UDP) arbeitet eine flexiblere Variante, denn eine starre Tabelle ist für einige Protokolle, wenn etwa variable Portnummern verwendet werden, ungeeignet. Eine *Stateful Inspection Firewall* passt die Firewall-Regeln dynamisch an, so dass neue, notwendige Ports für eine bestimmte Anwendung berücksichtigt werden können. Eine derartige zustandsgesteuerte Firewall enthält auch die Tabellen für die statischen Paketfilter.

Damit kann im IP-Header die Filterung nach IP-Adressen erfolgen, im TCP/UDP-Header nach Portnummern, im jeweiligen Dienst nach Protokollnummern (Datagrammtyp), und die Richtungsfeststellung erfolgt durch die Auswertung des Syn-/Ack-Flags im TCP/IP-Paket.

Als Nachteile sind zu werten, dass die Regeln für den Durchschnittsbenutzer oft recht verwirrend wirken und auch sehr umfangreich und schwer nachvollziehbar sein können, schließlich sind Regeln für beide Richtungen festzulegen. Außerdem können die Inhalte der Datagramme nicht kontrolliert werden, und es gibt auf dieser Ebene keine Authentifizierung der Benutzer.

Das zweite grundlegende Firewall-Komzept ist deshalb die Kontrolle der Kommunikationsbeziehungen auf der Anwendungs- und nicht auf der Paketebene, was auch unter *Application Level Firewall* firmiert.

Typischerweise wird dabei für jeden Dienst (Telnet, FTP, WWW, Email) ein *Security Proxy* eingefügt, was einem Zwischenspeicher entspricht, der den direkten Zugriff auf den jeweiligen Dienst unterbindet und dadurch eine Analyse der Inhalte ermöglicht. Diese können je nach Firewall-Konfiguration erlaubt oder abgeblockt werden, was auch benutzerabhängig stattfinden kann, weil eine Authentifizierung der Benutzer möglich ist. Idealerweise kann die Firewall in eine Active Directory-Struktur integriert werden, was eine zentrale Authentifizierung gestattet.

Hinweis: **Network Firewalls kombinieren das Prinzip von Packet Firewall, Stateful Inspection Firewall und Application Firewall.**

3.6.1 Routing Firewall

Das Prinzip einer gebräuchlichen Firewall beruht auf dem Routing, d.h. dem Übergang von einem Netz zu einem anderen. Hierfür verfügt eine Netzwerk-Firewall oder auch ein hierfür abgestellter Server mindestens über zwei Netzwerkkarten, die sich mit ihren IP-Adressen in zwei unterschiedlichen Netzen befinden.

Als Beispiel wird im Folgenden ein PC mit zwei Netzwerkkarten (intern, extern zum Internet) und der Personal Firewall von SuSE verwendet. Trotz der Bezeichnung *Personal Firewall* kann der Linux-PC mit der beschriebenen Konfiguration als eigenständige Firewall zwischen zwei Netzen fungieren. Dabei soll lediglich verdeutlicht werden, wie einfach es im Grunde genommen ist, eine eigenständige Netzwerk-Firewall zu realisieren.

Für die Verbindung zweier Netze (Routing) muss der Eintrag IP_FORWARD="yes" in der Datei */etc/rc.config* gesetzt werden.

In der Netzwerkumgebung eines PC am internen Netz tauchen lediglich die LAN-Clients auf, und es gibt zunächst keinen Zugriff auf das Internet. Damit der PC die Zugriffsmöglichkeit auf dieses externe Netz erhält, muss zunächst seine Adresse maskiert (Masquerading) werden.

Die Festlegungen für die Personal Firewall finden sich unter */etc/rc.config.d/* in der Datei *security.rc.config*. Damit das Masquerading zwischen internem und externem Netzwerk über diese Firewall ausgeführt werden kann, ist lediglich der Eintrag

REJECT_ALL_INCOMING_CONNECTIONS="masq"

zu setzen. Wird statt »masq« hier »no« angegeben, ist die Firewall und damit das Masquerading außer Betrieb.

Irgendeine Firewall-Funktion ist bis hierhin nicht gegeben, es findet lediglich das Masquerading auf Grund des masq-Eintrages statt. Damit explizit alle eingehenden Verbindungen zu Eth0 (aus dem Internet) unterbunden werden, ist

REJECT_ALL_INCOMING_CONNECTIONS="eth0 masq"

zu setzen. Damit funktioniert auch kein Ping mehr auf die externe IP-Adresse, und die Personal Firewall erfüllt nunmehr ihren Dienst.

Einen größeren Funktionsumfang als die Personal Firewall bietet die SuSEfirewall, bei der sich zahlreiche Filteroptionen einstellen lassen. Die Konfigurierung kann über YaST erfolgen oder auch durch die direkte Anpassung der dazugehörigen Konfigurationsdatei unter */etc/rc.config.d/firewall.rc.config*.

Die SuSEfirewall stellt im Prinzip nur ein Skript dar, welches die IPCHAINS (Paketfiltereinstellungen) entsprechend manipuliert. Ab dem Kernel 2.4 sollen statt der IPCHAINS die IPTABLES eingesetzt werden, die beispielsweise ab der SuSEfirewall2 standardmäßig zum Einsatz kommen. IPCHAINS mit Kernel 2.4 erlaubt beispielsweise kein FTP.

Anzeige der IPCHAINS/IPTABLES-Einstellungen:

```
ipchains -L

iptables -L
```

Der automatische Start der SuSEfirewall erfolgt durch den Eintrag START_FW="yes" in der Datei */etc/rc.config*. Der Eintrag ist am Ende der Datei lokalisiert.

Manuelle Aufrufe mit:

```
SuSEfirewall -h (Optionen anzeigen)
```

```
SuSEfirewall (starten)

SuSEfirewall stop (stoppen)

SuSEfirewall check (Anzeige der offenen Ports)
```

Bei dem *SuSEfirewall Check* tauchen möglicherweise Fehlermeldungen auf, die aber ignoriert werden können, wenn die grundsätzliche Funktion der Firewall gegeben ist. Hierfür sollte die Ping-Option in */etc/rc.config.d/firewall.rc.config* für Eth0 (externes Netz) aktiviert und wieder deaktiviert werden.

Ein Ping vom externen Netz führt bei aktivierter Firewall zu keiner Antwort eines PCs im LAN. Ein Ping aus dem internen Netz (da Masquerading) auf diese Adresse sollte hingegen stets funktionieren.

Auszug aus der Datei firewall.rc.config mit den wichtigsten Einträgen:

```
# Which is the interface that points to the internet?
FW_DEV_WORLD="eth0"

# Which is the interface that points to the internal network?
FW_DEV_INT="eth1"

# Which is the interface that points to the dmz network?
FW_DEV_DMZ=""

# Should routing between the internet, dmz and internal network be
activated?
FW_ROUTE="yes"

# Do you want to masquerade internal networks to the outside?
FW_MASQUERADE="yes"
# Which internal computers/networks are allowed to access the internet
# directly (not via proxys on the firewall)?
# Only these networks will be allowed access and will be masqueraded!
FW_MASQ_NETS="192.168.0.0/24"

# Incoming connections on ports >= 1024, TCP
# Common: "ftp-data" (sadly!)
FW_ALLOW_INCOMING_HIGHPORTS_TCP="no"

# Incoming connections on ports >= 1024, UDP
# Common: "DNS" or "domain ntp"
FW_ALLOW_INCOMING_HIGHPORTS_UDP="no"

# Which logging level should be enforced?
# Was soll in die Log-Datei geschrieben werden?
# Die Log-Datei ist /var/log/messages

# Log critical denied network packets
FW_LOG_DENY_CRIT="yes"

# Log all denied packets
```

```
FW_LOG_DENY_ALL="no"

# Log critical accepted packets
FW_LOG_ACCEPT_CRIT="yes"

# Log all accepted packets
FW_LOG_ACCEPT_ALL="no"

# Allow ping on firewall
FW_ALLOW_PING_FW="no"

# Allow ping on DMZ targets
FW_ALLOW_PING_DMZ="no"

# END of firewall.rc.config
```

Ab der SuSEfirewall2 wird standardmäßig mit IPTABLES gearbeitet, was flexiblere Einstellungen als mit IPCHAINS erlaubt. Der Aufbau der *firewall.rc.config* ist jedoch im Wesentlichen mit der gezeigten Konfigurationsdatei identisch.

3.6.2 Bridging Firewall

Die übliche Firewall, die auf dem Routing beruht, hat den Nachteil, dass zwei Teilnetze benötigt werden, denn ein Router arbeitet auf der OSI-Schicht 3, d.h., die Wegfindung findet letztendlich auf Grund der IP-Adressen anhand einer Routing-Tabelle statt.

Wenn nur ein einziges Netz mit im Internet gültigen IP-Adressen zur Verfügung steht, ist hier kein Routing und damit auch keine Netzwerk-Firewall realisierbar. Dann müsste ein Teilnetz, etwa mit privaten Adressen, angelegt werden, um zwischen diesen beiden Netzen (Internet, privat) routen zu können, wie es im vorherigen Kapitel erläutert ist. Dies hat jedoch eine Veränderung eines bereits bestehenden Netzes zur Folge, und beim Ausfall des Router ist eine Kommunikation zwischen den beiden Netzen nicht mehr möglich.

Wenn weder die Netzwerkadressen im LAN noch die Netzwerk-Topologie durch die Einführung einer Netzwerk-Firewall verändert werden sollen, kann die Lösung eine Bridging-Firewall sein. Eine Bridge überträgt die Daten über die OSI-Schicht 2, und wie bei einem Switch findet die Kommunikation dabei auf MAC- und nicht auf TCP/IP-Ebene statt. Die Bridge stellt sich im Netzwerk daher als transparent dar und „lernt" durch die Auswertung der MAC-Adressen die Wege zu/von den einzelnen PCs.

Falls die Bridge-Firewall ausfallen sollte, ist lediglich das Netzwerkkabel umzustecken, also die Firewall zu umgehen, wobei keine Adressen zu ändern sind, wenn kurzzeitig ohne Firewall gearbeitet werden müsste.

Bei der Verwendung eines üblichen PC als Bridge hat man alle Freiheiten für den Einsatz der jeweiligen Netzwerkadapter (TP, LWL, 100 MBit, Gigabit) und für die festzulegenden Firewall-Regeln, die einfach per Skript anzupassen sind. Diese Kombination ist deshalb gut für den Selbstbau geeignet.

Linux bietet ab dem Kernel 2.6 die benötigte Bridge-Unterstützung, so dass möglicherweise noch eine Aktualisierung notwendig ist, die man am besten aus dem Internet von http://www.kernel.org bezieht. Des Weiteren ist die Bridge-Erweiterung noch mit im Kernel unterzubringen. Die notwendigen Bridge-Utilities sind unter http://bridge.sourceforge.net zu finden. Bei der Konfigurierung des neuen Kernel sind die *Network Options* und der Punkt *Network Packet Filtering* von Bedeutung, wo man am besten alle Optionen selektiert (* = build in).

Nach dem Start mit dem neuen Kernel sind die Netzwerkkarten zunächst wie üblich von innen und außen über die jeweiligen IP-Adressen per Ping erreichbar. Zuvor sind auf jeden Fall noch das Routing und die möglicherweise bereits vorhandene Firewall zu deaktivieren.

Um die Bridge-Funktion zu starten, ist ein kleines Skript (siehe folgendes Kapitel) empfehlenswert. Die Firewall-Regeln bringt man hier am besten auch gleich mit unter. Nach dem Aufruf des Skripts, bei dem als Test zunächst keine Firewall-Regeln aktiviert sind, lassen sich bei dem Bridge-PC keine IP-Adressen mehr per Ping ansprechen und die Bridge arbeitet transparent, quasi von einer Netzwerkkarte durch den Kernel hindurch zur anderen Netzwerkkarte. Damit ist die Bridge im Netzwerk nicht erkennbar und belegt auch keine IP-Adressen.

Demnach ist unmittelbar nach dem Anschluss der beiden Netzwerkkarten (eth0:extern, eth1: intern) und dem Aufruf des Bridge-Skriptes eine Kommunikation von den PCs im internen Netz nach außen hin und in umgekehrter Richtung möglich. Der Aufbau einer Internetseite dauert dabei zunächst etwas länger, weil die Bridge den Weg durch das Netz erst noch »lernen« muss. Diese Verzögerung wird bei einem späteren, erneuten Aufruf jedoch nicht mehr weiter auffallen.

Die grundsätzliche Funktion der Bridge ist damit gegeben, und sie kann einfach zwischen den Internet-Anschluss und das interne Netz geschaltet werden, was keinerlei Auswirkungen auf die bereits vergebenen IP-Adressen

121

und die vorhandene Netzwerktopologie hat, weil sie eben völlig transparent wirkt.

Danach sind die Firewall-Regeln festzulegen, was einige Zeit zum Ausprobieren in Anspruch nimmt, damit der gewünschte und der unerwünschte Datenverkehr optimal geregelt werden. Dabei wird ausschließlich mit IPTABLES und FORWARD gearbeitet. Wie die Daten die Regeln INPUT, OUTPUT und eben FORWARD durchlaufen, unterscheidet sich dabei von den älteren Regeln, die mit IPCHAINS gebildet werden.

Firewall-Skript

Das Skript wird mit *mstbridge.sh* aufgerufen, woraufhin eine entsprechende Meldung (Bridge wird gestartet) erscheint. Beim Ausprobieren der Bridge mit der Firewall-Funktion haben sich die folgenden Kommandos als hilfreich erwiesen:

- `ifconfig mstbridge down`, Deaktivieren der Bridge/Firewall

- `iptables -L` , Anzeige der aktiven iptables-Regeln

- `iptables -F` , Löschen aller iptables-Regeln

- `mstbridge.sh` , Erneutes Starten der Bridge/Firewall

Beim erneuten Starten der Bridge/Firewall können die Fehlermeldungen (already exists ...) ignoriert werden können. Die Bridge wird tatsächlich mit den zuvor getätigten Änderungen neu gestartet, woraufhin die Befehle in Kraft treten. Falsche Angaben (Tippfehler usw.) im Skript werden hingegen durch eine Error-Meldung mit dem Hinweis, die Hilfe zu IPTABLES aufzurufen, ausgewiesen.

Auch nach der Deaktivierung der Bridge (ifconfig bridge down) führt ein Ping nicht zu einer Antwort, dies funktioniert nur, bevor das Skript das erste Mal aufgerufen worden ist.

Bei der Erstellung der Regeln für die Firewall mit IPTABLES ist zu beachten, dass die Regeln der Reihe nach – quasi von oben nach unten – durchlaufen werden. Daher macht es beispielsweise keinen Sinn, den Zugriff auf eine bestimmte IP-Adresse oder Ports zu verbieten, wenn zuvor der Verkehr von innen nach außen (und als ESTABLISHED in Gegenrichtung) erlaubt worden wäre. Die verbotene IP-Adresse würde dann als eine etablierte Verbindung angesehen werden und das Verbot nie greifen; es muss deshalb vor den allgemeinen Freigaberegeln stehen.

Die beste Lösung ist es, nur die für bestimmte Anwendungen (http, FTP, DNS) reservierten Ports zu erlauben. Diese Ports sind zwar definiert (80, 21, 53), allerdings werden die ausgehenden Pakete (von den Windows-Clients) nicht auf ihnen, sondern auf wechselnden, höheren (1000-13xx) Ports gesendet. Für die Antwortpakete werden jedoch stets die definierten Ports verwendet. Deshalb wird die Firewall – das Skript – so ausgelegt, dass eine Verbindung stets nur aus dem internen Netz initiiert werden kann und die Antworten aus dem Internet jeweils zu dieser aufgebauten, etablierten Verbindung gehören müssen. Demnach ist es nicht möglich, eine (neue) Verbindung von außen aufzubauen.

Inhalt des Skriptes mstbridge.sh:

```
# ------------- mstbridge.sh -----------------------------

# Bridge-Initialisierung, K. Dembowski
# Hilfetexte durch brtcl -help
# Aktivierung der Bridge durch Aufruf von mstbridge.sh
# Deaktivierung mit: ifconfig mstbridge down
# Konfigurierung der Firewall mit iptable-Regeln

echo "Bridge wird gestartet"
echo " "

brctl addbr mstbridge       # Anlegen der Bridge mstbridge

brctl addif mstbridge eth0
           # Netzwerk-Interface 1, LAN-Anschluss 1 (extern)

brctl addif mstbridge eth1
           # Netzwerk-Interface 2, LAN-Anschluss 2 (intern)


# Für die Bridge-Funktion macht es keinen Unterschied, was als #
intern und was als extern konfiguriert wird !


ifconfig mstbridge up       # Starten der Bridge
brctl show                  # Anzeige der Bridge-Einstellungen


# ------------ Regelsatz fuer die Firewall --------------------


iptables -F FORWARD         # Alle Regeln loeschen

iptables -P FORWARD DROP    # Alles verbieten (default policy)


# Ungueltige Pakete abweisen (kurzer Header, illegale Flags)

iptables -A FORWARD -m unclean -j DROP
```

```
# Pakete von gefaelschten (ungueltigen, privaten, Loopback)
# Adressen abweisen

iptables -A FORWARD -s 192.168.0.0/16 -j DROP
iptables -A FORWARD -s 172.16.0.0/12 -j DROP
iptables -A FORWARD -s 127.0.0.0/8 -j DROP
iptables -A FORWARD -s 10.0.0.0/8 -j DROP


# Verkehr zu bestimmten IP-Adressen verbieten

iptables -A FORWARD -d 64.245.58.28 -j DROP # Audio Galaxy
iptables -A FORWARD -d 209.139.200.43 -j DROP # E-Donkey


# Obere Ports explizit verbieten

iptables -A FORWARD -i eth0 -p UDP --dport 1400:65535 -j DROP
iptables -A FORWARD -i eth1 -p UDP --sport 1400:65535 -j DROP
iptables -A FORWARD -i eth0 -p TCP --dport 1400:65535 -j DROP
iptables -A FORWARD -i eth1 -p TCP --sport 1400:65535 -j DROP


# Verkehr von innen (eth1) nach aussen (eth0) erlauben
# Alle Protokolle, alle Ports, aber nur aus dem interen Netz
# Interfaces (eth) muessen nicht mit angeben werden, mit Angabe # wird
es aber deutlicher

iptables -A FORWARD -i eth1 -o eth0 -s 134.28.56.0/24 -j ACCEPT


# Verkehr von aussen (eth0) nach innen (eth1) erlauben
# Erlaubt nur Pakete fuer bereits bestehende Verbindungen
# (ESTABLISHED) und was logisch zu einer Verbindung gehoert
# (RELATED)

iptables -A FORWARD -i eth0 -o eth1 -m state -state
ESTABLISHED,RELATED -j ACCEPT


# Logging abgewiesener Pakete, steht in /var/log/messages
# 2 Pakete pro Minute protokollieren, maximal 2 Treffer intern #
bearbeiten

# Abgelehnten Paketen den Text ABGEWIESEN voranstellen

iptables -A FORWARD -m limit --limit 2/minute --limit-burst 2 -j LOG -
-log-level notice --log-prefix "!ABGEWIESEN:"
```

Aus Sicherheitsgründen sollten auf dem Bridge-Firewall-PC keine Anwendungen wie Samba, http, FTP, Telnet und dergleichen installiert werden, sondern lediglich das absolut Notwendige.

Das Bridge-Skript (mit iptables) wird beim Start des PC automatisch geladen. Damit dies funktioniert, befindet sich in dem Verzeichnis, wo sich alle automatischen Skripte befinden *(/etc/init.d/)*, die Datei *bridgefw*. Der

Link (@S30bridgefw) hierauf ist unter *etc/init.d/rc3.d* lokalisiert, wo alle Module für den Run-Level-3 abgelegt sind.

Als Log-File für die abgewiesenen Pakete wird nicht mehr *Messages*, wo alle möglichen Meldungen landen, sondern ein File unter *var/log/firewall* verwendet. Unter *etc/logfiles* ist die maximale Größe der Firewall-Log-Datei auf 4 MByte begrenzt, und diese wird täglich (cron-Funktion) gelöscht. Die laufende Anzeige der abgewiesenen Pakete lässt sich mit *tail –f /var/log/firewall* auslösen.

3.7   Unified Threat Management Appliances

Appliances sind im Allgemeinen eigenständige Geräte mit vorinstallierten, vorkonfigurierten und sofort einsetzbaren Anwendungen. Diese können für ganz unterschiedliche Zwecke bestimmt sein, beispielsweise als Server, als Netzwerkspeichersystem (Network Attached Storage, NAS), als VPN Gateway, als Firewall oder auch als Unified Threat Management System (UTM), welches gleich mehrere Anwendungen in sich vereint. Nicht selten arbeitet in diesen Geräten, bei denen es sich mitunter um miniaturisierte PCs handelt, ein spezielles „Minimal-Linux" mit (Firewall-)Software, die teilweise als Open Source geführt wird.

Bild 3.16: *Auch ein Network Attached Storage-System ist eine Appliance. Diese wird einfach ans Netzwerk angeschlossen, von einem PC aus administriert und fungiert als eigenständiges Speichersystem in einem LAN.*

Der Trend, wie er bei den Kombigräten insbesondere für Heimanwendungen zu beobachten ist, wo ein ADSL-Modem mit einem Switch, einem Wireless-LAN-Adapter sowie mit einer integrierten Firewall kombiniert wird, ist auch im professionellen Bereich für die Standortvernetzung üblich.

Dort werden SDL-/VDSL oder auch ISDN- sowie UMTS-Adapter mit Router- und Switch-Funktionalität kombiniert, und es wird die Möglichkeit angeboten, eine bestimmte Anzahl von VPN-Kanälen konfigurieren zu können, was dann beispielsweise unter VPN-Router firmiert.

Bild 3.17: *Ein VPN-Router der Firma LANCOM.*

Ein UTM-System integriert noch weitaus mehr an Funktionen, wobei dies letztlich eine Frage der dort laufenden Software ist, denn von der Hardware-Seite her werden lediglich Netzwerkein- und -ausgänge als Anschlüsse benötigt. Voraussetzung für die Bezeichnung als UTM ist eine Funktionskombination bestehend aus mindestens den folgenden Komponenten:

- Firewall: Stateful Inspection, Proxy

- Intrusion Detection System: IDS/IPS

- Internet-Gateway: Router, Modem, xDSL

- Virusscanner: HTTP, FTP, POP3, SMTP

- Spam-Filter: SMTP, POP3

- Content-Filter: Kategorien, Antivirus, File Extension Blocking

- Authentifizierungs-Mechanismen: Datenbank, RADIUS, Active Directory

- Virtual Private Network (VPN) Gateway: PPTP, L2TP, IPsec

- Reporting- und Logging-Funktionen: Surfverhalten, Statistik Einbruchsversuche, Benachrichtigungen

- Quality of Service: QoS

- Optional: DHCP-Server, DNS Relay (LAN/WAN), DynDNS-Support

Der in der Appliance arbeitende Prozessor mit dem dazugehörigen Speicher bestimmt von seiner Leistungsfähigkeit her maßgeblich, wie viele Clients möglichst verzögerungsfrei vom System verarbeitet werden können (Durchsatz).

Die im Folgenden angeführten Hersteller bieten ihre Software-Lösungen zusammen mit Appliances an, wobei einige wie Astaro und Securepoint ihre Software auch separat – mit Einschränkungen sogar kostenlos – anbieten, was die Möglichkeit eröffnet, individuelle UTM-Systeme mit eigener Hardware aufzubauen oder die Software auch in einer virtuellen Maschine betreiben zu können.

Die folgende Liste zeigt bekannte Hersteller für UTM-Systeme:

http://www.astaro.com

http://www.barracudanetworks.com

http://www.checkpoint.com

http://www.fortinet.com

http://www.secureguard.at

http://www.securepoint.de

http://www.sonicwall.com/de

http://www.watchguard.com/international/de/

http://www.zyxel.de

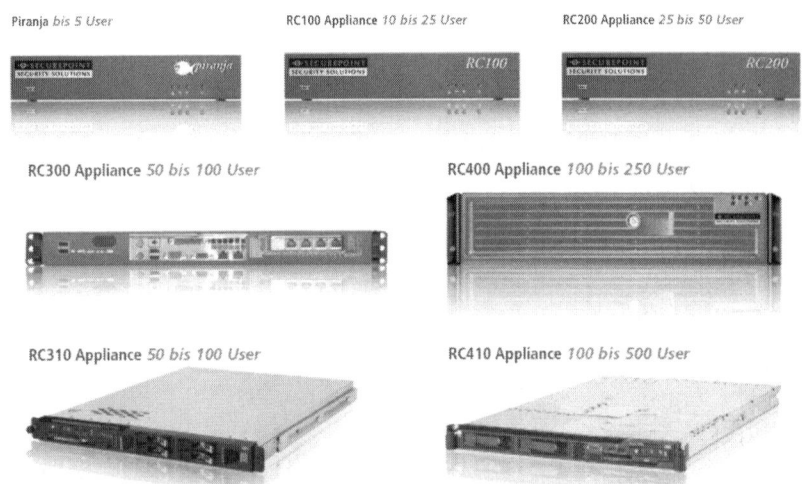

Bild 3.18: *Einige Appliances der Firma Securepoint.*

Die Konfigurierung der Systeme erfolgt üblicherweise über eine gesicherte PC-Verbindung, wobei zwei unterschiedliche Prinzipien angewendet werden: Entweder erfolgt der Zugriff über eine spezielle Applikation wie etwa mit dem Security Manager (Securepoint) per SSH oder per Internet-Browser per https. Falls lediglich ein Browser benötigt wird, ist die Appliance-Software etwas komplexer und verfügt über einen integrierten Web-Server, was sich durchaus nachteilig auf die Performance des Systems auswirken kann.

Weil entsprechende Prozessorleistung jedoch immer preiswerter geworden und der Web-Server lediglich bei der Konfigurierung des Systems notwendig ist, fällt diese Problematik kaum mehr ins Gewicht, und alle UTM-Hersteller haben deshalb eine derartige Lösung im Programm.

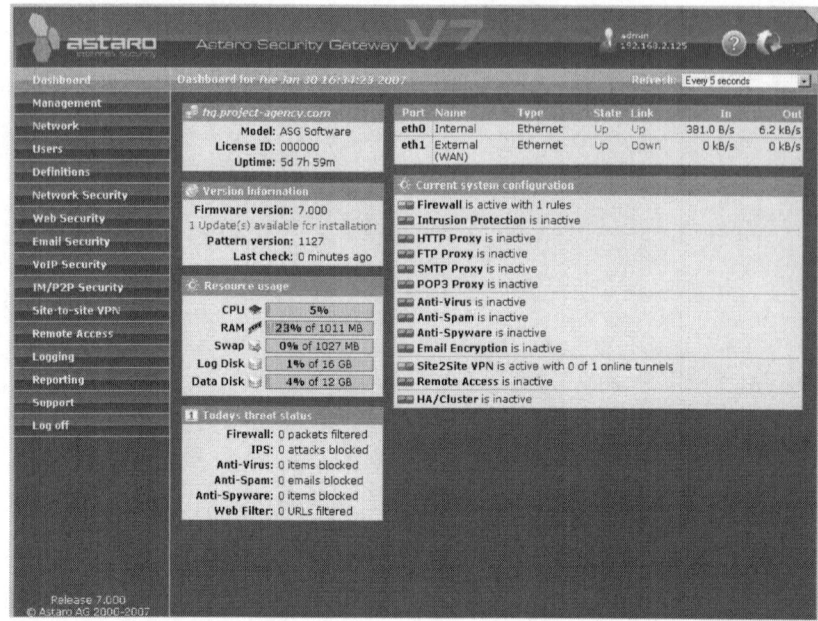

Bild 3.19: *Die Astaro Security Gateway-Software der Appliance wird im Browser dargestellt.*

Wichtig bei der Beurteilung von Security Appliance-Lösungen sind neben den benötigten Funktionen das jeweils angewendete Prinzip für die Lizenzverwaltung (pro System, pro Client) und die Frage, welche der Sicherheitsfunktionen quasi vor Ort – direkt in der Appliance – zur Anwendung kommen und welche erst durch die Hilfe des Internets genutzt werden können.

Dabei ist nicht immer gleich offensichtlich, wie die Appliance-Software verfährt, ob sie möglicherweise laufend in einer Datenbank des Herstellers nachschaut, um Schadsoftware identifizieren zu können. Eine Überprüfung dahingehend lässt sich relativ leicht mit einem Sniffer wie Wireshark (Kapitel 3.2) durchführen.

 **Achtung:** Bei einigen UTM-Systemen sind bestimmte Funktionen in das Internet beim jeweiligen Hersteller ausgelagert, was sich für eine zentrale Sicherheitslösung weniger empfiehlt.

Idealerweise sollte ein UTM-System ohne laufende Kontaktierung des Herstellers sicher arbeiten und zu bekannten und definierbaren Zeiten oder auch direkt auf Anforderung entsprechende Updates für Virensignaturen und Sicherheits-Patches laden können. Es hängt dabei vom Lizenzierungsmodell und den sehr unterschiedlichen Sicherheitsabonnements der Hersteller ab, was im Einzelnen an Software-Aktualisierungen vorgesehen ist.

4 Installation und Inbetriebnahme

Zum Einstieg und als Orientierun, wie eine UTM-Appliance angeschlossen und grundsätzlich in Betrieb genommen werden kann, wird zunächst das System Terra Black Dwarf der Wortmann AG verwendet.

4.1 Terra Black Dwarf

Die Black Dwarf-Appliance wurde in Zusammenarbeit der Firmen Wortmann und Securepoint speziell zum umfassenden Schutz von kleinen Unternehmen mit bis zu fünf Teilnehmern entwickelt. Auf diesem System ist standardmäßig die Securepoint-Software der Version 10 installiert.

Bild 4.1: *Die Black Dwarf Appliance ist ein kleines Gerät, welches keinerlei Betriebsgeräusche produziert.*

Die Hardware befindet sich einen kleinen, stabilen Metallgehäuse mit den Maßen 12 x 17 cm. Dabei handelt es sich prinzipiell um einen PC, der mit einem C7-Prozessor der Firma VIA bei 500 MHz arbeitet. Als Speicher sind 1 GByte RAM und ein Compact Flash-Laufwerk, welches ebenfalls über eine Kapazität von 1 GByte verfügt, eingebaut. Aufgrund dieser Hardware kann auf Lüfter im Inneren verzichtet werden, und das System produziert im Betrieb keinerlei Geräusche, nur beim Einschalten ist ein Piep zu hören. Das Netzteil ist als separates Gerät ausgeführt und liefert maximal 60 W.

4.1.1 Anschlüsse

Als Anschlüsse gibt es dreimal Fast Ethernet (100 MBit/s), zweimal USB und einmal VGA für einen Monitor. Optional und im Fehlerfall kann das System direkt von der Console (per Command Line Interface) aus administriert werden, wofür dann eine USB-Tastatur und ein Monitor anzuschließen sind.

Üblicherweise sind diese Teile aber nicht nötig, und unmittelbar nach dem Einschalten wird das System automatisch gebootet und kann über einen PC, der per LAN-Kabel mit der Appliance verbunden ist, komplett per Web-Interface administriert werden.

Bild 4.2: *Die Anschlüsse der Appliance befinden sich auf der Geräterückseite.*

4.2 Konfigurationen

Die Appliance wird zwischen einem lokalen Netz (LAN) und einem Anschlusspunkt nach „draußen" geschaltet. Typischerweise wird dieser Punkt durch ein xDSL-Modem, in größeren Netztopologien durch einen Router, gebildet.

Die Netzwerkverbindungen sind wie folgt herzustellen:

- LAN1: Extern, zum DSL-Moden oder Router

- LAN2: Intern, zum LAN

- LAN3: Optional, zum Aufbau einer DMZ (demilitarisierten Zone)

Bei typischen Kombigeräten (DSL Router), die ein ADSL-Modem, einen WLAN-Adapter und einen Switch in einem Gehäuse beinhalten, ist es nicht möglich, die UTM Appliance dazwischen zu schalten.

Typische Konfiguration (Home/Small Office)

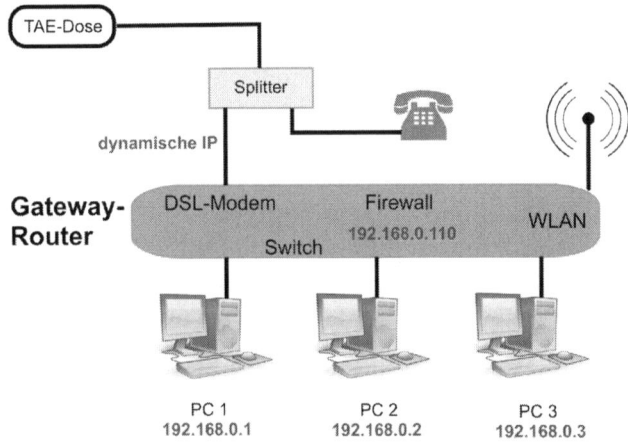

Konfiguration mit UTM Appliance

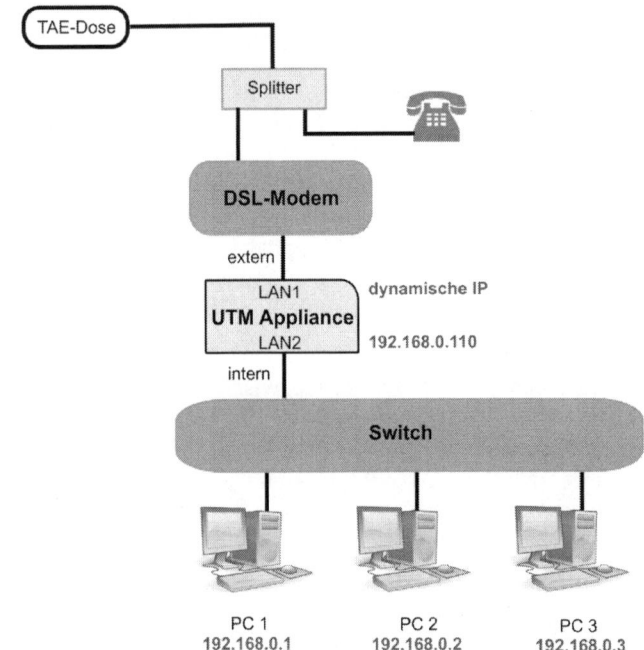

Bild 4.3: *Eine typische Konfiguration wie sie zu Hause und in kleineren Firmen üblich ist und eine Konfiguration mit UTM-Appliance.*

Im Bild 4.3 ist oben eine typische Konfiguration mit einem Kombigerät (Gateway/Router) gezeigt. Die IP-Adresse wird vom jeweiligen Provider als dynamische IP-Adresse zugeteilt, und das lokale Netz dahinter verwendet private IP-Adressen aus dem Bereich 192.168.0.xxx, wobei das Kombigerät (Gateway/Router) mit der Adresse 192.168.0.110 konfiguriert wurde. Das WLAN des Kombigerätes sowie der LAN3-Anschluss der Appliance für den Aufbau einer DMZ spielen für die Betrachtungen an dieser Stelle keine Rolle.

Im zweiten Teil des Bildes 4.3 ist eine Konfiguration mit einer UTM Appliance (Black Dwarf) gezeigt, die zwischen dem DSL-Modem und einem Swich geschaltet ist. Die zugeordneten IP-Adressen stammen auch hier aus dem Bereich 192.168.0.xxx. Dies ist nicht der Bereich, der bei der Black Dwarf Appliance voreingestellt ist!

 **Tipp:** Die Appliance muss bei den typischen (Heim-) Netzwerken zwischen den DSL-Anschluss (Modem) und den (W)LAN-Switch geschaltet werden. Deshalb sind ein separates DSL-Modem und ein eigener Switch für diese Topologie besonders gut geeignet.

Falls dennoch – ein bereits vorhandenes – Kombigerät verwendet werden soll, muss die Appliance per LAN1 an den LAN-Anschluss des Kombigerätes und dahinter – an LAN2 – ein zusätzlicher Switch an die Appliance angeschlossen werden, wenn mehr als ein PC zum Einsatz kommen soll, wovon man sicher ausgehen sollte. Das WLAN bleibt bei dieser Realisierung außen vor, d.h., die Appliance kann hierfür nicht zum Einsatz kommen. Außerdem sollte die im Kombigerät integrierte Firewall abgeschaltet werden. Im Bild 4.4. ist diese Konfiguration im oberen Teil gezeigt.

Die UTM Appliance fungiert hier als Router zwischen zwei privaten Netzen. Das Netz 192.168.175.1 (UTM Appliance) bis 192.168.175.2 (PC) stellt das abgesicherte interne Netz dar, während sich das Netz 192.168.0.xxx aus der Sicht der Appliance als extern darstellt, wo sich das LAN1-Interface mit der Adresse 192.168.0.56, der Router des Kombigerätes (192.168.0.110) sowie noch ein PC (192.168.0.3) befinden. Das WLAN könnte ebenfalls noch in diesem Bereich arbeiten.

Konfiguration (Home/Small Office) mit UTM Appliance

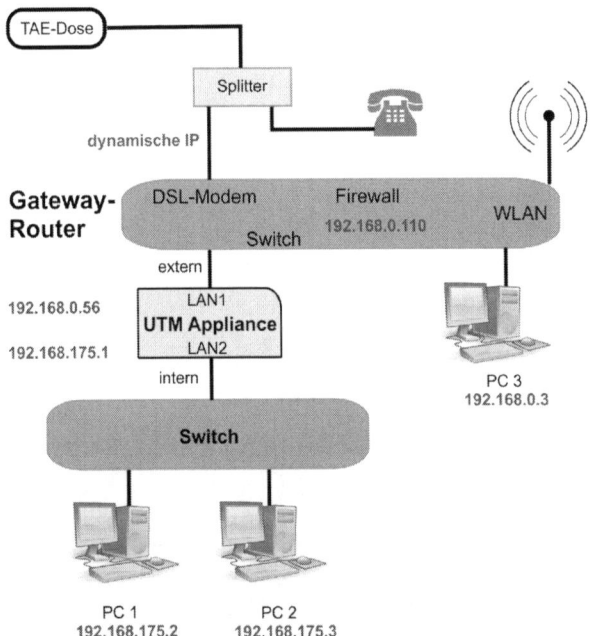

Konfiguration mit UTM Appliance für Router-Anschluss

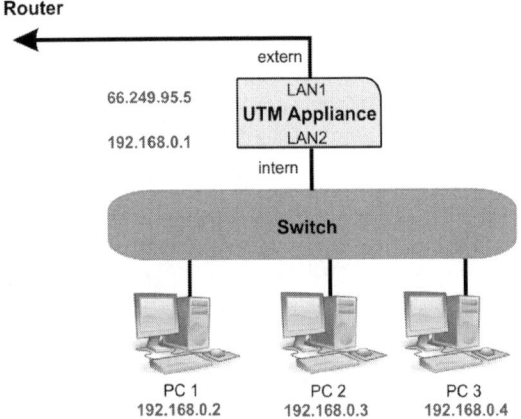

Bild 4.4: Eine Konfiguration mit Kombigerät plus UTM Appliance und zusätzlichem Switch sowie eine mit Router, der direkt eine Verbindung zum Internet herstellt.

In kabelbasierten, größeren Netzwerkumgebungen (Firmen, Behörden) gibt es diese Problematik mit einem DSL-Modem meist nicht, weil dort separate Router vorhanden sind, denen die Appliances dann nachgeschaltet werden können, wie es im Bild 4.4 unten gezeigt ist. Die Appliance verfügt hier extern über eine im Internet gültige Adresse (66.249.95.5), während intern wieder private Adressen (192.168.0.1 bis 192.168.0.4) für die Computer verwendet werden.

4.3   Verbindungsaufbau

Zum Test reicht es aus, wenn die Appliance mit einem üblichen Twisted Pair-Kabel für die externe Anbindung (LAN1-Port) an ein DSL-Modem oder einen   Router angeschlossen wird. Der PC wird mit dem LAN2-Port verbunden.

Für die Verbindung von gleichartigen Netzwerkeinheiten, also etwa PC mit PC oder einen Switch mit einem Switch, müssen traditionell die Leitungspaare des Twisted Pair-Kabels intern gekreuzt verlaufen, wodurch die Sendeleitungen des einen PC den Empfangsleitungen des anderen entsprechen.

Dieses Prinzip muss unbedingt beim Verbinden von Standard- (10 MBit/s) und Fast-Ethernet-Einheiten (100 MBit/s)   beachtet werden, wofür es spezielle Cross Cable oder Crossover-Kabel gibt. Diese Kabel sehen zwar aus wie übliche LAN-Kabel, sie führen die Leitungen jedoch intern überkreuz an die Stecker.

Die Netzwerkschaltungen bei Einheiten, die den Gigabit-Standard (1000 MBit/s) unterstützen, können selbst die passende Verbindungsart (1 zu 1 oder überkreuz) detektieren und sich automatisch darauf einstellen, so dass es dann prinzipiell keine Rolle spielt, wie die einzelnen Leitungen im Netzwerkkabel verlaufen.

Dieser Umstand ist bei den Verbindungen mit der Appliance zu beachten, die nur Fast Ethernet unterstützt. Wenn also ein PC, der maximal Fast Ethernet beherrscht, an den LAN2-Port angeschlossen werden soll, muss hierfür ein Cross Cable verwendet werden.

 **Achtung: Wenn keine Gigabit-, sondern nur Fast Ethernet-Einheiten an die Appliance angeschlossen werden (LAN2), muss hierfür ein Cross Cable oder ein entsprechender Cross Adapter zum Einsatz kommen.**

4.3.1 Adresseneinstellung

Die Appliance verwendet per Voreinstellung die private IP-Adresse 192.168.175.1. Der angeschlossene PC muss sich im gleichen Netzwerk befinden, also eine IP-Adresse im Bereich von 192.168.175.2 bis 192.168.175.254 verwenden. Als Netzwerkmaske ist 255.255.255.0 und als Standardgateway die Adresse der Appliance (192.168.175.1) bei den TCP/IP-Einstellungen des PC festzulegen.

Da nicht zu erwarten ist, dass der PC zufälligerweise bereits für das 192.168.175.xxx-Netzwerk eingestellt war, muss die bestehende Einstellung in eine Adresse in diesem Bereich umgeändert werden.

Dabei ist es nicht unbedingt notwendig, eine statische IP-Adresse festzulegen, sondern die Adresse kann dem PC auch von der Appliance per DHCP zugeteilt werden. Hierfür ist in der Windows-Eingabeaufforderung folgendes einzugeben:

ipconfig /release

ipconfig /renew

Das Netzwerk-Tool IPCONFIG erlaubt nicht nur die Anzeige der Netzwerkeinstellungen, sondern kann auch die vorhandene IP-Adresse des Adapters löschen (release) und wieder eine neue Zuweisung (renew) initiieren, wie es oben gezeigt ist.

Zum Test sollte vom PC ein Ping-Kommando mit

ping 192.168.175.1

abgesetzt werden. Der Befehl wird unter Windows in der Eingabeaufforderung (unter ZUBEHÖR) eingegeben.

```
Eingabeaufforderung                                                    _ □ x
Microsoft Windows XP [Version 5.1.2600]
(C) Copyright 1985-2001 Microsoft Corp.

C:\Dokumente und Einstellungen\Klaus>ping 192.168.175.1

Ping wird ausgeführt für 192.168.175.1 mit 32 Bytes Daten:

Antwort von 192.168.175.1: Bytes=32 Zeit<1ms TTL=64
Antwort von 192.168.175.1: Bytes=32 Zeit<1ms TTL=64
Antwort von 192.168.175.1: Bytes=32 Zeit<1ms TTL=64
Antwort von 192.168.175.1: Bytes=32 Zeit<1ms TTL=64

Ping-Statistik für 192.168.175.1:
    Pakete: Gesendet = 4, Empfangen = 4, Verloren = 0 (0% Verlust),
Ca. Zeitangaben in Millisek.:
    Minimum = 0ms, Maximum = 0ms, Mittelwert = 0ms

C:\Dokumente und Einstellungen\Klaus>
```

Bild 4.5: *Die Appliance antwortet unter der erwarteten Adresse.*

4.3.2 Fehlersuche

Falls eine Antwort von der Appliance ausbleiben sollte, stimmt bereits etwas nicht. Deshalb sind das Twisted Pair-Kabel (s.o.) und die IP-Einstellungen zu überprüfen (die Appliance ist natürlich eingeschaltet worden). Ob die Verbindung in Ordnung ist – ein Link existiert – und Daten ankommen, lässt sich anhand der Leuchtdioden an den LAN-Ports (Bild 4.2) der Appliance ersehen.

Die jeweils linke Leuchtdiode leuchtet gelb bei einer Verbindung und die rechte blinkt grün, wenn Daten ankommen, was man sehr schön beobachten kann, wenn das Ping-Kommando kontinuierlich ausgeführt wird, was mit *ping 192.168.175.1 -t* ausgelöst wird.

 **Hinweis: Die Leuchtdioden an den LAN-Ports der Appliance geben Auskunft über die Verbindung und die Aktivität an den Anschlüssen.**

Wenn ein Ping von der Appliance beantwortet wird, kann es mit dem Aufruf des Internet Browsers und der Adresseneingabe weitergehen:

https://192.168.175.1:11115/

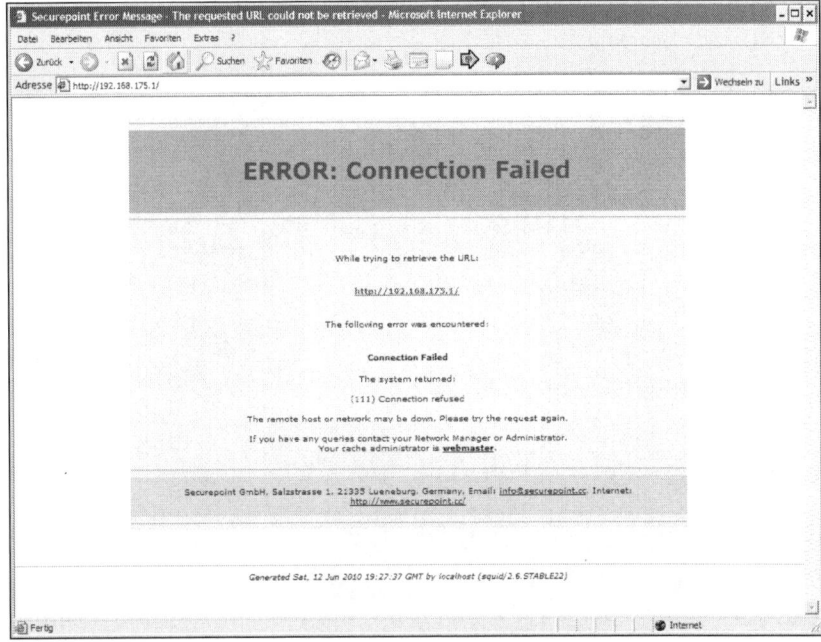

Bild 4.6: *Fehlermeldung der Appliance, wenn keine sichere Verbindung aufgenommen wird.*

4.3.3 Korrekte Anmeldung

Zu beachten ist, dass eine sichere Verbindung (https statt nur http) zwischen dem PC und der Appliance hergestellt werden muss, andernfalls antwortet die Appliance nur mit einer Fehlermeldung (Bild 4.6). Beim ersten Login gilt die Werkseinstellung mit:

Benutzername: admin
Kennwort: insecure

Falls beim Login eine Fehlermeldung auftauchen sollte, wie es im Bild 4.7 gezeigt ist (You are not allowed to login), bedeutet dies nicht unbedingt, dass das Kennwort falsch ist oder der Benutzername nicht stimmt, vielmehr fehlt dann möglicherweise die Port-Nummer (11115) bei der Adressenangabe, es wurde dann lediglich 192.168.175.1 angegeben.

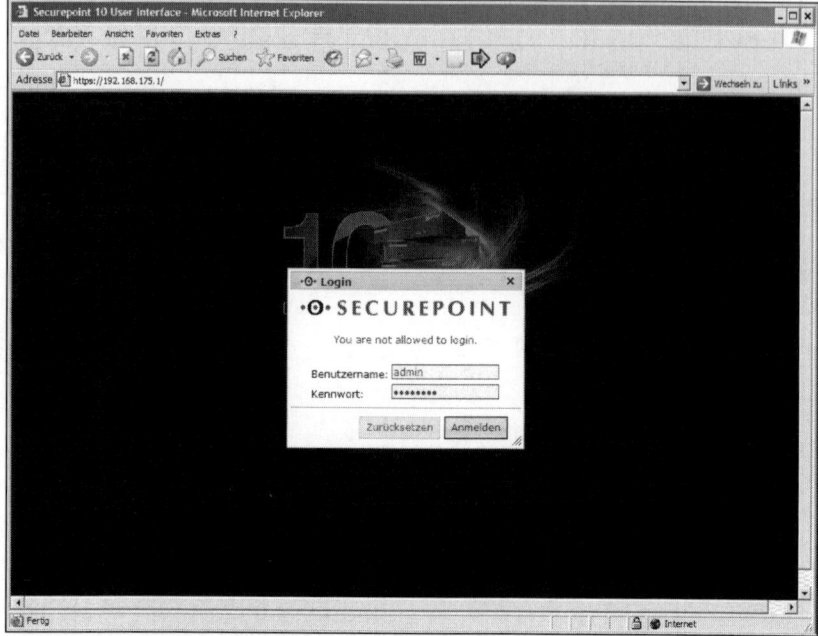

Bild 4.7: *Bei fehlender Port-Angabe ist eine Anmeldung nicht möglich.*

Nach erfolgreicher Anmeldung stellt die Appliance-Software fest, mit welchem Internet Browser der Zugriff erfolgt. Falls dies nicht mit (mindestens) dem Internet Explorer 7 oder Firefox 3 passiert, wird eine entsprechende Warnung (Bild 4.8) ausgegeben, die ernst genommen werden sollte, so dass möglicherweise ein neuerer Browser auf dem PC zu installieren ist.

Das Web-Interface der Securepoint-Software in der Appliance ist optimiert für den Internet Explorer 7 und für Firefox 3, weshalb man unbedingt einen dieser beiden Browser verwenden sollte. Mit älteren Browser-Versionen kann es zu massiven Problemen bei der Darstellung und der Selektierung der Menüs kommen.

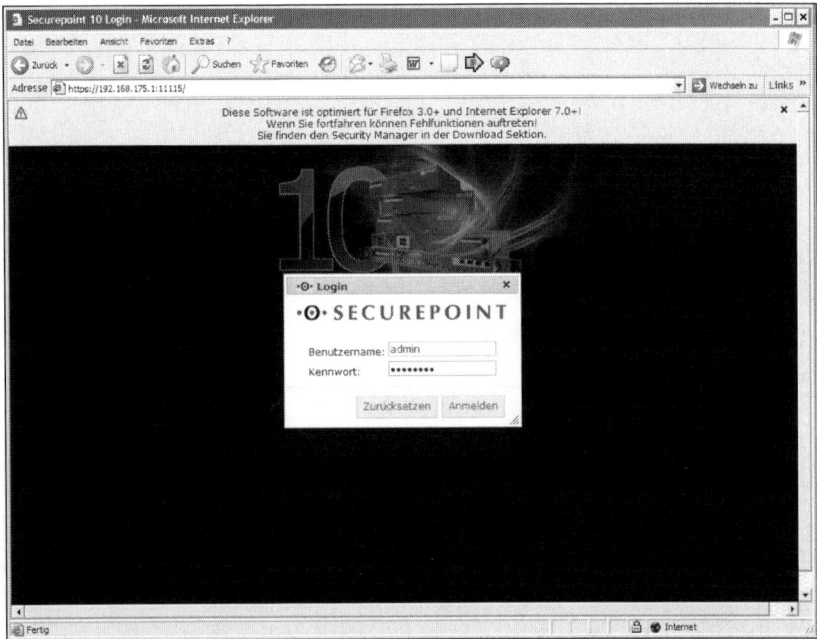

Bild 4.8: *Hier ist ein älterer Internet Browser im Einsatz, der sicherheits-halber nicht für die Administrierung der Appliance verwendet werden sollte.*

4.3.4 Sichere Verbindung durch Zertifikate

Beim Zugriff mit einer aktuellen Firefox-Version stellt der Browser unmittelbar fest, dass die Verbindung nicht vertrauenswürdig ist, weil das Zertifikat vom Aussteller (Securepoint) selbst signiert worden ist (Bild 4.9).

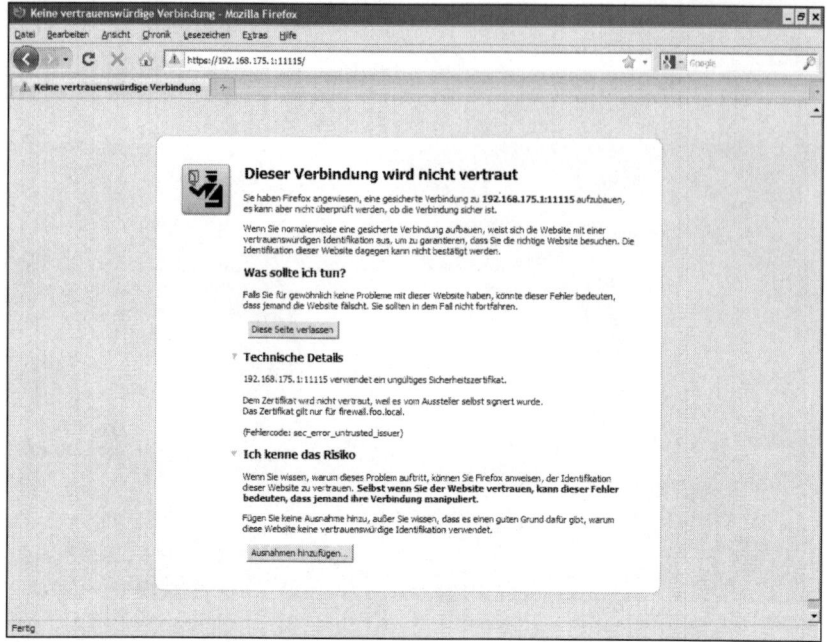

Bild 4.9: *Ein aktueller Browser stuft die Verbindung mit der Appliance zunächst als nicht vertrauenswürdig ein.*

Die Daten des Zertifikats (Bild 4.10) kann man sich im Browser anzeigen lassen, um sie zu kontrollieren. Grundsätzlich sollten die angezeigten „Fingerabdrücke" eines Zertifikats mit denjenigen, die vom Hersteller (hier Securepoint) bekanntgegeben werden, verglichen werden. Nur dann ist der Sinn und Zweck eines Zertifikats erfüllt.

Leider wird dies in den wenigsten Fällen praktiziert, so dass im Grunde genommen auch falsche Zertifikate für Phishing und ähnliche Betrugssoftware den Weg auf den PC finden könnten. Die Fingerabdrücke, wie sie im Bild 4.10 erkennbar sind, stammen tatsächlich von Securepoint und gelten für *firewall.foo.local*, den vorgegebenen Namen der UTM Appliance.

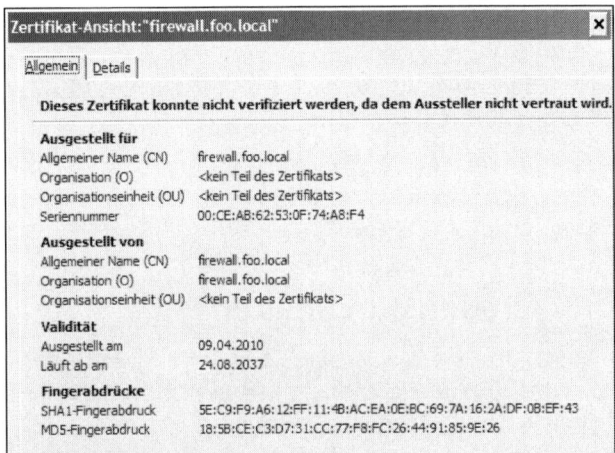

Bild 4:10: *Die Daten des Zertifikats.*

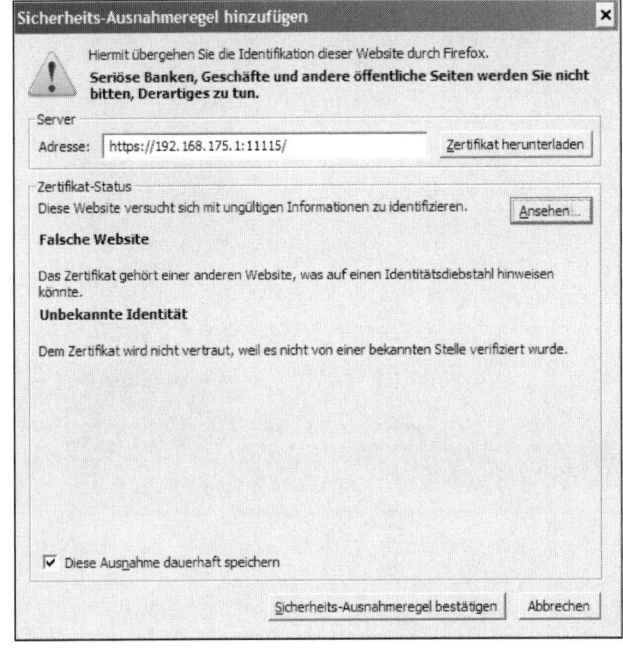

Bild 4.11: *Dem Zertifikat wird hier als Ausnahme vertraut.*

Nachdem das Zertifikat (als Ausnahme, weil selbstsigniert, Bild 4.11) angenommen wurde, gilt die Verbindung der Appliance mit dem jeweiligen Browser zukünftig als vertrauenswürdig, so dass der Verbindungsaufnahme nichts mehr im Wege stehen dürfte.

Es empfiehlt sich, den Link für den Appliance-Zugang unter FAVORITEN bzw. unter LESEZEICHEN des jeweiligen Web-Browsers für den späteren einfacheren Zugriff zu speichern.

4.4 Grundkonfiguration durchführen

Nach der Anzeige ANMELDUNG vergeht etwas Zeit, bevor zunächst der Installationsassistent vom Web-Interface startet (Bild 4.12), damit die grundlegende Konfiguration durchgeführt werden kann.

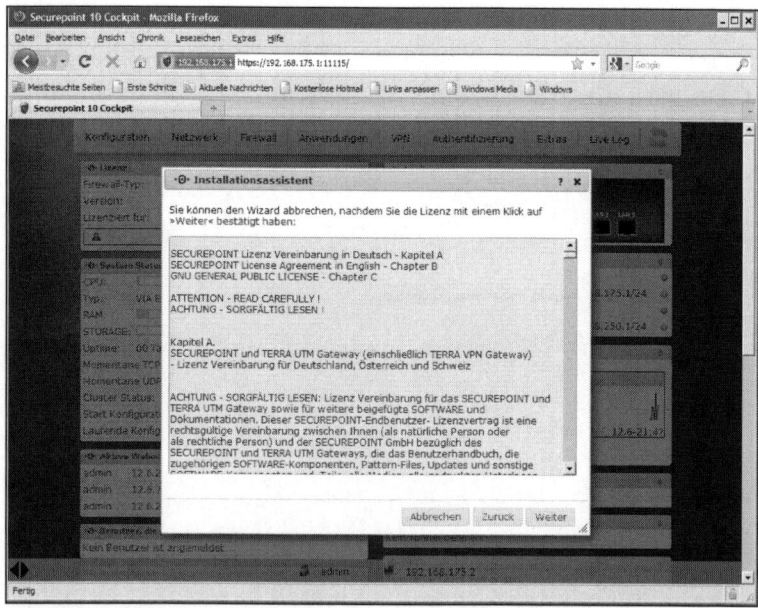

Bild 4.12: *Die Verbindung steht und der Installationsassistent ist gestartet.*

Zunächst ist die Eingabe der IP-Adresse für das interne LAN (Anschluss LAN2) notwendig. Hier wird die vorgegebene Adresse (192.168.175.1) weiterverwendet. Die Netzmaske wird als 255.255.255.0 ebenfalls beibehalten, so dass in diesem Netz die Adressen 192.168.175.1 bis 192.168.175.254 zulässig sind.

Hinweis: **Im Kapitel 2 sind die wichtigen Dinge für die Vergabe von IP-Adressen und Netzmasken erläutert.**

Falls die interne Adresse gegenüber derjenigen, die beim Start eingestellt war, so verändert wird, dass sich die Appliance nachfolgend in einem anderen Netzwerk befindet (statt 192.168.175.xxx beispielsweise 192.168.176.xxx), muss die Adresse bei demjenigen PC, mit dem die Administrierung erfolgt, ebenfalls entsprechend geändert werden. Andernfalls ist die Appliance nach dem Reboot nicht mehr erreichbar.

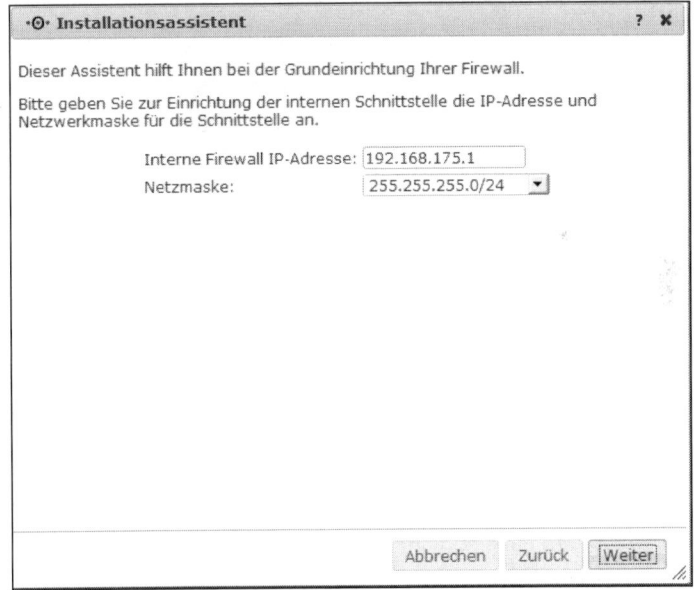

Bild 4.13: *Eingabe der Daten für das interne Netz.*

Im zweiten Schritt der Appliance-Einrichtung ist die Art der Internet-Verbindung festzulegen. Es gibt hier prinzipiell drei Möglichkeiten: über eine DSL-, eine Router- oder eine Kabel-Modem-Verbindung, wie sie beispielsweise von Kabel Deutschland angeboten wird. Nach der Selektierung von *Cable Modem* als Verbindungsart ist keine weitere Angabe für die Internet-Verbindung erforderlich, weil das Kabel-Modem alles weitere (DHCP) automatisch mit dem Anbieter aushandelt.

Ist die Internet-Verbindung als DSL-Modem-Zugang (PPPoE) gedacht, folgt eine weitere Seite mit den gebräuchlichsten Anbietern wie 1&1 oder T-Online. Falls der gewünschte Anbieter in der Liste nicht auftauchen sollte, ist dies weiter von Bedeutung, denn die Anbieterseiten unterscheiden sich ohnehin nur durch die mehr weniger firmeneigenen Bezeichnungen für ein und dasselbe, so dass die Zugangsdatendaten (Benutzername, Kennwort) auch direkt unter BENUTZERDEFINIERT eingegeben werden können.

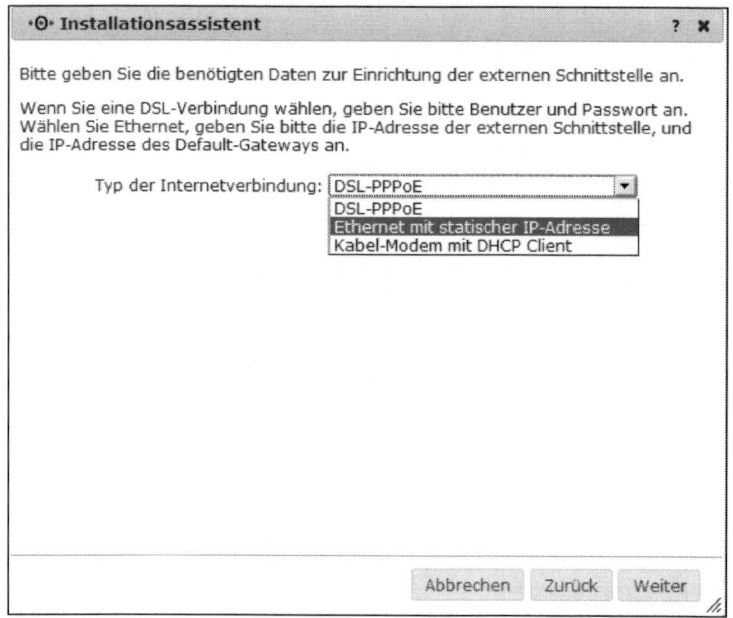

Bild 4.14: *Eine Verbindung mit einem Router wird als „Ethernet mit statischer Adresse" bezeichnet.*

Im Beispiel (Bild 4.14) wurde die Verbindung mit einem Router ausgewählt, was einer typischen Geräteanordnung entspricht, wie sie im Bild 4.4 anhand zweier Beispiele gezeigt ist. Das obige Beispiel im Bild 4.4 passt sowohl von der Topologie als auch von der Adressenzuordnung her zu den Angaben im Bild 4.15.

 **Tipp:** Wenn nach der Konfigurierung die festgelegten Adressen nicht mehr bekannt sein sollten, können sie an der Konsole der Appliance mit dem Kommando *show interface* angezeigt werden.

Bild 4.15: *Die Adressenangaben für das externe Interface (LAN1).*

Im nächsten Schritt erfolgt die Abfrage, ob eine DMZ mit der Angabe der dazugehörigen IP-Adresse und Netzmaske angelegt werden soll. Diese Option kann mit WEITER übersprungen werden. Denn zunächst sollen nur die (absolut notwendigen) Grundeinstellungen erledigt und ein erster Test mit der Appliance durchgeführt werden. Das Anlegen einer MZ sowie Änderungen an den Einstellungen können später durchgeführt werden.

Als letzte Angabe für die Konfiguration wird ein neues Password für den Administrator (admin) der Appliance verlangt. Dieses sollte die Kriterien für ein sicheres Kennwort erfüllen, also mindestens acht Zeichen lang sein, große und kleine Buchstaben, Zahlen und/oder Sonderzeichen enthalten.

149

Bei der Verwendung von Sonderzeichen sollte man allerdings Vorsicht walten lassen. Bei späterer Anmeldung an der Konsole der Appliance steht kein deutsches Tastatur-Layout, sondern ein englisch/amerikanisches zur Verfügung, so dass dann ein anderer Zeichensatz gilt, der die Sonderzeichen nicht bei den gewohnten Tasten einer deutschen Tastatur aufweist.

Im letzten Schritt (Bild 4.17) bietet der Installationsassistent die Möglichkeit, die Einstellungen auszudrucken. Nach Betätigung der Schaltfläche FERTIGSTELLEN wird die Appliance dann neu gestartet. Dabei kann der Reboot mit dem Schreiben der Konfiguration zwei bis durchaus vier Minuten dauern, so dass die Appliance nicht vorzeitig ausgeschaltet werden darf.

Bild 4.16: Festlegen eines neuen Admin-Kennwortes.

Bild 4.17: *Die Erst-Konfiguration wird über FERTIGSTELLEN abgeschlossen.*

Wenn der Web-Browser mit der internen IP-Adresse (Bild 4.13) der Appliance aufgerufen wurde, sollte die Web-Oberfläche nach dem Reboot erscheinen. Für den ersten Test empfiehlt es sich tatsächlich, eine manuelle IP-Adressenvergabe durchzuführen und nicht mit der automatischen DHCP-Funktion für die Computer im LAN zu arbeiten.

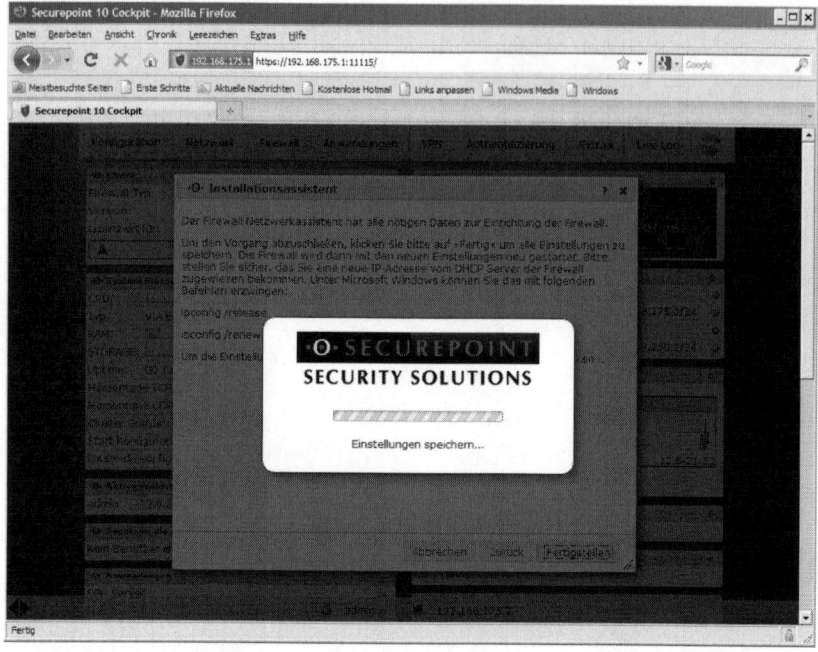

Bild 4.18: *Die Einstellungen werden gespeichert, gefolgt vom Reboot.*

Die Web-Oberfläche wird auch als Web-Cockpit bezeichnet und bietet auf einen Blick eine Übersicht über den Status der Firewall, mithin des UTM-Systems. Allerdings wird ein genügend großer Monitor (22") benötigt, um die gesamte Oberfläche in lesbarer Schriftgröße darstellen zu können.

> **Hinweis:** **Im Kapitel 7 ist erläutert, wie die Appliance im Fehlerfall per CLI an der Konsole administriert werden kann.**

4.5 Lizenzierung

Nach der Anmeldung an der Appliance per Web-Cockpit wird automatisch eine Verbindung zu Securepoint aufgebaut und überprüft, ob Updates (Bugfixes, neue Features, Virensignaturen) zur Verfügung stehen.

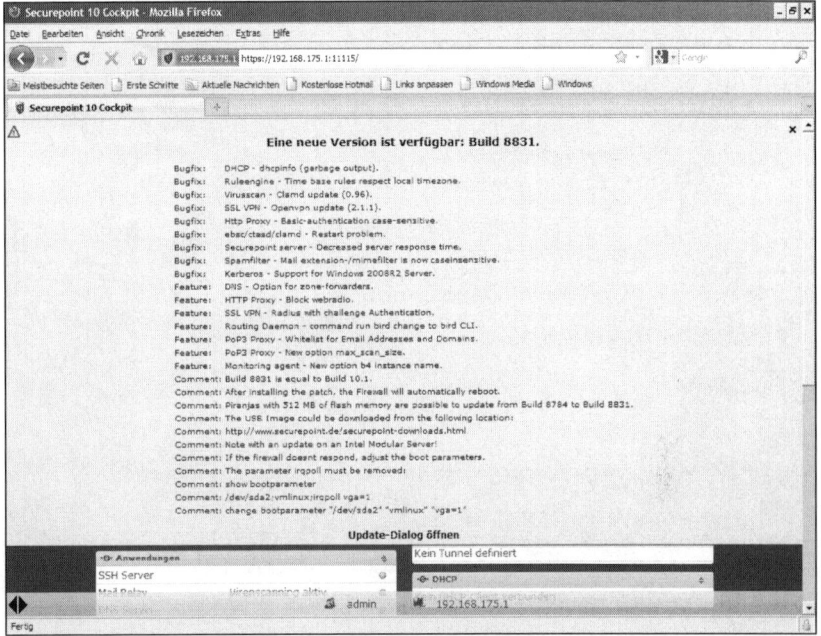

Bild 4.19: *Eine ganze Reihe von Updates stehen bereit.*

Sehr wahrscheinlich wird dann gleich eine ganze Liste an Neuerungen/Verbesserungen (Bild 4.19) angezeigt, die die Firewall auf einen aktuellen Stand bringen würden. Ohne Lizenzierung des Systems bei Securepoint wird allerdings kein Update ausgeführt werden können.

Die Lizenzierung erfolgt durch ein Lizenzfile, welches von Securepoint typischerweise per E-Mail zugestellt wird. Voraussetzung ist hierfür, dass zuvor eine Registrierung durchgeführt wurde, was direkt über http://www.securepoint.de/registration oder auch telefonisch erledigt werden kann.

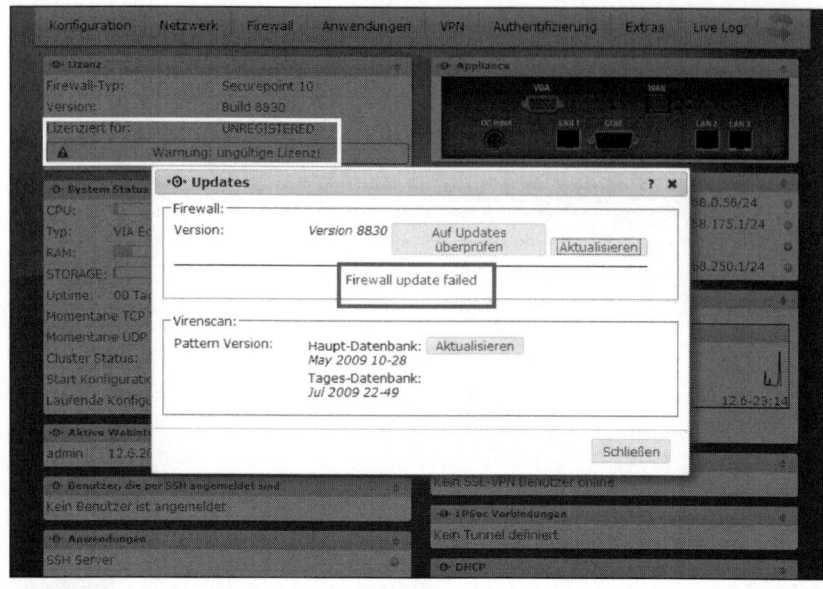

Bild 4.20: *Ohne eine gültige Lizenz ist kein Update möglich.*

Das Lizenzfile (*.dat), mitunter auch als Registrierungsdatei bezeichnet, wird in EXTRAS - REGISTRIERUNG über die Option DATEI AUSWÄHLEN in die Appliance geladen (Bild 4.21). Dieser Vorgang mit der Aktualisierung des Systems kann eine geraume Zeit in Anspruch nehmen, währenddessen nur die Meldung *Aktualisiere Firewall. Bitte warten ...* angezeigt wird.

Leider handelt es sich dabei nicht um eine Fortschrittsanzeige, so dass nicht zu erkennen ist, wie lange der Vorgang dauert und wann die Firewall wieder einsatzbereit ist. Denn während des Update-Vorgangs kann keine Verbindung über die Firewall – ins Internet – aufgenommen werden.

Wenn nach einer Viertelstunde immer noch die gleiche Anzeige zu sehen ist, kann man wahrscheinlich bis in alle Ewigkeit warten oder aber den Browser und damit die Verbindung zur Appliance beenden. Der Reboot ist dann manuell durch das Trennen und Wiederverbinden mit der Netzspannung bzw. per Schalter auf der Geräterückseite auszulösen.

Danach sind die Updates entweder wie gewünscht eingespielt worden, oder der Vorgang muss noch einmal durchgeführt werden. Im schlimmsten Fall ist die Firewall wieder mit den Voreinstellungen gestartet, so dass der Installationsvorgang – mit dem Assistenten – erneut durchlaufen werden muss. Dieser Fall tritt jedoch eher selten auf, meist sind die Updates, auch bei scheinbar „hängender" Appliance komplett installiert worden.

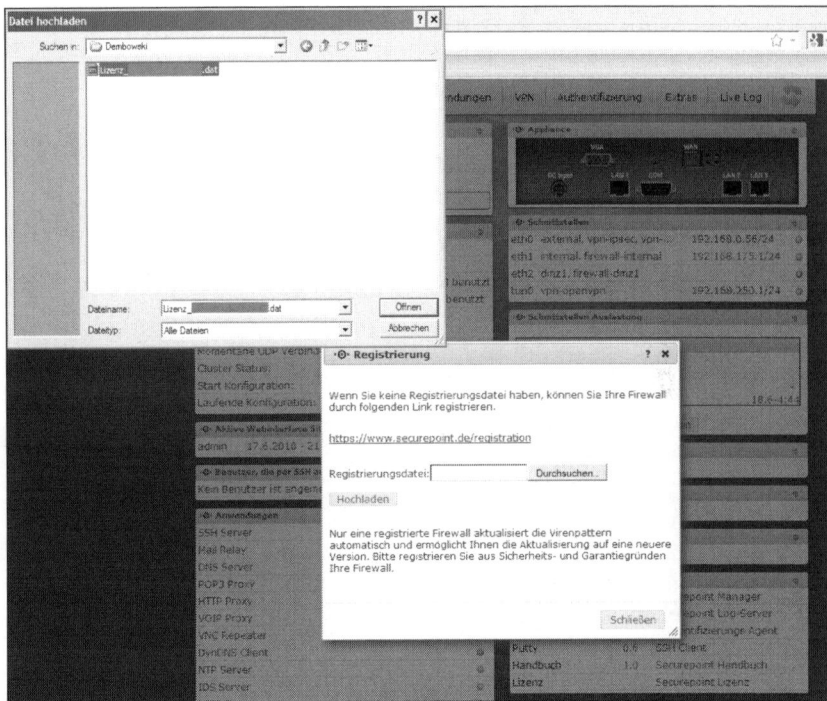

Bild 4.21: *Nach dem Durchsuchen wird die Lizenz als Datei in die Appliance „hochgeladen".*

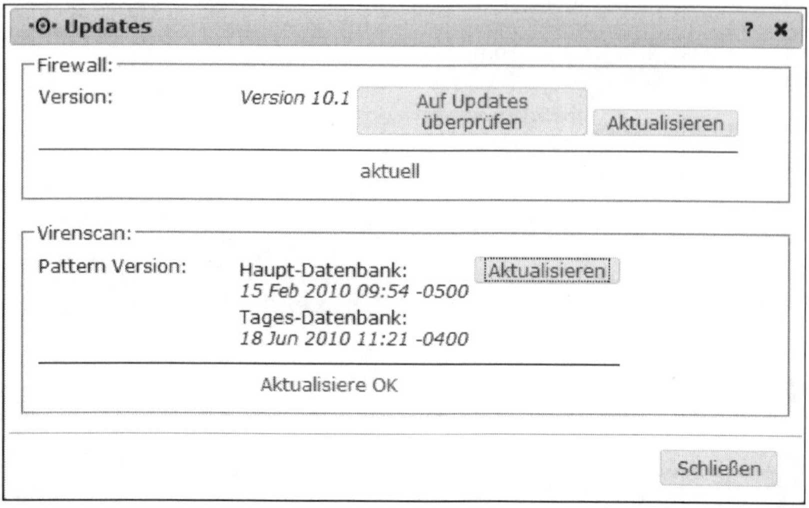

┌───┐
│ ·⊙· **Updates**   ? ✖ │
│ ┌─ Firewall: ───┐ │
│ │ Version: *Version 10.1* ┌──────────────┐   │ │
│ │   │ Auf Updates │   │ │
│ │   │ überprüfen   │ ┌────────────┐ │
│ │   └──────────────┘ │ Aktualisieren │ │
│ │   aktuell   └────────────┘ │
│ └───┘ │
│ ┌─ Virenscan: ──┐ │
│ │ Pattern Version: Haupt-Datenbank: ┌─────────────┐│ │
│ │   *15 Feb 2010 09:54 -0500* │Aktualisieren││ │
│ │   Tages-Datenbank: └─────────────┘│ │
│ │   *18 Jun 2010 11:21 -0400*   │ │
│ │   Aktualisiere OK   │ │
│ └───┘ │
│   ┌───────────┐   │
│   │ Schließen │   │
│   └───────────┘   │
└───┘

Bild 4.22: *Sowohl die Software der Firewall als auch der Virenscanner sind hier auf aktuellem Stand.*

Grundsätzlich werden neue Virensignaturen – auch als Pattern bezeichnet – automatisch nachgeladen, sobald welche verfügbar sind. Die Installation von Updates muss hingegen manuell ausgelöst werden. Ob welche zur Verfügung stehen, wird automatisch im Cockpit (Bild 4.19) angezeigt.

Beide Aktualisierungsfunktionen können natürlich auch unter UPDATES (Bild 4.22) jederzeit und direkt angestoßen werden. Der dabei erscheinende Hinweis „Prüfe auf neue Version. Das kann einige Zeit dauern." deutet an, dass der Vorgang tatsächlich eine geraume Zeit (Minuten) in Anspruch nehmen wird.

4.6   Ein erster Blick ins Cockpit

Das Web-Cockpit ersetzt funktionell das Programm *Security Wizard* für die Konfigurierung der Erstinstallation sowie den *Securtiy Manager*, der alle Funktionen für die Administrierung von Securepoint Appliances zur Verfügung stellt.

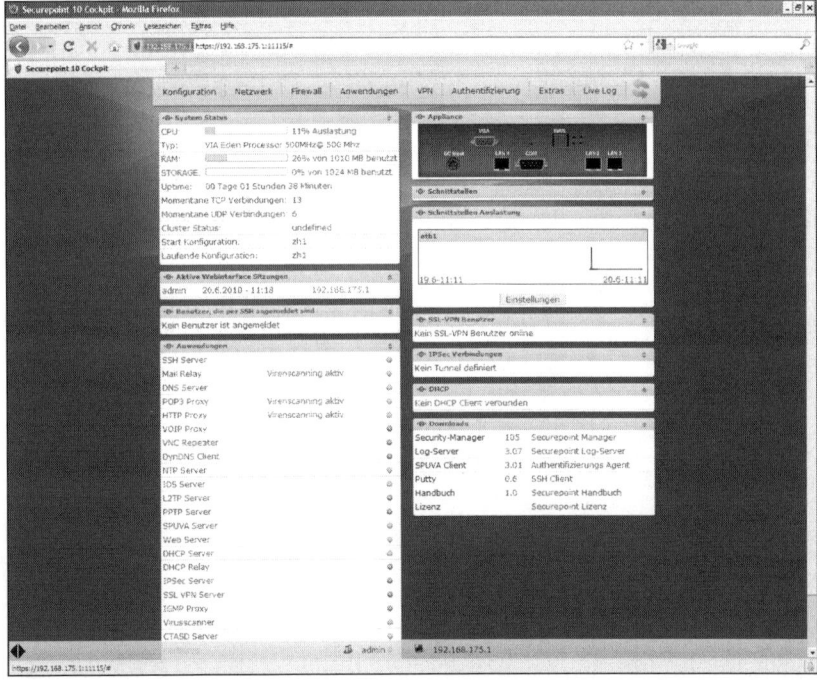

Bild 4.23: *Das Web-Cockpit bietet eine Fülle an Informationen auf einen Blick.*

Das Web-Cockpit ist lediglich für die Administrierung einzelner Appliances vorgesehen. Daneben gibt es einen neuen Manager (Operation Center), der ebenfalls eine ähnliche die Oberfläche wie das Web-Cockpit bietet. Operation Center bietet alle zusätzlichen Funktionen für die Konfigurierung von ganzen Appliance-Netzen. Die dort zu findenden Funktionen sind zum Teil bereits vom vorherigen Security Manager (Version 10, 2007nx) her bekannt.

Das Web-Cockpit funktioniert vom Prinzip her anders als die beiden Vorgängerprogramme, die als separate Programme auf einem PC zu installieren sind, während beim Web-Cockpit auf dem PC lediglich ein aktueller Internet Browser notwendig ist.

Security Wizard und Security Manager arbeiten im Wesentlichen auf dem PC, wo die Konfiguration erledigt wird, die dann verschlüsselt per LAN-Verbindung (SSH) auf die Appilance transferiert, aktiviert und ausgeführt wird. Beim Cockpit läuft hingegen Web-Code auf der Appliance, was auch die verhältnismäßig langen Wartezeiten bzw. Bearbeitungszeiten erklärt, die mit entsprechenden Meldungen (*Bitte warten* ...) einhergehen.

Bei einem System wie dem Black Dwarf, der lediglich mit einem C7-Prozessor der Firma VIA bei 500 MHz arbeitet, ist dies sicher nicht verwunderlich, zumal ja nicht ständig die Konfiguration geändert wird, so dass diese „Bearbeitungszeiten" für den laufenden UTM-Betrieb eigentlich keine Rolle spielen.

 **Hinweis:** **Für aktuelle Appliances können das Web-Cockpit und der Security Manager (Version 10) gleichermaßen und auch abwechselnd eingesetzt werden. Die vorherigen Versionen (2007nx) sollten dann jedoch nicht mehr zur Anwendung kommen, weil dies zu Inkompatibilitäten führt.**

Beim ersten Cockpit-Aufruf nach der Erstkonfiguration empfiehlt es sich, die Einstellungen unter NETZWERK – NETZWERKONFIGURATION sowie unter FIREWALL – PORTFILTER zu betrachten.

Während die Netzwerkeinstellungen (Bild 4.24) bekannt sein sollten, schließlich hat man sie bei der (Erst-)Installation selbst angegeben, sind die Regeln unter *Portfilter* eine ganz eigene Materie, die allerdings von großer Wichtigkeit für die korrekte Funktion und eine optimale Konfigurierung der Firewall sind.

Im Kapitel 5.4 wird auf das Erstellen von Regeln mit den dazugehörigen Diensten noch genauer eingegangen. Die drei Regeln, wie sie im Bild 4.25 angegeben sind, wurden automatisch während der Installation angelegt.

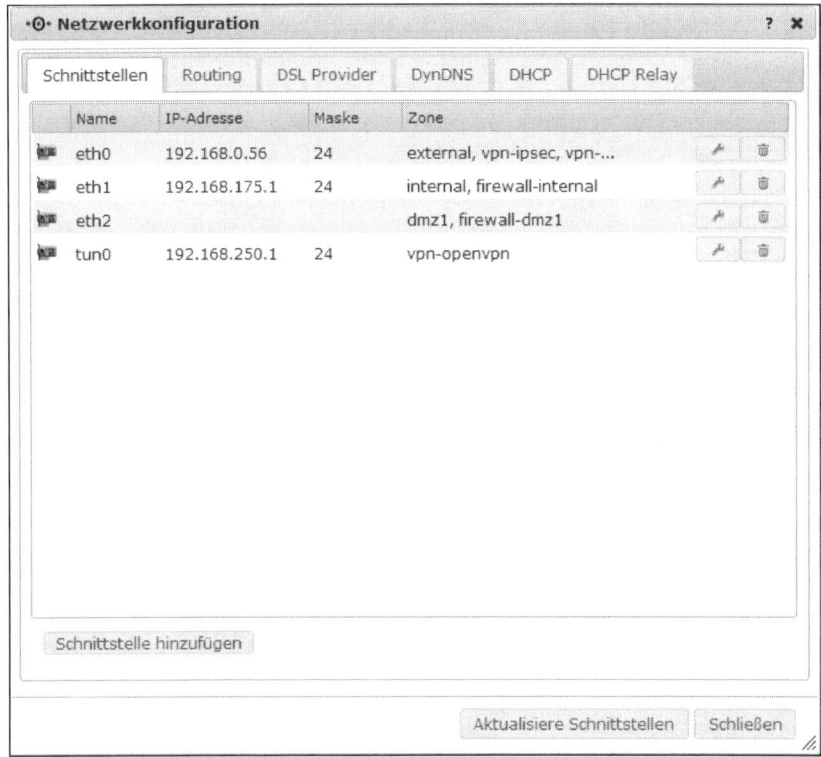

Bild 4.24: *Die Netzwerkeinstellungen im Web-Cockpit auf einen Blick.*

Die erste Regel besagt, dass jeglicher IP-Verkehr (Dienst: any) vom internen Netz in das Internet erlaubt ist, umgekehrt hingegen nicht. Die jeweilige Verbindung muss also stets von Internal Network aus initiiert werden. Der Dienst ANY erlaubt alle darüberliegenden Protokolle (OSI-Modell) wie TCP und UDP und dementsprechend auch diejenigen, die noch darüber liegen, wie FTP oder HTTP.

Die erste Regel ist in dieser Form eigentlich nur aus Demonstrationsgründen – gewissermaßen zum Kennenlernen – implementiert, damit der Anwender vom internen Netz durch die Firewall hindurch auch gleich in das Internet mit den üblichen Diensten gelangen kann, ohne sich zunächst intensiv mit dem Regelwerk auseinandersetzen zu müssen.

 **Achtung:** Die erste Regel, die den Computern aus dem internen Netz den Internet-Zugang mit allen üblichen Funktionen erlaubt, ist nur für Demonstrationszwecke vorgesehen und sollte durch eigene, enger gefasste Regeln ersetzt werden. Im Kapitel 5 wird diese Thematik näher erläutert.

Die zweite Regel erlaubt es den Computern im internen Netz das interne Interface der Firewall als Proxy für den Internet-Zugang zu verwenden. Grundsätzlich ist bei den Securepoint Appliances ein Proxy (http, POP3) für das Filtering (Viren, SPAM, Content) notwendig. Deshalb sollte diese Möglichkeit auch genutzt werden und eben keine direkte Verbindung, wie sie in der Regel 1 angegeben ist, geschaltet werden.

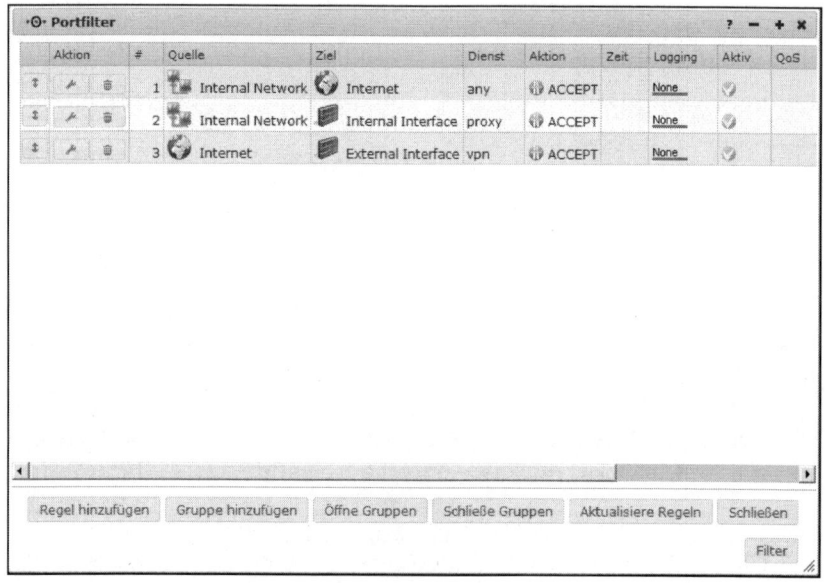

Bild 4.25: *Die automatisch während der Erstinstallation festgelegten Regeln.*

Zum Test sollte die Regel 1 deaktiviert werden. Über die Selektierung des kleinen Schraubenschlüsselsymbols gelangt man zu den Einstellungen der jeweiligen Regel. Dann wird der Haken bei AKTIV weggenommen und SPEICHERN angeklickt, so dass der Regeldialog wieder geschlossen wird. Auf der Portfilterseite (Bild 4.25) ist dann noch die Option AKTUALISIERE REGELN auszulösen, so dass die geänderte Regel in Kraft tritt.

Damit der Verkehr ab sofort nur noch über den Proxy abgewickelt wird, wie es die Regel 2 besagt, ist beim Internet Browser bei den einzelnen PCs jeweils der Proxy der Firewall (z.B. 192.168.175.1, Port 8080) anzugeben. Danach sollte der Internet-Zugriff wieder möglich sein.

Die dritte Regel ist für ein VPN, welches vom Internet aus das externe Interface der Firewall anspricht, vorgesehen. Falls kein VPN aufgebaut werden soll, kann diese Regel entfallen. Sie wird standardmäßig für ein VPN angelegt, wozu auch die tun0-Schnittstelle (Bild 4.24) gehört.

 **Hinweis:** Um den Internet-Verkehr über einen Proxy abzuwickeln, ist lediglich die Regel 2 notwendig sowie die Einstellung beim jeweiligen Internet-Browser, dass die Verbindung über den Proxy der Firewall läuft.

4.6.1 Cockpit verwalten

Das Cockpit zeigt auf einer Bildschirmseite die komplette Übersicht zum Status des UTM-Systems. Nur auf einem ausreichend großen Monitor ist es möglich, alle Optionen in lesbarer Größe abzubilden. Die Web-Oberfläche lässt sich jedoch den eigenen Vorstellungen anpassen, was über EXTRAS - COCKPIT VERWALTEN erledigt wird.

Wie es im Bild 4.26 zu erkennen ist, können die einzelnen Dialoge links oder rechts oder eben gar nicht auf der Cockpit-Oberfläche angezeigt werden, was durch simples Drag&Drop der Dialogfelder entsprechend anzupassen ist.

Bild 4.26: *Die Web-Oberfläche lässt sich einfach nach eigenen Wünschen anpassen.*

Wenn bestimmte Dialoge nicht mehr auf der Web-Oberfläche angezeigt werden, sind diese Optionen natürlich nicht verschwunden, sondern können weiterhin über die Navigationsleiste (Konfiguration ... Live Log) selektiert werden.

4.6.2 Cockpit-Funktionen im Überblick

In diesem Kapitel soll nur eine kurze Beschreibung der Funktionen im Web-Cockpit gegeben werden. Genaueres ist zum Unified Threat Mangement und zur Netzwerkintegration in den einzelnen Kapiteln zu finden.

Konfigurations-Menü

- Konfigurationen verwalten: Verwalten von mehreren Konfigurationen

- Installationsassistent: Schnelles Einrichten der Appliance

- Neu starten: Neustart der Appliance

- Herunterfahren: Abschalten der Appliance

- Werkseinstellung: Zurücksetzen auf Werkseinstellungen

- Abmelden: Abmelden vom Web-Cockpit

Netzwerk-Menü

- Server Eigenschaften: System-Name, DNS-Server, NTP-Server, IP-Admin-Bereich, Web-Cockpit und Security Manager, externes Logging/Syslog, SNMP, Cluster/Hochverfügbarkeit

- Netzwerk Konfiguration: IP-Interfaces/Schnittstellen, Routing, DSL-Provider-, DynDNS, DHCP-Einstellungen

- Zonen Einstellungen: Zonen-Definition

- Netzwerk Werkzeuge: NS-Lookup, Ping, Route Tabelle

Firewall-Menü

- Portfilter: Firewall-Regeln erstellen und verwalten

- Hide NAT: Network Address Translation/Maskierung

- Port Weiterleitung: Portweiterleitung/Portübersetzung

- QoS: Bandbreiten-Beschränkung/Zusicherung

- Dienste: Definition von Diensten/Protokollen

- Dienstgruppen: Zusammenfassen von Diensten/Protokollen zu Gruppen für die Firewall-Regeln

- Netzwerkobjekte: Definition von Netzwerkobjekten/Netzen

- Netzwerkgruppen: Zusammenfassen von Netzwerkobjekten/Netzen zu Gruppen für die Firewall-Regeln

Anwendungs-Menü

- HTTP Proxy: Proxy, Virenscanner, Content-Filter etc.

- PoP3 Proxy: Proxy, Virenscanner, Spamfilter

- Mail Relay: Relaying/Routing/Greylisting/Domain-Map.

- Spamfilter: Spamfilter-Einstellungen (SMTP, PoP3 etc.)

- VNC Repeater: Virtual Networking Computing Repeater

- VOIP Proxy: Proxy für Voice Over IP

- IDS: Intrusion Detection System-Einstellungen

- Anwendungsstatus: Status aller Services der Appliance

VPN-Menü

- IPSec Assistent: IPSec-Einrichtungsassistent (Site-to-Site, Roadwarrior, VPN-Client-to-Server)

- IPSec Globale Einstellungen: NAT Traversal, IKEv2

- IPSec Verbindungen: Bearbeiten von IPSec-Verbindungen

- L2TP: L2TP-VPN-Einstellungen

- PPTP: PPTP-VPN-Einstellungen

- SSL VPN: SSL-VPN-Einstellungen

Authentifizierungs-Menü

- Benutzer: Benutzerverwaltung und -freigaben

- Externe Authentifizierung: Radius, LDAP/AD, Kerberos/NTLM

- Zertifikate: X.509-Zertifikatsverwaltung

164

Extras-Menü

- CLI: Kommandozeilen Interface

- Firewall Updates: Update-Management

- Registrierung: Appliance-Registrierung und -Lizenzierung

- Cockpit verwalten: Individuelle Anpassung des Web-Cockpits

- Erweiterte Einstellungen: Interne Appliance-Parametrisierung

- Alle Daten neu laden/Cockpit neu laden: Daten-Neuladen von Appliance

Live Log-Menü

- Live Log: Real-time Logging auf der Appliance

4.6.3 Status- und Konfigurationsübersicht

Das Web-Cockpit kann, wie im Kapitel 4.6.1 erläutert, individuell angepasst werden, wobei es die folgenden Optionen gibt:

- **Lizenz:** Registrierungs- und Versions-Information über die Appliance.

- **System Status:** System- und Hardware-Informationen über die Appliance.

- **Anwendungen:** Status der laufenden Applikationen/Services der Appliance.

- **Appliance:** Übersicht der Appliance mit Interface-Informationen von LAN 1, LAN 2 bis LAN n.

- **Schnittstellen Auslastung:** Grafische Übersicht der Schnittstellenauslastung.

- **IPSec Verbindungen:** Übersicht zu allen bestehenden IPSec-VPN-Verbindungen.

- **DHCP:** Übersicht zu allen bestehenden DHCP-Verbindungen.

- **Downloads:** Von hier aus können verschiedene Dokumente und Software bezogen werden, beispielsweise sind der Securepoint Security Manager, Handbücher, Tools und ein VPN-Client als Download von der Appliance zu laden.

- **Benutzer, die per SSH angemeldet sind:** Übersicht über die angemeldeten User.

- **Spuva-Benutzer:** Benutzer, die über den Securepoint Verification Agent angemeldet sind.

- **SSL-VPN-Benutzer:** Übersicht über die angemeldeten SSL-VPN-User.

- **Web-Sessions:** Laufende Web-Sessions der Appliance.

4.7 Security Manager-Einstieg

Die beiden Programme Security Wizard und Security Manager werden nicht mehr weiterentwickelt. Der letzte Stand vom Security Wizard ist die Version 2007nx, während für den Security Manager noch eine neuere Version 10 geliefert wird, die sich von der vorherigen Version 7 augenscheinlich durch eine moderner wirkende Oberfläche absetzt, vom Funktionsumfang her jedoch das gleiche wie die Version 2007nx bietet.

Beide Programme könnten prinzipiell weiterhin für die Appliances verwendet werden, eine mit dem Web-Cockpit erstellte Konfiguration lässt sich auch im Security Manager weiterverarbeiten, und der Wizard kann auch eine neue Appliance konfigurieren. Gleichwohl ist dies (längerfristig) nicht zu empfehlen, weil die Appliance-Software (mit integriertem Web-Cockpit) weiterentwickelt wird und eben nicht mehr der Wizard und der (traditionelle) Manager, was dann von den Versionen her und funktionstechnisch nicht mehr zusammenpasst.

Außerdem unterscheiden sich die Formate der Datenbanken, so dass nicht beide Versionen für ein und dieselbe Appliance zum Einsatz kommen dürfen. Nach der Migration zur Version 10 sollte die vorherige nicht mehr verwendet werden.

 **Hinweis:** Der Security Manager der Version 10 ist als Übergangslösung für den neuen Manager im Layout des Web-Cockpits zu betrachten, was als *Securepoint Operation Center* (SOC) bezeichnet wird.

Der Security Manager ist *das* Werkzeug für die Appliance-Administrierung. Insgesamt können maximal 65.535 Appliances mit dem Security Manager verwaltet werden. Wie bereits im Kapitel 4.6 erwähnt, wird dieser Manager durch einen neuen im Layout des Web-Cockpits ersetzt, so dass hier nur eine kurze Übersicht gegeben wird.

Die Installation des Security Managers ist schnell erledigt. Es sind lediglich die Anerkennung der Nutzungsbedingungen und die Antworten zu einigen Installationsoptionen (Shortcut auf Desktop) entsprechend anzuklicken.

Beim Start des Security Managers erscheint ein Fenster mit der Bezeichnung CONTAINER ÖFFNEN, (Bild 4.27) wo ein Schlüssel einzugeben ist. Dieser Schlüssel ist für den Datencontainer bestimmt, der die Konfiguration der Appliance lokal speichert.

Der Schlüssel ist beim ersten Start des Security Managers nicht bekannt, sondern ist erst einmal selbst zu bestimmen, also im Dialogfeld anzugeben. Beim nächsten Aufruf des Managers erscheint das Dialogfeld zwar wieder in der gleichen Form, doch dann ist der zuvor angegebene Schlüssel wieder einzutippen. Das erste, eher unscheinbare Dialogfeld, mithin der eingegebene Schlüssel, ist also wichtig und stets beim Aufruf des Managers anzugeben.

Achtung: Beim ersten Aufruf des Security Managers wird der Schlüssel anhand der getätigten Angabe erst generiert. Man sollte ihn sich gut merken.

Deshalb sind sowohl das Password für die Appliance als auch der Schlüssel für den Manager-Zugang mit Bedacht zu wählen und (im Gedächtnis) gut aufzubewahren.

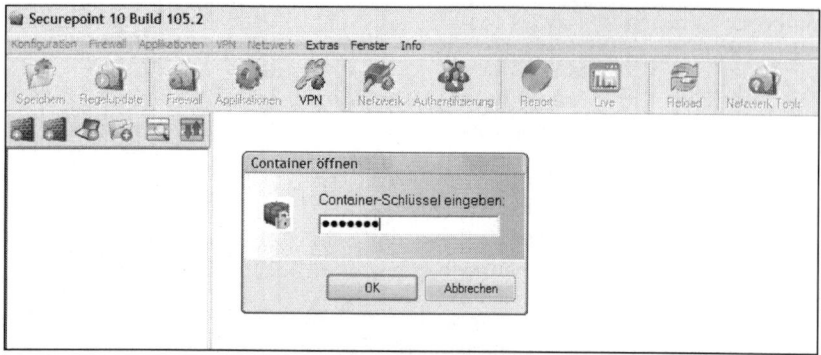

Bild 4.27: *Eingabe eines Container-Schlüssels.*

Im Manager ist nun eine neue Appliance anzulegen. Prinzipiell kann auch eine bereits vorhandene – mit dem vorherigen Manger angelegte – Appliance im Manager eingelesen werden, was automatisch erfolgt. Bereits während der Installation des Managers wird das Vorhandensein von vorhandenen Appliance-Konfigurationen ermittelt.

Durch einen Klick auf das linke (rote) Firewall-Symbol (Bild 4.28, Neu!) erscheint das Dialog-Feld, wo die Angaben (Adresse, Port, Login) für die neue Firewall zu tätigen sind, so dass die Firewall im Manger angelegt wird. Die Standardbezeichnung lautet *firewall.foo.local.*

Falls die neue Appliance vom Namen und/oder den IP-Adressen her mit einer älteren, bereits vorhandenen kollidieren sollte, kann entweder die neue als geltende bestätigt werden (Der Fingerprint hat sich geändert ...) oder die im Manager vorhandene wird gelöscht. Vorraussetzung hierfür ist, dass der Manager nicht mit dieser Firewall verbunden ist.

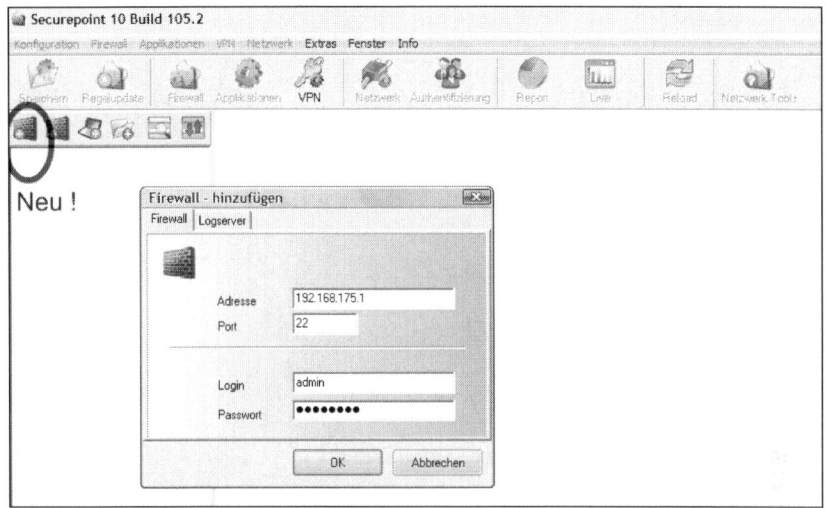

Bild 4.28: *Anlegen einer neuen Firewall.*

Ist die Firewall angelegt, genügt ein Klick auf die Bezeichnung, wodurch sich der Manager mit der Firewall verbindet. Unter NETZWERK – INTERFACES sind dann die Netzwerkeinstellungen und unter FIREWALL – PORTFILTER die Regeln zu finden, wie es im Kapitel 4.6 anhand des Web-Cockpits (vgl. Bilder 4.24, 4.25) gezeigt ist.

Wer sich mit dem Web-Cockpit auskennt, wird auch mit dem Manager schnell klarkommen, was gleichermaßen für die umgekehrte Voraussetzung bzw. Konstellation gilt. Die Funktionen und die Vorgehensweisen für die Konfigurierung sind bei allen Securepoint-Programmen in vielen Teilen glücklicherweise recht ähnlich gehalten.

Mit einem Rechtsklick auf den Firewall-Eintrag (firewall.foo.local) werden einige speziellere Funktionen (Bild 4.29) zutage gefördert, die das Verbinden, Abmelden, Löschen und das Ausführen eines Reboot auslösen und womit sich auch einige Eigenschaften schnell ändern lassen.

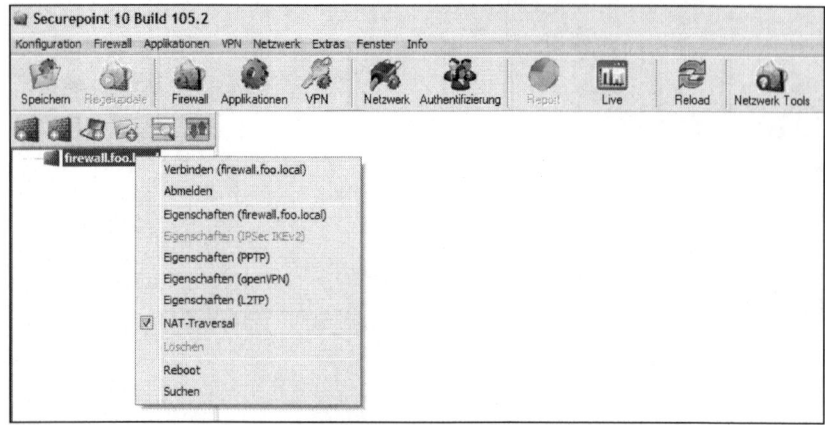

Bild 4.29: *Spezielle Funktionen für die Firewall.*

5 UTM-Konfigurierung

Als Einsteig in die Verwaltung oder das Management einer Appliance kann das Kapitel 4 gelten, in dem anhand des Black Dwarf grundlegende Dinge, wie der Anschluss und die Installation, erläutert sind. Dort ist auch zu lesen, dass die beiden Programme Security Wizard und Security Manager nicht mehr weiterentwickelt werden.

Stattdessen ist das in der Appliance-Software integrierte Web-Cockpit als aktuelle Verwaltungslösung zu betrachten, welches über https per Internet-Browser genutzt wird. Andere Hersteller von Appliances (vgl. Kapitel 3.7) haben das gleiche Prinzip mit ihren Appliances (z.B. Astaro) umgesetzt. Der Umgang mit der Software ist bei den Produkten der verschiedenen Hersteller ähnlich, wenn nicht sogar (fast) identisch, schließlich fallen die gleichen Aufgaben bei der Administrierung an.

Für übergeordnete Administrationsaufgaben, wenn mehrere Appliances administriert werden müssen oder auch für das Monitoring und die Durchführung von Backups, gibt es das *Securepoint Operation Center* (SOC). Das Konzept wurde an das Administrations-Webinterface der Securepoint Firewall Version 10 angepasst, was im Kapitel 6 näher erläutert wird, während im Folgenden zunächst das Management mit dem Web Cockpit an der Reihe ist.

5.1 Übersicht im Securepoint Cockpit

Der erste Bildschirm zeigt einen Überblick über den Status der Hardware und der Dienste. Zudem beinhaltet das Cockpit die Navigationsleiste. Diese Ansicht (Bild 5.1) ist immer zu sehen. Alle weiteren Konfigurationsmöglichkeiten werden in Popup-Fenstern vorgenommen. Nach der Bearbeitung werden diese wieder geschlossen, und das im Hintergrund liegende Cockpit wird wieder aktiv.

Die einzelnen Listen des Cockpits können geschlossen werden, um die Anzeige auf die persönlichen Bedürfnisse anzupassen, denn es ist kaum möglich, eine Komplettansicht mit allen Optionen des Cockpits lesbar darzustellen. Eine Auflösung mit 1680 x 1050 Bildpunkten stellt sich bereits als zu gering dar.

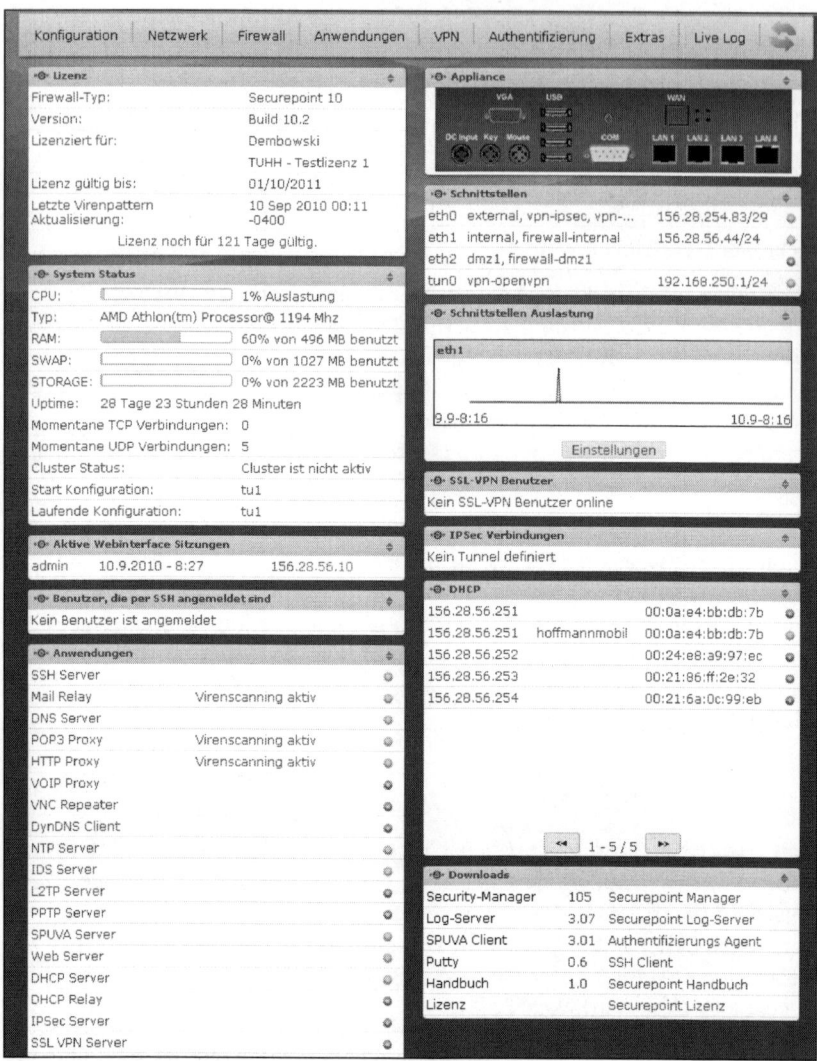

Bild 5.1: *Die Cockpit-Übersicht.*

Über die Navigationsleiste werden die einzelnen Konfigurationsbereiche, die in den Kategorien *Konfiguration, Netzwerk, Firewall, Anwendungen, VPN, Authentifizierung, Extras* und *Live Log* zusammengefasst sind, selektiert. Beim Überfahren der Punkte mit der Maus öffnet sich das jeweilige Dropdown-Menü.

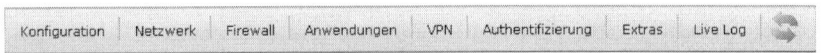

Bild 5.2: Die Navigationsleiste des Cockpits.

Hinweis: Die Anzeige der einzelnen Funktionsgruppen im Cockpit lässt sich über EXTRAS – COCKPIT VERWALTEN den eigenen Wünschen anpassen. Einzelne Gruppen können links oder rechts auf der Oberfläche angeordnet oder auch gar nicht angezeigt werden. Erst nachdem SPEICHERN selektiert worden ist, wird die Cockpit-Seite entsprechend aufgebaut.

Im **Lizenzbereich** werden Angaben zur Firewall Software, den Updates und der Lizenz gegeben.

- **Firewall Typ:** Name der Firewall Software.

- **Version:** Version der Firewall Software.

- **Lizenziert für:** Name und ggf. Firma des Versionsinhabers.

- **Lizenz gültig bis:** Gültigkeit der Lizenz. Das Datum ist im US amerikanischen Format angegeben (MM/TT/JJJJ).

- **Letzte Virenpattern Aktualisierung:** Zeitpunkt, an dem das letzte Update der Virusdatenbank durchgeführt worden ist.

- **Lizenz noch für x-Tage gültig:** Anzahl der Tage, die die Lizenz noch gültig ist.

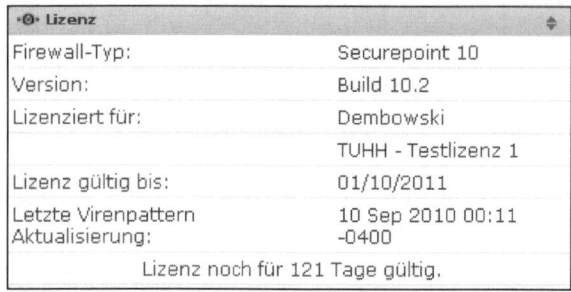

•☺• Lizenz	⬍
Firewall-Typ:	Securepoint 10
Version:	Build 10.2
Lizenziert für:	Dembowski
	TUHH - Testlizenz 1
Lizenz gültig bis:	01/10/2011
Letzte Virenpattern Aktualisierung:	10 Sep 2010 00:11 -0400
Lizenz noch für 121 Tage gültig.	

Bild 5.3: *Darstellung im Lizenzbereich.*

Der **System Status-Bereich** zeigt die gegenwärtige Systemauslastung und die aktuellen TCP/UDP-Verbindungen an.

- **CPU:** Auslastung des Prozessors.

- **Typ:** Angabe des Prozessortyps.

- **RAM:** Auslastung des Arbeitsspeichers, grafisch und als Prozentangabe.

- **SWAP:** Auslastung der Auslagerungsdatei, grafisch und als Prozentangabe.

- **Uptime:** Zeigt, wie lange das System schon in Betrieb ist.

- **Momentane TCP Verbindungen:** Anzahl der aktuellen TCP-Verbindungen.

- **Momentane UDP Verbindungen:** Anzahl der aktuellen UDP-Verbindungen.

- **Cluster Status:** Zeigt, ob die Appliance als Master oder als Spare agiert, wenn eine Hochverfügbarkeitsumgebung betrieben wird.

- **Start Konfiguration:** Name der Startkonfiguration.

- **Laufende Konfiguration:** Name der aktuell verwendeten Konfiguration.

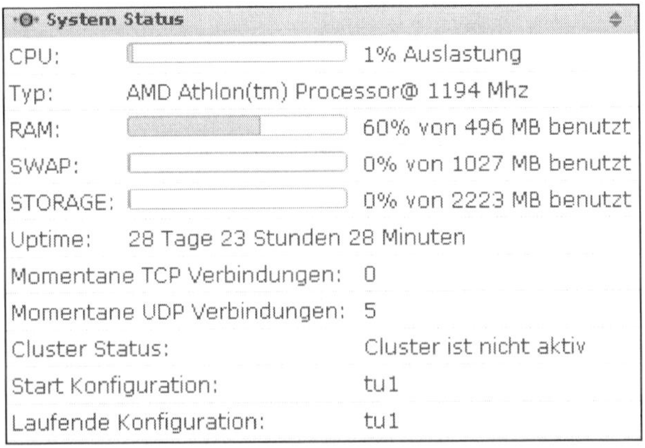

```
·Ⓞ· System Status                                              ⬦
CPU:        [▯                    ]  1% Auslastung
Typ:        AMD Athlon(tm) Processor@ 1194 Mhz
RAM:        [▮▮▮▮▮▮        ]  60% von 496 MB benutzt
SWAP:       [                    ]  0% von 1027 MB benutzt
STORAGE:    [                    ]  0% von 2223 MB benutzt
Uptime:     28 Tage 23 Stunden 28 Minuten
Momentane TCP Verbindungen:  0
Momentane UDP Verbindungen:  5
Cluster Status:              Cluster ist nicht aktiv
Start Konfiguration:         tu1
Laufende Konfiguration:      tu1
```

Bild 5.4: *System Status.*

Unter ***Anwendungen*** werden alle verfügbaren Dienste aufgelistet und deren Status angezeigt. Bei einigen Diensten können noch weitere Informationen zur Anzeige gebracht werden.

Ist ein Dienst aktiv, wird dies durch einen grünen Kreis visualisiert. Ein grauer Kreis zeigt, dass der Dienst inaktiv ist. Wird ein Dienst gestartet oder gestoppt, muss die Seite aktualisiert werden, damit der richtige Status angenommen und daraufhin auch korrekt angezeigt wird.

- **SSH Server:** *Secure Shell*, bietet eine verschlüsselte Verbindung zur Appliance.

- **Mail Relay:** Dienst zum Versenden von Emails über die Appliance.

- **DNS Server:** *Domain Name System Server*, löst einen Hostnamen in eine IP-Adresse auf.

- **POP3 Proxy:** *Post Office Protocol Version 3 Proxy*, verbindet mit einem POP3 Server und untersucht die abgeholten E-Mails auf Viren und Spam.

- **HTTP Proxy:** *Hypertext Transfer Protocol Proxy*, der Proxy vermittelt zwischen den Clients im internen Netzwerk und den Servern im Internet. Er kann http-Aufrufe anhand des Inhalts sperren und Webseiten auf Viren untersuchen.

- **VoIP Proxy:** *Voice over IP*, vermittelt Internet-Telefonie über die Appliance.

- **VNC Repeater:** *Virtual Network Computing*, ermöglicht die Steuerung eines entfernten Rechners.

- **DynDNS Client:** *Dynamic Domain Name Services Client*, der Client aktualisiert mit einem DynDNS-Dienst die aktuelle IP der Firewall.

- **NTP Server:** *Network Time Protocol Server*, ermöglicht die Synchronisierung der Systemuhren im Netzwerk.

- **IDS Server:** *Intrusion Detection System*, protokolliert Angriffe mit bekannten Angriffsmustern.

- **L2TP Server:** *Layer 2 Tunneling Protocol Server*, ermöglicht eine VPN Verbindung zur Firewall über das Netzwerkprotokoll L2TP.

- **PPTP Server:** *Point To Point Tunneling Protocol Server*, ermöglicht eine VPN Verbindung zur Firewall über das Netzwerkprotokoll PPTP.

- **SPUVA Server:** *Securepoint Security User Verification Agent Server*, zentrale Nutzer Authentifizierung.

- **Web Server:** Zum Bereitstellen von Onlineinhalten wie z.B. Webseiten

- **DHCP Server:** *Dynamic Host Configuration Protocol Server*, weist den Computern im Netzwerk automatisch IP-Adressen zu.

- **IPSec Server:** *Internet Protocol Security Server*, ermöglicht eine VPN-Verbindung zur Firewall über das IPSec-Protokoll.

- **SSL VPN Server:** *Secure Socket Layer Virtual Private Network Server*, ermöglicht eine SSL gesicherte VPN-Verbindung zur Firewall.

- **IGMP Proxy:** *Internet Group Management Protocol*, ermöglicht das Verteilen von Paketen an mehrere Empfänger.

- **Virusscanner:** Virenscanner, Dienst für POP3, HTTP und SMTP.

- **CTASD Server:** *Commtouch Anti Spam Daemon*, Dienst zur Spam-Identifizierung der Firma Commtouch.

- **BAYESD Server:** Bayes Daemon, Dienst zur Spam-Identifizierung nach dem Bayes-Verfahren.

- **Kerberos:** Authentifizierungsdienst für den Zugriff auf den HTTP Proxy.

- **Mailfilter:** Dienst zum Filtern der Emails nach Anhängen und Inhalt sowie zum Archivieren der Emails.

- **SNMP Server:** *Simple Network Management Protocol*, Protokoll zur zentralen Überwachung von Netzwerkeinheiten.

- **Routing Server:** Unterstützt verschiedene dynamische Routing-Protokolle.

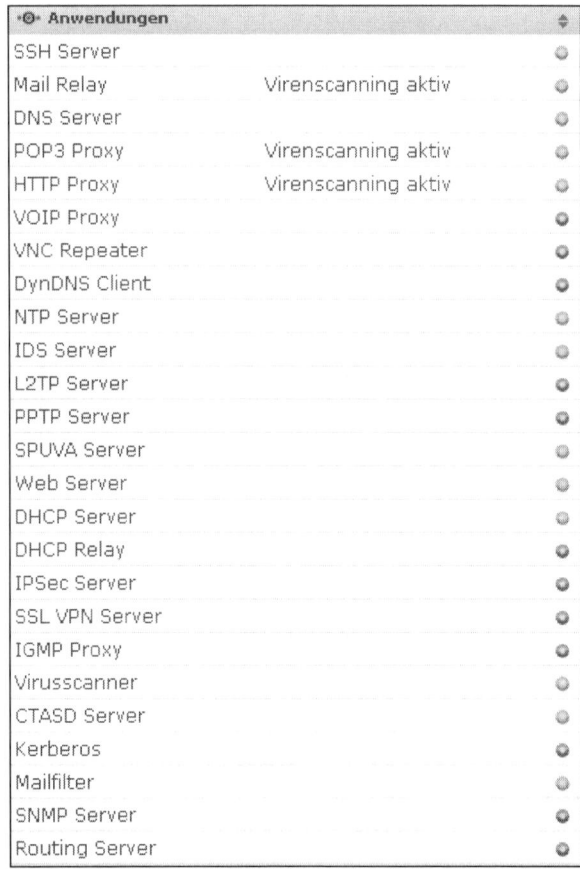

Bild 5.5: *Liste der Dienste.*

Unter *Appliance* wird eine Geräteansicht dargestellt. Die jeweils verbundenen und aktiven LAN-Ports sind dabei grün markiert. Zu beachten ist, dass die Geräteansicht nicht immer mit dem verwendeten Gerät übereinstimmt, was insbesondere beim Einsatz von eigenen Computern für das UTM auftritt, also wenn keine Appliances von Securepoint eingesetzt werden.

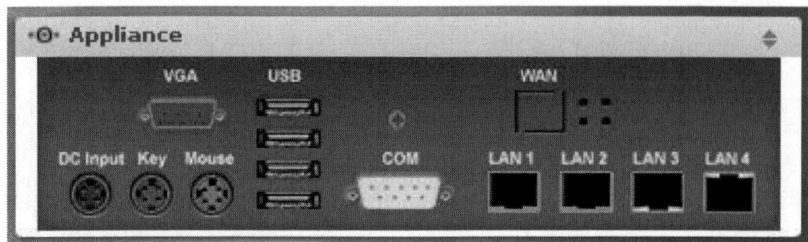

Bild 5.6: *Ansicht der Appliance.*

Der UTM-Software gelingt es nur rudimentär, die tatsächlich vorhandenen Schnittstellen (USB, VGA) „fremder" Geräte zu erkennen. Wichtig sind allerdings auch nur die LAN-Ports, die meist korrekt als vorhanden und ggf. als aktiv angezeigt werden.

Ob es sich dabei jedoch um übliche LAN-Ports (100 MBit/, 1 GBit/s) mit Twisted Pair-Anschluss, wie es visualisiert wird, handelt oder möglicherweise um Verbindungen mit Lichtwellenleiter und SC- oder LC-Anschlüssen, kann bei der Darstellung nicht unterschieden werden. Sie sehen prinzipiell immer aus, wie es im Bild 5.6 gezeigt ist.

Die **Schnittstellen-Sektion** bietet die Ansicht der Interfaces mit den zugeordneten IP-Adressen und Zonen. In Abhängigkeit von der verwendeten Appliance werden hier möglicherweise weitere Netzwerkadapter (ethx) aufgelistet. Diese Schnittstellen bzw. Netzwerkadapter entsprechen nur bei den mit *eth* gekennzeichneten Ports tatsächlich physikalisch vorhandenen LAN-Ports, die anderen wie *ppp* oder *tun* sind als virtuelle Interfaces zu verstehen, die auf physikalische umgesetzt werden.

- **eth0:** Netzwerkadapter für die Verbindung zum Internet. An der Appliance als LAN 1 gekennzeichnet.

- **eth1:** Netzwerkadapter für die Verbindung zum internen Netzwerk. An der Appliance als LAN 2 gekennzeichnet.

- **eth2:** Netzwerkadapter zur Anbindung einer Demilitarisierten Zone (DMZ). An der Appliance mit LAN 3 gekennzeichnet.

- **ppp0:** Ein virtuelles Interface zur Verbindung der Firewall mit dem Internet über PPPOE oder PPTP.

- **tun0:** Virtuelles Interface für das SSL-VPN. Die interne Adresse ist standardmäßig auf 192.168.250.1 festgelegt.

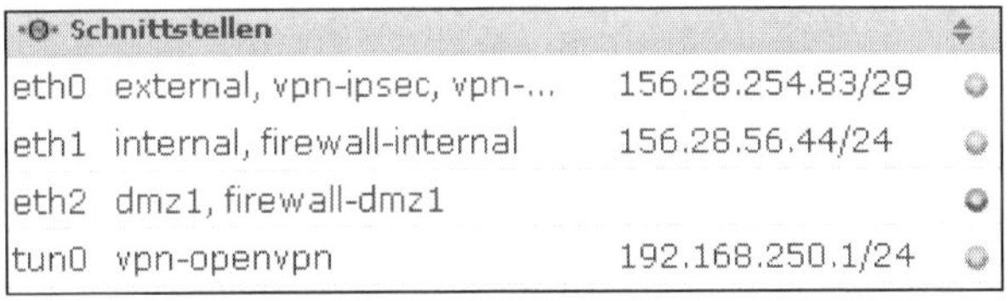

Schnittstellen
eth0 external, vpn-ipsec, vpn-... 156.28.254.83/29
eth1 internal, firewall-internal 156.28.56.44/24
eth2 dmz1, firewall-dmz1
tun0 vpn-openvpn 192.168.250.1/24

Bild 5.7: *Status der Schnittstellen.*

Außerdem gibt es eine grafische Anzeige der Schnittstellenauslastung für die einzelnen physikalischen Interfaces. Dabei wird der eingehende Verkehr als grüner und der ausgehende Verkehr als blauer Graph dargestellt. Die dargestellte Zeitspanne beträgt 24 Stunden, wobei der neueste Zeitpunkt die aktuelle Messung darstellt, die alle fünf Minuten durchgeführt wird.

Schnittstellen Auslastung
eth2
4.10-15:17
5.10-15:17
eth1
4.10-15:17
5.10-15:17
eth0
4.10-15:17
5.10-15:17
Einstellungen

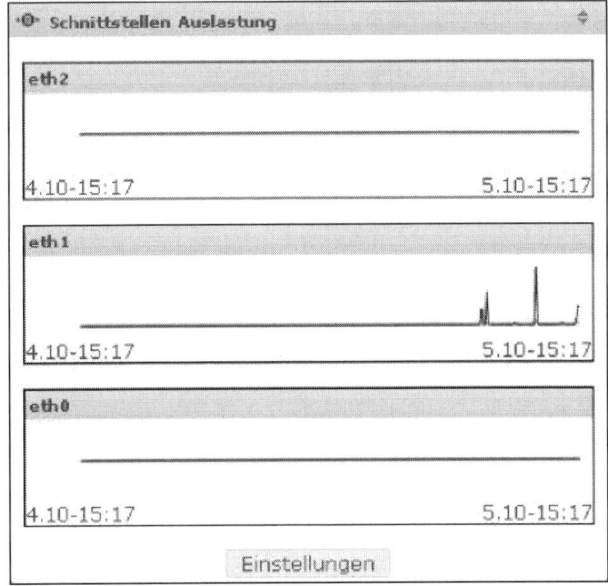

Bild 5.8: *Grafische Darstellung des Datenverkehrs der drei LAN-Ports.*

Über den Button EINSTELLUNGEN lässt sich zudem festlegen, von welchen LAN-Ports die Auslastungen angezeigt werden sollen. Die linke Liste (Bild

5.9) zeigt die verfügbaren Interfaces an und die rechte Liste die darzustellenden Interfaces. Durch Markieren und Klicken auf den entsprechenden Pfeil-Button können die Schnittstellen jeweils in die gewünschte Liste verschoben werden.

Bild 5.9: *Verfügbare und dargestellte Schnittstellen. Es sind hier zwei (eth1, eth0) für die Anzeige der Auslastung angegeben.*

Durch einen Klick auf ein Diagramm der Schnittstellen-Auslastung wird dieses in einem neuen Fenster mit größerer Darstellung der Graphen sowie weiterer Details (Fehler, Kollision) angezeigt.

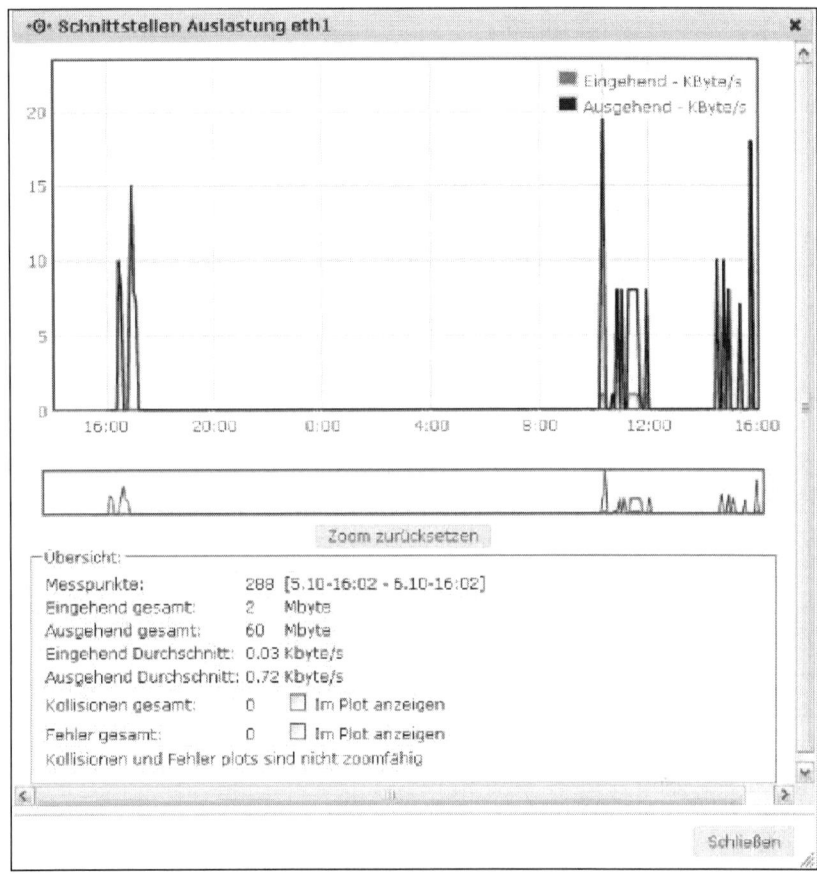

Bild 5.10: *Details des Datenverkehrs des Interface eth1.*

Durch Aufziehen eines Auswahlvierecks im unteren schmalen Diagramm (Bild 5.11), welches die Maxima anzeigt, kann ein Bereich, der vergrößert dargestellt werden soll, genau bestimmt werden. Mithilfe des Buttons ZOOM ZURÜCKSETZEN wird die vergrößerte Darstellung wieder aufgehoben.

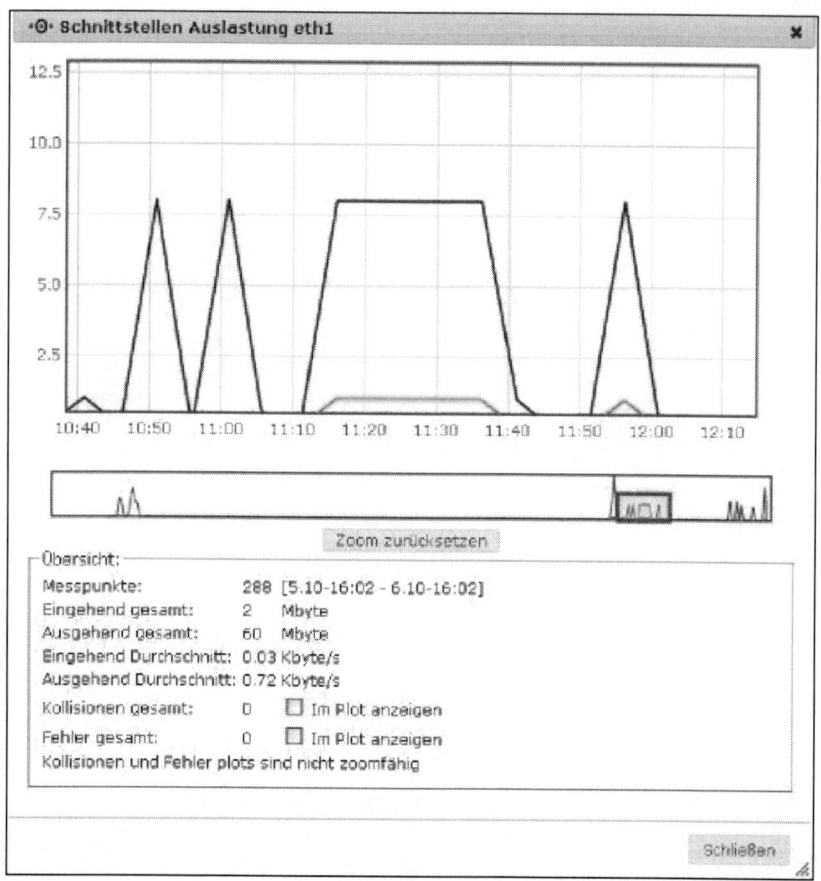

Bild 5.11: *Die Ausschnittsvergrößerung kann auch genaue Einzelheiten im Datenverkehr visualisieren.*

Für Benutzer und Gruppen sind im Cockpit verschiedene Kategorien zu finden, die Auskunft darüber geben, wer an der Appliance angemeldet ist und/oder wer bestimmte Dienste verwendet.

- Web-Interface-Benutzer

- SPUVA-Benutzer

- Benutzer, die per SSH angemeldet sind

- SSL-VPN Benutzer

- IPSec-Benutzer

- DHCP-Benutzer

Unter *Aktive Webinterface-Sitzungen* werden die Login-Namen und die IP-Adressen der Benutzer angezeigt, die momentan am Web-Interface der Appliance angemeldet sind. Dies kann über das Administrator-Interface oder das User-Interface (siehe Kapitel 7) erfolgt sein. Außerdem wird noch gelistet, zu welchem Zeitpunkt sich der jeweilige Benutzer verbunden hat. Typischerweise ist der Administrator der Appliance der hautsächliche Webinterface-Benutzer.

Aktive Webinterface Sitzungen		
admin	31.3.2010 - 13:33	192.168.175.1
kurti	31.3.2010 - 13:37	192.168.175.35
admin	31.3.2010 - 13:38	192.168.175.1

Bild 5.12: Benutzer, die am Web-Interface angemeldet sind.

Die Anzeige *SPUVA Benutzer* zeigt die Anwender und deren IP-Adresse, die sich per SPUVA (Securepoint User Verification Agent) angemeldet haben. Der SPUVA hat die Aufgabe, Anwendern individuelle Rechte für Ihre Arbeitsplätze im DHCP-Umfeld zu geben. Der Anwender authentifiziert sich über den SPUVA und erhält an jedem beliebigen Arbeitsplatz seine individuelle Security Policy. Wechselt ein Anwender seinen Arbeitsplatz, erhält er am anderen Platz ebenfalls automatisch seine für ihn gültige Security Policy.

Spuva Benutzer	
Spuva	192.168.4.72
fred	192.168.4.88

Bild 5.13: Die aktuellen Benutzer des Securepoint User Verification Agent (SPUVA).

Benutzer, die per SSH angemeldet sind gibt an, welche Benutzer sich per SSH (Secure Shell z.B. Putty) mit der Appliance verbunden haben. Es werden der Login-Name und die IP-Adresse des Benutzers angezeigt. Außerdem wird aufgelistet, zu welchem Zeitpunkt sich der Benutzer verbunden hat.

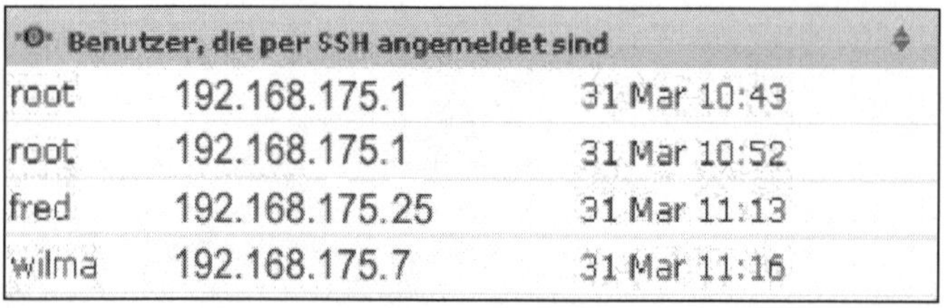

°O° Benutzer, die per SSH angemeldet sind			◆
root	192.168.175.1	31 Mar 10:43	
root	192.168.175.1	31 Mar 10:52	
fred	192.168.175.25	31 Mar 11:13	
wilma	192.168.175.7	31 Mar 11:16	

Bild 5.14: *Benutzer, die sich per SSH verbunden haben.*

Für die **SSL-VPN Benutzer** und diejenigen, die IPSec nutzen (wollen), muss die entsprechende Verbindung zuvor angelegt worden, d.h. eine VPN-Adresse oder ein Tunnel konfiguriert worden sein. Wie dies genau zu bewerkstelligen ist, wird im Kapitel 6.2 erläutert. Für beide VPN-Varianten gibt es im Cockpit eine eigene Anzeige.

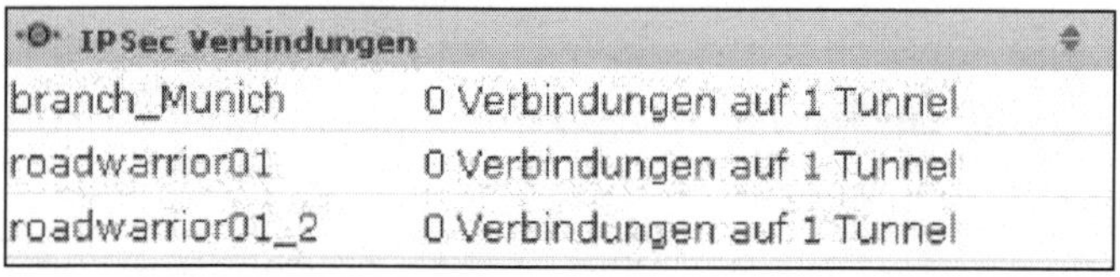

°O° IPSec Verbindungen		◆
branch_Munich	0 Verbindungen auf 1 Tunnel	
roadwarrior01	0 Verbindungen auf 1 Tunnel	
roadwarrior01_2	0 Verbindungen auf 1 Tunnel	

Bild 5.15: *Auflistung und Status der IPSec Tunnel.*

Unter **IPSec** werden die erstellten IPSec VPN-Verbindungen und deren jeweilige aktuelle Benutzung dargestellt (Bild 5.15). An erster Stelle steht der Name der Verbindung, gefolgt von der aktuellen Nutzung.

Ein DHCP-Server vergibt für Benutzer – bzw. für ihre Computer – IP-Adressen dynamisch im internen Netz, wenn der DHCP-Server aktiviert ist. Diese IP-Adresse wird für den Benutzer für eine definierte Zeit reserviert. Die reservierten Adressen werden unter **DHCP** im Cockpit angezeigt in Verbindung mit dem Benutzer und der MAC-Adresse des jeweiligen Computers. In der letzten Spalte ist der Status angegeben. Ist der Kreis grau, so ist der Nutzer gerade nicht angemeldet. Ein grüner Kreis zeigt an, dass der Benutzer angemeldet ist.

⊙ DHCP				
192.168.1.18	PC_TestCenter	00:5c:b3:36:8d:46	◎
192.168.1.24	PC_Schmidt	00:40:48:b1:aa:62	◎
192.168.1.33	Laptop_Schulung	00:cc:de:37:8d:41	◎
192.168.1.51	PC_Meyer	00:48:54:1b:59:73	◎
192.168.1.52	PC_Schulung	0e:30:d3:57:8d:92	◎
192.168.1.56	PC_Verwaltung	00:50:bf:67:a2:fd	◎
192.168.1.83	TestServer	00:c7:bb:78:8c:21	◎
192.168.1.100	Laptop_Gast	00:40:48:b1:aa:62	◎

◄◄ 1 - 8 / 8 ►►

Bild 5.16: *Die gespeicherten IP-Adressen des DHCP-Dienstes.*

Die DHCP-Anzeige ist immer zehnzeilig. Wenn mehr DHCP-Adressen gespeichert sind, ist im unteren Bereich mit den Pfeiltasten ein Blättern durch die Seiten möglich.

Im Cockpit unter *Anwendungen* findet sich die Aktivitätsanzeige für den DHCP-Server, der standardmäßig aktiviert ist und seine Einstellungen auch gleich selbst wählt. Dies ist keineswegs unproblematisch und wird von Administratoren, die aus Sicherheitsgründen auf eine feste IP-Adressenzuteilung bestehen, auch nicht unbedingt gern gesehen. Deshalb dient die erste Begegnung mit dem Cockpit möglicherweise nicht nur dazu, sich einen Überblick zu verschaffen, sondern auch gleich dem ersten Eingriff, der Abschaltung von DHCP für das lokale Netz.

Achtung: **Standardmäßig ist der DHCP-Server der Appliance, der sich selbstständig konfiguriert, im lokalen Netzwerk aktiviert und vergibt ohne weiteres Zutun automatisch IP-Adressen.**

Deaktiviert wird er über Anwendungen - Anwendungsstatus - DHCP Server – Aus.

Unter *Downloads* ist zu sehen, welche Dateien auf der Appliance zum Download zur Verfügung stehen. Außerdem werden die jeweilige Version sowie eine Kurzbeschreibung angezeigt. Der Dateiname ist jeweils ein Link, über den die Datei direkt herunter geladen werden kann.

·⊖· Downloads			⇕
Security-Manager	105	Securepoint Manager	
Log-Server	3.07	Securepoint Log-Server	
SPUVA Client	3.01	Authentifizierungs Agent	
Putty	0.6	SSH Client	
Handbuch	1.0	Securepoint Handbuch	
Lizenz		Securepoint Lizenz	

Bild 5.17: *Verfügbare Software und Dokumente zum Download.*

5.2 Konfigurationen verwalten

Alle Einstellungen der Appliance werden in einer Konfiguration gespeichert. Befehle, die direkt die Konfiguration betreffen, und grundlegende Systembefehle sind im Menü *Konfiguration* zu finden.

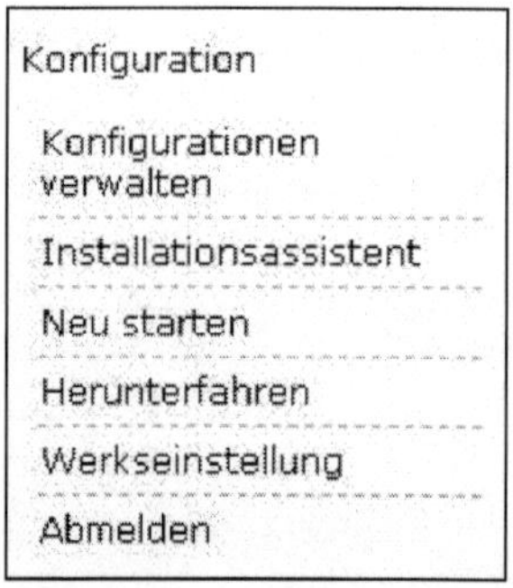

Konfiguration
Konfigurationen verwalten
Installationsassistent
Neu starten
Herunterfahren
Werkseinstellung
Abmelden

Bild 5.18: *Dropdown-Menü des Menüpunktes Konfiguration.*

- **Konfigurationen verwalten:** Die Konfigurationsverwaltung ruft eine Liste der vorhandenen Konfigurationsdateien auf. Hier hat man die Möglichkeit, die Dateien zu exportieren, zu drucken und zu löschen. Außerdem ist hier vorgesehen, Konfigurationen zu laden, Startkonfigurationen zu setzen und Konfigurationen zu importieren oder aktuelle Einstellungen in einer neuen Datei zu speichern.

- **Installationsassistent:** Der Installationsassistent ist bei der Einrichtung der grundlegenden Einstellungen behilflich.

- **Neu starten:** Fährt die Appliance runter und startet sie anschließend neu.

- **Herunterfahren:** Das System wird gestoppt und heruntergefahren.

- **Werkseinstellungen:** Setzt die Konfiguration auf die Werkseinstellung zurück.

- **Abmelden:** Abmeldung vom Administrator-Interface.

Alle Einstellungen der Firewall werden in einer Konfigurationsdatei gespeichert. Unter dem Punkt *Konfigurationen verwalten* des Menüs Konfiguration gelangt man zu einer Liste der bisher gespeicherten Konfigurationsdateien.

Unter *Konfigurationen* sowie auch bei anderen Einstellungsoptionen trifft man auf verschiedene Symbole, die für die Auslösung bestimmter Funktionen stehen. Die Symbole sind verhältnismäßig klein gehalten und mitunter auch etwas versteckt auf den einzelnen Menüseiten positioniert. Der Einsteiger klickt nicht selten auf die größere Legende, die die Symbole kurz erklärt, anstatt auf die jeweilige Funktion.

Schaltfläche	Bedeutung	Beschreibung
	Export	Exportiert die Konfiguration und speichert diese im DAT-Format ab.
	Startkonfiguration	Setzt die jeweilige Konfiguration als Startkonfiguration.
	Löschen	Löscht die jeweilige Konfiguration.
	Drucken	Öffnet ein Browserfenster, in dem die Konfiguration in Tabellenformat dargestellt wird. Diese Darstellung kann gedruckt und auch gespeichert werden.
	Laden	Lädt die jeweilige Konfiguration.
	Kommentar	Einfügen eines Kommentars.

Tabelle 5.1: Die Bedeutung und Funktionen der Schaltflächen.

Ein Stern-Symbol vor der Konfigurationsdatei kennzeichnet die Startkonfiguration. Dies ist die Konfiguration, die geladen wird, wenn die Appliance eingeschaltet wird, etwa nach einem Reboot. Ein Herz-Symbol kennzeichnet die aktuell geladene Konfiguration, und die Schaltflächen hinter den Konfigurationsnamen symbolisieren bestimmte Aktionen, die auf die Konfigurationsdateien anwendbar sind, wie es in der Tabelle 5.1 angegeben ist.

Im Bild 5.19 ist laut den Statussymbolen die Konfiguration *tu1* die momentan geladene Startkonfiguration.

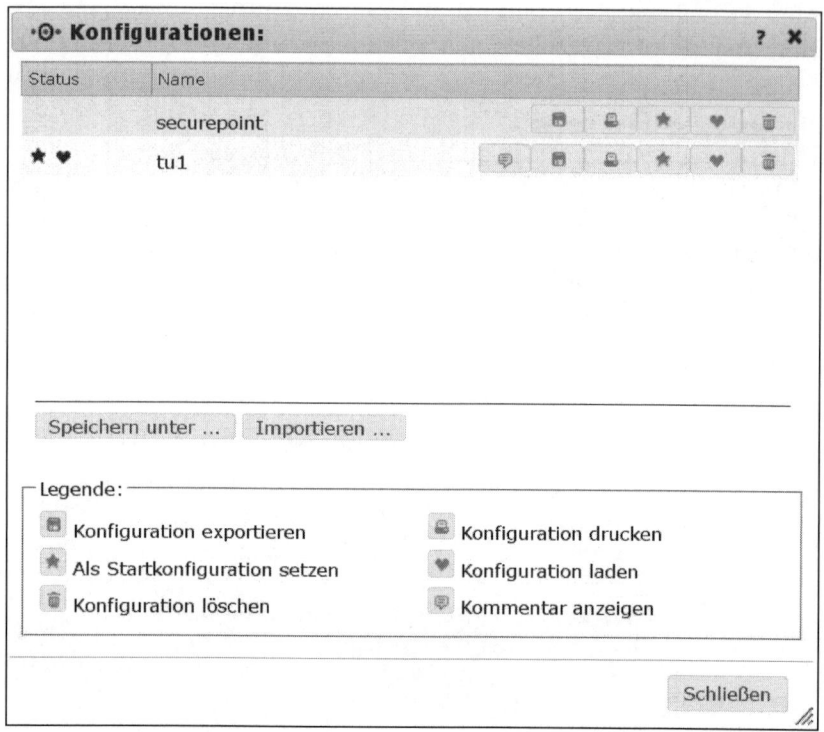

Bild 5.19: *Anzeige der gespeicherten Konfigurationen, die an dieser Stelle verwaltet werden können.*

Unter der Liste der gespeicherten Konfigurationen befinden sich SPEICHERN UNTER… und IMPORTIEREN… als selektierbare Schaltflächen.

Die getätigten Einstellungen werden automatisch in der benutzten, also der aktuell geladenen Konfiguration gespeichert. Man kann neue Einstellungen aber auch unter einer anderen bestehenden Konfiguration oder in einer neuen Konfiguration speichern.

188

Bei SPEICHERN UNTER... wird entweder eine bestehende Konfiguration aus der Dropdownbox ausgewählt oder ein neuer Namen eingegeben, unter dem die momentane Konfiguration gespeichert werden soll. Abschließend ist SPEICHERN anzuklicken.

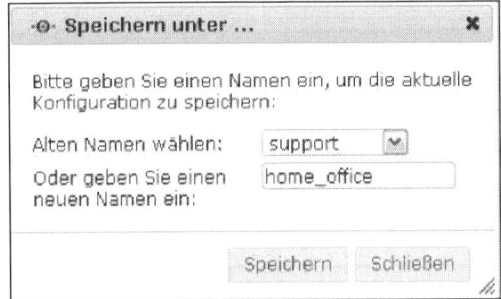

Bild 5.20: *Abspeichern einer neuen Konfiguration unter einem neuen Namen.*

Unter *Konfigurationen* ist es auch möglich, eine bereits zuvor exportierte Konfiguration, die sich prinzipiell irgendwo auf einem PC-Laufwerk befinden kann, zu importieren. Hierfür ist der Button IMPORTIEREN zu klicken, woraufhin sich der Dialog IMPORTIERE KONFIGURATION öffnet.

 **Hinweis:** Die Konfiguration (z.B. Securepoint.dat) wird beim Exportieren standardmäßig gespeichert unter:

C:\Dokumente und Einstellungen\name\Eigene Dateien\Downloads.

Mit DURCHSUCHEN wird die entsprechende Datei, die standardmäßig die Extension DAT trägt, lokalisiert. Im Feld IMPORTIERE ALS: ist daraufhin der Name anzugeben, unter dem diese Konfiguration auf der Appliance gespeichert werden soll, was über einen nachfolgenden Klick auf IMPORT ausgelöst wird.

Bild 5.21: *Importieren einer externen Konfiguration.*

Der *Installationsassistent* hilft bei den grundlegenden Einstellungen der Appliance. Er wird nach der Neuinstallation automatisch gestartet. Wenn der Assistent während des Konfigurationsdurchlaufes abgebrochen wurde oder die Grundeinstellungen mit dem Assistenten erneut durchgeführt werden soll, ist hier die Möglichkeit gegeben, den Vorgang erneut zu starten.

Der dritte Punkt des Dropdownmenüs (Bild 5.18) startet die Appliance neu. Beim *Neustart* wird die Startkonfiguration geladen. Gegebenenfalls ist die gewünschte Startkonfiguration vor dem Reboot (neu) zu setzen, was mithilfe des Konfigurationen-Menüs (Bild 5.19) erfolgt.

 **Achtung:** **Beim Zurücksetzen auf die Werkseinstellung werden alle Konfigurationen gelöscht!**

Der Punkt *Herunterfahren* stoppt das System, schaltet es aber weder aus, noch wird es neu gestartet. Beim *Logout* findet die Abmeldung von der Appliance statt. Das Erscheinungsbild des Administrator-Interface und die Spracheinstellungen werden bei jeder Abmeldung für den jeweiligen Benutzer auf der Appliance gespeichert.

5.3 Netzwerkeinstellungen

Im Menü *Netzwerk* sind die folgenden Einstellungsmöglichkeiten zu finden:

- **Servereigenschaften:** Grundlegende Appliance-Einstellungen, wie Namen, DNS-Server, Admin-Interface, Protokollierung, SNMP und Cluster-Interface.

- **Netzwerkkonfiguration:** Interface-Einstellungen für die Schnittstellen, die IP-Adressen, das Routing, die Provider, den DynDNS- sowie den DHCP-Dienst.

- **Zoneneinstellungen:** Anzeige der eingerichteten und Anlegen von neuen Zonen für die Interfaces.

- **Netzwerkwerkzeuge:** Nützliche Tools für die Fehlersuche, wie NS Lookup, Ping und die Anzeige der Routing-Tabelle.

5.3.1 Servereigenschaften

Auf der ersten Registerkarte **Servereigenschaften** sind der Appliance-Name, die *Domain Name Service-Server* und der *Network Time Protocol* Server anzugeben. Falls hier kein Nameserver oder die IP-Adresse 127.0.0.1 (lokales Interface) spezifiziert wird, kommt der eigene DNS-Dienst der Appliance zum Einsatz.

Vorzugsweise sollte hier jedoch die IP-Adresse des im jeweiligen Netzwerk fungierenden DNS-Servers – wie bei allen Clients im LAN – eingetragen werden, weil dann eine eindeutige Zuordnung für die Namensumsetzung gegeben ist, was durchaus auch zu einer Performance-Verbesserung führen kann. Dabei muss beachtet werden, an welcher Stelle sich der DNS-Server befindet. Wenn er (extern) vor der Firewall positioniert ist, muss hierfür eine extra Regel angelegt werden.

> **Hinweis: Als DNS-Server sollte vorzugsweise derjenige im Netz angegeben werden, mit dem auch die Clients arbeiten. Wenn sich dieser Server vor der Firewall (extern) befindet, muss hierfür eine eigene Regel definiert werden.**

Im Feld *NTP Server* ist die IP-Adresse oder der Hostname eines Zeitservers einzugeben und im Auswahlfeld *Zeitzone* die jeweilige Zeitzone

191

auszuwählen. Standardmäßig wird für den NTP-Server ein Server von Securepoint (62.116.166.68) eingetragen, es sind jedoch auch andere wie etwa von der Physikalischen Technischen Bundesanstalt (ptbtime2.ptb.de, 192.53.103.104) möglich. Prinzipiell empfiehlt es sich, den auszuwählen, der am schnellsten reagiert.

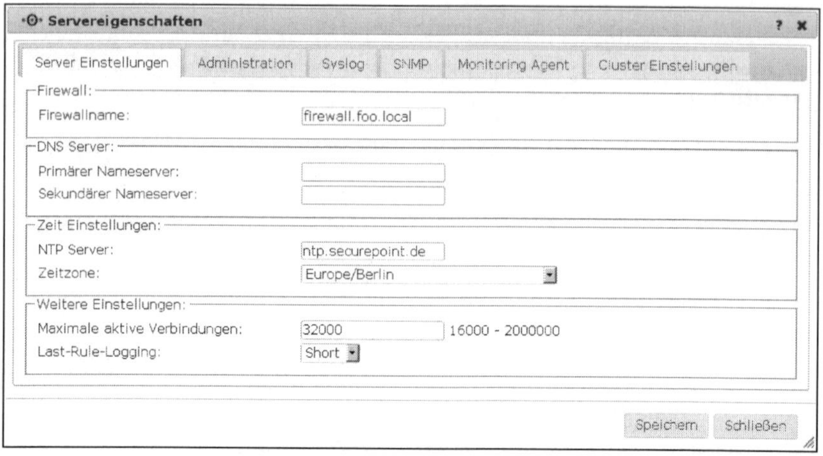

Bild 5.22: *Die Server-Einstellungen im Menü Netzwerk.*

Unter **Maximale aktive Verbindungen** kann die maximal erlaubte Anzahl von TCP/IP-Verbindungen beschränkt werden, wobei die Zahl zwischen 16.000 und 2.000.000 liegen muss. Bei **Last-Rule-Logging** ist eine Protokollierungsgenauigkeit (keine, short, long) für verworfene Pakete zu bestimmen. Beide Optionen sind nicht kritisch und werden insbesondere für die Analyse und Fehlersuche eingesetzt.

Der Zugriff auf die Appliance ist standardmäßig aus dem internen Netz für alle Clients erlaubt. Über die Registerkarte **Administration** kann definiert werden, von welcher externen IP-Adresse oder von welchem Subnetz aus die Appliance außerdem administriert werden darf. Diese Angabe ist optional und allein für die Angabe externer IP-Adressen oder Subnetze gedacht, eine Beschränkung für interne IP-Adressen ist hier nicht vorgesehen.

Für die Appliance-Administrierung werden grundsätzlich die in der Tabelle 5.2 angegebenen Protokolle freigeschaltet.

Dienst	Protokoll	Port
SSH	TCP	22
Administrator-Interface	TCP	11115

Tabelle 5.2: *Verwendete Dienste und Ports für die Administrierung.*

Im Regelwerk der Appliance kann der Administrator festlegen, ob und mit welcher Genauigkeit das Zutreffen einer Regel protokolliert wird. Diese Protokolldaten in Form von **Syslog-Meldungen** können auf einem Server gespeichert und zu einem späteren Zeitpunkt analysiert werden. Dabei kann grundsätzlich auf mehreren Syslog-Servern gleichzeitig protokolliert werden.

Um einen Server für die Protokollierungsdaten hinzuzufügen, ist einfach SYSLOG SERVER HINZUFÜGEN anzuklicken, im folgenden Eingabefeld die IP-Adresse oder der Hostname des Servers einzugeben und abschließend HINZUFÜGEN zu selektieren. Das Löschen von eingetragenen Log-Servern ist durch das Anklicken des Abfalleimersymbols möglich.

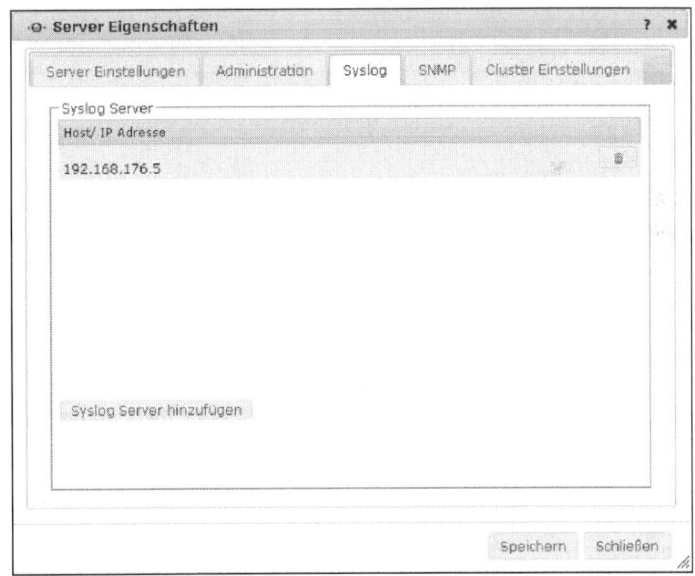

Bild 5.23: *Angabe eines Syslog-Servers für Protokollierungsdaten.*

Für den Betrieb als Logserver müssen auf dem jeweiligen PC ein Windows-Betriebssystem und die Securepoint-Logserver-Software (siehe Kapitel 6.4) installiert sein. Nach der Installation läuft der Logserver dann als Dienst im Hintergrund.

Das **Simple Network Management Protocol** (SNMP) ist ein Netzwerkprotokoll zur zentralen Überwachung von unterschiedlichen Netzwerkgeräten, wie etwa Computern, Switches oder auch Netzwerkdruckern. Die Appliance kann mithilfe dieses Protokolls die Werte *Interface-Durchsatz* sowie *Prozessor-* und *Speicherauslastung* von Computern auslesen. Dabei werden die SNMP-Version 1 und 2c unterstützt.

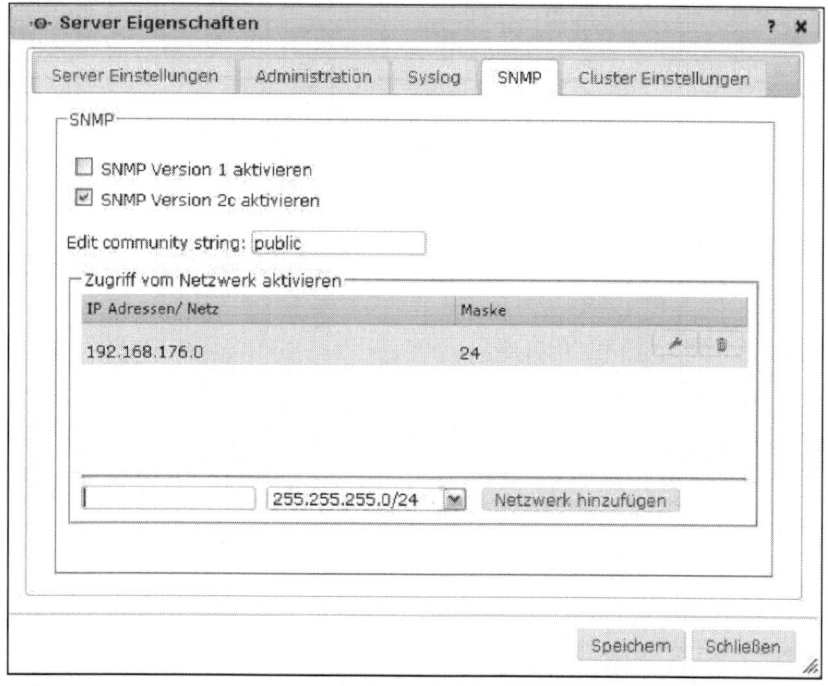

Bild 5.24: *Aktivieren und konfigurieren des SNMP-Dienstes.*

Zum Auslesen der Daten muss der entfernte Computer als berechtigter Host eingetragen sein, mindestens ein SNMP-Client für ihn vorhanden sowie der SNMP-Dienst installiert sein und außerdem der so genannte *Community String*, der als SNMP-Schlüssel fungiert, bekannt sein.

 **Hinweis:** Damit der SNMP-Zugriff funktioniert, ist im Portfilter der Appliance eine entsprechende Regel notwendig.

Bei den aktuellen Cockpit-Versionen gibt es die Option *Monitoring Agent*. Diese Software ist für die Überwachung und das Management durch die b4-Software der Firma AmdoSoft gedacht. Dabei handelt es sich um eine Management-Software, die eine zentrale Administrierung in einer Windows-, Linux oder Unix-Umgebung ermöglicht. Beim Hersteller ist eine kostenlose 30 Tage-Lizenz verfügbar, die ein Ausprobieren der IT-Automation durch die graphische Modellierung, wie es die Firma AmdoSoft nennt, gestattet. Bei den Appliance-Einstellungen ist hierfür lediglich die IP-Adresse des b4-Controllers anzugeben, also der Computer zu spezifizieren, auf dem die Software von AmdoSoft installiert ist.

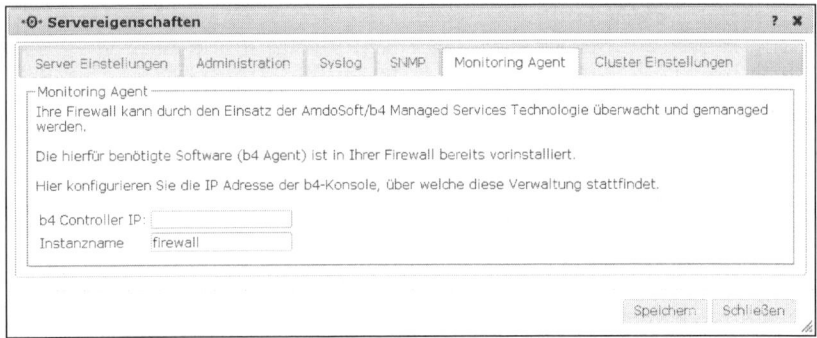

Bild 5.25: *Der Monitoring Agent ist in der Appliance bereits vorinstalliert.*

Mit den ***Cluster-Einstellungen*** bieten die Appliances die Möglichkeit, eine Hochverfügbarkeitsumgebung aufzubauen. Für diese Umgebung werden mindestens zwei Appliances benötigt. Eine wird dabei als produktive Maschine (Master) eingesetzt und eine (oder mehrere) weitere wird als Ersatzmaschine (Spare) im Standby betrieben. Fallen erforderliche Dienste oder der gesamte Master aus, übernimmt die Spare-Maschine automatisch den Betrieb.

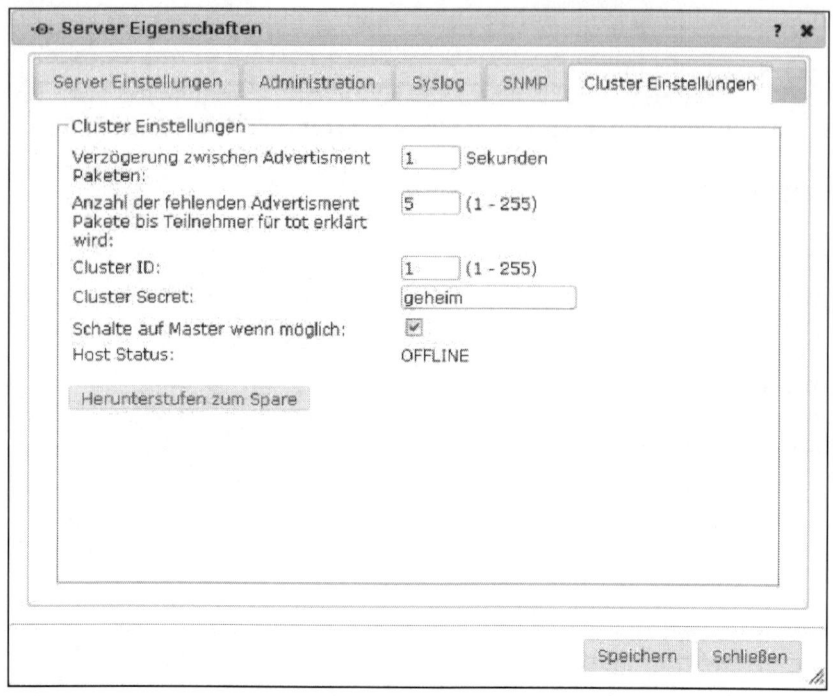

Bild 5.26: *Cluster-Einstellungen sind nur für eine Hochverfügbarkeitsumgebung mit mehreren Appliances notwendig.*

Auf den beteiligten Maschinen muss sich jeweils die gleiche Software (Version, Patches) befinden, und aktuelle Lizenzen sind hierfür ebenfalls notwendig, sonst ist keine (komplette) Ersatzfunktionalität beim Ausfall des Masters gegeben.

Im Feld *Verzögerung zwischen Advertisement Paketen* wird das Intervall (in Sekunden) zwischen den Statusmeldungen des Masters an den Spare eingestellt. Im zweiten Feld wird bestimmt, wie viele Statusmeldungen ausbleiben dürfen, bevor der Master als ausgefallen erkannt wird. Im Feld *Cluster ID* ist eine Zahl für den Clusterverbund anzugeben, was dann von Bedeutung ist, wenn gleich mehrere Cluster betrieben werden.

Unter *Cluster Secret* ist ein Kennwort zur Verschlüsselung der Statusmeldungen notwendig, und die *Option Schalte auf Master wenn möglich:* setzt die Appliance auch nach einen Neustart wieder als Master ein.

Der Host-Status kann die Zustände *offline*, *master* oder *spare* annehmen. Ist der Status *Master*, kann die Appliance durch den Button HERUNTERSTUFEN zum Spare deklariert werden. Die Spare-Maschine übernimmt dann den Master- Status.

5.3.2 Netzwerkkonfiguration

In diesem Bereich werden direkte Einstellungen für das Netzwerk vorgenommen. Dies umfasst die IP-Adressen der einzelnen Interfaces, Routing-Einträge, Zugangsdaten des Internet Service Providers, eventuell Daten eines dynamischen Adressdienstes und Einstellungen für den DHCP Server.

Schnittstellen

Auf der Registerkarte *Schnittstellen* werden die Netzwerkadapter der Appliance mit deren IP-Adressen und Zonen angezeigt, die an dieser Stelle durch die Betätigung des Schraubenschlüsselsymbols geändert oder auch gelöscht werden können, was dann per Klick auf das Abfalleimersymbol (rechts) auszulösen ist.

 **Achtung: Auch ohne das Auslösen der Option** SPEICHERN **oder** AKTUALISIERE SCHNITTSTELLEN **werden bestimmte Einstellungen übernommen. Dabei ist nicht ersichtlich, ob dies nur die Anzeige der Parameter betrifft oder ob sie tatsächlich in Kraft treten, was zu inkonsistenten Konfigurationen führen kann. Deshalb sollten sämtliche Einstellungen mit Bedacht vorgenommen werden, und stets die letzte als korrekt funktionierende Konfiguration sollte gespeichert und/oder exportiert werden.**

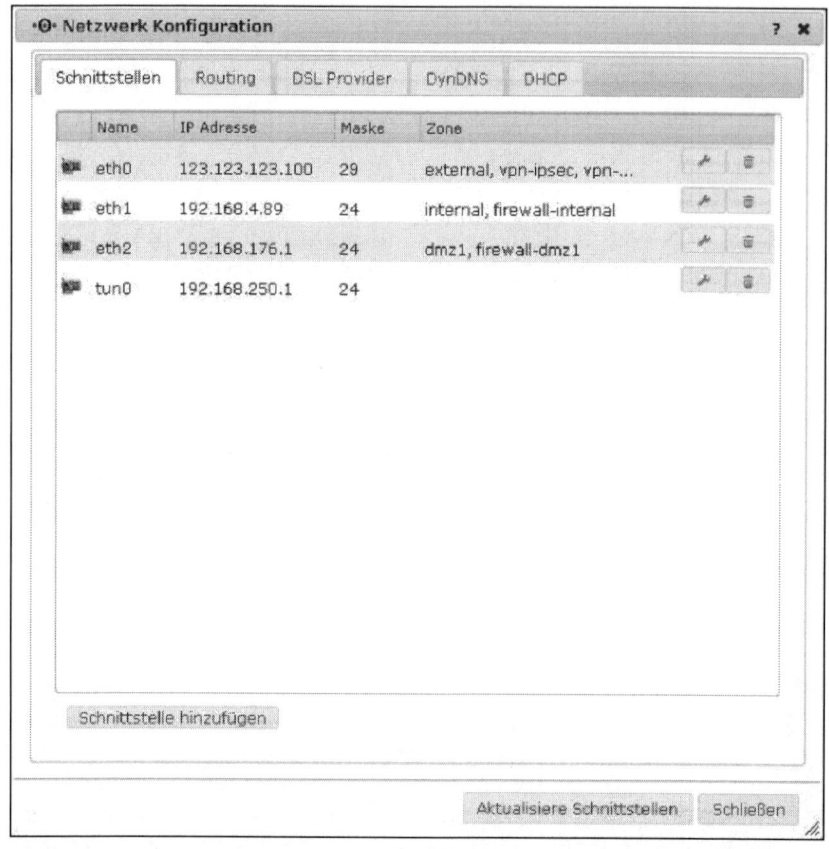

Bild 5.27: *Liste der vorhandenen Interfaces.*

Die Bezeichnung der Interfaces ist abhängig von deren jeweiliger Verwendung. Interfaces gleichen Namens werden von 1 bis n durchnummeriert.

- **Ethernet-Interface**
  Die physikalisch vorhandenen Netzwerk-Interfaces
  Beispiele: eth0, eth1, eth2, eth3, eth4 ... ethn

- **VLAN-Interface, virtuelle Netzwerke**
  Die virtuelle Adresse ist stets an ein reales Interface gebunden.
  Beispiele: eth0.0, eth0.1 ... eth0.n .ethn.0; ethn.1... ethn.n

- **WAN-Interface, ADSL, VDSL, PPTP, PPPoE**
  Physikalisch vorhandenes Interface (Modem), welches auf einem
  eth-Interface abgebildet wird.
  Beispiele: ppp0, ppp1... pppn

- **Cluster, Hochverfügbarkeitsumgebung**
  Die virtuelle Adresse ist stets an ein reales Interface gebunden.
  Beispiele: cluster0, cluster1, cluster2... clustern

- **Virtuelles Interface, SSL VPN**
  Beispiele: tun0, tun1, tun2... tunn

Die minimal vorhandenen drei physikalischen Schnittstellen sind als
Ethernet-Interfaces mit dem Namen eth0, eth1 und eth2 voreingestellt.
Außerdem ist bereits ein *tun Interface* mit der Bezeichnung tun0 und der IP-
Adresse 192.168.250.1 angelegt (Bild 5.27).

Bild 5.28: *Auswählen des neu anzulegenden Interface.*

Nach der Betätigung des Buttons SCHNITTSTELLE HINZUFÜGEN startet der Schnittstellen-Assistent, und auf der ersten Seite ist zunächst der Typ vom neu zu erstellenden Interface (Bild 5.28) anzuklicken.

Das Anlegen der Schnittstellen funktioniert bei allen Typen prinzipiell auf die gleiche Art und Weise. Im Bild 5.29 sind die Einstellungen für ein eth-Interface gezeigt. Dabei kann ein eth3-Interface nur dann angelegt werden, wenn tatsächlich (physikalisch) noch ein Ethernet-Anschluss frei ist, d.h. dieser nicht bereits einem anderen Port zugeordnet wurde.

 **Achtung:** Es können nur dann separate Ethernet- und WAN-Interfaces neu angelegt werden, wenn hierfür noch nicht zugeordnete Netzwerkanschlüsse zur Verfügung stehen.

Auch wenn prinzipiell fast beliebig viele (eth-)Interfaces, die ihre Adresse per DHCP erhalten sollen, angelegt werden können, werden sie aufgrund einer fehlenden oder falschen (doppelten) Zuordnung zu einer physikalischen Schnittstelle nicht funktionieren. Die jeweilige Zuordnung kann nur über die jeweilige MAC-Adressse (Bild 5.30) verifiziert werden.

Im Bereich *Allgemein* werden die Eigenschaften der Schnittstelle eingestellt. Der Name des Interface ist vorgegeben und kann nicht geändert werden. Im IP-Feld-IP wird die IP-Adresse des Netzwerkadapters eingetragen, und im Feld *Maske* wird die Subnetzmaske bzw. Bitcount eingesetzt.

Falls die Schnittstelle stattdessen eine IP-Adresse vom DHCP-Server zugewiesen bekommen soll, ist ein Häkchen in der Checkbox *DHCP Client* zu setzen.

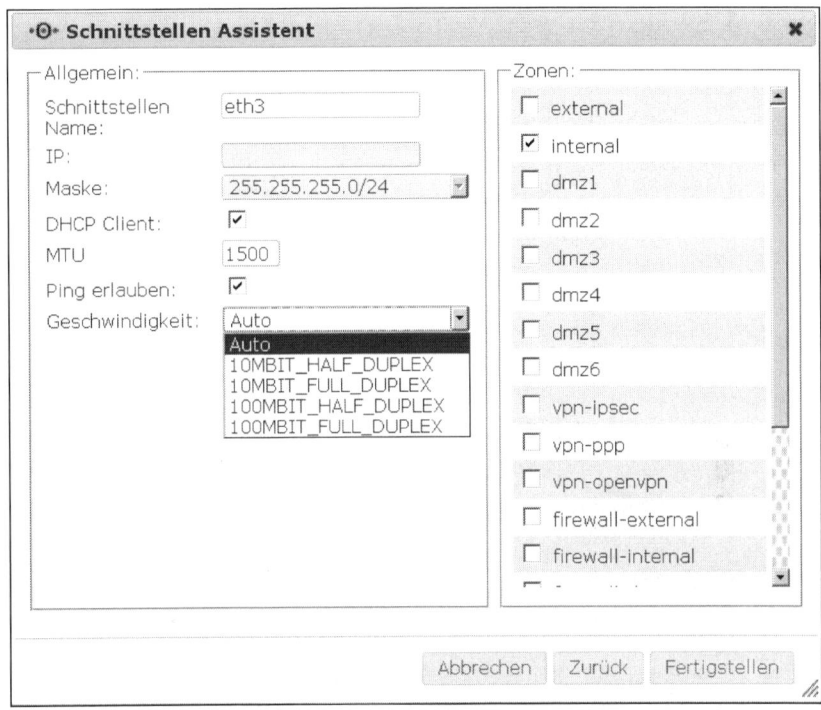

Bild 5.29: *Anlegen einer neuen Schnittstelle für das interne Netz.*

Unter MTU (Maximum Transmission Unit) kann die maximale Paketgröße bestimmt werden, die im Normalfall auf dem Standardwert (1500) belassen werden kann.

Wenn das Interface auf Ping-Anfragen antworten soll, ist die Checkbox PING ERLAUBEN noch zu aktivieren. Die standardisierte Datentransferrate des Interface, die vom jeweils installierten Adaptertyp (10 MBit/s 100 MBit/s, Duplex-Mode) abhängig ist, kann im Dropdownfeld *Geschwindigkeit* bei Bedarf angepasst werden. Typischerweise ist hier AUTO die passende Einstellung, die nur ggf. für Test- und Servicezwecke zu ändern ist, falls etwa ein Switch nicht in der Lage sein sollte, mit der Appliance-AUTO-Einstellung zurechtzukommen.

Im rechten Bereich des Schnittstellen-Assistenten werden die Zonen für das Interface durch das Setzen der Häkchen an den entsprechenden Bezeichnungen gesetzt. Näheres zum Zonenkonzept ist am Ende dieses Kapitel zu lesen.

Nach dem Anklicken von FERTIGSTELLEN muss noch der Button AKTUALISIERE SCHNITTSTELLEN betätigt werden, damit das Interface daraufhin benutzt werden kann.

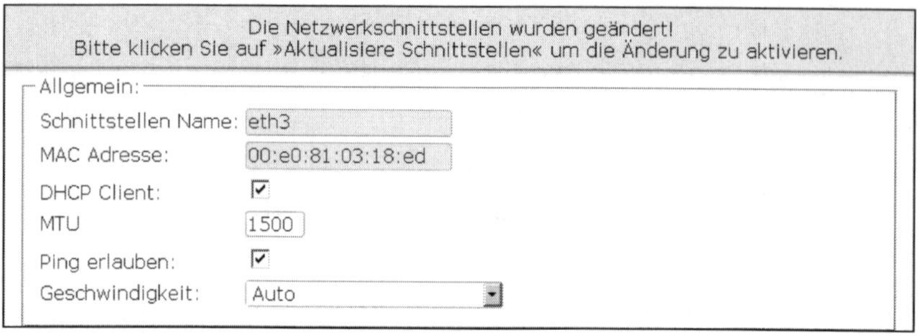

```
              Die Netzwerkschnittstellen wurden geändert!
   Bitte klicken Sie auf »Aktualisiere Schnittstellen« um die Änderung zu aktivieren.

   ┌Allgemein:──────────────────────────────────────────
     Schnittstellen Name:  eth3
     MAC Adresse:          00:e0:81:03:18:ed
     DHCP Client:          ☑
     MTU                   1500
     Ping erlauben:        ☑
     Geschwindigkeit:      Auto              ▼
```

Bild 5.30: *Nach der Einstellung erscheint die dazugehörige MAC-Adresse und der Hinweis auf den noch durchzuführenden Aktualisierungsvorgang.*

VLAN-Interface

VLAN steht für *Virtual Local Area Network* und wird verwendet, um ein physikalisches Netz in mehrere logische Netze aufzuteilen. Verschiedene Netze können genutzt werden, um das gesamte Intranet zu strukturieren, beispielsweise nach Gruppen oder Organisation wie Abteilungen, Projektgruppen oder nach räumlichen Eigenschaften wie Stockwerke oder Gebäude.

Für jedes Netz wäre eigentlich jeweils ein eigenes Interface nötig. Durch die Verwendung von VLAN Interfaces können diese Netze jedoch über ein einziges physikalisches Interface betrieben werden, denn die virtuellen VLAN Interfaces werden an ein physikalisches Interface gebunden.

Jedes VLAN verfügt über eine Kennung (ID), die an die jeweiligen Pakete als Kennzeichnung (Tag) angehängt wird. Durch diese Tags kann ein VLAN-fähiger Switch die Pakete dem jeweiligen VLAN zuweisen.

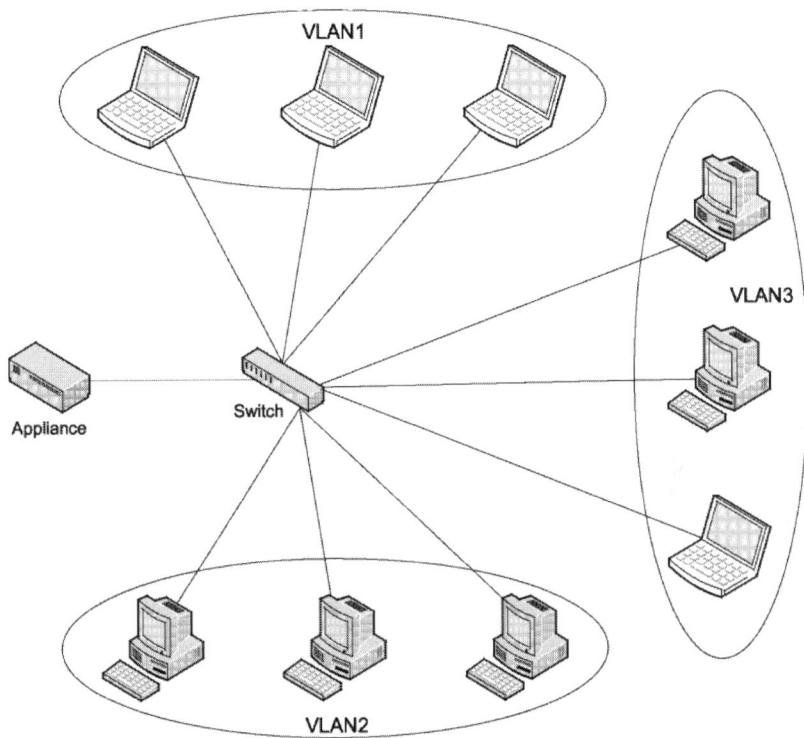

Bild 5.31: *Das VLAN-Prinzip erlaubt virtuelle lokale Netzwerke auf der Basis vorhandener LANs.*

Die notwendigen Einstellungen unterscheiden sich von den vorherigen nur dadurch, dass zusätzlich eine VLAN ID zu vergeben ist, die das Interface mit dem dazugehören VLAN eindeutig kennzeichnet. Als Schnittstellen stehen für VLANs die zuvor konfigurierten eth-Interfaces zur Verfügung, wobei auch davon abweichende IP-Adresseneinstellungen einstellbar sind, den VLANs also beispielsweise private IP-Adressen statt der offiziellen eth-IP-Adressen zugeordnet werden können, was als eine sinnvolle Konstellation anzusehen ist.

203

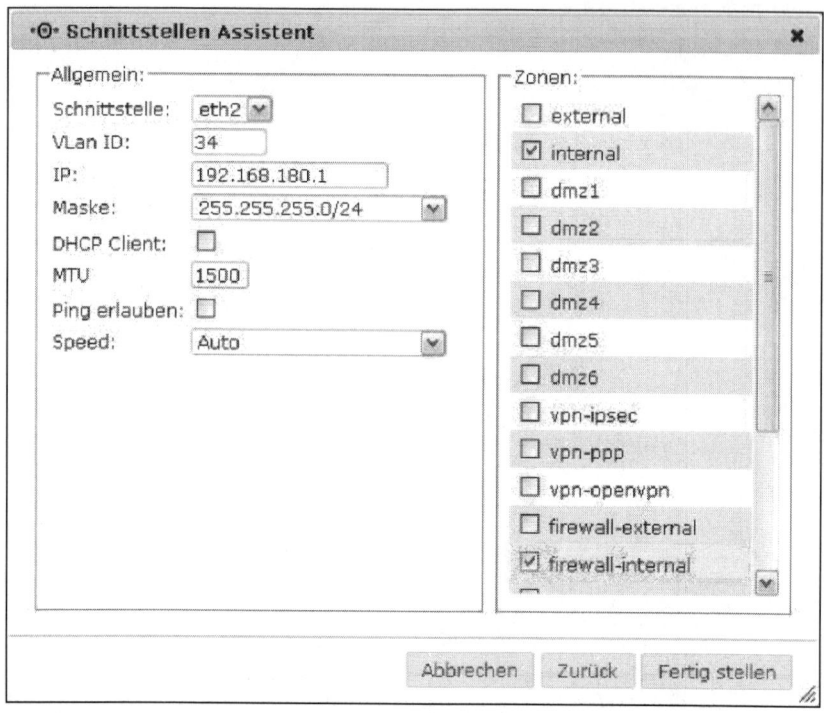

Bild 5.32: *Einstellen eines VLAN-Interface über eth2.*

PPTP- und PPPoE-Interface

Ein PPTP-Interface wird für die Einwahl in das Internet über das *Point to Point Tunneling Protocol* benötigt. Dieses Verfahren wird beispielsweise in Österreich genutzt. In Deutschland wird hingegen standardmäßig das **Point to Point Protocol over Ethernet** (**PPPoE**) für die Einwahl beim Provider verwendet.

Gemein ist beiden Konfigurationen, dass hierfür eine (physikalische) Schnittstelle (ethx) für die Verbindung zu spezifizieren ist. Dies sollte das externe Interface sein. Bei PPTP sind dann außerdem eine lokale und eine Modem-IP-Adresse, die vom jeweiligen DSL-Provider mitgeteilt wird, anzugeben.

Bei einer PPPoE-Konfiguration wird lediglich der DSL-Provider mit dem jeweiligen zugeteilten Benutzernamen plus dem dazugehörigen Kennwort auf der Konfigurationsseite eingegeben. Automatisch werden dabei von der

Appliance die Zonen external, vpn-ipsec, vpn-ppp und firewall-external zugeordnet, und es wird ein separater Eintrag (ppp0 mit Modem-Symbol) in die Liste der vorhandenen Interfaces geschrieben.

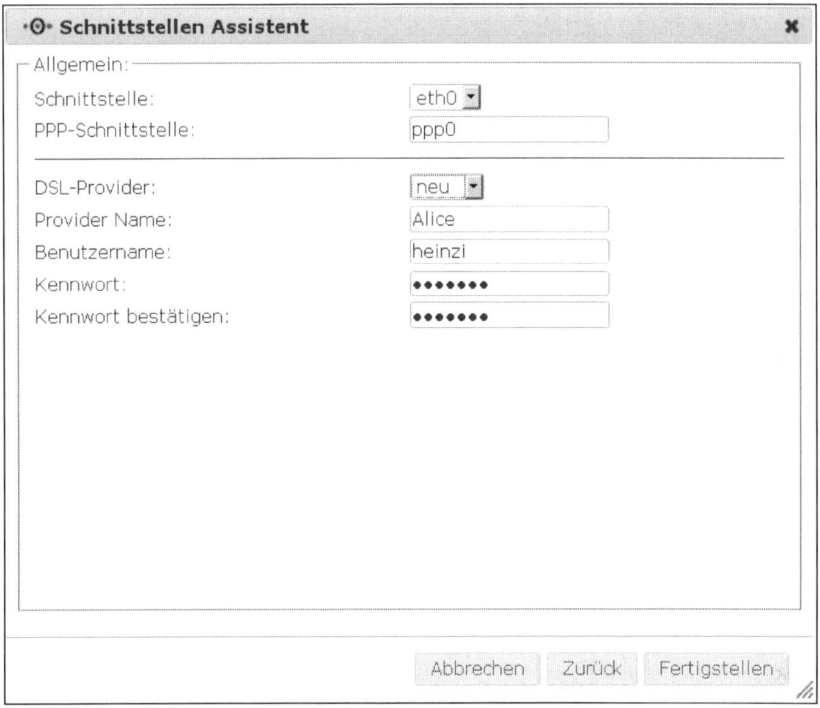

```
·⊙· Schnittstellen Assistent                                    ✖

  ┌Allgemein:──────────────────────────────────────────────
    Schnittstelle:              eth0 ▾
    PPP-Schnittstelle:          ppp0
    ──────────────────────────────────────────────────────
    DSL-Provider:               neu ▾
    Provider Name:              Alice
    Benutzername:               heinzi
    Kennwort:                   ••••••••
    Kennwort bestätigen:        ••••••••




                              Abbrechen   Zurück   Fertigstellen
```

Bild 5.33: *Anlegen eines PPoE-Interface (ppp0) über eth0.*

Bei der Konfigurierung der ppp-Interfaces ist generell besondere Vorsicht anzuraten. Falls hierfür als Schnittstelle beispielsweise eth0 ausgewählt wird, wird die auf eth0 bereits vorhandene Zuordnung ungefragt durch ein ppp0-Interface in der Liste der vorhandenen Interfaces ersetzt. Es kann dadurch also sehr leicht eine bestehende Konfiguration zerstört werden. Ein Rückgängigmachen ist nicht möglich, sondern die Schnittstelle ist zu löschen und muss daraufhin neu konfiguriert werden.

 **Hinweis:** Bei der Konfigurierung von ppp-Interfaces werden die möglicherweise bereits vorhandenen Konfigurationen, die die eth-Schnittstellen verwenden, ersetzt!

VDSL-Interface

Ein weiteres WAN-Interface, welches über eine eth-Schnittstelle abgebildet werden kann, ist VDSL, was für *Very High Speed Digital Subscriber Line* steht und eine Internetanbindung mit höheren Datenübertragungsraten als ADSL (downstream etwa 52 MBit/s statt 16 MBit/s) gestattet.

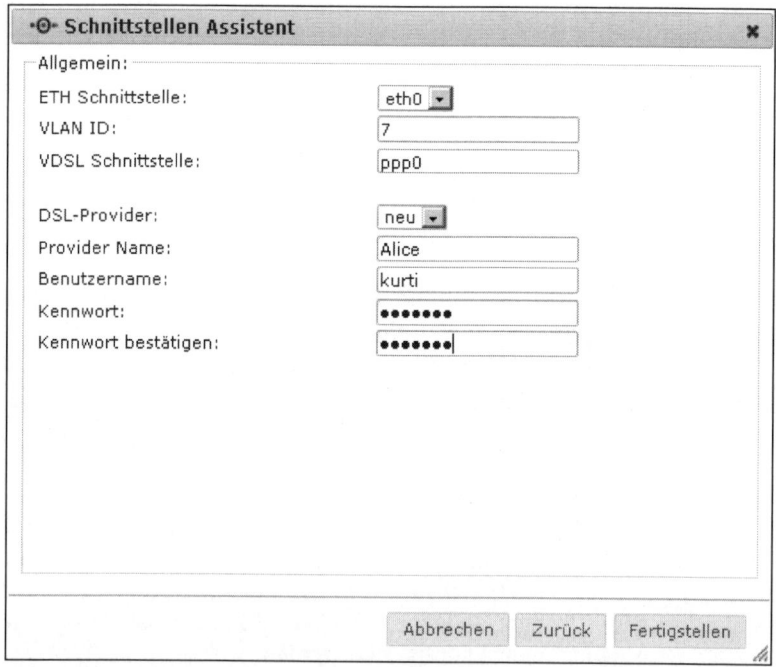

Bild 5.34: *Für ein VDSL-Interface ist eine VLAN ID festzulegen und die Daten für den Provider müssen hier eingetragen werden.*

Cluster-Interface

Das *Cluster Interface* wird benötigt, um eine so genannte Hochverfügbarkeitsumgebung einzurichten. Bei dieser Einrichtung werden zwei (oder mehr) Appliances betrieben, wobei eine als aktive Firewall (Master) fungiert und die zweite (oder mehrere) als Ausfallreserve (Spare) im Standby-Modus läuft. Fällt die aktive Appliance aus oder können wichtige Dienste nicht mehr ausgeführt werden, übernimmt die zweite Appliance den Masterzustand.

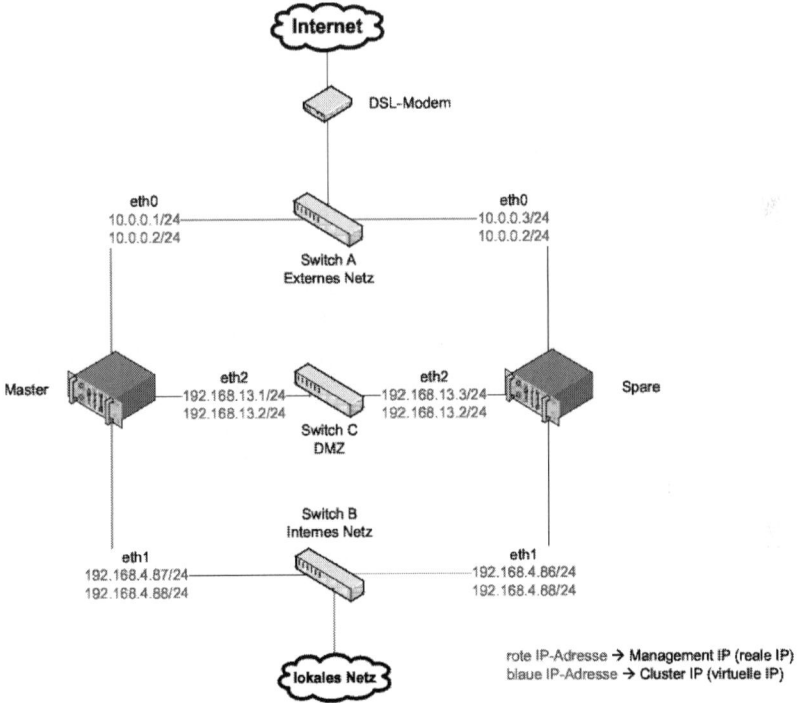

Bild 5.35: *Aufbau einer Hochverfügbarkeitsumgebung.*

Das Cluster-Interface bindet eine virtuelle Adresse an ein physikalisches Interface. Die Besonderheit dabei ist, dass in dem Hochverfügbarkeits-verbund alle Maschinen die gleiche virtuelle IP-Adresse bekommen. Es kommt allerdings zu keinem IP-Adressenkonflikt, weil die redundanten Maschinen im Standby-Modus stehen und ihre Cluster-IP nicht aktiviert ist. Dem Cluster-Interface werden noch die „realen" IP-Adressen (sog.

Management IP) der redundanten Maschinen mitgeteilt, über die die Maschinen Nachrichtenpakete bezüglich ihres Status austauschen.

Um ein Cluster-Interface anzulegen, ist im Feld *Schnittstelle* zu bestimmen, an welches physikalische Interface das Cluster-Interface gebunden werden soll. Dabei bleibt das physikalische Interface bestehen, weil es die Management-IP-Adresse trägt. Im Feld *Cluster-Interface* wird der vorgegebene Name des Interface angezeigt, dieser lässt sich nicht verändern.

Im Feld *Cluster-IP* ist die virtuelle IP-Adresse der Appliance und im Feld *Maske* die dazugehörige Subnetzmaske einzutragen.

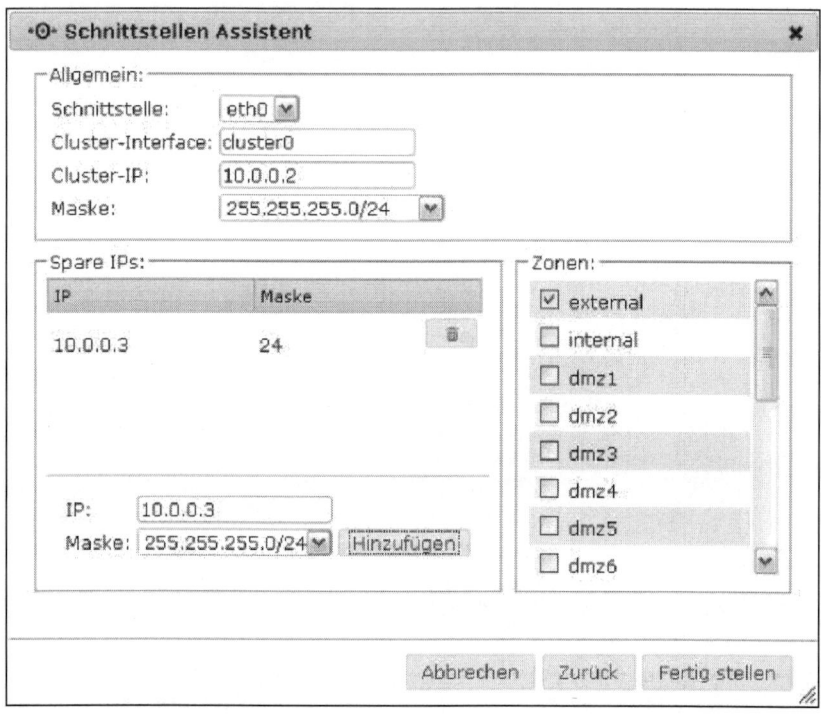

Bild 5.36: *Das Anlegen eines Cluster Interface.*

Im Bereich *Spare IPs* wird die Management-IP-Adresse der zweiten Appliance angegeben, oder falls mehr als eine Spare-Maschine zum Einsatz kommen, die IP-Adressen aller im Cluster-Verbund betriebenen Appliances, was über den Button HINZUFÜGEN initiiert wird. Bei der anderen – in einem

Cluster-Zweier-Verbund betriebenen – Appliance ist dementsprechend die Cluster-IP der hier betrachteten Appliance (Bild 5.36) einzutragen. Alle angegebenen Cluster-Appliances, außer der, die gerade bearbeitet wird (Allgemein:), werden mit ihren IP- und Maskenadressen im Bereich *Spare IDs* angezeigt. Das Löschen von Einträgen ist durch die Betätigung des Abfalleimersymbols durchzuführen.

Im Normalfall werden die Zonen des gebundenen, physikalischen Interface übernommen, was unter *Zonen* auf jeden Fall zu kontrollieren und optional durch Anklicken der jeweils zuzuordnenden Zonen-Einträge angepasst werden kann.

Um den Konfigurationsvorgang abzuschließen, ist auf FERTIG STELLEN zu klicken und daraufhin die Funktion *Aktualisiere Schnittstellen* auszulösen, damit das Interface einsetzbar ist.

Routing

Mit Routing-Einträgen kann festgelegt werden, über welches Gateway (Router) ein Ziel erreicht werden soll. Der Standardeintrag (default route) ist, dass alle Ziele über das interne Gateway der Appliance geleitet werden, was auch als Standardroute bezeichnet und während der Installation automatisch eingetragen wird. Im Bedarfsfall können hier weitere Standard Routen hinzugefügt werden, was über die Option *Standard Route hinzufügen* ausgelöst wird.

Routen, wie sie hier verstanden werden, dienen dazu, Netze zu finden, die nicht direkt an der Appliance angeschlossen sind (!). Um zu ermöglichen, dass Datenpakete zu einem internen Netz gelangen können, das über ein Gateway (z.B. einen Router) angeschlossen ist, müssen dem System diese Informationen mitgeteilt werden, da diese Daten-Pakete sonst zum **Default Gateway** geschickt werden.

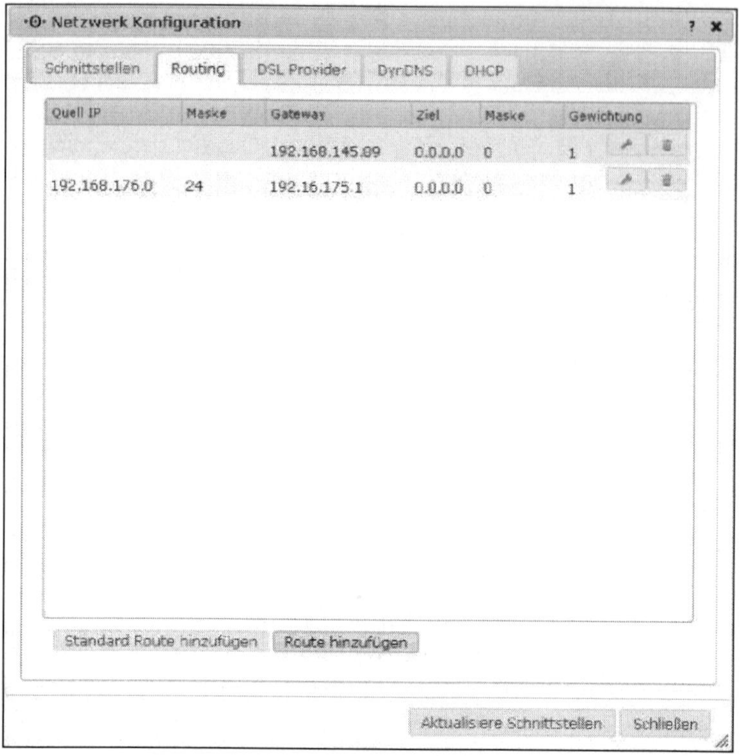

Bild 5.37: *Die Anzeige der Einträge auf der Routing-Registerkarte.*

Nach dem Klicken auf den Button ROUTE HINZUFÜGEN öffnet sich der entsprechende Dialog, wo zunächst im Feld *Typ* festzulegen ist, ob die Route für alle Geräte gelten soll oder nur für bestimmte Netze und/oder nur bestimmte Computer. Für alle Geräte ist der Eintrag *ohne Quelle* zu selektieren, andernfalls ist *mit Quelle* zu wählen und danach die IP-Adresse und die Netzwerkmaske des betreffenden Netzes bzw. des Hosts in den Feldern *Quell Netzwerk* und *Quell Maske* einzugeben.

Hinweis: **Die Konfigurierung der Routing-Einträge ist für unterschiedliche Netze gedacht, die nicht direkt an der Appliance angeschlossen, sondern über (entfernte) Router miteinander verbunden sind.**

Danach wird das Gateway spezifiziert, über das das Zielnetzwerk bzw. der Zielhost erreicht werden soll, und unter *Ziel Netzwerk* und *Ziel Maske* ist die IP-Adresse und die Subnetzmaske des Ziels einzutragen.

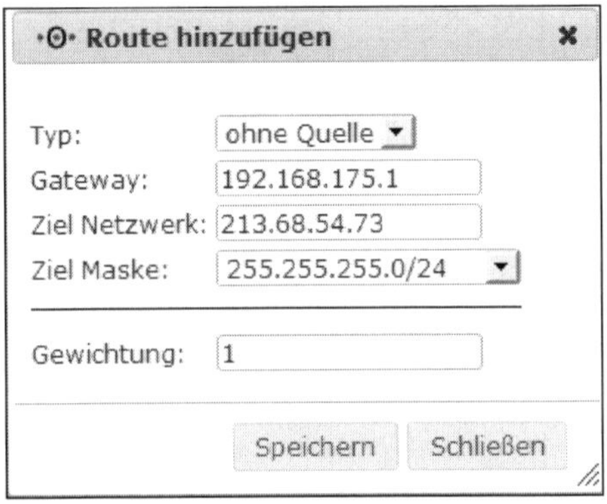

Bild 5.38: *Allgemeine Route anlegen.*

Im Feld *Gewichtung* wird die Priorität bestimmt, mit der die angegebene Route in das Routing eingeht. Die Angabe ist nur dann sinnvoll, wenn mehrere Internetzugänge benutzt werden (Multipath Routing).

Bild 5.39: *Route für eine bestimmte Quelle anlegen.*

211

Hat die erste Route die Gewichtung 1 und die zweite die Gewichtung 2, wird die zweite Route doppelt so häufig benutzt wie die erste.

DSL-Interface

Falls die Appliance direkt mit einem DSL-Modem verbunden werden soll, um mit diesem eine Internet-Verbindung herzustellen, ist hier ein virtuelles DSL- Interface anzulegen, welches an das externe Interface gebunden wird. Dabei wird genauso vorgegangen, wie es zuvor beim Anlegen der Interfaces (vgl. Bilder 5.33, 5.34) beschrieben wurde. Es sind demnach die Zugangsdaten des DSL-Anbieters einzutragen.

Außerdem ist es hier möglich, die Standard Route zu aktivieren, damit diese für die DSL-Verbindung stets automatisch angewendet wird, was sehr zu empfehlen ist. Im Feld *Zwangstrennung* kann noch eine Uhrzeit festgelegt werden, wann die Verbindung getrennt werden soll. Falls diese Funktion nicht benötigt wird, ist hier AUS zu selektieren.

Bild 5.40: *Anlegen der DSL-Provider-Verbindung. Um 18 Uhr soll die Zwangstrennung stattfinden.*

DynDNS-Dienst

Die meisten Anwender verfügen nicht über eine feste externe IP-Adresse, sondern über eine dynamische, die vom jeweiligen DSL-Anbieter während des Verbindungsaufbaus zugeteilt wird und bei jeder neuen Verbindung mit dem Provider eine andere ist.

Falls man eigene Dienste (Web-Server, VPN-Einwahl) anbieten möchte, die vom Internet zu erreichen sind oder die Firewall von außerhalb administrierbar sein soll, ist ein Dienst notwendig, der einen stets gleichen Hostnamen in unterschiedliche IP-Adressen umsetzen kann. Hierfür gibt es den DynDNS-Dienst.

Bei dessen Einsatz sendet ein Client während der Einwahl dem jeweiligen DynDNS-Anbieter die aktuelle IP-Adresse zu, die er hinterlegt. Somit wird sichergestellt, dass dem DynDNS-Anbieter zum Hostnamen immer die aktuelle IP-Adresse bekannt ist. Das Übermitteln der aktuellen IP-Adresse sollte die Appliance übernehmen. Es gibt eine ganze Reihe von DDNS-Providern, wobei dieser Service oftmals kostenlos zu haben ist. Der Anbieter DynDNS ist dabei sehr verbreitet.

Seit einiger Zeit bietet auch Securepoint selbst einen DynDNS-Dienst (SPDNS) an. Dieser kann kostenlos genutzt werden, es ist nur ein Account für die Nutzung des dynamischen DNS bei Securepoint einzurichten.

Wurde dieser akzeptiert, wird dies von Securepoint per Email mit einem aufzurufenden Link bestätigt, woraufhin die aktuell verwendete IP-Adresse angezeigt wird und ein Hostname (z.B. xyundz) festgelegt werden kann. Dieser steht dann als *xyundz.spdns.de* im Internet zur Verfügung.

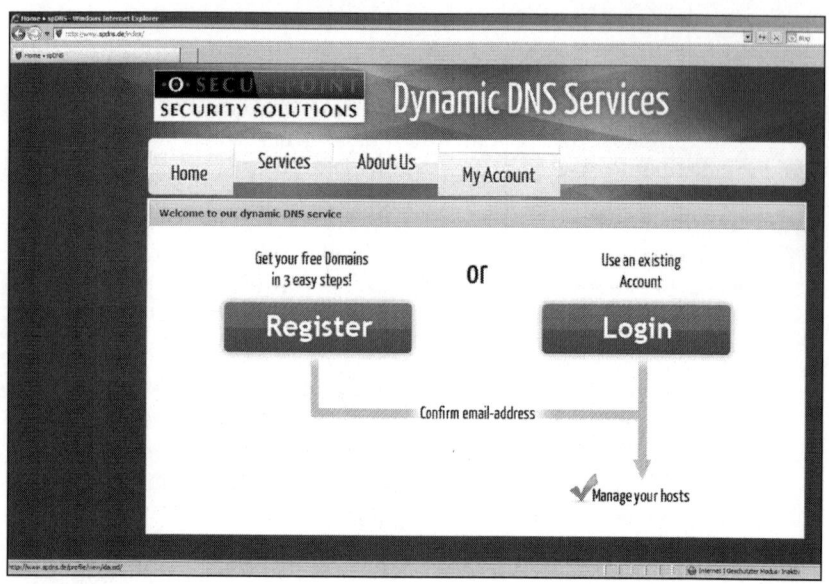

Bild 5.41: *Der DynDNS-Dienst von Securepoint ist einfach zu benutzen.*
Unter My Acount können das Profil, die konfigurierten Hostnamen sowie
Log In-Daten verifiziert werden.

Es sind bis zu sechs DynDNS-Einträge möglich, die an unterschiedliche
Interfaces gebunden werden können. Sie werden als Liste auf der
Registerkarte DynDNS (vgl. Bild 5.43) angezeigt und gelten hier zunächst
als Platzhalter.

Um neue Einträge anzulegen oder bestehende Einträge zu bearbeiten, wird
auf den Button mit dem Werkzeugschlüsselsymbol geklickt, woraufhin sich
der Dialog *DynDNS ändern* öffnet. Im Feld *Hostname* (Bild 5.42) ist der
Domainname, also der Name, der für die dynamischen IP-Adressen stehen
soll und bei einem DynDNS-Dienst (hier bei spdns.de) registriert wurde,
einzutragen. Dazu gehören der damit verbundene Benutzername (Login) mit
dem jeweiligen Kennwort. Im Feld MX kann optional die Domäne für den
Email-Empfang eingesetzt werden.

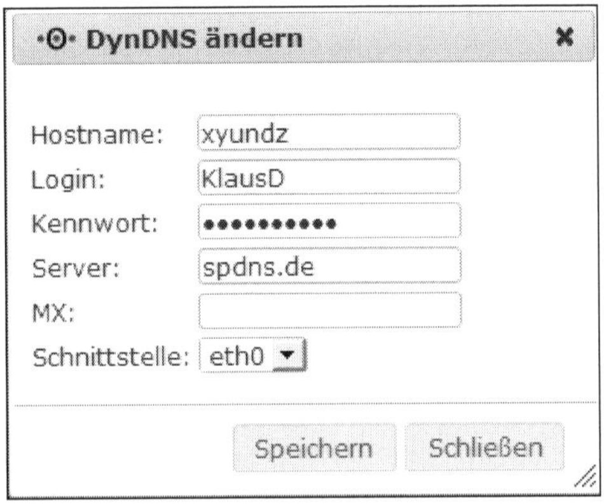

DynDNS ändern

Hostname: xyundz
Login: KlausD
Kennwort: ••••••••••
Server: spdns.de
MX:
Schnittstelle: eth0 ▾

Speichern   Schließen

Bild 5.42: *Anlegen eines DynDNS-Dienstes.*

Wichtig ist die Angabe im Feld *Schnittstelle*, wo das jeweilige Interface für die Verbindung anzugeben ist, was üblicherweise dem externen (eth0) bei einer Verbindung über einen Router (im LAN) oder einem ppp-Interface bei einer DSL-Anbindung entspricht.

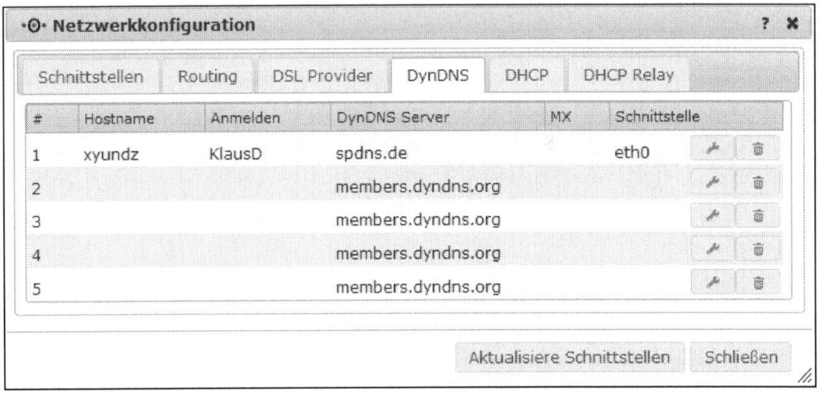

Netzwerkkonfiguration

| Schnittstellen | Routing | DSL Provider | DynDNS | DHCP | DHCP Relay |

#	Hostname	Anmelden	DynDNS Server	MX	Schnittstelle		
1	xyundz	KlausD	spdns.de		eth0	🔧	🗑
2			members.dyndns.org			🔧	🗑
3			members.dyndns.org			🔧	🗑
4			members.dyndns.org			🔧	🗑
5			members.dyndns.org			🔧	🗑

Aktualisiere Schnittstellen   Schließen

Bild 5.43: *Die Diensteliste für dynamische IP-Adressen, wobei die Einträge mit members.dyndns.org zunächst als Platzhalter zu verstehen sind.*

Das erfolgreiche Anlegen und die Funktionsfähigkeit der DynDNS-Konfiguration lässt sich leicht durch eine Kontrolle beim jeweiligen DynDNS-Anbieter, bei Securepoint (spdns.de) unter *My Account*, überprüfen.

DHCP

Das *Dynamic Host Configuration Protocol* ermöglicht es, den Clients im internen Netzwerk automatisch IP-Adressen und weitere Einstellungen zuweisen zu können. Beim Starten eines Clients im internen Netzwerk fragt das Betriebssystem hierfür den DHCP-Server ab. Dieser übermittelt dem Client eine freie IP-Adresse, die IP-Adressen des DNS-Servers und die des Standardgateways. Diese Funktionalität eines DHCP-Servers kann auch eine SP-Appliance mit übernehmen.

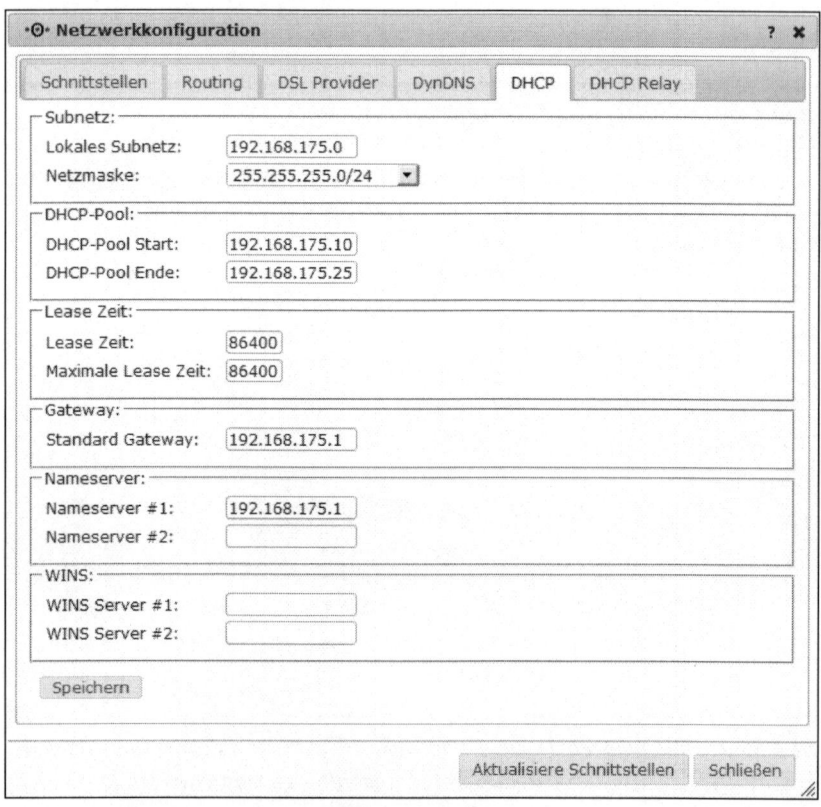

Bild 5.44: *Einstellungen für den DHCP-Server.*

Wenn dieser Dienst nicht genutzt werden soll, sind im Folgenden keine Eintragungen vorzunehmen, und der Dienst *DHCP Server* ist im Menü *Anwendungen* unter dem Punkt *Anwendungsstatus* zu deaktivieren.

Zu beachten ist allerdings, dass Festlegungen auf dieser Seite auch automatisch – ohne Zutun des Administrators – während der Grundkonfigurierung der Appliance erfolgen, so dass möglicherweise auch ungewollt IP-Adressen vergeben werden, was ein komplettes LAN durcheinander würfeln kann. Deshalb ist auf jeden Fall eine Kontrolle der DHCP-Einstellungen notwendig, zumal DHCP-Clients generell jeden DHCP-Server akzeptieren.

 **Achtung:** **Auch wenn die DHCP-Funktion der Appliance nicht verwendet werden soll, ist hier eine Kontrolle der Einstellungen wichtig, weil hier möglicherweise automatische Voreinstellungen getroffen werden.**

Unter *Lokales Subnetz* ist die IP-Adresse des internen Netzes mit der passenden Netzmaske anzugeben. Dann ist der DHCP-Pool zu bestimmen, also aus welchem Bereich der DHCP-Server die IP-Adressen vergeben soll. Der Bereich muss im lokalen Subnetz liegen. Dabei ist zu beachten, dass die erste Adresse (xxx.xxx.xxx.1) meistens an das Standard Gateway vergeben ist und somit nicht mit zum DHCP-Pool gehören darf.

Des Weiteren sollten einige IP-Adressen nicht für den Pool, sondern für besondere Computer, Server, Switches oder auch Netzwerkdrucker fest vergeben werden. Deshalb sollten sich die IP-Adressen des DHCP-Pool nicht über den gesamten Bereich des lokalen Netzes erstrecken. Die untere Grenze des Bereichs wird unter *DHCP-Pool Start* und die obere Grenze des Bereichs unter *DHCP-Pool Ende* eingetragen.

Die Lease-Zeit („Mietzeit") ist diejenige Zeit in welcher die IP-Adresse für einen Computer reserviert bleiben soll. Meldet sich der Computer innerhalb dieser Zeit wieder an, dann bekommt er dieselbe IP-Adresse zugewiesen wie bei der vorherigen Anmeldung. Das Feld *Lease Zeit* definiert die feste Reservierung. Wird die IP-Adresse dann nicht von anderen Computern benötigt, wird sie bis zur *Maximalen Lease Zeit* reserviert. Die Angabe erfolgt jeweils in Sekunden.

Bei *Standard Gateway* ist die IP-Adresse des internen Interface der Appliance einzutragen, die in diesem Fall (vgl. Bild 5.44) ebenfalls die Funktion des DNS-Servers übernimmt, so dass unter *Nameserver #1* die gleiche Adresse (192.168.0.1) stehen muss. In den meisten Fällen wird kein WINS-Server (Windows Internet Name Service) im LAN verwendet, sondern ein üblicher DNS-Server, so dass die WINS-Einträge dann leer bleiben können. Die getätigten Angaben sind mit dem Button SPEICHERN und danach mit AKTUALISIERE SCHNITTSTELLEN in Kraft zu setzen.

Clients können nur solche DHCP-Server verwenden, die sich im selben Netzwerksegment befinden, weil DHCP mit Broadcasts arbeitet, die nicht durch Router weitergeleitet werden. Damit Clients auch auf DHCP-Server zugreifen können, die sich in einem anderen Netzwerksegment befinden, gibt es die DHCP Relay-Funktion, die auf einer extra DHCP-Seite konfiguriert werden kann. Dort ist anzugeben, über welche Schnittstelle (ethx) der (entfernte) DHCP-Server, dessen IP-Adresse hier noch zu spezifizieren ist, angesprochen werden kann.

Zonen

Die Zonen dienen dazu, die Interfaces und damit daran angeschlossene Netze voneinander abzugrenzen oder zu verbinden. Wie es noch zu sehen sein wird, ist das Zonenkonzept eines der wesentlichen Elemente für den Aufbau der Firewall-Regeln, wo jedem Netzwerkobjekt (IP-Adresse, Netz) eine bestimmte Zone zugeordnet wird.

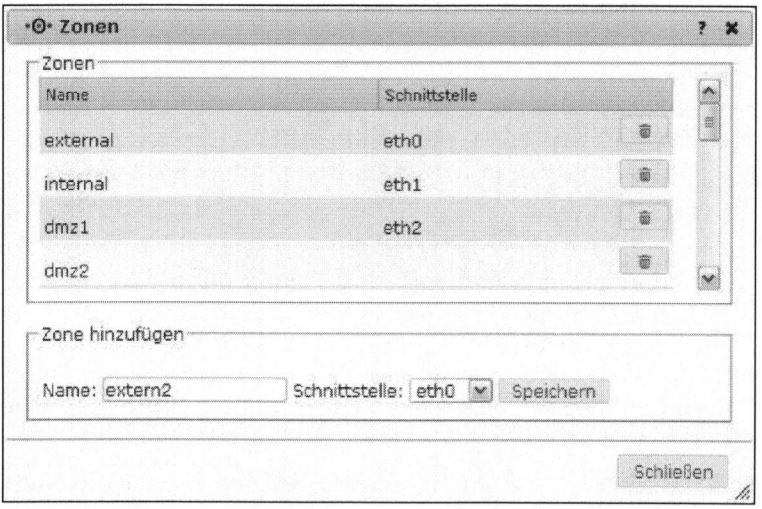

Bild 5.45: *Das Hinzufügen von Zonen, denen hier eine bestimmte Schnittstelle zugeteilt wird.*

218

Das Menü *Zoneneinstellungen* (Bild 5.45) listet alle eingerichteten Zonen der Appliance und die zugeordneten Schnittstellen auf. Die wichtigsten Zonen sind bereits voreingestellt. Der internen Schnittstelle (eth1) ist zum Beispiel die Zone *internal* und der externen Schnittstelle (eth0) die Zone *external* zugehörig. Prinzipiell können noch beliebig viele weitere Zonen hinzugefügt und angepasst werden. Standardmäßig gilt die in der Tabelle 5.3 angegebene Zuordnung.

Zone	Schnittstelle
external	eth0
internal	eth1
dmz1....dmz6	eth2....
vpn-ipsec	eth0
vpn-ppp	eth0
vpn-openvpn	tun0
firewall external	eth0
firewall internal	eth1
firewall dmz1....dmz6	eth2....

Tabelle 5.3: *Die Ausgangszuordnung der Schnittstellen zu den Zonen.*

Die Schnittstellen können grundsätzlich unterschiedlichen Zonen zugeordnet werden. Jede Zone kann aber immer nur eine Schnittstelle aufnehmen.

Hinweis: Das Wechseln bereits zugeordneter Schnittstellen ist ausschließlich im Menü NETZWERK unter SCHNITTSTELLEN - NETZWERKEINSTELLUNGEN möglich, während im Zonen-Menü lediglich neue Zonen angelegt und gelöscht werden können.

Das Zonenkonzept ist zweiteilig aufgebaut (Bild 5.46). Zum einen gibt es – gewissermaßen im inneren Ring – die Firewall-Zonen mit den Zonen *firewall-internal*, *firewall-external* und *firewall-dmz*. Diese Zonen sind für die Interfaces der Appliance vorgesehen.

Zum anderen ist jeder Firewall-Zone eine Gruppenzone zugeordnet. So wird dem internen Interface in der Zone *firewall-internal* die Gruppenzone *internal* zugewiesen. In dieser Gruppenzone befinden sich Computer und Netze, die über das jeweilige Interface mit der Appliance verbunden sind.

Die VPN-Zonen sind für VPN-Computer und -Netze vorgesehen. Diese werden ebenfalls dem externen Interface zugeordnet, grenzen sich aber von Geräten der Zone *external* ab, da sie sich über einen gesicherten Tunnel mit der Appliance verbinden.

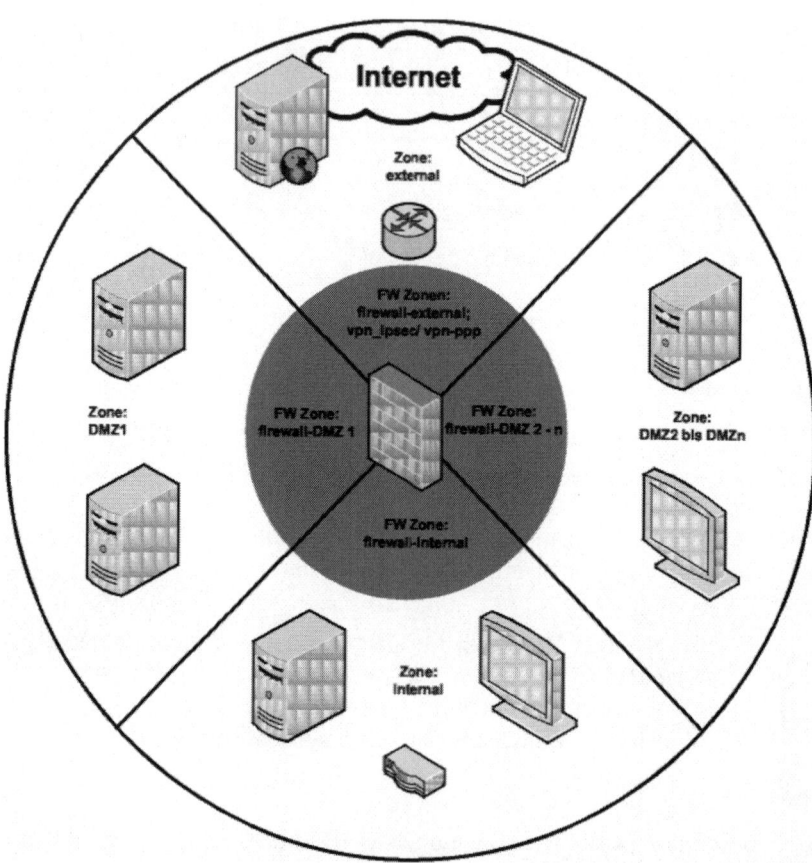

Bild 5.46: *Das Zonenkonzept der Securepoint-Appliances.*

Netzwerk-Werkzeuge

Der Punkt *Netzwerk Werkzeuge* öffnet einen Dialog mit drei nützlichen Funktionen, die in der Netzwerktechnik öfter benutzt werden und deshalb in der Appliance implementiert wurden.

Der Vorteil ist dabei, dass diese Funktionen von zentraler Position aus – der Appliance – aufgerufen werden können und deshalb sowohl im internen als auch im externen Netzwerk zur Anwendung kommen können, was sich insbesondere für den Test und die Fehlersuche als sehr nützlich erweist.

Schaltfläche	Bedeutung	Beschreibung
🔎	NS Lookup	Ermittlung der IP-Adresse(n) eines Hostnames.
📶	Ping	Ermittlung, ob ein Rechner im Netzwerk erreichbar ist.
⤧	Route Tabelle	Zeigt die Routing Einträge der Appliance an.

Tabelle 5.4: Bedeutung der Netzwerk-Werkzeuge

Der Name des ersten Tools leitet sich vom Befehl *nslookup* ab. Hiermit kann der Nameserver dahingehend abgefragt werden, welche IP-Adresse ein bestimmter Hostname hat. Dabei handelt sich nur um eine Hostnamenauflösung, d.h., die Umkehrung, von der IP auf den Hostnamen zu schließen, wird nicht unterstützt. Um etwa die DynDNS-Umsetzung zu überprüfen, ist NS Lookup ebenfalls nützlich.

Im Eingabefeld ist ein Computername oder eine Internetadresse mit der passenden Endung wie *.de* oder *.com* einzugeben und das Lupensymbol daneben, oben (nicht in der Legende) anzuklicken, woraufhin die dazugehörigen IP-Adressen angezeigt werden.

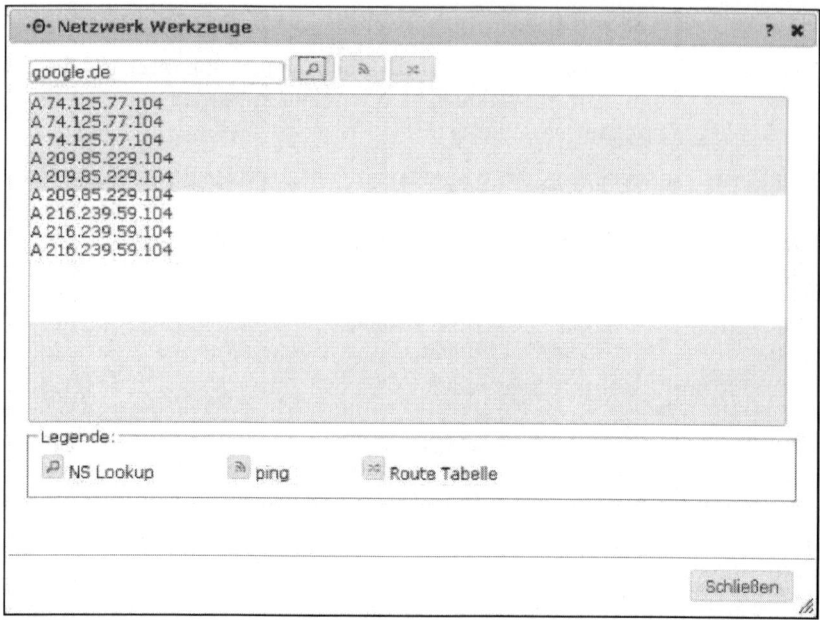

Bild 5.47: Auffinden von IP-Adressen mit NS Lookup.

Mit einem Ping wird überprüft, ob ein bestimmter Computer im IP-Netzwerk erreichbar ist. Die Appliance schickt dem betreffenden Computer ein ICMP-Echo-Request-Paket, den sogenannten Ping, und wartet auf die Antwort des entfernten Computers in Form eines ICMP-Echo-Reply-Pakets – in diesem Zusammenhang auch als Pong bezeichnet –.

Im Eingabefeld kann entweder eine IP-Adresse für die Ping-Ausführung oder ein Hostname eingegeben werden, wobei bei letzterem auch gleich die Namensauflösung mit überprüft wird.

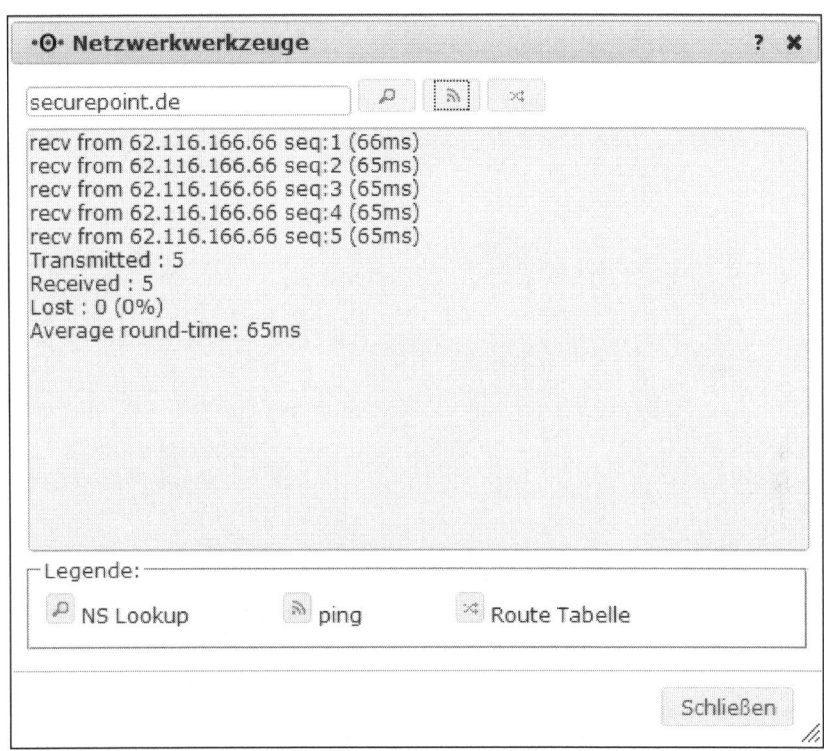

Bild 5.48: *Nach der Eingabe der Internetadresse und einem Klick oben auf das mittlere Symbol wird Ping auf Securepoint.de ausgeführt.*

Wenn der Computer antwortet (Bild 5.48), wird die Antwortzeit der einzelnen Pakete und die durchschnittliche Antwortzeit (Average round-time) in Millisekunden angegeben. Außerdem wird angegeben, wie viele Pakete gesendet (Transmitted), empfangen (Received) und möglicherweise verlorengegangen (Lost in%) sind. Ist der Computer hingegen nicht erreichbar, gibt das Tool die Meldung *timeout* aus. Es kann aber auch sein, dass deshalb eine Antwort ausbleibt, weil der abgefragte Computer so konfiguriert wurde, dass er auf Pings (ICMP) nicht antworten soll.

Der Befehl *Route Tabelle* zeigt die Routing-Tabelle der Appliance an. Hierfür brauchen keine Daten eingegeben zu werden, sondern es muss nur auf das betreffende Symbol geklickt werden. Um zu verstehen, wie die Routing-Ausgabe zu interpretieren ist, sei auf die Anzeige im Bild 5.49 verwiesen.

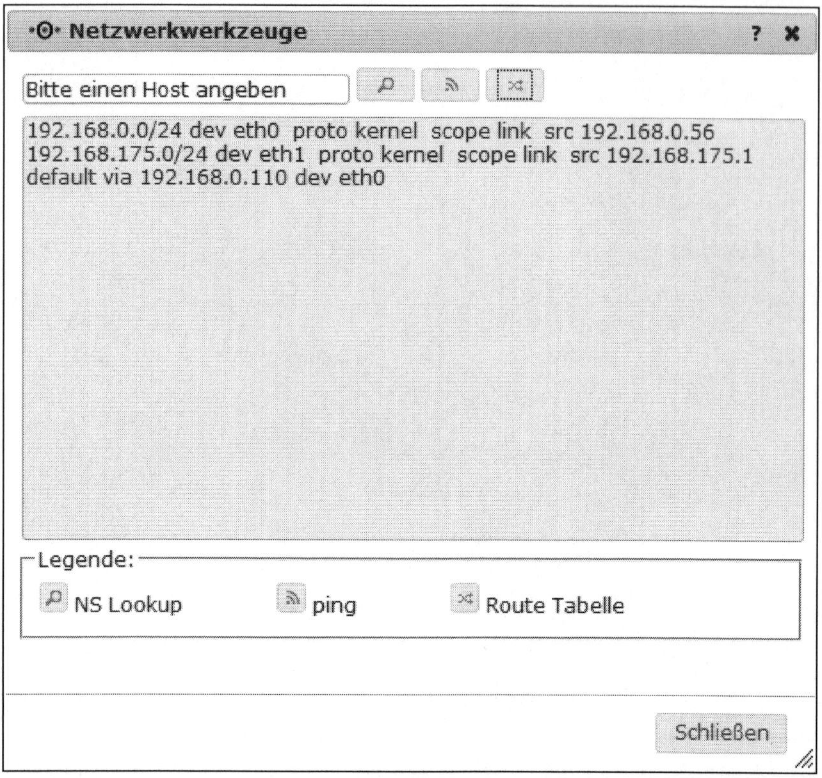

```
•⊙• Netzwerkwerkzeuge                                         ?  ✖

  Bitte einen Host angeben          ⌕      ⧖    ⤬

  192.168.0.0/24 dev eth0  proto kernel  scope link  src 192.168.0.56
  192.168.175.0/24 dev eth1  proto kernel  scope link  src 192.168.175.1
  default via 192.168.0.110 dev eth0




  ┌Legende: ─────────────────────────────────────────────────
    ⌕ NS Lookup        ⧖ ping        ⤬ Route Tabelle


                                                      Schließen
```

Bild 5.49: *Ausgabe der Routing-Einträge.*

Extern geht es aus dem Netzwerk 192.168.0.0/24 über die Appliance mit der IP-Adresse 192.168.0.56 (eth0) heraus, vom internen Netzwerk 192.168.175.0/24 über eth1 der Appliance (192.168.175.1) kommend. Das Gateway verfügt über die Adresse 192.168.0.110, welche wiederum ebenfalls zu eth0 (extern) gehört und den Weg zum Internet beschreitet, womit die Route dann beendet ist.

5.4 Firewall konfigurieren

Unter dem Menüpunkt *Firewall* sind sämtliche Funktionen zur Regelerstellung enthalten. Der erste Punkt *Portfilter* stellt das Regelwerk dar. Hier werden alle Rechte einzelner Computer, Computergruppen, Netzwerke, Nutzer, Nutzergruppen und Geräte verwaltet. Es ist gewissermaßen der Dreh- und Angelpunkt für die wichtigste Funktion der Appliance, die Firewall. Dementsprechend gibt es beim Portfilter eine Vielzahl von Optionen, Konfigurations- und letztendlich auch potentiellen Fehlermöglichkeiten. Deshalb ist es notwendig die Arbeitsweise des Regelwerkes genau zu verstehen, damit das System wie gewünscht sicher funktioniert.

Firewall

Portfilter

Hide NAT

Port Weiterleitung

QoS

Dienste

Dienstgruppen

Netzwerkobjekte

Netzwerkgruppen

Bild 5.50: Optionen im Firewall-Menü.

Als Ausgangspunkt für das Verstehen und Erstellen von Regelwerken sollte zunächst ein einfaches Beispiel hergenommen werden, etwa das Standardregelwerk wie es automatisch bei der Installation angelegt wurde. Im Kapitel 4.6 sind hierzu die wesentlichen Erläuterungen zu finden, während es an dieser Stelle um die Beschreibung der zur Verfügung stehenden Funktionen geht, die sich in die folgenden Punkte unterteilen.

- **Portfilter:** Hier werden Regeln für den Zugriff von und ins Internet sowie von und zu Geräten angelegt.

- **Hide-NAT:** *Dynamic Network Address Translation.* Die internen IP-Adressen werden durch das Hide-NAT auf eine externe Adresse umgesetzt.

- **Port Weiterleitung**: Anfragen aus dem Internet auf bestimmte Ports werden von der Firewall an die entsprechenden internen Computer oder eine DMZ weitergeleitet.

- **QoS:** *Quality of Service*, Bandbreitenbeschränkung für ein- und ausgehende Verbindungen.

- **Dienste:** Um die Aktionen im Portfilter genauer zu beschreiben, gibt es eine Liste mit Diensten, anhand derer genau bestimmt wird, welches Protokoll mit welchen Ports bestimmte Dienste nutzt.

- **Dienstgruppen:** Hier werden Dienste, die ähnliche Funktionen bereitstellen, zu Gruppen zusammengefasst.

- **Netzwerkobjekte:** Die Netzwerkobjekte beschreiben Gruppen, einzelne Benutzer oder auch Geräte. Hierfür können dann Regeln im Portfilter aufgestellt werden.

- **Netzwerkgruppen:** Hier werden Netzwerkobjekte zu Gerätegruppen zusammengefasst.

5.4.1 Regeln im Portfilter erstellen

Unter *Portfilter* werden die Regeln erstellt, nach denen der gesamte Datenverkehr überwacht und gesteuert wird. Die Regeln sind definierbar in Netzen, Benutzern, Diensten und Uhrzeiten. Zusätzlich kann noch eingestellt werden, ob Datenverkehr, der eine bestimmte Regel betrifft, protokolliert wird.

Standardmäßig wird jeglicher Datenverkehr verworfen, wenn hierfür keine Regel angelegt worden ist, die den jeweiligen Datenverkehr explizit erlaubt.

Eine Regel hat grundsätzlich den folgenden Aufbau:

- Es wird bestimmt, von welcher Quelle und mit welchem Dienst auf ein bestimmtes Ziel zugegriffen wird.

- Es wird definiert, ob diese Aktion zugelassen (Accept), verweigert (Drop) oder zurückgewiesen (Reject) wird. Der Unterschied zwischen Drop und Reject ist, dass bei Reject der Absender die Fehlermeldung *Destination unreachable* zugesendet bekommt.

- Es kann eine Protokollierung für den Datenverkehr, den die Regel betrifft, unter *Logging* festgelegt werden. Hierfür gibt es drei Optionen:

  None: Es wird nichts protokolliert.

  Medium: Die ersten drei Pakete einer neuen Verbindung werden geloggt. Nach einer Minute werden die nächsten drei Pakete der gleichen Verbindung geloggt.

  All: Alle Pakete werden protokolliert.

- Optional kann der Geltungsbereich der Regel zeitlich (nach Tagen und Uhrzeit) unter *Zeit* eingeschränkt und eine kurze Beschreibung angegeben werden.

Bei der Aufstellung der Regeln ist zu beachten, dass diese nacheinander – von oben nach unten – abgearbeitet werden. Unter Umständen ist deshalb die Reihenfolge der Regeln im Regelwerk relevant. Die Regeln können hierfür per *Drag and Drop* verschoben werden, was mithilfe des Doppelpfeilsymbols vor jeder Regel (erstes Zeichen in jeder Reihe) ausgelöst werden kann.

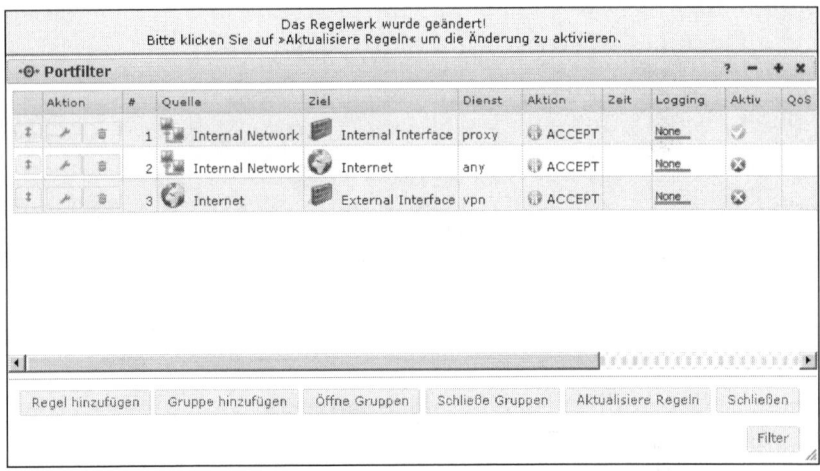

Bild 5.51: *Als Ausgangspunkt für die Erstellung eigener Regeln eignen sich die vorinstallierten, die einfach aktiv oder passiv geschaltet werden können, um somit das Verhalten der Clients analysieren zu können.*

Über das Werkzeugschlüsselsymbol können die Einstellungen bearbeitet und mit dem Abfalleimersymbol kann die selektierte Regel gelöscht werden. Damit die neuen Regeln wirksam werden, ist in der Portfilter-Übersicht auf den Button AKTUALISIERE REGELN zu klicken. Dies gilt auch, wenn „nur" die Reihenfolge von bestehenden Regeln verändert wurde.

Um eine neue Regel zu erstellen, ist einfach auf den Button REGEL HINZUFÜGEN zu klicken, woraufhin die Seite *Regel hinzufügen* erscheint. Hier gibt es die Optionen: Allgemein, Zeit und Beschreibung.

227

Auf der Seite *Allgemein* wird die Regel angelegt. Hierfür wird unter *Quelle* ein Interface oder Netzwerk ausgewählt und dann das Ziel, ebenfalls ein voreingestelltes Interface oder ein Netzwerk, die beide über einen auszuwählenden Dienst gewissermaßen verbunden werden. Auf diese Art und Weise funktioniert im Grunde genommen die Erstellung einer jeden Regel: Quelle/Ziel/Dienst. Falls in den drei Dropdown-Listen nicht die gewünschten Objekte zur Verfügung stehen sollten, können recht einfach selbst welche erstellt werden, wie es noch genau erläutert wird.

Unter *Aktion* wird ausgewählt, ob der Zugriff zugelassen oder geblockt wird, während die Checkbox *Aktiv* bestimmt, ob die Regel auch aktuell verwendet werden soll. Zum Test ist es hilfreich, diese Aktiv/Passiv-Schaltungsmöglichkeit (vgl. Bild 5.51) intensiv zu nutzen.

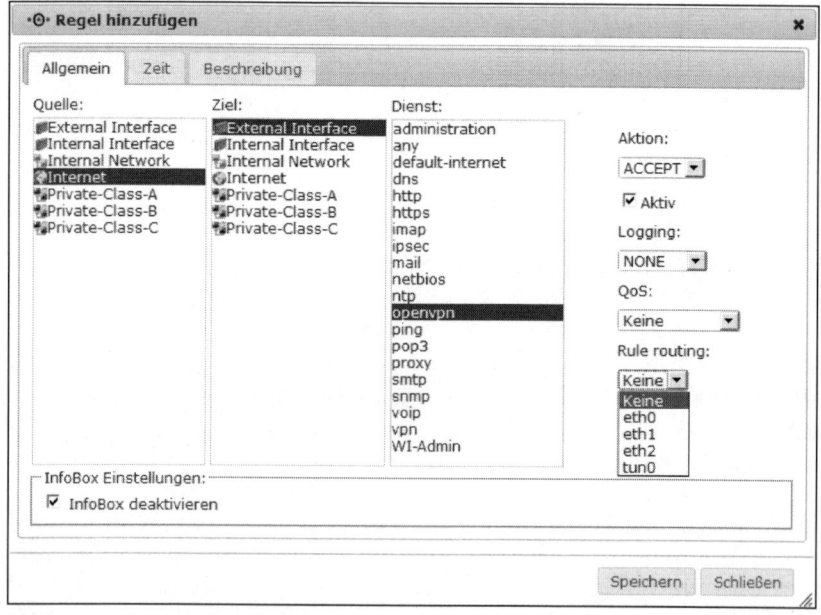

Bild 5.52: *Das Anlegen einer neuen Regel.*

Logging gestattet die Auswahl einer der drei zuvor erläuterten Optionen (none, medium, all), und unter QoS (Quality of service) kann prinzipiell eine Bandbreitenbegrenzung eingestellt werden, was in den meisten Fällen nicht angewendet wird, also dann auf *Keine* zu stellen ist.

Falls mehrere Internetverbindungen benutzt werden, kann unter *Rule Routing* das zuständige Interface (Gateway) festgelegt werden, über welches die Pakete der jeweiligen Regel geleitet werden sollen. Wichtig ist dies noch bei IPSec-Verbindungen, die stets über dieselbe Schnittstelle kommunizieren müssen.

Im Bild 5.52 unten ist eine InfoBox-Einstellungsoption zu erkennen, die standardmäßig auf *deaktivieren* steht. Die Einschaltung der InfoBox führt dazu, dass auf der Seite die Eigenschaften der Elemente angezeigt werden, die gerade mit dem Mauszeiger überfahren werden. Eine nützliche Funktion, die wichtige Informationen über Netzwerkgruppen bietet, beispielsweise den IP-Adressenbereich und die dazugehörige Zone (Bild 5.53).

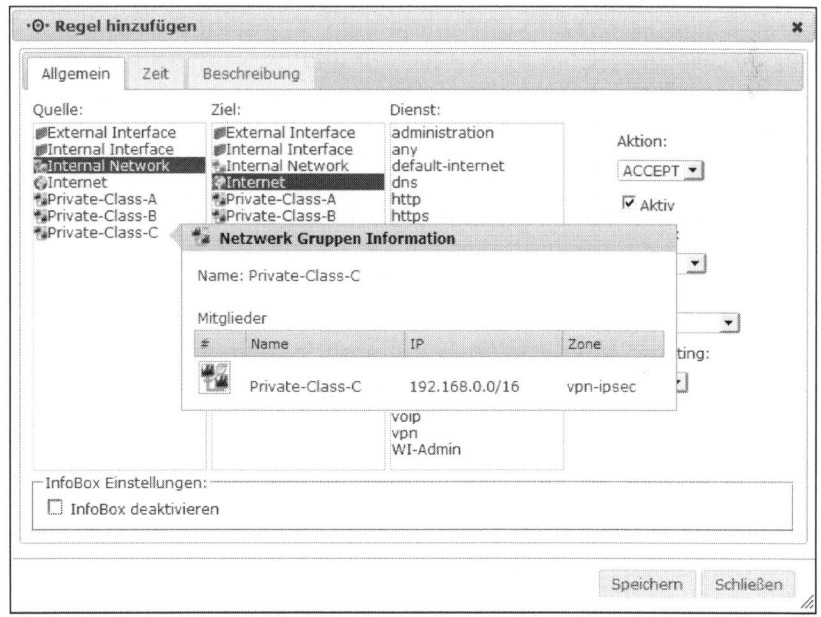

Bild 5.53: *Nach der Aktivierung der InfoBox werden nützliche Informationen zu den Elementen der Konfigurationsseite für die Regeln eingeblendet.*

Die Konfigurierung der Seiten *Zeit* und *Beschreibung* ist optional. Unter *Zeit* lässt sich der Geltungszeitraum der Regel einstellen, damit bestimmte Regeln nur zu bestimmten Zeit wirken und die konfigurierten Verbindungen beispielsweise nur während der Arbeitszeit und nicht am Wochenende funktionieren.

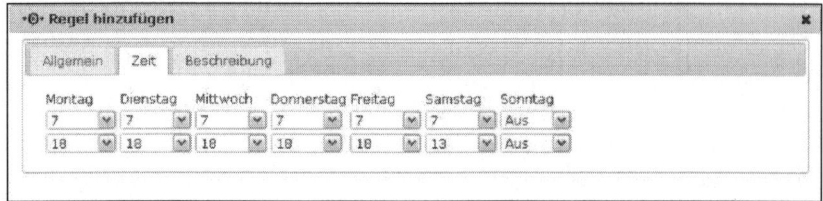

Bild 5.54: *Beschränken der Regelwirksamkeit auf einen bestimmten Zeitraum.*

Zur Funktionsweise der Regel lässt sich noch eine kurze Erläuterung oder eine sonstige Bemerkung auf der Seite *Beschreibung* unterbringen. Auch wenn es im Moment der Regelerstellung und der daraufhin erfolgreichen Funktionsprüfung meist völlig klar ist, was man da warum so eingestellt hat, ist es für eine spätere Verifizierung ungemein nützlich, anhand der Kurzbeschreibung informiert zu sein. Insbesondere dann, wenn die Regelerstellungen von unterschiedlichen Mitarbeitern durchgeführt werden.

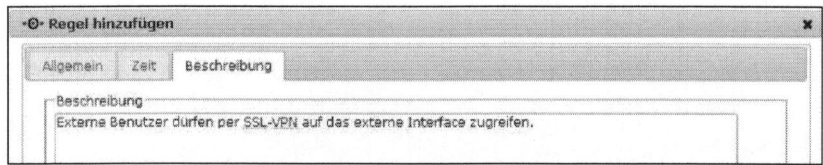

Bild 5.55: *Auch wenn es mitunter lästig und simpel erscheint, wird die passende Beschreibung im Nachhinein meist als hilfreich empfunden.*

Gruppenfunktionen

Um den Portfilter übersichtlicher zu gestalten, ist es möglich, mehrere Regeln eines Bereiches zu einer Gruppe zusammenzufassen. Dies funktioniert über die Option GRUPPE HINZUFÜGEN (vgl. Button in Bild 5.51), woraufhin ein wählbarer Gruppenname anzugeben ist. Die neue Gruppe wird per Betätigung von HINZUFÜGEN neu angelegt und steht in der Regelliste an unterster Position. Per *Drag & Drop* lassen sich die gewünschten Regeln dann in diese neue Gruppe verschieben, was prinzipiell nichts an deren Funktion ändert, sondern nur aufgeräumter wirken soll.

Gleichwohl muss beachtet werden, welche Regeln hier zusammengefasst werden und an welcher Stelle diese Gruppe im Regelwerk positioniert wird, welches grundsätzlich von oben nach unten durchlaufen wird. Auch wenn es optisch übersichtlicher aussehen mag, kann das Regelwerk durch eine unbedachte Gruppenorganisation funktionstechnisch unübersichtlicher wirken, was letztendlich auch zu einem ungewünschtem Fehlverhalten der Firewall führen kann.

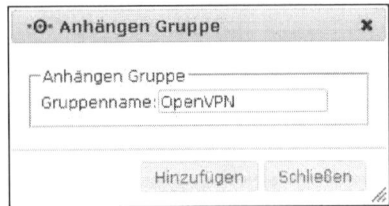

Bild 5.56: *Hinzufügen einer Gruppe, der später (bereits bestehende) Regeln zugeordnet werden können.*

Wie erwähnt, kann die Reihenfolge der Regeln im Portfilter die Performance der Appliance stark beeinflussen, weil die Regeln der Reihe nach abgearbeitet werden. Durchläuft ein Paket alle Regeln im Portfilter und wird erst mit der letzten Regel abgewiesen, wäre es sinnvoller, die blockierende Regel an den Anfang des Portfilters zu setzen. Dies trifft besonders dann zu, wenn oftmals Pakete dieser Art eintreffen.

Zum Organisieren der Regeln ist das Drag & Drop-Verfahren implementiert, womit nicht nur einzelne Regeln, sondern auch Regelgruppen und Regeln innerhalb der Gruppen verschoben werden können. Ebenfalls ist es möglich, Regeln aus einer Gruppe in eine andere Gruppe zu verschieben. Am einfachsten geht dies durch das Anfassen der zu verschiebenden Regel oder Gruppe am Doppelpfeilsymbol und dem Hinschieben an die gewünschte Position.

Wie es insbesondere von Windows her bekannt ist, gibt auch hier ein Kontextmenü. Wenn der Mauszeiger auf einer Regel steht, ändert sich die Hintergrundfarbe (in gelb), und mit der rechten Maustaste ist dann das Kontextmenü einschaltbar. Hiermit stehen eine Reihe hilfreicher Optionen (Bild 5.57) zur Verfügung, was eine sehr rasche Bearbeitung des Regelwerkes gestattet.

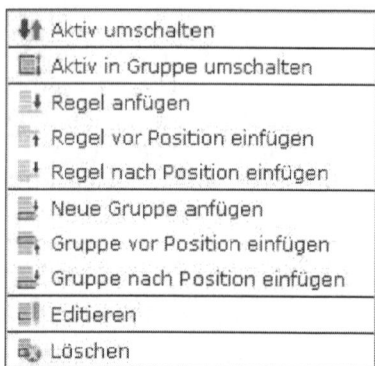

Bild 5.57: *Das Kontextmenü für die schnelle Bearbeitung des Regelwerkes.*

Mit der Option AKTIV UMSCHALTEN kann die markierte Regel vom aktiven Status in den passiven oder umgekehrt gesetzt werden. Mit AKTIV IN GRUPPE umschalten, ist gleich der Status aller Regeln in einer Gruppe wechselbar. Außerdem sind im Kontextmenü EDITIEREN und LÖSCHEN zu finden.

Beim Löschen einer Gruppe wird im Übrigen nur die Gruppe selbst gelöscht, während die Regeln erhalten bleiben, d.h., nach einem Gruppenlöschvorgang werden die in den Gruppen enthaltenen Regeln wie jede andere Regel in der Portfilterliste stehen. Das Öffnen und Schließen der Gruppen ist anhand der entsprechenden Buttons möglich sowie durch das Klicken auf das Symbol (grüner Doppelpfeil, oder rotes Schild) in der Nummern-Spalte (#).

Im Bild 5.51 ist außerdem ein Filter-Button zu finden, der nach dem Anklicken ein Menü erscheinen lässt, welches das Einstellen von Filterfunktionen für die Anzeige des Portfilters gestattet. Um bei größeren Regelwerken nicht den Überblick zu verlieren, kann hiermit die Anzeige – je nach eingestellter Option – eingeschränkt werden.

5.4.2 Hide-NAT

Private IP-Adressen werden im Internet grundsätzlich nicht geroutet, deshalb müssen ausgehende Pakete die externe IP-Adresse der Firewall erhalten, was unter dem Punkt Hide-NAT (Network Address Translation) eingestellt werden kann.

Dies ist natürlich nur dann notwendig, wenn im LAN mit privaten Adressen gearbeitet wird. Werden im LAN hingegen IP-Adressen verwendet, die im

Internet gültig sind, ist auch kein Hide-NAT notwendig, gleichwohl aber ein Routing, auf dem letztendlich auch die Firewall (UTM-Funktion) beruht.

Das NAT-Objekt *Quelle* (im Bild 5.58) ist das Netzwerk oder der Computer, dessen IP-Adresse von ausgehenden Paketen durch das Hide-NAT ersetzt wird. Das Ziel muss ebenfalls bestimmt werden, um anzuzeigen, zu welchen Zielen das Hide-NAT angewendet wird.

Die NAT-Beziehung *Hinter IP/Schnittstelle* bestimmt dabei, welche IP-Adresse die Pakete aus dem internen Netz zugewiesen bekommen sollen, wobei hier entweder eine IP-Adresse oder ein Interface angegeben werden kann. Bei einer dynamischen IP-Adresse ist das entsprechende DSL-Interface die richtige Schnittstelle.

Die Option *Include* in der Spalte Hide-NAT bedeutet, dass das Hide-NAT angewendet wird. Ein *Exclude* bedeutet, dass das Hide-NAT explizit nicht angewendet wird und somit Pakete mit der originalen IP-Adresse versendet werden, beispielesweise in einem Tunnel – IPSec, Site-to-Site Verbindung.

Quelle	Hinter IP/ Schnittstelle	Ziel	Hide-NAT		
Internal Network	eth0	Internet	Include		
Internal Network	eth0	Private-Class-A	Exclude		
Internal Network	eth0	Private-Class-B	Exclude		
Internal Network	eth0	Private-Class-C	Exclude		

Bild 5.58: Die standardmäßigen Hide-NAT-Regeln, wobei hier nur die erste (Internet) von Bedeutung ist.

Um eine neue Hide-NAT Regel anzulegen, ist lediglich auf HINZUFÜGEN zu klicken, woraufhin sich der Dialog Hide-NAT öffnet (Bild 5.59). Die gleiche Box erscheint auch beim Editieren. Im Feld *Typ* ist zwischen Include und Exclude zu wählen. Quelle, Schnittstelle und Ziel sind dann wie zuvor erläutert zu selektieren.

Die letzte Option entscheidet über die *Position* in der Hide-NAT Tabelle, die der Reihe nach abgearbeitet wird, mit Ausnahme der Exclude-Regeln, die unabhängig von ihrer Position als erstes angewendet werden.

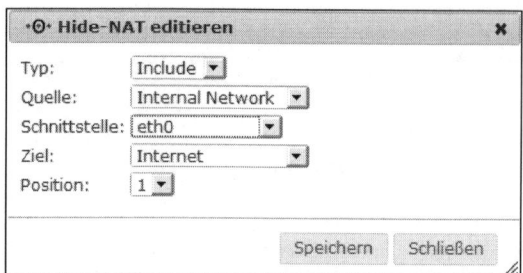

Bild 5.59: *Ob es um das Editieren oder das Hinzufügen einer Hide-NAT-Regel geht, der Dialog ist der gleiche und selbsterklärend.*

5.4.3 Port-Weiterleitung

Mittels der Funktion *Port-Weiterleitung* (Port Forwarding) können Anfragen, die an einen bestimmten Port gerichtet sind, an einen bestimmten Computer weitergeleitet werden, zum Beispiel http-Anfragen auf Port 80 direkt zum Webserver.

> **Hinweis:** **Für die Weiterleitung zum Webserver ist ein neues Netzwerkobjekt anzulegen, und außerdem muss für die Port-Weiterleitung eine eigene Regel im Portfilter erstellt werden.**

Standardmäßig ist keine Weiterleitung vorgesehen, so dass im Konfigurationsfenster der Port-Weiterleitung mit HINZUFÜGEN bei Bedarf eine Weiterleitung angelegt werden muss. Unter *Typ* ist dies zu selektieren. Die andere Möglichkeit ist hier *Port-Umleitung*, womit eine Umsetzung von einem Port auf einen anderen eingestellt werden kann. Sinnvoll einzusetzen ist dies etwa für den Betrieb von zwei Webservern, um einen Standardport (80) auf einen selbstdefinierten (z.B. 2080) umzusetzen.

Das Prinzip funktioniert so, wie es bereits von anderen Regeln her bekannt ist: Von der Quelle (Internal Network, Internet) über die Schnittstelle (IP-Adresse, ethx) hin zum Ziel, für welches hier allerdings zuvor ein entsprechendes Netzwerkobjekt (z.B. Webserver) anzulegen ist.

Unter EXTERNER PORT ist außerdem der Dienst (http, ftp, telnet) zu bestimmen, der benutzt, d.h. weitergeleitet (oder auch umgeleitet) werden soll. Nach dem Speichern und der Aktualisierung der Regel kann die Port-Weiterleitung daraufhin in Kraft treten.

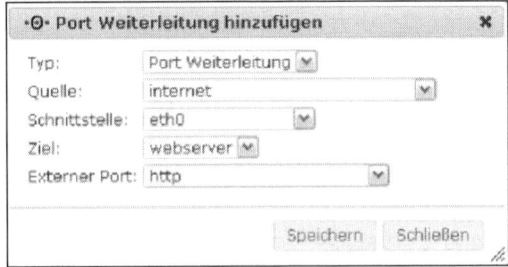

Bild 5.60: *Konfigurieren einer Port-Weiterleitung zu einem Webserver.*

5.4.4 Quality Of Service

Mittels QoS (Quality of Service) wird eine Parametrisierung des Datenverkehrs zur Datenratenreservierung und Datenratenlimitierung realisiert. Die Einstellungen sind unterschiedlich für den ausgehenden und eingehenden Datenverkehr konfigurierbar und stehen dann unter einer bestimmten Bezeichnung (adsl384-swxyphone3) in der QoS-Dropdown-Liste zum Einsatz bei den einzelnen Regeln zur Verfügung.

Falls die bereits voreingestellten QoS-Festlegungen nicht passend erscheinen, können im QoS-Menü (Bild 5.62) selbst welche angelegt und unter eigenem Namen abgespeichert werden, der dann ebenfalls in der QoS-Dropdown-Liste für das Regelwerk angeboten wird. Es ist jeweils eine minimale und eine maximale Datenrate, einmal für Downloads und einmal für Uploads, in kBit/s anzugeben.

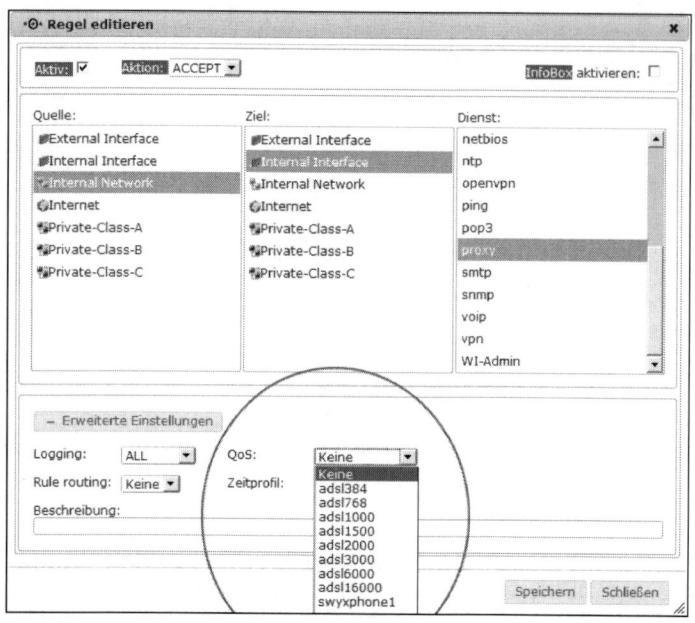

Bild 5.61: *Die QoS-Festlegungen können bei den einzelnen Regeln für die Bandbreitenbegrenzung eingesetzt werden.*

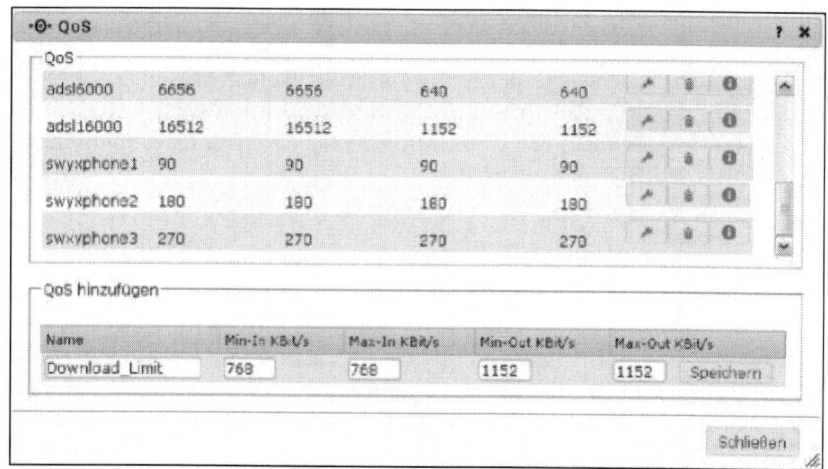

Bild 5.62: *Zusätzlich zu den voreingestellten QoS-Konfigurationen können auch eigene erstellt werden.*

5.4.5 Dienste und Dienstgruppen

Beim Aufstellen der Regeln im Kapitel 5.4.1 wurden die Dienste erwähnt, wovon bereits *Proxy* und *Any* eingesetzt wurden. Nähere Informationen zum Funktionsumfang und der Anwendung der Dienste sind im Folgenden angegeben.

Um im Portfilter die Funktion der Regeln genau zu bestimmen, gibt es eine Liste mit Diensten. In der Liste ist genau festgelegt, welches Protokoll und welcher Port oder Portbereich von den einzelnen Dienste benutzt wird. Diese Liste ist bereits sehr umfassend, es sind ca. 80 Stück, wovon im Bild 5.63 ein Ausschnitt gezeigt ist.

Aufgrund des gebotenen Umfangs können die vorhandenen Dienste in den meisten Fällen bereits unmittelbar für das eigene Regelwerk eingesetzt werden. Dennoch lassen sich auch eigene Dienste hinzufügen, bearbeiten und natürlich löschen.

Icon	Bezeichnung	Protokoll	Ziel Port	Quell Port	ICMP
any	ip				
icmp	icmp				
igmp	igmp				
rsvp	rsvp				
archie	tcp	1525	1024:65535		
cvs	tcp	2401	1024:65535		
domain_tcp	tcp	53	1024:65535		
domain_udp	udp	53	1024:65535		
finger	tcp	79	1024:65535		
ftp	tcp	21	1024:65535		
gopher	tcp	70	1024:65535		
http	tcp	80	1024:65535		
https	tcp	443	1024:65535		
ica	tcp	1494	1024:65535		
ident	tcp	113	1024:65535		
imap	tcp	143	1024:65535		
imap-ssl	tcp	993	1024:65535		
isakmp	udp	500	1:65535		
l2tp	udp	1701	1024:65535		
ldap	tcp	389	1024:65535		
icmp-src-quench	icmp			4	
icmp-redirect	icmp			5	
icmp-echo-req	icmp			8	
icmp-router-adv	icmp			9	
icmp-router-solic	icmp			10	
icmp-time-exceeded	icmp			11	
icmp-parameter-problem	icmp			12	
icmp-timestamp	icmp			13	
icmp-timestamp-reply	icmp			14	
icmp-information-req	icmp			15	
icmp-information-reply	icmp			16	
icmp-addressmask-req	icmp			17	
icmp-addressmask-reply	icmp			18	

InfoBox Einstellungen:
☑ InfoBox deaktivieren

Neuen Dienst hinzufügen   Schließen

Bild 5.63: *Ein Ausschnitt aus der Liste der verfügbaren Dienste.*

Für die Orientierung und für nähere Informationen zu den Diensten und deren Verwendung ist auf der Dienste-Seite eine InfoBox aktivierbar, wie es auch bei den Gruppeninformationen und den Netzwerkobjekten möglich ist. Beim Überfahren der Einträge mit der Maus erscheint die jeweilige Services-Information.

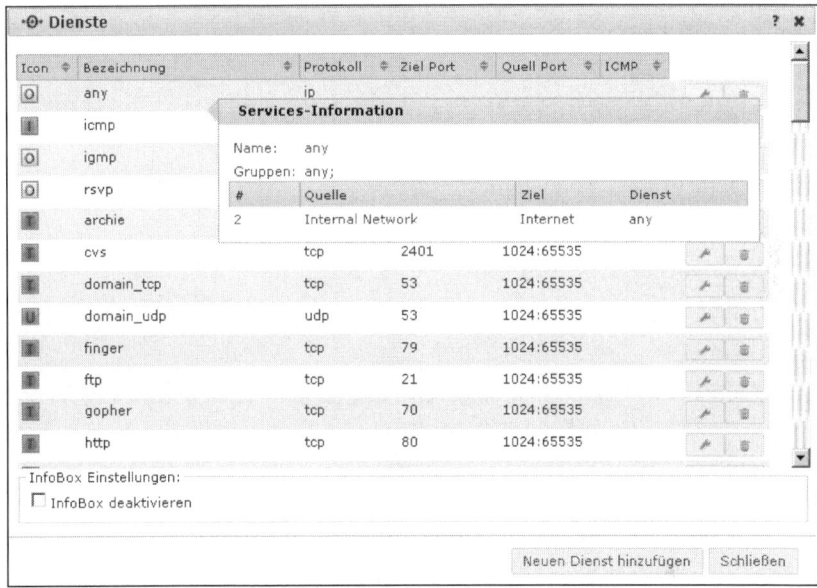

Bild 5.64: *Nützliche Informationen zu den Diensten und deren aktueller Verwendung bietet eine aktivierbare InfoBox.*

Ein Grund für das Anlegen einen neuen Dienstes liegt dann vor, wenn ein Protokoll ganz bestimmte Ports verwenden soll, wobei sich auch die Quell- und Ziel-Ports voneinander unterscheiden können.

Um einen neuen Dienst hinzuzufügen, ist unter FIREWALL – DIENSTE auf den entsprechenden Button zu klicken, woraufhin sich das Konfigurationsfenster öffnet. Für den neuen Dienst ist ein (noch nicht belegter) Name unter BEZEICHNUNG zu vergeben.

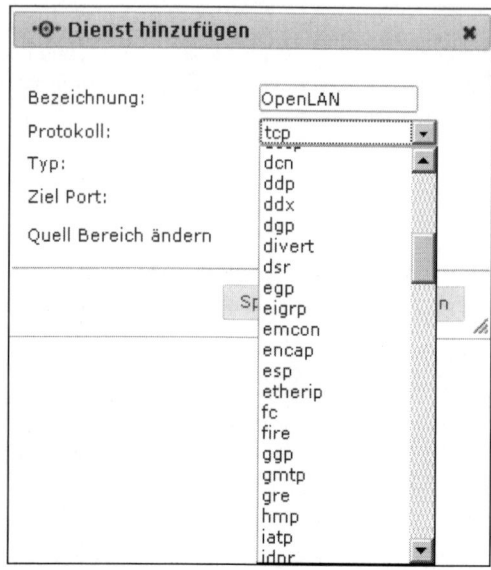

Bild 5.65: *Für die Konfigurierung der Dienste steht eine Vielzahl von vorgefertigten Protokollen zur Verfügung.*

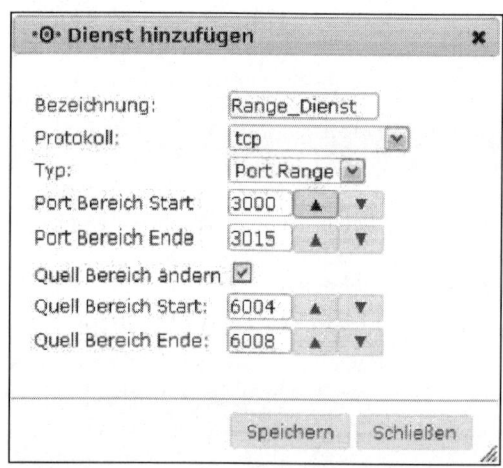

Bild 5.66: *Der neue Dienst verwendet TCP und unterschiedliche Portbereiche.*

240

Welches Protokoll der Dienst nutzen soll, ist in der Dropdownbox selektierbar. Hier steht eine große Auswahl von Protokollen zur Verfügung. Bei der Selektierung des icmp-Protokolls ist noch eine *ICMP Control Message* (z.B. Echo-Reply, Time-Stamp) aus dem Dropdownfeld zu wählen. Ports müssen in diesem Fall nicht mehr definiert werden. Falls jedoch ein Dienst einen ganz bestimmten Port verwenden soll, ist er im Feld *Ziel Port* anzugeben.

Handelt es sich nicht nur um einen Port (Single Port), sondern um einen Portbereich, dann wird im Feld *Typ* der Eintrag *Port Range* selektiert und der Anfang- und Endport des Bereiches festgelegt.

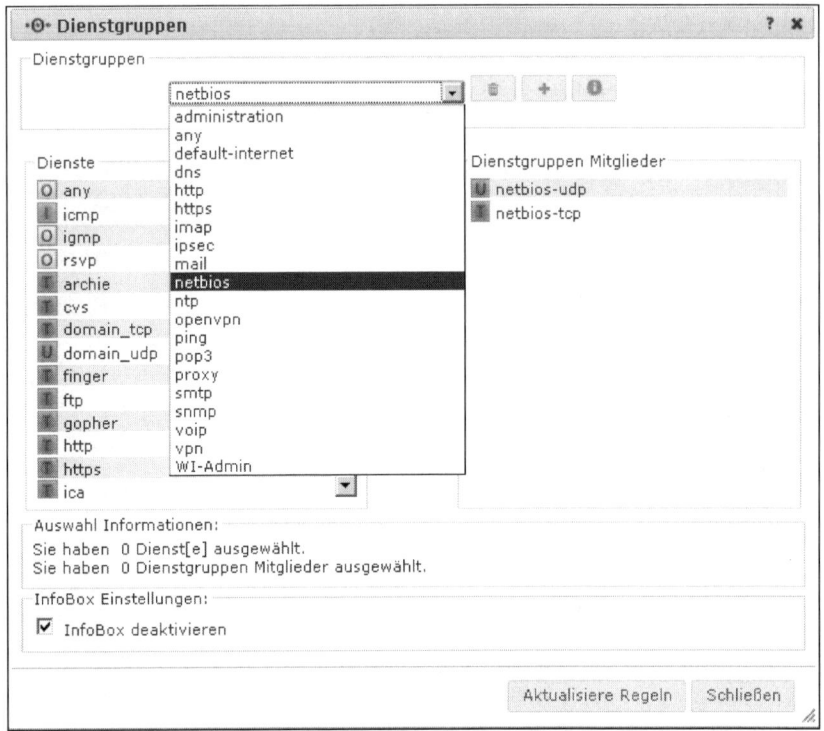

Bild 5.67: *Es gibt standardmäßig eine Reihe von Dienstgruppen, die jeweils bestimmte Dienste zu einem „Paket" zusammenfassen.*

Im Bereich FIREWALL – DIENSTGRUPPEN ist es möglich, mehrere Dienste zu einer Gruppe zusammenfassen, Dienste aus bestehenden Gruppen zu löschen oder auch Dienste zu bestehenden Gruppen hinzufügen. Diese Gruppen können dann im Portfilter zur Erstellung einer Regel genutzt werden.

Beim Überfahren der Dienste mit der Maus kann auch hier eine Infobox eingeblendet werden, die die Eigenschaften des jeweiligen Dienstes anzeigt. Mit der Deaktivierung der Checkbox INFOBOX DEAKTIVIEREN kann die Anzeige eingeschaltet werden. Dabei werden die jeweils verwendeten Protokolle und Ports beim Überfahren der Diensteinträge dargestellt.

Durch das zusätzliche Anklicken des Informationssymbols (das i-Zeichen neben der Dienstgruppen-Dropdownbox) fördert die Infobox außerdem die Information zutage, in welcher Firewall-Regel die jeweilige Dienstgruppe angewendet wird.

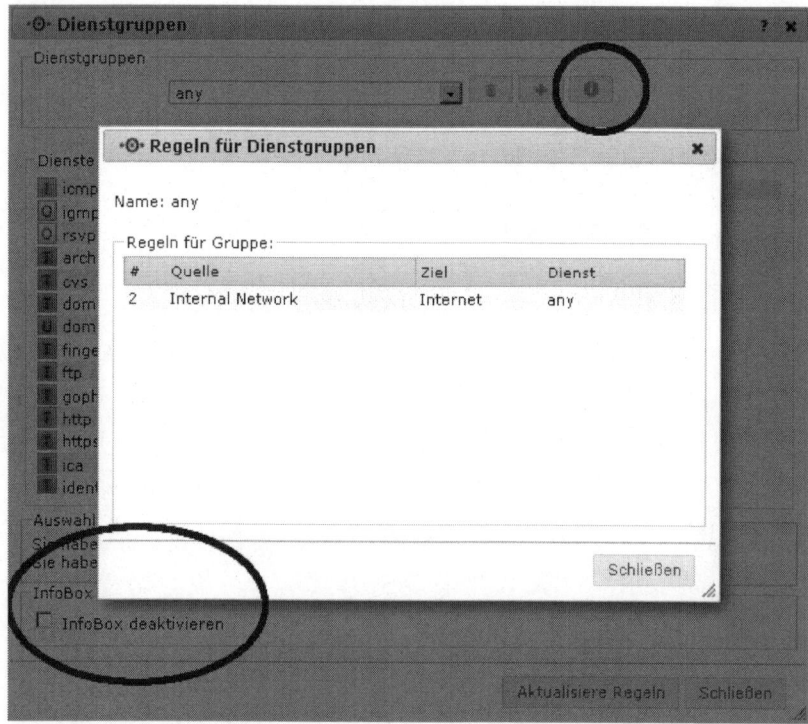

Bild 5.68: *Die Dienstgruppe Any wird in der Regel 2 des Portfilters verwendet.*

Um eine Dienstgruppe anzupassen, wird die gewünschte in der Dropdownbox selektiert, woraufhin auf der rechten Seite im Abschnitt *Dienstgruppen Mitglieder* die jeweils dazugehörigen Dienste angezeigt werden.

Auf der linken Seite stehen unter *Dienste* diejenigen zur Verfügung, die (noch) nicht der selektierten Dienstgruppe zugeordnet worden sind. Grundsätzlich können Dienste mehreren Gruppen angehören.

Achtung: Auf der linke Seite (Dienste) des Dienstgruppenfensters tauchen nur diejenigen Dienste auf, die nicht Bestandteil der jeweils selektierten Dienstgruppe sind. Auch wenn man es nicht gleich erkennt, ändert sich die (linke) Liste in Abhängigkeit von der ausgewählten Dienstgruppe.

Die Zuordnung der Dienste zu Dienstgruppen (hinzufügen, löschen) wird ganz einfach durch entsprechendes Selektieren des jeweiligen Eintrages mit der Maus und dem Verschieben von dem einen in das andere Fenster per Pfeilsymbol (links, rechts) durchgeführt.

Das Anlegen einer neuen Dienstgruppe wird durch einen Klick auf das Plussymbol eingeleitet, woraufhin ein Fenster erscheint (Dienstgruppe hinzufügen), in welchem der Name für den neuen Dienst anzugeben ist. Diese Gruppe ist zunächst leer und wird dann im nächsten Schritt mit den gewünschten Diensten (von links nach rechts) gefüllt. Im Bild 5.69 ist hierfür ein Beispiel gezeigt, bei dem die neue Dienstgruppe mit der Bezeichnung *Service* mit Funktionen wie Ping und Traceroute versehen wird.

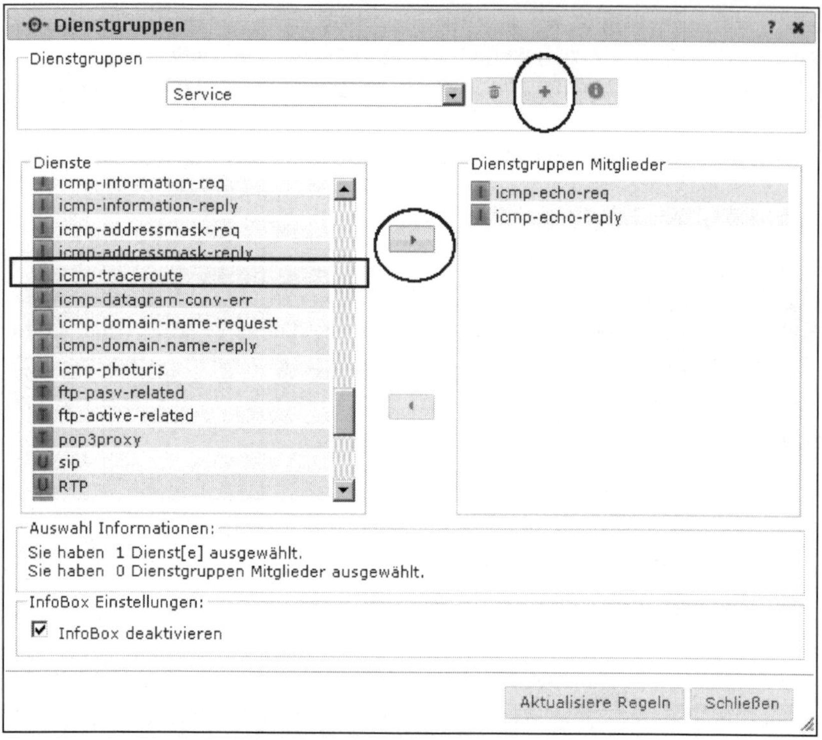

```
·⊖· Dienstgruppen                                               ?  ✖
  ┌ Dienstgruppen ─────────────────────────────────────────────────
  │         ┌─────────────────────────────┐
  │         │ Service                   ▼ │  🗑  ✚  ❶
  │         └─────────────────────────────┘
  └─────────────────────────────────────────────────────────────────
  ┌ Dienste ──────────────────────┐   ┌ Dienstgruppen Mitglieder ────┐
  │  ▉ icmp-information-req      ▲ │   │  ▉ icmp-echo-req             │
  │  ▉ icmp-information-reply      │   │  ▉ icmp-echo-reply           │
  │  ▉ icmp-addressmask-req        │       ┌───┐
  │  ▉ icmp-addressmask-reply      │       │ ▸ │
  │ ┌────────────────────────────┐│       └───┘
  │ │ ▉ icmp-traceroute          ││
  │ └────────────────────────────┘│
  │  ▉ icmp-datagram-conv-err      │
  │  ▉ icmp-domain-name-request    │
  │  ▉ icmp-domain-name-reply      │
  │  ▉ icmp-photuris               │
  │  ▉ ftp-pasv-related            │       ┌───┐
  │  ▉ ftp-active-related          │       │ ◂ │
  │  ▉ pop3proxy                   │       └───┘
  │  ▉ sip                         │
  │  ▉ RTP                      ▼ │
  └────────────────────────────────┘   └──────────────────────────────┘
  ┌ Auswahl Informationen: ──────────────────────────────────────────
  │ Sie haben  1 Dienst[e] ausgewählt.
  │ Sie haben  0 Dienstgruppen Mitglieder ausgewählt.
  ┌ InfoBox Einstellungen: ──────────────────────────────────────────
  │  ☑  InfoBox deaktivieren
  └───────────────────────────────────────────────────────────────────

                                    ┌─────────────────┐ ┌──────────┐
                                    │ Aktualisiere Regeln │ │ Schließen │
                                    └─────────────────┘ └──────────┘
```

Bild 5.69: *Die neue Dienstgruppe Service wird mit Ping (icmp-echo) und Traceroute gefüllt.*

Im Regelwerk kann dann anhand dieser neuen Dienstgruppe bestimmten Computern oder Nutzern die Ausführung von derartigen Servicediensten recht einfach gestattet werden.

Hinweis: Nach Änderungen an den Dienstgruppen, ist der Button AKTUALISIERE REGELN zu betätigen, damit die Änderungen in den Regel des Portfilters übernommen werden.

5.4.6 Netzwerkobjekte und Netzwerkgruppen

Die Netzwerkobjekte beschreiben bestimmte Interfaces, Netze, Netzwerkgruppen, Computer und Nutzer. Mithilfe von Netzwerkobjekten können die Regeln im Portfilter ausgehend von einer Quelle hin zu einem Ziel bestimmt werden. Durch den Aufruf von FIREWALL - NETZWERKOBJEKTE werden die bereits vorhandenen Netzwerkobjekte angezeigt.

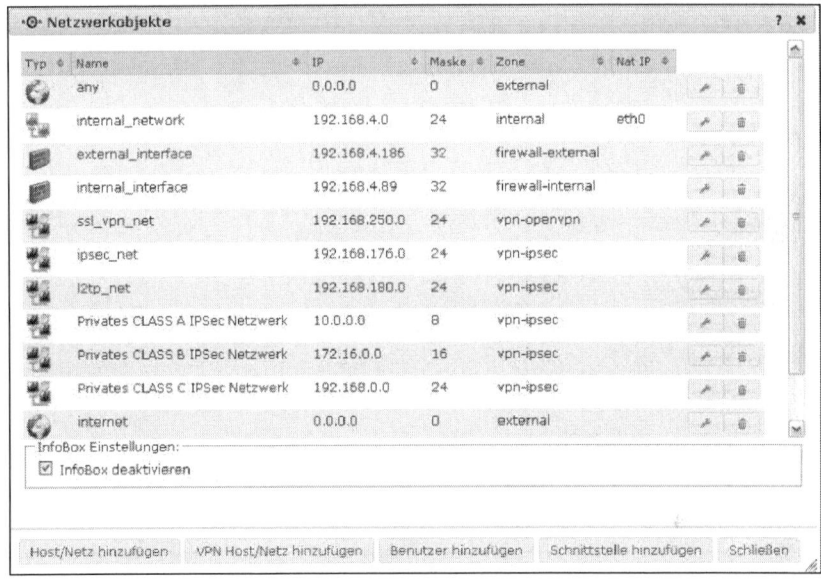

Bild 5.70: *Die Anzeige der Netzwerkobjekte.*

Die Funktion einer Infobox ist hier ebenfalls wieder gegeben, wo beim Überfahren der Netzwerkobjekte mit der Maus angezeigt wird, in welcher der bereits aufgestellten Regeln die jeweiligen Netzwerkobjekte vorkommen. Mit der Deaktivierung der Checkbox INFOBOX DEAKTIVIEREN wird die Anzeige dabei wie üblich eingeschaltet.

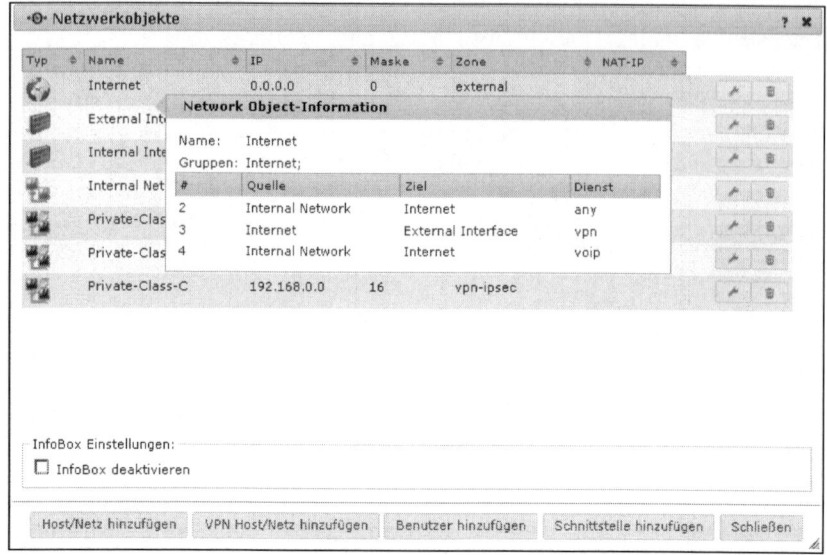

Bild 5.71: *Die InfoBox liefert die Information darüber, in welchen Regeln die selektierten Netzwerkobjekte verwendet werden.*

Auf der Seite *Netzwerkobjekte* sind hinter den Objekten zwei Buttons zum Bearbeiten und zum Löschen des jeweiligen Objektes positioniert, und mit den Schaltflächen am unteren Rand des Fensters können neue Netzwerkobjekte (Host/Netz, VPN Host/Netz, Benutzer und Schnittstelle) angelegt werden.

Um ein neues Netzwerkobjekt für ein Netz oder einen einzelnen Computer (einzelner Host) festzulegen, ist die erste Option zu wählen. Hierfür ist dann ein Name und eine IP-Adresse, bei der Selektierung des Typs *Netzwerk* noch zusätzlich die Netzmaske, anzugeben. Die jeweilige Zone – und gegebenenfalls die NAT-IP, wenn die Adressen umgesetzt werden sollen – werden aus den beiden Dropdown-Menüs zur Auswahl vorgegeben.

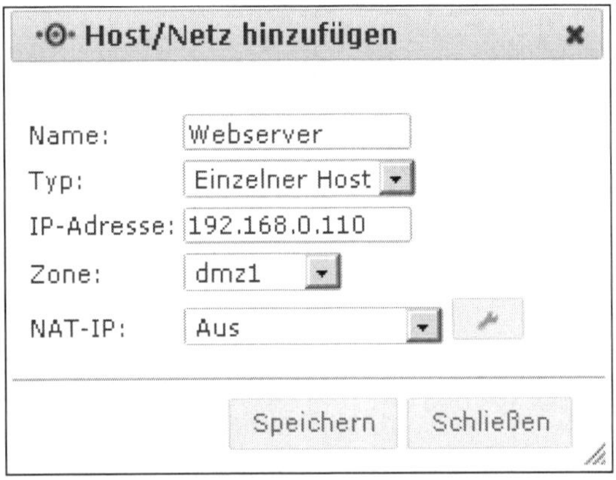

Host/Netz hinzufügen

Name:	Webserver
Typ:	Einzelner Host ▾
IP-Adresse:	192.168.0.110
Zone:	dmz1 ▾
NAT-IP:	Aus ▾

Speichern   Schließen

Bild 5.72: *Hinzufügen eines einzelnen Computers, der als Webserver in der dmz1 arbeiten soll.*

Das Anlegen von VPN-Objekten unterscheidet sich vom Prinzip her nicht vom Hinzufügen von Netzwerken oder Hosts, es stehen dann nur andere Zonen (vpn-ipsec, vpn-ppp, vpn-openvpn) als Auswahl zur Verfügung.

Es ist auch möglich, Netzwerkobjekte für Benutzer anlegen, so dass dann für einzelne Benutzer bestimmte Regeln gelten können. Die Bedingung dafür ist allerdings, dass die Benutzer als SPUVA (Securepoint User Verification Agent) auf der Appliance geführt werden und sie sich dementsprechend an der Appliance anmelden. Im Download-Bereich der Appliance findet sich der für die Anmeldung notwendige *Authentifizierungs Agent*.

Diese Anwender müssen außerdem im Menü AUTHENTIFIZIERUNG - BENUTZER als *SPUVA User* (vgl. Bild 6.1) eingetragen worden sein.

Hinweis: Benutzer können nur dann als Netzwerkobjekte geführt und daraufhin für das Regelwerk Verwendung finden, wenn sie als *SPUVA User* konfiguriert worden sind.

Das Hinzufügen einer Schnittstelle ist ebenfalls eine einfache Angelegenheit. Hierfür sind wieder ein Name und eine gültige IP-Adresse anzugeben, bei Selektierung von *Dynamische Adresse* in der Typ-Box noch nicht einmal eine Adresse, denn sie wird dann per DHCP zugeteilt, was für Appliance-Interfaces jedoch wenig sinnvoll erscheint. Zusätzliche Interfaces als

247

Netzwerkobjekte zu konfigurieren, ist ohnehin nur dann notwendig, wenn überhaupt noch zusätzliche vorhanden sind, denn typischerweise haben die vorhandenen physikalischen Interfaces bereits eine Zuordnung (intern, extern, dmz, IP-Adressen) während der Grundkonfigurierung der Appliance erhalten.

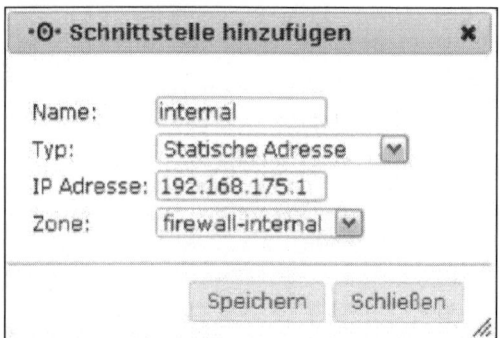

Bild 5.73: *Hinzufügen einer Schnittstelle mit statischer IP-Adresse.*

So wie Dienste zu Dienstgruppen zusammengefasst werden können, um hiermit das Regelwerk übersichtlicher und für den Administrator in seinem speziellen Umfeld damit (vielleicht) logischer gestalten zu können, ist es auch möglich, Netzwerkobjekte in Netzwerkgruppen zu organisieren. Zur Orientierung steht hier ebenfalls die Funktion einer InfoBox zur Verfügung, wie sie bereits zuvor bei den anderen Objekten erläutert wurde.

Von Hause aus enthält eine Netzwerkgruppe auch stets nur ein einziges Netzwerkobjekt, also etwa die Netzwerkgruppe *Internet* das Netzwerkobjekt *Internet*, die Netzwerkgruppe *External Interface* das Netzwerkobjekt *External Interface* und die Netzwerkgruppe *Internal Interface* dementsprechend das Netzwerkobjekt *Internal Interface*.

Ein Zusammenfassen von Netzwerkobjekten ist immer dann sinnvoll, wenn die Objekte funktional und/oder logisch etwas miteinander zu tun haben und wenn es gleich eine ganze Reihe davon gibt, beispielsweise verschiedene VPN-Verbindungen mit den zugeordneten Objekten.

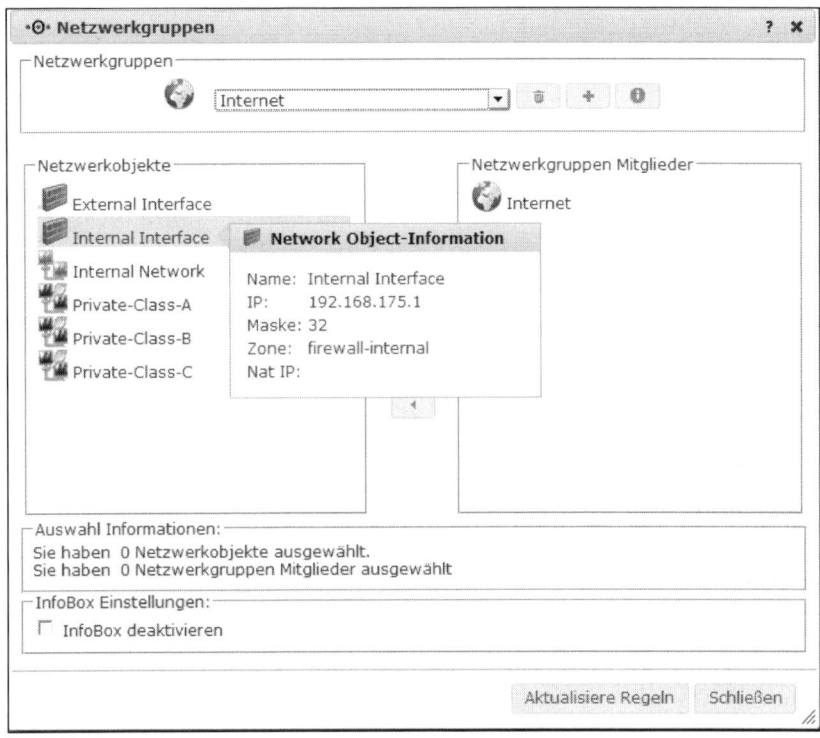

Bild 5.74: *Standardmäßig enthält eine Netzwerkgruppe nur ein einziges Netzwerkobjekt.*

Aus diesem Grunde wird man das Organisieren in Netzwerkgruppen wahrscheinlich nicht häufiger (eher seltener) als das Organisieren in Dienstgruppen benötigen und kommt bei den meisten Appliance-Konfigurationen mit den bereits vorhandenen Diensten und Netzwerkobjekten aus.

5.5 Anwendungen

Unter dem Menüpunkt *Anwendungen* sind die Einstellungen für die Proxys HTTP, POP3 und VoIP zusammengefasst sowie die Optionen für das Mail Relay, den SPAM-Filter, das IDS und den Fernwartungsdienst (VNC Repeater).

Bild 5.75: *Die Menüs unter der Option* ANWENDUNGEN.

Außerdem kann der Status der Dienste unter *Anwendungsstatus* angezeigt und gewechselt werden. In Kurzform haben die Anwendungen die im Folgenden angegebenen Funktionen.

- **HTTP Proxy:** Allgemeine Einstellungen zum Proxy sowie für das Viren-scanning und die Filterung von Internetadressen und Webseiteninhalten.

- **POP3 Proxy:** Spamfilterung und Virenscanning von Emails.

- **Mail Relay:** Einstellungen für den Mail-Server.

- **Spamfilter:** Einstellungen des Spamfilters.

- **VNC Repeater:** Weiterleitung von Fernwartungsprogrammen.

- **VoIP Proxy:** Einstellungen für den *Voice over IP Proxy*.

- **IDS:** Auswahl der Signaturregeln des *Intrusion Detection Systems*.

- **Nameserver:** Weiterleiten von Anfragen an einen hier zu spezifizierenden Nameserver oder an eine festzulegende Domäne.

- **Anwendungsstatus:** Anzeigen, Aktivieren und Deaktivieren von Diensten.

5.5.1 HTTP Proxy

Der http-Proxy bildet den am häufigsten verwendeten Proxy der Appliance und kennt gegenüber den anderen auch die meisten Optionen. Er wird dem internen Netz für den Aufruf von Webseiten vorgeschaltet und filtert dabei Inhalte aus dem Internet, blockiert verdächtige Webseiten und untersucht bestimmte Dateien auf Viren. Der Client stellt dabei seine Anfrage an den Proxy. Dieser holt die Daten aus dem Internet, untersucht sie und leitet sie daraufhin an den Client weiter. Der Proxy fungiert damit als eine Vermittlungsstelle. Er tritt dem Client gegenüber als Server auf und dem Server gegenüber als Client.

 **Achtung:** Der HTTP-Proxy-Port ist standardmäßig auf die Adresse 8080 eingestellt und kann auf der Allgemein-Seite im Bedarfsfall auch geändert werden. In diesem Buch wird jedoch stets von der voreingestellten Adresse ausgegangen.

Der standardmäßig eingestellte Proxy-Port ist 8080, was in den meisten Fällen auch so belassen werden kann. Die Bestimmung einer ausgehenden Adresse ist optional, genauso wie das Kaskadieren. Falls mehrere HTTP-Proxys eingesetzt werden, lässt sich hiermit ein über- und ein untergeordneter Proxy festlegen.

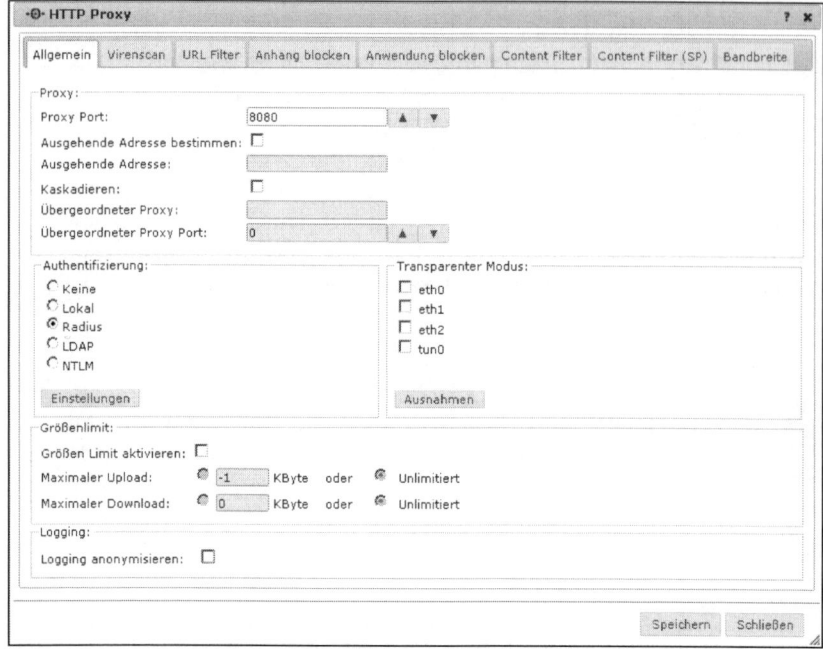

Bild 5.76: *Grundsätzliche Einstellungen für den HTTP-Proxy.*

Wichtig ist hingegen die Festlegung, ob und wenn ja, welche Methode für die Authentifizierung verwendet werden soll sowie die Funktion *Transparenter Modus*.

Transparent bedeutet in diesem Zusammenhang, dass im Browser nicht zwangsläufig ein Proxy eintragen werden muss, wenn etwa für eth1 (extern) der transparente Modus aktiviert wird. In diesem Fall funktioniert die Authentifizierung nicht und Protokolle wie HTTPS und FTP müssen dann explizit über das Regelwerk freigeschaltet werden.

 **Tipp:** Die Firewall leitet die Pakete automatisch zum Proxy! Entweder wird beim Browser der http-Proxy eingetragen und kein transparenter Modus aktiviert oder der transparente Modus kommt zum Einsatz, dann aber ohne Proxy-Angabe beim Browser und mit eigenen Regeln der Appliance.

Up- und Downloads können von der maximal erlaubten Größe her beschränkt werden, was durch entsprechende Angaben unter GRÖßENLIMIT einzustellen ist. Falls keine Beschränkung definiert werden soll, bleibt die Option auf UNLIMITIERT stehen.

Zu beachten ist allerdings, dass es auch Limitierungen für die maximale Größe von Up- und Downloads im jeweiligen Internet-Browser gibt, was dann lokal festzulegen ist. Je nach verwendetem Typ gibt es hierfür unterschiedliche Möglichkeiten. Mitunter ist stattdessen ein separater FTP-Client ratsam, der hierfür keine derartigen Limitierungen kennt.

Durch Aktivieren der Checkbox LOGGING ANONYMISIEREN wird die Protokollierung ohne Nutzerkennung und IP-Adressen durchgeführt, was aus Gründen des Datenschutzes (Kapitel 1.3) implementiert wurde.

Auf den folgenden Konfigurationsseiten vom http-Proxy geht es im Wesentlichen um Filterfunktionen, um unerwünschte Inhalte vom LAN fernzuhalten.

Standardmäßig ist der Virenscan für den Proxy aktiv, wobei auch gleich zwei Listen (Whitelists) mit dabei sind, anhand derer bestimmte Dateiendungen und Webseiten von der Virensuche ausgeschlossen werden, weil es sonst zu unerwünschten Fehlalarmen kommen oder der Scan nicht ordnungsgemäß durchgeführt werden kann.

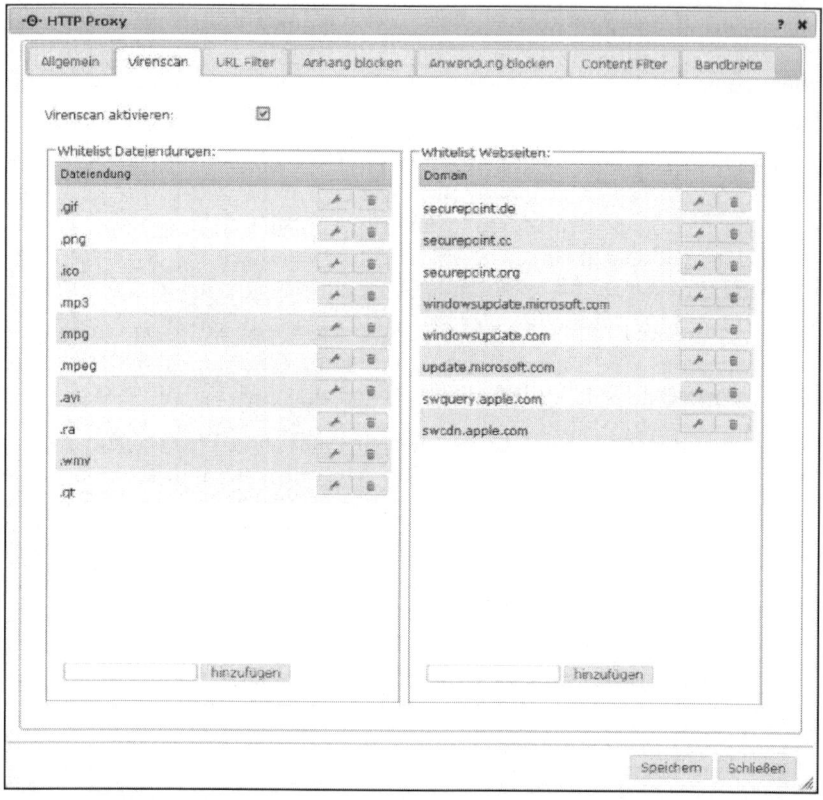

Bild 5.77: *Bestimmte Dateitypen und Webseiten werden per Whitelists vom Virensan ausgeschlossen.*

Diese Listen lassen sich einfach per Hinzufügen-Button sowie anhand des Abfalleimer- und Schraubenschlüsselsymbols an die eigenen Bedürfnisse anpassen, können also gelöscht und editiert werden.

Mit dem URL-Filter können bestimmte Internetseiten explizit geblockt oder zugelassen werden. In die Blacklist werden Domains und URLs eingetragen, die geblockt werden sollen, während die Whitelist Internet-Adressen enthält, die besucht werden dürfen.

Als Voreinstellung ist dieses URL-Filter deaktiviert, und es sollte auch nur dann zum Einsatz kommen, wenn tatsächlich sehr restriktive Maßnahmen für die Internetbenutzung gewünscht sind. Eine zufriedenstellende Konfiguration ist üblicherweise nur durch intensives Anpassen (und

254

letztendlich Ausprobieren) zu erreichen, wobei diese Arbeit sehr schnell ausufern kann, so dass diese Funktion nicht selten nach einiger Zeit wieder deaktiviert wird.

Bild 5.78: *Die URL-Filterung kann durchaus restriktiv ausgelegt werden. Während der Zugang auf spiegel.de verboten wird, darf man den Wirtschaftsteil, der per Whitelist erlaubt wird, durchaus lesen.*

Mit der Option ALLES BLOCKEN können alle URLs blockiert werden und mit der Whitelist wird dann genau bestimmt, auf welche Webseiten zugegriffen werden darf.

Wenn eine Authentifizierungsmethode (Kapitel 6.1) für die Appliance festgelegt wurde, haben Benutzer, die sich ordnungsgemäß authentifizieren die Möglichkeit, auch auf Internet-Seiten zuzugreifen, die auf der Blacklist stehen. Um dieses Verhalten zu unterdrücken und damit Seiten der Blacklist für alle Nutzer gesperrt bleiben, ist die Option URL FILTER AUCH FÜR AUTHENTIFIZIERTE NUTZER ANWENDEN zu aktivieren.

Mit der Funktion ANHANG BLOCKEN können eben Dateien, die eine bestimmte Dateiendung aufweisen, für die Weiterleitung blockiert werden. Endungen müssen mit einem führenden Punkt angegeben werden, wobei sie nicht nur über drei, sondern auch über mehrere Zeichen verfügen dürfen, damit auch Dateien mit Extensions wie jpeg oder mpeg zu sperren sind.

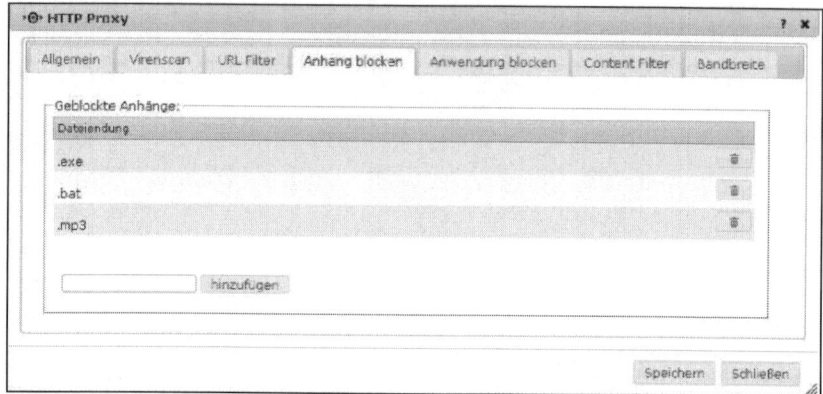

Bild 5.79: *Das Sperren bestimmter Dateianhänge verhindert den Download unerwünschter Files.*

Damit Messaging-Programme (Nachrichtenversand, Chat) oder auch Tools für die Fernwartung (Remote Support) nicht verwendet werden können, gibt es die Seite ANWENDUNG BLOCKEN. Dabei ist zu beachten, dass diese Einstellung nur für die Kommunikation über den http-Proxy gilt. Die Anwendungen können möglicherweise auch ohne Proxy über das Regelwerk mit dem Internet kommunizieren. Um auch dies zu verhindern, müsste das Regelwerk entsprechend modifiziert werden, um auch dort die Kommunikation, die noch genauer zu analysieren wäre, zu unterbinden.

Als Chat-Anwendungen können mehrere bekannte Messaging Clients blockiert werden. Mit dem letzten Eintrag ANDERE IMS BLOCKEN werden andere Messaging Programme, die nicht in der Liste aufgeführt sind, gesperrt. Im Bereich *Fernwartung* sind die Anwendungen Teamviewer und Netviewer, die beispielsweise auch vom Securepoint-Support eingesetzt werden, einzeln zu sperren.

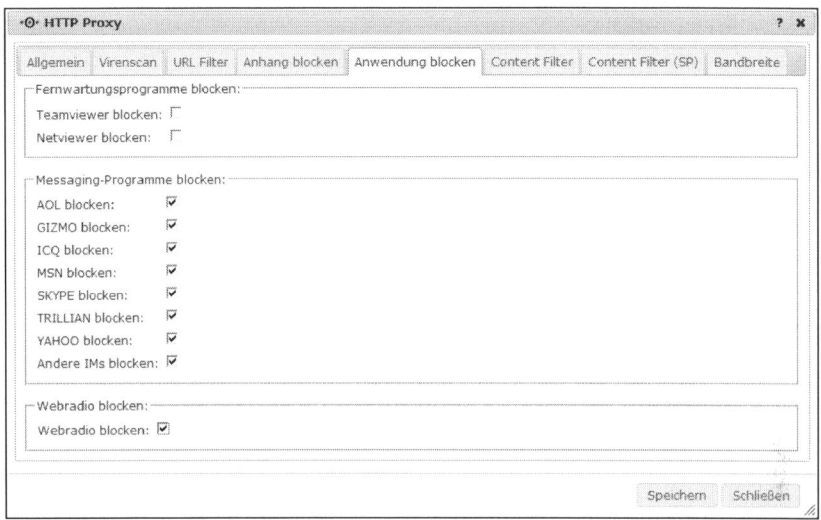

Bild 5.80: *Die Verwendung von Chat- und Messaging-Programmen sowie das Hören von Webradio kann durchaus von der Arbeit abhalten und wird dann am besten gar nicht erst ermöglicht.*

Das Blocken von Webradio ist außerdem aktivierbar, um sich möglichen Ärger mit der GEZ zu ersparen, weil Internet-PCs grundsätzlich für den Radio- und TV-Empfang geeignet sind und deshalb entsprechende Gebühren fällig werden. Allerdings gibt es hierfür noch keine gerichtliche Grundsatzendscheidung, und die Gerichte haben – ob nun eine Gebühr zu entrichten ist oder nicht – unterschiedliche Urteile gefällt.

Mit dem *Content Filter* können die Zugänge zu Internetseiten mit definierten Inhalten gesperrt werden. Es stehen verschiedene Inhaltskategorien zur Auswahl an, die bestimmte Schlagwörter enthalten und damit auf den jeweiligen Inhalt hinweisen.

 **Achtung:** **Das Content Filtering arbeitet gewichtet für eine Internet-Sitzung (einen Aufruf des Browsers) und löst mit dem Sperren einer bestimmten Internet-Seite aus.**

Diese Schlagwörter sind in ihrer Eindeutigkeit gewichtet. Wenn die Summe der Gewichtungen einer Internetseite einen bestimmten Schwellenwert (Empfindlichkeit) überschreitet, wird diese Internetseite gesperrt. Je niedriger die Empfindlichkeit, desto unwahrscheinlicher ist, dass die Seite gesperrt wird.

Bild 5.81: *Content Filtering verbietet den Aufruf von Webseiten, die Inhalte der aktivieren Blacklist-Kategorien aufweisen.*

Da auch ein *Content Filter* nicht zweifelsfrei (im Sinne des Administrators und oft schon gar nicht des Benutzers) arbeitet, kommen natürlich auch Fehlinterpretationen vor, d.h. eine Seite wird nicht angezeigt, weil das „Maß voll ist", mithin die Gewichtung aus irgendeinem Grunde zuschlägt. Deshalb ist die Empfindlichkeit (von stark bis schwach) mit dem Regler auf der Seite einstellbar.

Gleichwohl ist nicht immer nachvollziehbar, aus welchem Grunde eine bestimmte Seite eine bestimmte, aktivierte Blacklist-Kategorie erfüllt. Dieses „Fehlverhalten" kann durch die Konfigurierung einer Whitelist für das Content Filter behoben werden, die für Benutzer, IP-Adressen und Webseiten konfiguriert werden kann.

 **Hinweis: Eine Whitelist erlaubt explizit etwas, d.h., hier schließt sie bestimmte IP-Adressen oder Webseiten von einer Prüfung oder auch Abweisung aus.**

Die letzte Option beim HTTP-Proxy erlaubt die Festlegung einer allgemeinen Bandbreitenfestlegung (global) sowie für jeden einzelnen Host (Benutzer). Die Angaben erfolgen dabei in KBit/s, und jeder Benutzer kann nicht mehr Bandbreite erhalten als diesen Wert, auch wenn der globale Wert noch nicht ausgeschöpft sein sollte. In den meisten Fällen wird auf die Konfigurierung einer Bandbreitenbeschränkung verzichtet.

5.5.2 Email-Verarbeitung mit POP3

Für die Verarbeitung von Emails sind unter den Anwendungen die Optionen POP3 PROXY sowie MAIL RELAY untergebracht.

Das *Post Office Protocol* (POP) ist ein Übertragungsprotokoll, mit welchem die Clients ihre Emails von einem Mailserver abholen. POP3 ist die seit vielen Jahren verwendete Version des *Post Office Protocol* und gilt in seiner Funktionalität mittlerweile als recht beschränkt.

Stattdessen wird oftmals das *Internet Message Access Protocol* (IMAP) favorisiert, weil es auch eine Verwaltung der Emails auf dem Mailserver erlaubt, was insbesondere demjenigen Anwender zugute kommt, der mit unterschiedlichen Clients (im Büro und mobil von unterwegs) auf sein Emails zugreifen will. SPAM und sonstige unerwünschte Emails lassen sich mithilfe von IMAP gleich auf dem Emailserver aussortieren und belasten somit weder die Übertragung noch den Speicher. IMAP ist mit den Securepoint-Appliances jedoch nicht nutzbar, sondern nur POP3.

Eine ständige Verbindung zum Mailserver ist bei POP3 nicht notwendig. Die Verbindung zum Server wird bei Bedarf vom Client aufgebaut und danach auch wieder beendet.

Der POP3-Proxy agiert dem Email-Client gegenüber als POP3-Server, ruft seinerseits aber die Emails vom eigentlichen Mailserver ab. Die Emails werden auf Viren und SPAM untersucht und an den Email-Client weitergegeben. Bei größeren Emails (mit Anhängen) kann sich die Viren- und SPAM-Überprüfung sehr in die Länge ziehen oder auch hängenbleiben, so dass das Scannen und Filtern für Emails ab einer bestimmten Größe deaktiviert werden sollte.

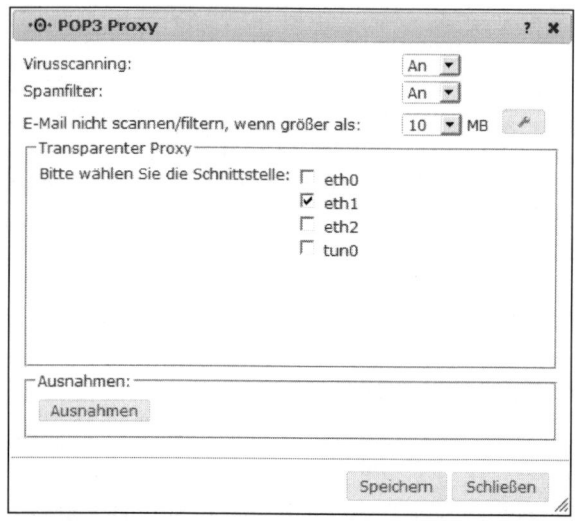

Bild 5.82: *Einstelllungen für den POP3 Proxy.*

Unter ANWENDUNGEN - MAIL RELAY gibt es eine Vielzahl von Optionen für das Versenden und den Empfang von Emails: Etwa zu welchem Server eingehende und ausgehende Emails weitergeleitet werden sollen, dass Empfänger die nicht existieren, gleich abgelehnt werden oder auch die Möglichkeit für Domain-Umsetzungen.

- **Allgemein:** Grundeinstellungen für Virenscanner, SPAM-Filter Email-Administrator, die maximale Email-Größe sowie für einen Smarthost, der die Emails entgegennehmen kann.

- **Relaying:** Angaben für Email-Weiterleitungen (Relaying Hosts, Domains) und Blocking Lists für Mailserver.

- **Mail Routing:** Hier wird bestimmt, welcher Mailserver für eine Domain zuständig ist, und es ist außerdem möglich, das Ablehnen von nicht existierenden Empfängern festzulegen.

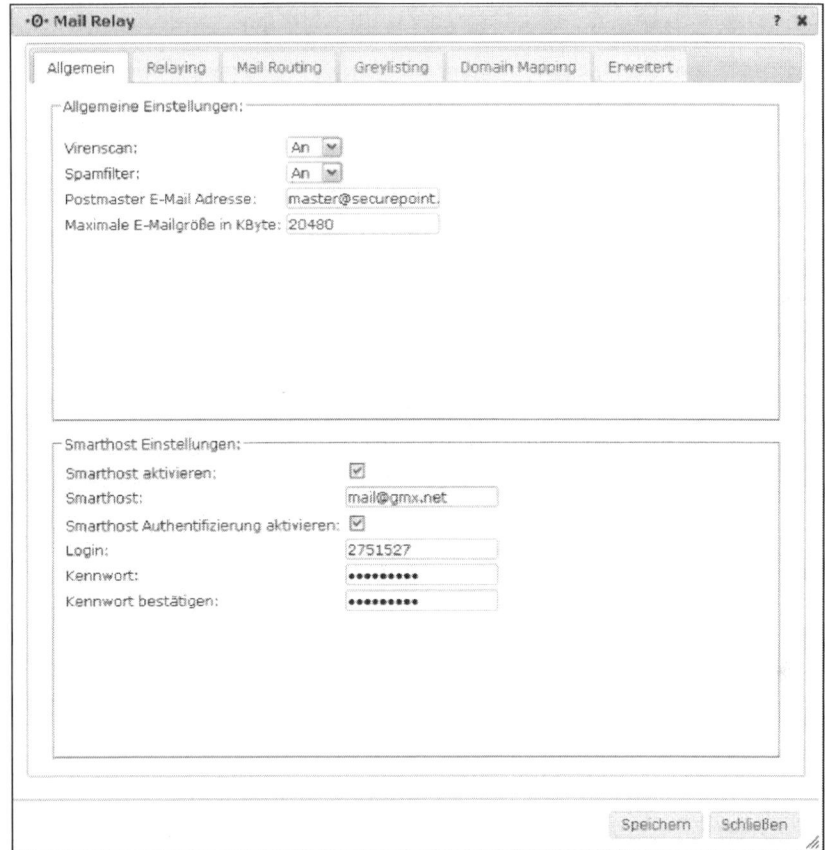

Bild 5.83: *Mail Relay bietet eine Reihe nützlicher Funktionen für die Email-Verarbeitung.*

- **Greylisting:** Mechanismus gegen SPAM-Mails, mit dem Emails einer unbekannten Kombination von Mailserver, Absender und Empfängeradresse mit einer Fehlermeldung abgewiesen werden.

261

- **Domain Mapping:** Festlegen eines Vorgangs, bei dem die Domain einer Email in eine andere umgeschrieben wird, beispielsweise securepoint.cc in securepoint.de.

- **Erweitert:** Hier können Einstellungen für das Mail Relay gesetzt werden, die den Server vor SPAM-Mails und Angriffen schützen.

5.5.3 SPAM-Filter

Die integrierte Securepoint Anti-Spam-Lösung filtert unerwünschte Emails (Spam) aus und setzt eine Kombination aus verschiedenen Verfahren ein, um eine möglichst hohe Erkennungsrate zu erzielen.

Der SPAM-Filter untersucht jede Email anhand verschiedener Kriterien und klassifiziert sie ab einer bestimmten Bewertung als SPAM. Dabei sind offensichtlich ungültige Absender, bekannte SPAM-Textpassagen, HTML-Inhalte, in die Zukunft datierte Versanddaten nur einige der Bewertungskriterien. Zusätzlich wird automatisch ein Spam-Pattern-File erstellt, das dann von einem selbstlernenden Spamfilter genutzt wird.

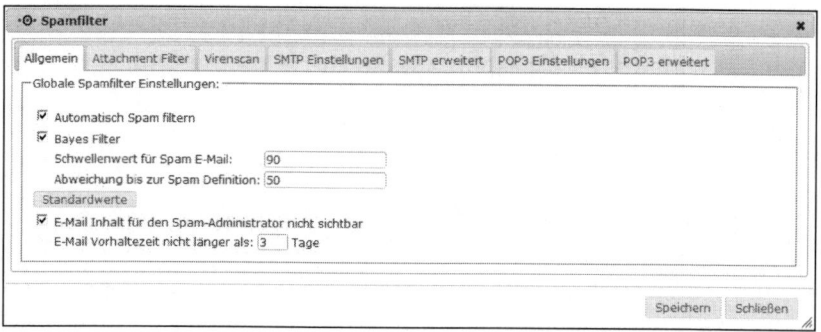

Bild 5.84: *Unter* ALLGEMEIN *wird bestimmt, welche SPAM-Filter-Mechanismen zum Einsatz kommen sollen.*

Die automatische Filterung benutzt ein SPAM-Filter-Modul der Firma Commtouch. Diese hält eine ständig aktualisierte SPAM-Datenbank vor, gegen die die eingehenden Emails geprüft werden.

Der *Bayes Filter* prüft anhand von klassifizierten/bewerteten Wörtern, ob die Email eine SPAM-Mail ist. Damit dieser Filter möglichst viel SPAM identifiziert, muss er über das User-Interface trainiert werden, indem Emails als erwünscht (Ham) oder unerwünscht (Spam) klassifiziert werden. Durch dieses Klassifizieren lernt der Filter, welche Worte einer Spam- oder Ham-Email entsprechen.

Mit dem *Attachment Filter*, der auf der zweiten Seite der SPAM-Filter-Menüs zu konfigurieren ist, werden Anhänge von ausgehenden und eingehenden Emails geblockt. Untersucht werden die Anhänge anhand ihrer Endung (.jpeg) oder anhand des MIME (Multipurpose Internet Mail Extensions) Typs, der im Header der Email angegeben ist. MIME-Typen können selbst in die Whitelist oder Blacklist eingeschrieben werden oder es werden die bereits vordefinierten verwendet.

Bild 5.85: *Die vordefinierten MIME-Typen.*

Anhand von VIRENSCAN können eingehende und ausgehende Emails auf Viren überprüft werden. Wenn ein Virus gefunden wird, wird dieser gelöscht. In der Email wird die Entfernung eines Virus mit einer Meldung angezeigt.

Auf der Registerkarte SMTP EINSTELLUNGEN kann außerdem eine Entscheidung darüber getroffen werden, wie mit Emails verfahren werden soll, die als SPAM erkannt wurden oder einen Virus oder einen unerwünschten Anhang beinhalten.

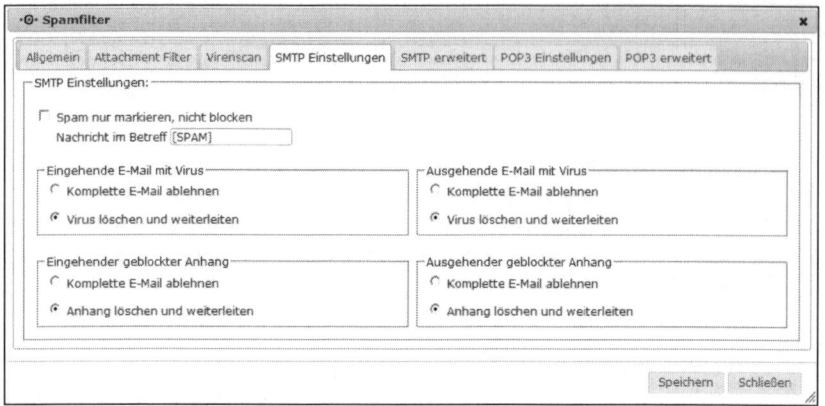

Bild 5.86: *Die SMTP-Einstellungen bestimmen, wie mit „versuchten" Emails zu verfahren ist.*

In den erweiterten Einstellungen für SMTP (SMTP ERWEITERT) werden eine globale Whitelist und eine globale Blacklist angelegt. Die Einträge in den Listen sind als einzelne Email-Adressen, als Domains oder als Host zu definieren.

Achtung: Emails von Whitelist-Einträgen werden ohne Prüfung auf SPAM weitergeleitet. Emails von Blacklist-Einträgen werden ohne Prüfung abgewiesen.

Unter POP3 EINSTELLUNGEN sind die Festlegungen für den POP3 Email-Abrufdienst zu treffen, etwa ob alle Postfächer auf Viren und unerwünschte Anhänge gescannt werden oder ob nur mit bestimmten Postfächern so verfahren werden soll. SPAM-Mails werden mit einem Zusatz in der Betreffzeile markiert. Dieser Zusatz ist unter EDITIERE BETREFF, WENN SPAM: angegeben.

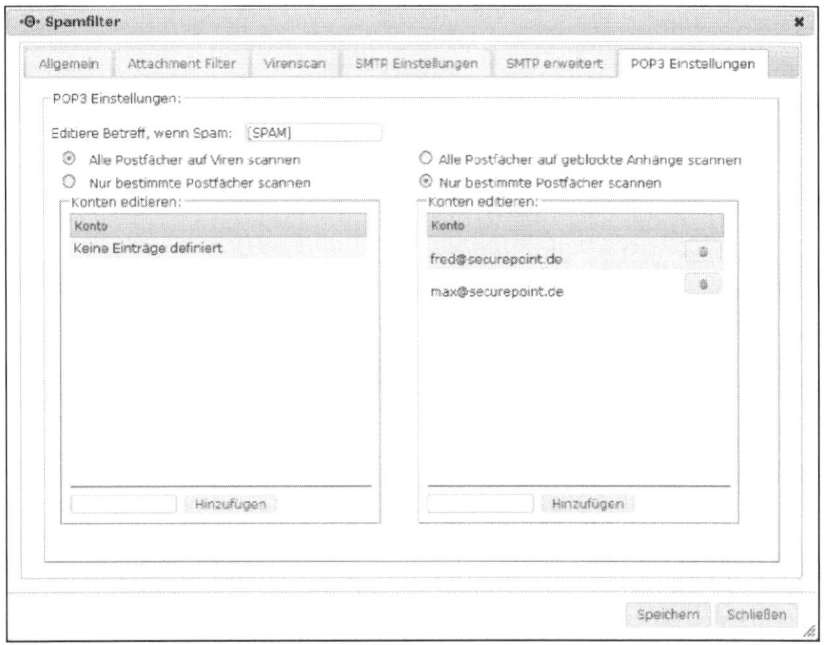

Bild 5.87: *POP3-Einstellungen für den SPAM-Filter. Links werden die Postfächer bestimmt, die auf Viren gescannt werden sollen, und rechts diejenigen, die auf unerwünschte Anhänge zu überprüfen sind.*

5.5.4 VNC Repeater

Virtual Networking Computing-Software (VNC) kann den Bildschirminhalt eines entfernten Computers auf einem lokalen Computer anzeigen. Die Tastatureingaben und Mausbewegungen des lokalen Computers werden an den entfernten Computer gesendet.

VNC-Software arbeitet als Client-Server-Anwendung, wobei der entfernte Computer den Server darstellt und der lokale den Client. Um diesen Verkehr durch die Firewall freizugeben, muss der Hostname oder die IP des entfernten Rechners angegeben werden sowie der Port, auf dem der VNC Repeater arbeitet.

Bild 5.88: *Unter ALLGEMEIN werden die vom Client (Viewer) und Server benutzten Ports hinterlegt.*

- **VNC Server IP:** Wird die Verbindung vom Client initiiert, leitet der VNC-Proxy die Anfrage an die hier zu spezifizierende IP-Adresse des Servers weiter.

- **VNC Server ID:** Baut der Server eine Verbindung zum VNC-Proxy auf, bekommt der Server eine ID zugewiesen, die hier anzugeben ist. Der Client verbindet sich über den Repeater mit dem Server und benutzt zur Identifizierung dann diese Server ID.

5.5.5 VoIP Proxy

Der VoIP-Proxy (Voice over IP) ist dafür gedacht, paketvermittelte Telefongespräche zu übertragen. Unterstützt wird SIP (Session Initiation Protocol) zum Aufbau einer Kommunikationssitzung und RTP (Real-Time Transport Protocol) zur Übertragung der Sprachdaten.

Unter ALLGEMEIN wird bei EINGEHENDE SCHNITTSTELLE ausgewählt, über welches Interface der SIP-Client den Proxy erreichen soll. Dementsprechend ist mit AUSGEHENDE SCHNITTSTELLE dasjenige Interface gemeint, über welches der Proxy die Daten ins Internet zu übertragen hat.

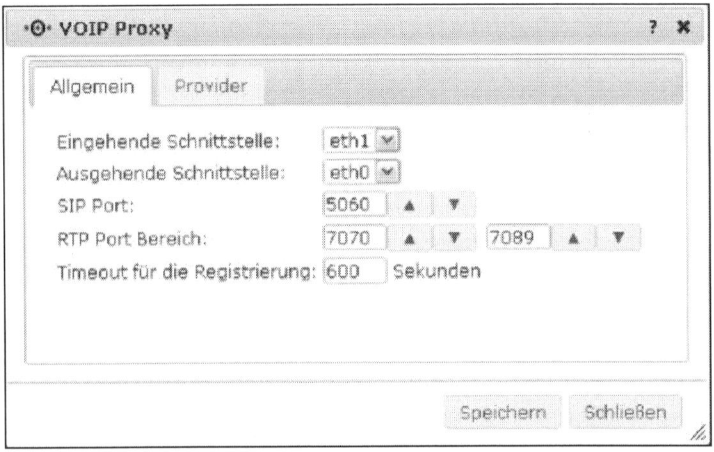

Bild 5.89: *Die Einstellungen für den VoIP Proxy.*

Bei SIP PORT wird festgelegt, auf welchem Port der Proxy die Daten erwartet, üblicherweise auf 5060. Der *RTP Port Bereich* ist dann noch dem im Client eingestelltem Port-Bereich anzupassen, und *Timeout* spezifiziert die maximal zulässige Zeit für die Reaktion des SIP-Servers des jeweiligen Providers, der auf der zweiten Seite unter PROVIDER zu bestimmen ist.

5.5.6 IDS

Ein *Intrusion Detection System* (IDS) ist ein System zur Erkennung von Angriffen auf das Netzwerk. Das IDS analysiert alle Pakete, die über die Appliance laufen und meldet verdächtige Aktivitäten.

Dabei werden die Signaturen der Pakete mit bekannten Angriffssignaturen aus der Datenbank verglichen, um Angriffe auf das Netzwerk zu erkennen. Im IDS-Dialog (Bild 5.90) können über 50 IDS-Regeln ausgewählt werden, deren Signaturen für die Analyse eingesetzt werden sollen.

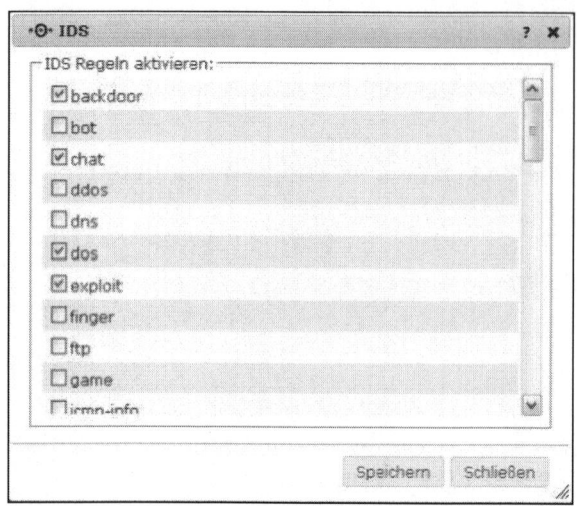

Bild 5.90: *Auswahl der IDS-Regeln.*

Tipp: Es ist sinnvoll, nur den Traffic zu analysieren, der auch im Netzwerk befindliche Systeme betrifft. Andernfalls wird die Appliance nur unnötig belastet. Die IDS-Regeln sind also mit Bedacht auszuwählen.

5.5.7 Nameserver

Die Securepoit-Software bietet unter *Nameserver* die Möglichkeit an, dass Anfragen, die an den lokalen Nameserver gerichtet sind, an andere Nameserver weitergeleitet werden. Von den externen Nameservern zurückgelieferte IP-Adressen werden dann an die anfragende Anwendung oder den anfragenden Dienst übermittelt. Hierfür ist lediglich die IP-Adresse des Nameservers in der Dialogbox einzutragen, wobei auch eine Domainweiterleitung (z.B. zuhause.net nach zuhause.com) bestimmt werden kann.

5.5.8 Anwendungsstatus

Unter *Anwendungsstatus* werden alle Dienste der Firewall aufgeführt und ihr momentaner Status angezeigt. Von hieraus kann ein Dienst gestartet, gestoppt oder auch neu gestartet werden, wofür einzelne Buttons vorhanden sind. Bei einem aktiven Dienst ist die An-Schaltfläche grün beschriftet, bei einem inaktiven Dienst ist die Aus-Schaltfläche rot beschriftet.

Bild 5.91: *Alle Dienste können hier gestoppt, gestartet oder auch neu gestartet werden.*

Außerdem wird an dieser Stelle festgelegt, welche Dienste in einer Hochverfügbarkeitsumgebung beim Ausfall einen Wechsel auf die Sparemaschine auslösen. Beim Betrieb einer Hochverfügbarkeitsumgebung ist für Dienste, die immer verfügbar sein sollen, grundsätzlich die Option CLUSTER PROTECTION (dritte Spalte) auf An zu schalten.

 **Achtung:** **Nicht alle Dienste werden stets automatisch gestartet, wenn sie – von einer bestimmten Regel – gebraucht werden. Deshalb ist bei einer anzunehmenden Fehlfunktion der jeweils dazugehörige Dienststatus (z. B. POP3 Proxy, IPSec-Server) unbedingt zu überprüfen. Mitunter löst ein Neustart des Dienstes das vermeintliche Problem.**

6 Netzwerk-Integration

Eine UTM-Appliance muss sich einerseits funktionstechnisch in einem LAN integrieren lassen, um als Bestandteil des Netzwerkes zu fungieren, welches über Switches und Router, verschiedene Server, Clients und sonstige netzwerkfähige Einheiten wie Netzwerkdrucker oder auch NAS-Geräte verfügt.

Andererseits wird über die Appliance die Verbindung zum Internet hergestellt, was nach bestimmten Sicherheitskriterien erfolgt, damit nur die gewünschten Dienste und Funktionen angewendet werden können und keine Gefahr für die Daten im LAN besteht.

Im Idealfall tritt die Appliance für den Anwender überhaupt nicht in Erscheinung, sondern verrichtet ihren Dienst nach entsprechender Konfigurierung quasi im Hintergrund. Die Anwender müssen sich nur einmal im Netzwerk authentifizieren und haben dadurch einen sicheren Zugriff auf die für sie vorgesehenen Netzwerk-Ressourcen.

Nach der grundlegenden Konfigurierung, wie sie in den vorangegangenen Kapiteln erläutert wurde, geht es hier um erweiterte Funktionen, anhand derer die Appliance mit anderen Netzwerkeinheiten kommuniziert.

6.1 Authentifizierung

Im Menü AUTHENTIFIZIERUNG sind verschiedene Methoden für die Identitätsüberprüfung von Benutzern zu finden.

- **Benutzer:** Standardmäßig gibt es hier einen einzigen Benutzer. Dies ist der System-Administrator (admin), der die Firewall administriert. Prinzipiell können hier weitere Benutzer angelegt werden, die explizit einer bestimmten Gruppe (Admin, VPN, SPUVA User, HTTP Proxy usw.) zuzuordnen sind. Üblicherweise kann auf diese Möglichkeit verzichtet werden, wenn stattdessen eine externe Authentifizierung zum Einsatz kommt.

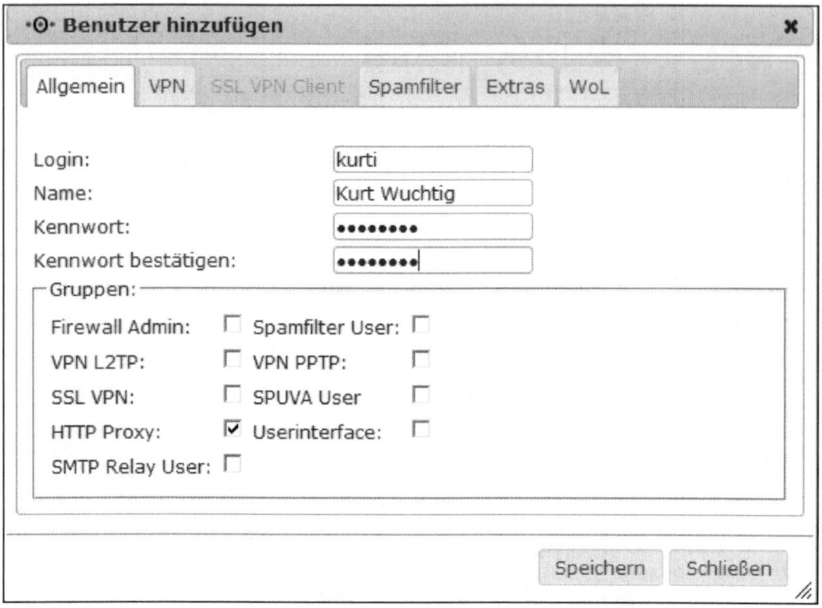

Bild 6.1: *Anlegen eines neuen lokalen Appliance-Benutzers für die Verwendung des HTTP-Proxy.*

- **Externe Authentifizierung:** Eine der hier zu findenden Methoden (Radius, LDAP, Kerberos) kann für eine zentrale Authentifizierung mit einem entsprechenden Server im Netzwerk eingesetzt werden.

- **RSA Schlüssel:** Die RSA-Verschlüsselung, benannt nach ihren Entwicklern (Rivest, Shamir, Adleman), ist ein asymmetrisches Verfahren, welches ein Schlüsselpaar (privat, öffentlich) für eine *digitale Signatur* verwendet. Der private Schlüssel wird geheim gehalten und kann nur mit hohem Aufwand aus einem öffentlichen Schlüssel berechnet werden. Im Menü sind Schlüssellängen von 512 bis 4096 Bit für die hier anzulegenden Schlüssel, die auch exportier- und importierbar sind, einzustellen.

- **Zertifikate:** Die Zertifikate werden zur Authentifizierung von VPN-Benutzern verwendet. Ein Zertifikat ist eine Identitätsbescheinigung, die eine digitale Signatur mit den Angaben über den Inhaber enthält. Näheres hierzu ist im Kapitel 6.3 angegeben.

Die externe Authentifizierung erlaubt eine Integration der Appliance in bereits bestehende Netzwerktopologien. Angeboten wird die Anmeldung an einen Radius- und an einen LDAP-Server.

Auf der Registerkarte RADIUS sind die Zugangsdaten für den im LAN befindlichen RADIUS-Server anzugeben. Dies sind die IP-Adresse oder der Host-Name des Servers sowie ein Kennwort für den Zugang zum Radius Server, was hier als *Gemeinsamer Schlüssel* bezeichnet wird. Auf der Serverseite ist dieser Schlüssel ebenfalls anzugeben (vgl. Bild 6.6), was im folgenden Kapitel noch genauer erläutert wird.

Bild 6.2: *Externe Authentifizierung mit RADIUS für die Appliance festlegen.*

Die Konfigurierung einer externen Authentifizierung bedeutet in der Praxis, dass der Administrator sich mit den grundlegenden Funktionen und Konfigurationsmechanismen des Active Directory auskennen muss. Denn eine Authentifizierung per LDAP (Lightweight Directory Access Protocol) hat üblicherweise das Anlegen neuer Gruppen und Benutzer im Active Directory mit den entsprechenden Zugriffsrechten zur Folge.

Für den HTTP-Proxy kann außerdem eine Authentifizierung über den Kerberos-Dienst gewählt werden. Hierfür sind die entsprechende Domäne und der Server anzugeben, der das Active Directory (AD Server) steuert und somit den Kerberos-Dienst zur Verfügung stellt. Beide Methoden sollen hier nicht weiter betrachtet werden, sondern stattdessen die Konfigurierung mit einem RADIUS-Server.

273

6.1.1 RADIUS-Konfigurierung auf Serverseite

Der *Remote Authentification Dial-In User Service* (RADIUS) ist ein Client-Server-Protokoll, das zur Authentifizierung von Benutzern bei Einwahlverbindungen in ein Computernetzwerk dient.

Mithilfe der Appliance kann eine Proxy-Authentifizierung über Radius durchgeführt werden. Windows bietet hierfür mit dem Internetauthentifizierungsdienst (IAS) die passende Unterstützung, um Radius- kompatible Abfragen entsprechend verarbeiten zu können. Hierfür sind die folgenden Schritte auszuführen:

- Installieren des Internetauthentifizierungsdienstes (IAS)

- Bekanntmachen des IAS im Active Directory – Registrieren

- Appliance als RADIUS-Client festlegen

- Spezifizieren des Gemeinsamen Schlüssels

- RAS-Richtlinie erstellen/bearbeiten

- Einwählen der Benutzer festlegen, Zugriff gestatten

- Proxy-Regel für die Appliance aktivieren/erstellen

- Beim Internet-Browser den HTTP-Proxy über Port 8080 festlegen

Der Internetauthentifizierungsdienst muss auf dem Windows Server, der den RADIUS-Mechanismus zur Verfügung stellt, installiert sein. Falls er noch nicht zur Verfügung stehen sollte ist, kann dies über SYSTEMSTEUERUNG - SOFTWARE - WINDOWS KOMPONENTEN HINZUFÜGEN - NETZWERKDIENSTE - INTERNETAUTHENTIFIZIERUNGSDIENST nachgeholt werden.

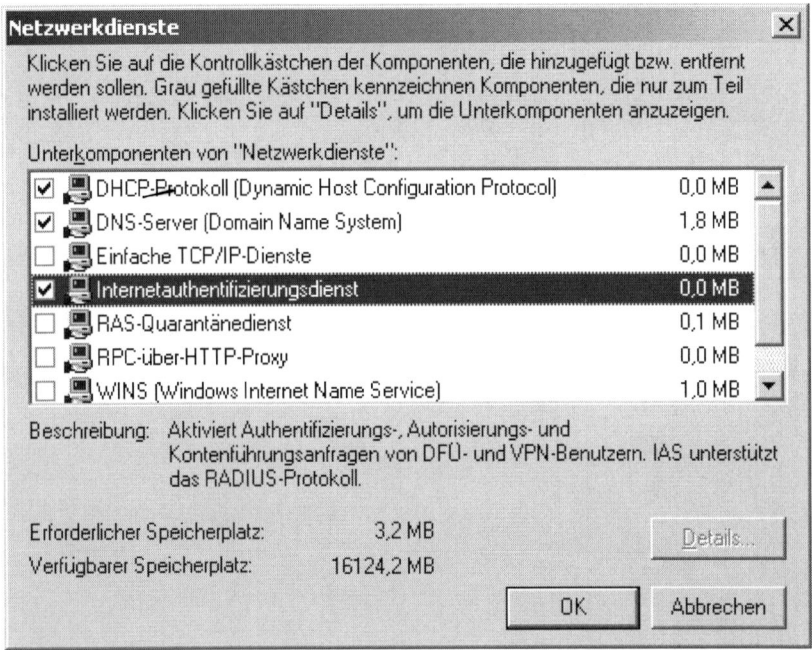

Bild 6.3: *Hinzufügen des Internetauthentifizierungsdienstes unter Windows Server 2003.*

Nach der Installation steht der Dienst unter *Verwaltung* für die Konfigurierung zur Verfügung. Als erstes muss der IAS dem Active Directory bekannt gemacht werden. Dies geschieht über einen Rechtsklick auf Internetauthentifizierungsdienst (lokal) und SERVER IM ACTIVE DIRECTORY REGISTRIEREN.

Achtung: **Der Aufruf des IAS funktioniert nach dem Hinzufügen auch über die *Windows Management Console* (MMC) mit der Eingabe von *ias.msc* unter AUSFÜHREN oder in der Eingabeaufforderung.**

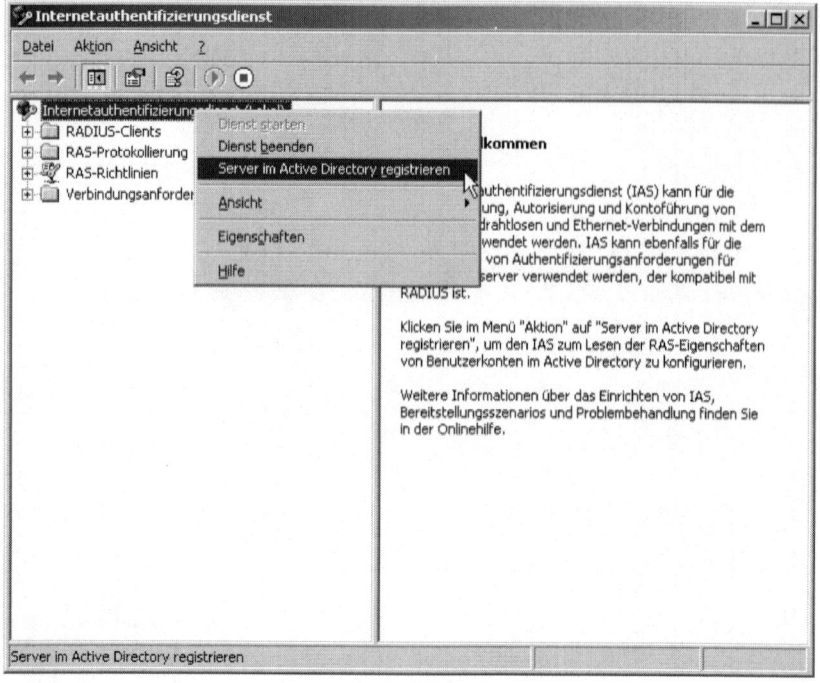

Bild 6.4: *Den IAS im Active Directory registrieren.*

Anschließend muss die Securepoint Appliance als neuer RADIUS-Client angelegt werden, was mit einem Rechtsklick auf *RADIUS-Clients* und der Selektierung von NEUER RADIUS-CLIENT ausgeführt wird.

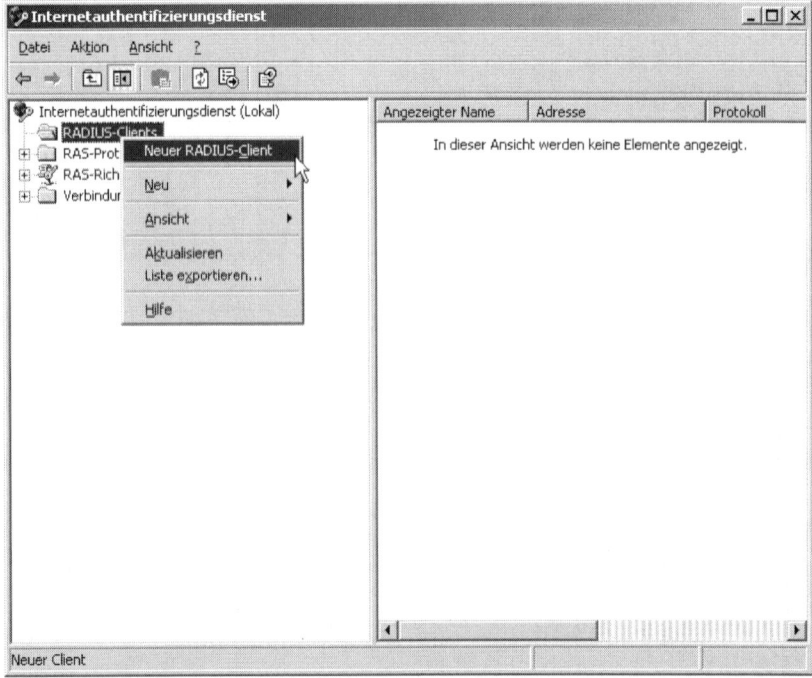

Bild 6.5: *Die Appliance als RADIUS-Client festlegen.*

Der angezeigte Name ist frei wählbar. Falls ein DNS-Eintrag für die Firewall existiert, kann dieser bei der Client-Adresse angegeben werden, ansonsten ist hier die IP-Adresse einzutragen. Im nächsten Schritt ist der Gemeinsame Schlüssel zu spezifizieren, der auch bei der Konfigurierung der Appliance (vgl. Bild 6.2) verlangt wird.

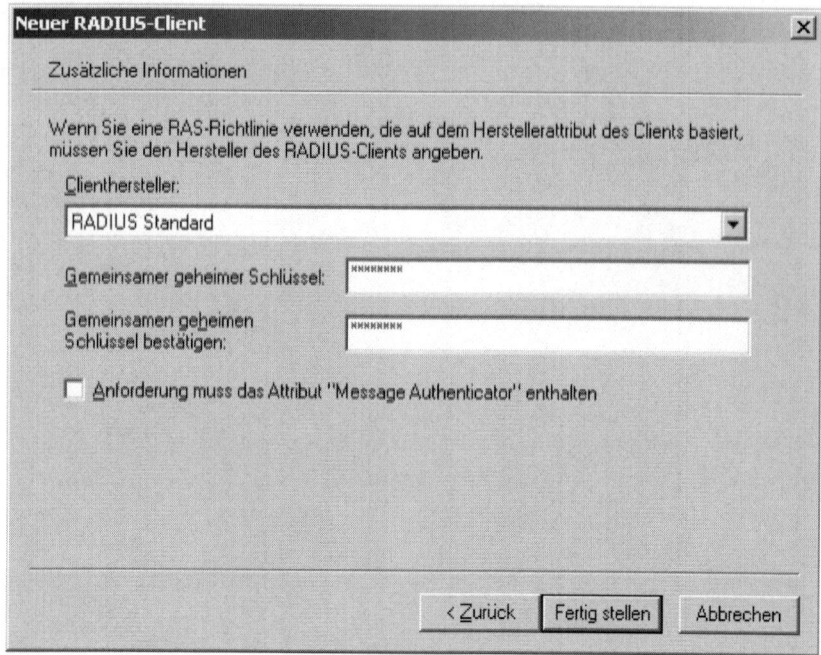

Bild 6.6: *Bestimmen des Gemeinsamen Schlüssels.*

Neben dem Radius-Client ist noch eine RAS-Richtline erforderlich. Eine vordefinierte Regel sollte bereits existieren, sie muss dann lediglich bearbeitet werden. Hierzu ist auf EIGENSCHAFTEN (Bild 6.7) zu klicken.

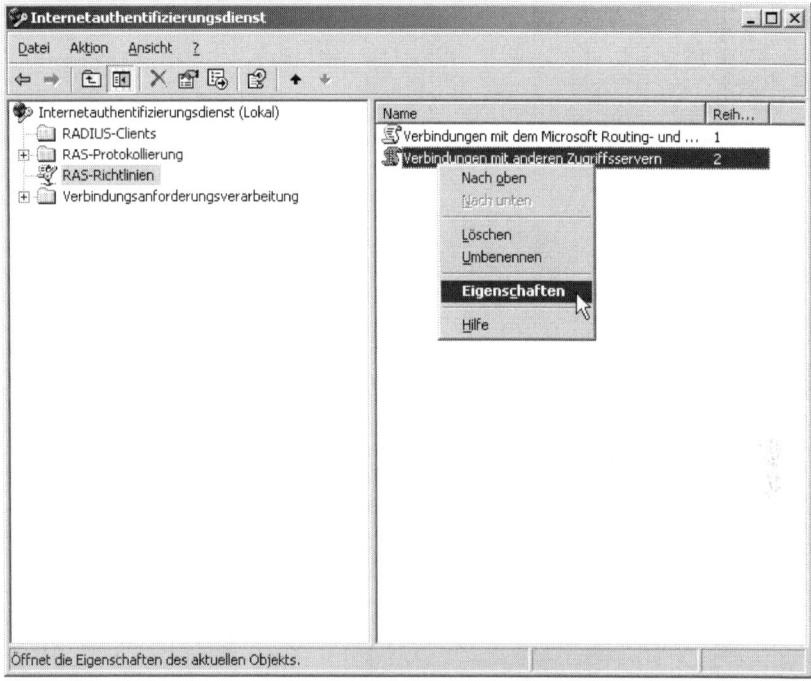

Bild 6.7: *Die Eigenschaften der zweiten RAS-Richtlinie sind anzupassen.*

Für diese Richtlinie soll die RAS-Berechtigung erteilt werden, was über die Bearbeitung des Profils mithilfe von ERWEITERT erfolgt. An dieser Stelle muss ein Attribut hinzugefügt werden, was über HINZUFÜGEN initiiert wird. Einzugeben sind dann als Name SERVICE-TYPE und als Attributwert LOGIN.

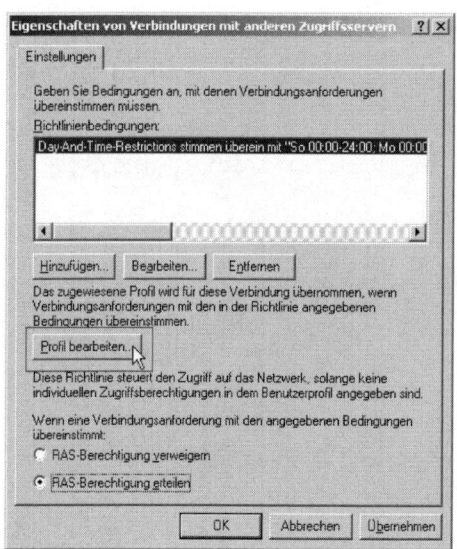

Bild 6.8: *Das Profil soll bearbeitet werden.*

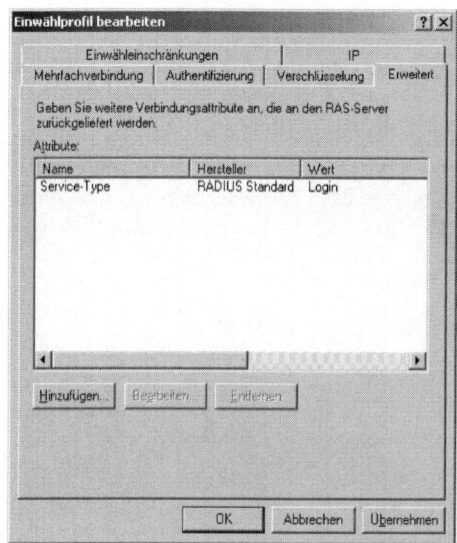

Bild 6.9: *Die Einstellungen sind erfolgt und können jetzt übernommen werden.*

Die IAS-Konfiguration ist damit fast abgeschlossen. Jedem Benutzer, der den Proxy für den Internet-Zugang verwenden darf, muss allerdings noch das Einwählen einzeln gestattet werden, was auf der jeweiligen Benutzerseite unter den *Eigenschaften des Benutzers* (hier Securepoint Support) über EINWÄHLEN - ZUGRIFF GESTATTEN erfolgt.

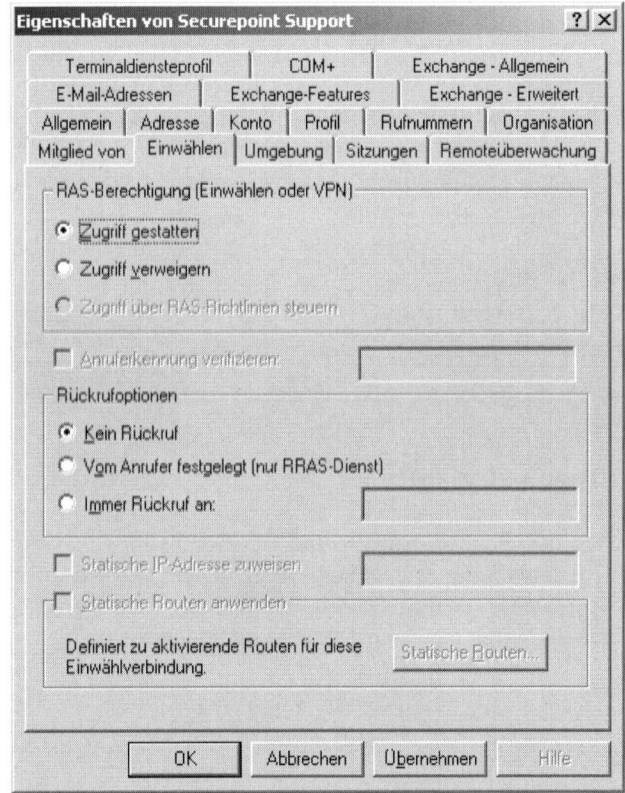

Bild 6.10: *Den einzelnen Benutzern muss das Einwählen vom Server her gestattet werden.*

Damit der Internetzugriff stets über den Proxy erfolgt, ist für die Appliance eine entsprechende Regel (Quelle: Internal Network, Ziel: Internal Interface, Dienst: Proxy) notwendig, wie es bereits erläutert wurde (siehe beispielsweise Kapitel 4.6).

Dabei ist grundsätzlich zu beachten, dass nicht (aus Versehen) durch eine weitere Regel der Firewall diese eingeschränkte Zugriffmöglichkeit auf das Internet mit Benutzer-Authentifizierung wieder aufgehoben wird, was letztendlich durch Ein- und Ausschalten der Regeln überprüft werden kann. Keine Proxy-Regel bedeutet konsequenterweise, dass dann kein Zugriff auf das Internet möglich ist.

Außerdem muss bei den Einstellungen des jeweiligen Internet-Browsers der HTTP-Proxy mit der Appliance-IP-Adresse und dem Port 8080 eingestellt werden. Dies ist der Standard-Port für den Proxy, der, wenn es gewünscht wird, auch geändert werden kann, wie es beim HTTP-Proxy im Kapitel 5.5.1 erläutert ist. Wichtig ist außerdem, dass unter ANWENDUNGEN - HTTP-PROXY - ALLGEMEIN die Art der Authentifizierung (Keine, Lokal, Radius, LDAP, NTLM) noch explizit angeklickt wird.

 **Hinweis: Die gewünschte Art der Authentifizierung ist auch auf der Seite ANWENDUNGEN - HTTP-PROXY - ALLGEMEIN entsprechend anzuklicken.**

Beim Aufruf des Internet-Browsers wird bei korrekt arbeitender RADIUS-Authentifizierung ein Anmeldefenster erscheinen, in welchem von der Appliance die Eingabe des Benutzernamens und das Kennwortes verlangt wird, also eine weitere – nach der Anmeldung an der Domäne, wobei der Domänen- und der Appliance-Account derselbe ist. Nur nach erfolgreicher Authentifizierung kann daraufhin ein Zugriff auf das Internet erfolgen.

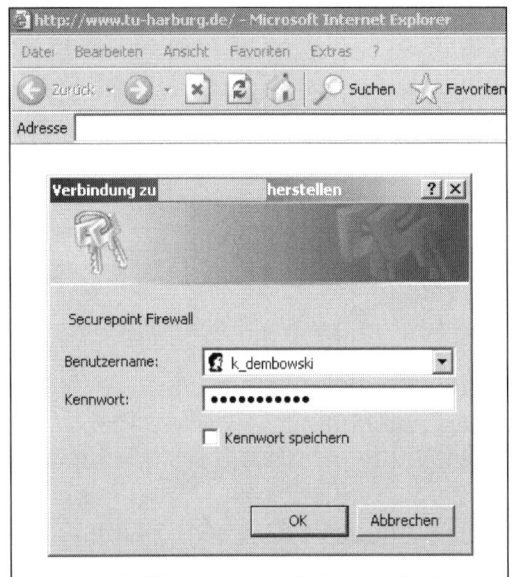

Bild 6.11: *Das Anmeldefenster für die Authentifizierung gemäß RADIUS.*

6.2 VPNs konfigurieren

Ein *Virtual Private Network* (VPN, siehe auch Kapitel 2.5) verbindet einzelne entfernte Computer oder Netzwerke mit einem LAN. Dies geschieht mithilfe einer Tunnelverbindung im Internet. Dadurch wirkt ein VPN für den Benutzer wie eine normale Netzwerkverbindung zum Zielcomputer.

Das VPN stellt dem Benutzer eine virtuelle IP-Verbindung zur Verfügung. Die über diese Verbindung übertragenen Datenpakete werden am Client verschlüsselt und von der Securepoint-Firewall wieder entschlüsselt und umgekehrt. In der Menüleiste des Web-Cockpits gibt es ein eigenes Menü für die Konfigurierung unterschiedlicher VPN-Verbindungen.

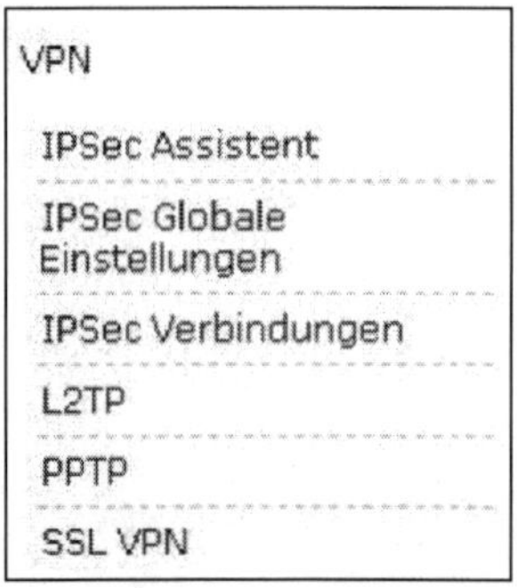

```
VPN

  IPSec Assistent

  IPSec Globale
  Einstellungen

  IPSec Verbindungen

  L2TP

  PPTP

  SSL VPN
```

Bild 6.12: *Die Optionen im VPN-Menü.*

Zur Übertragung der Daten werden verschiedene Protokolle (PPTP, L2TP, SSL) benutzt, die sich in puncto Sicherheitsgrad und Komplexität voneinander unterscheiden.

- **IPSec Assistent:** Assistent zum Erstellen einer VPN Verbindung mit IPSec (Internet Protocol Security)

- **IPSec Globale Einstellungen:** Allgemeine Einstellungen für alle IPSec-Verbindungen.

- **IPSec Verbindungen:** Editieren und Löschen von IPSec-Verbindungen.

- **L2TP:** Einstellungen für die Verbindung mit dem *Layer 2 Tunneling Protocol (L2TP)*. Das Protokoll wird automatisch von Windows unterstützt.

- **PPTP:** Einstellungen für die Verbindung mit dem *Point to Point Tunneling Protocol*. PPTP benutzt keine umfassende Verschlüsselung und sollte daher nur noch in Ausnahmefällen für VPNs genutzt werden. Es wird ebenfalls direkt von Windows unterstützt.

- **SSL VPN:** Einstellungen für das TLS/SSL-Verschlüsselungsprotokoll, womit standardmäßig nur auf Webinhalte, nicht jedoch auf die Dateiebene zugegriffen werden kann. Bei der Securepoint-Lösung gibt es diese Einschränkung nicht und zusätzlich ist ein Server-Zertifikat notwendig.

Für Anwender, die nur einen Zugriff auf ihr Heimnetzwerk benötigen ist, ist wegen seiner einfacheren Verwaltung ein VPN mit SSL (Secure Socket Layer) zu empfehlen. Hier muss nicht auf jedem Endgerät ein IPSec VPN-Client installiert und konfiguriert werden, sondern die Verbindung kann mithilfe eines üblichen Webbrowsers hergestellt werden, was somit einen Zugang mit unterschiedlichsten mobilen Endgeräten ermöglicht.

Außerdem ist bei SSL, im Gegensatz zu IPSec, wo die Anwender Client-Software bedienen und Probleme bei der Client-Anwendung beheben können müssen, eher nicht mit Ärgernissen und Akzeptanzproblemen (bei den Anwendern) zu rechnen.

Je mehr feste Standorte mit einem VPN zu verbinden sind, desto eher bietet sich eine IPSec-Lösung an, da sie für den Verkehr zwischen zwei festen Punkten im Internet eine bessere Performance bietet, etwa für Remote-Standorte, die auf das gesamte Firmen-LAN zugreifen müssen.

 **Hinweis: Im Allgemeinen empfiehlt es sich, für die Verbindung zweier Niederlassungen IPSec und für den Zugang von Remote-Benutzern zu diesen Niederlassungen SSL einzusetzen.**

Für eine VPN-Verbindung ist es prinzipiell notwendig, dass ein VPN-Server (eingehende Verbindung) im LAN und ein VPN-Client (ausgehende Verbindung), der darauf von außerhalb zugreifen darf, deklariert werden. Windows bietet hierfür die passende Unterstützung standardmäßig mit PPTP und L2TP. Den Ausgangspunkt für die Konfigurierung bildet dabei das Netzwerk- und Freigabecenter.

6.2.1 Der IPSec-Assistent

Der IPSec-Standard steht im Ruf, schwierig in der Konfiguration und im Betrieb zu sein. Schuld daran ist zum größten Teil die hohe Komplexität des Schlüsselaustausch-Protokolls IKE. Die Version 2 des Internet Key Exchange- Protokolls (IKEv2) ist angetreten, um das Aufsetzen von VPNs einfacher, flexibler und weniger fehleranfällig zu gestalten.

Gleichwohl bleibt an der Appliance einiges an Arbeit zu tun, damit die Verbindungen entsprechend geschaltet und verwaltet werden können. Der Assistent zur Erstellung VPN-Verbindungen mit IPSec führt Schritt für Schritt durch die einzelnen Konfigurationspunkte, was die Erstellung und Konfigurierung von Verbindungen sehr vereinfacht.

Grundsätzlich kann hier zwischen zwei unterschiedlichen Verbindungs-varianten gewählt werden: Site-to-Side oder Site-to-End, letzteres wird bei Securepoint auch als *Roadwarrior* bezeichnet.

Site-to-Site

Verbindet zwei Netzwerke miteinander, beispielsweise das lokale Netzwerk einer Hauptstelle mit dem lokalen Netzwerk einer Filiale.

Die Authentifizierung wird dabei entweder über einen *Preshared Key* (PSK) vorgenommen, wofür ein Kennwort eingesetzt wird, welches beiden Verbindungspartnern bekannt ist.

Oder aber es erfolgt eine Authentifizierung per Zertifikat. Hierfür gibt es zwei verschiedene Internet Key Exchange-Methoden (IKE Version 1, IKE Version 2), die zum Einsatz kommen können.

Site-to-End (Roadwarrior)

Verbindet einen oder mehrere einzelne Computer mit einem lokalen Netzwerk. Beispielsweise können sich Außendienstmitarbeiter mithilfe ihres Laptops oder auch PDAs mit dem Netzwerk ihrer Zentrale verbinden.

Die Verbindung wird entweder mithilfe eines so genannten Native IPSec-Clients oder mit dem *Layer 2 Tunneling Protocol* aufgebaut (L2TP). L2TP ist die Kombination aus PPT- und L2F-Protokoll.

Separate IPSec-Clients, die dann auf dem Laptop (Roadwarrior) zu installieren sind, gibt es etwa von Greenbow oder NCP. Windows 7 verfügt als erstes Microsoft-Betriebssystem von Hause aus über die passende Native IPSec-Client-Unterstützung.

Die Authentifizierung kann dabei wie bei Site-to-Site entweder über einen *Preshared Key* (PSK) oder mit einem Zertifikat vorgenommen werden, wofür ebenfalls IKE Version 1 und IKE Version 2 zur Verfügung stehen.

Beim Einsatz des *Layer 2 Tunneling Protocol (L2TP)* ist IPSec zwangsläufig notwendig, weil L2TP selbst nicht über Authentifizierungs-, Integritäts- und Verschlüsselungsmechanismen verfügt. Als Authentifizierungsmethoden stehen auch hier wieder *per Preshared Key* (PSK) oder *per Zertifikat* (mit IKE Version 2) zur Verfügung.

Um eine Authentifizierung mithilfe von Zertifikaten durchzuführen, sind zunächst welche zu erzeugen, was im Kapitel 6.3 näher erläutert wird.

Neben der Authentifizierung mittels Zertifikat oder Preshared Key ist es ab der Firewall Version 10.3 auch noch möglich, mit einem RSA-Schlüsselpaar (local, remote) zu arbeiten, wobei die Schlüssel auch erst von der Appliance generiert (unter Authentifizierung – RSA Schlüssel) bzw. importiert werden müssen.

Im Folgenden solle deshalb als Beispiel eine Site-to-End-Verbindung (Roadwarrior) mit einem Native IPSec-Client unter Verwendung eines Preshared Key und der Internet Key Exchange-Methode IKE Version 1 angelegt werden.

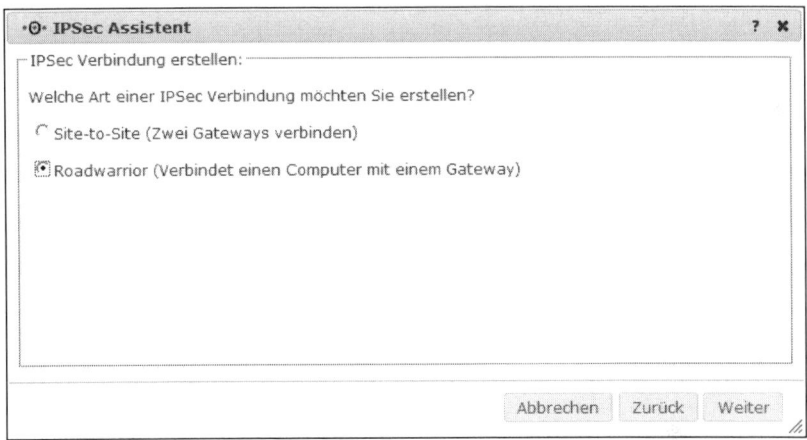

Bild 6.13: *Nach einem Klick auf den IPSec-Assistenten gilt es als Erstes die Art der Verbindung auszuwählen.*

Nach der Bestätigung, dass eine Roadwarrior-Verbindung angelegt werden soll, ist als Nächstes ein Verbindungsname anzugeben, der dann später unter dem Menüpunkt IPSEC VERBINDUNGEN auftauchen wird.

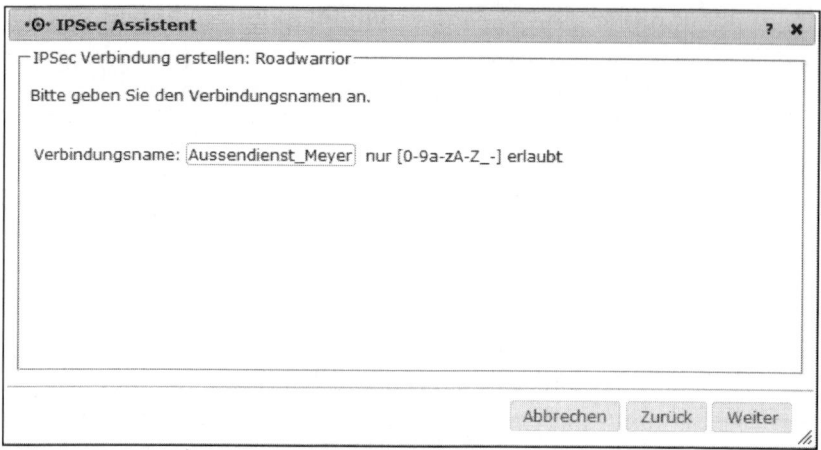

Bild 6.14: *Der Name für die Verbindung darf keine Leer- und nur zwei spezielle Sonderzeichen (Bindestrich oder Unterstrich) enthalten.*

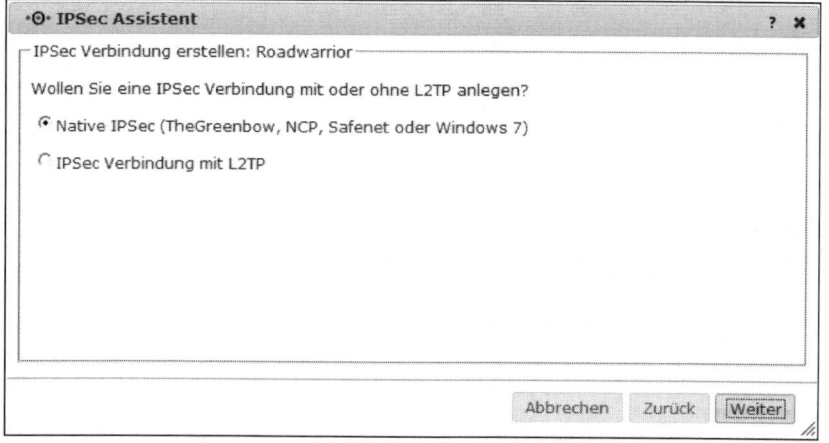

Bild 6.15: *Auswählen einer Native IPSec-Verbindung, die auch direkt von Windows 7 unterstützt wird.*

Für die Native IPSec-Verbindung wird als Preshared Key *geheim* ausgewählt, wie es im Bild 6.16 zu erkennen ist. Danach wird das Gateway des LANs abgefragt, was üblicherweise dem externen Appliance-Anschluss (eth0) entspricht, dessen IP-Adresse für die Verbindung übernommen wird. Dieses Fenster (Bild 6.17) muss deshalb auch nur bestätigt werden.

Bild 6.16: *Eingabe des Preshared Key und weiter mit IKE Version 1.*

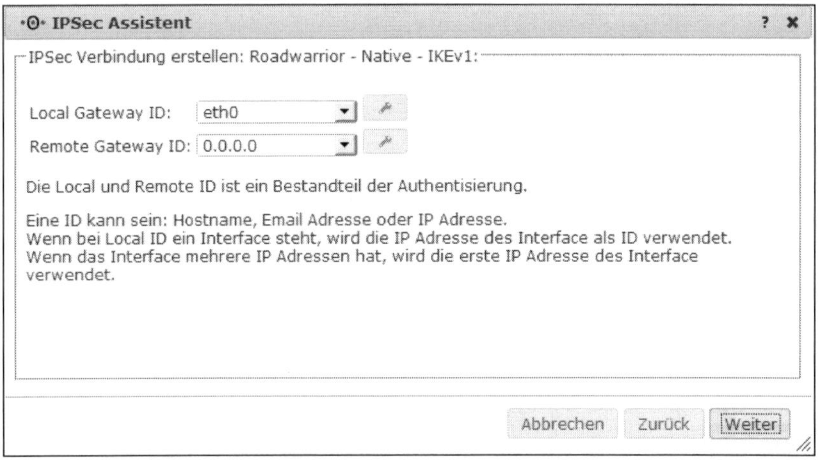

Bild 6.17: *Es reicht die Angabe, dass eth0 (extern) als Gateway für das VPN verwendet wird.*

Im letzten Schritt des IPSec-Assistenten ist lediglich die Adresse anzugeben, die der Roadwarrior zugeteilt bekommen soll, damit er sich beim Verbindungsaufbau wie ein lokaler Computer in das LAN einklinken kann. Die IP-Adresse des lokalen Netzwerks sowie die dazugehörige Maske werden vom Assistenten automatisch korrekt vorgeschlagen.

Die Option *Firewall Regeln automatisch erstellen* (Automatically create firewall rules) sorgt dafür, dass automatisch eine Regel für das VPN im Portfilter der Firewall angelegt wird, sofern diese noch nicht vorhanden sein sollte.

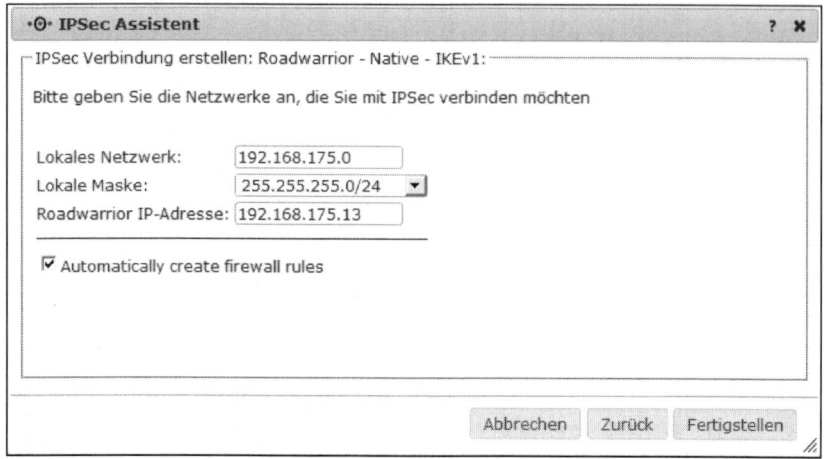

Bild 6.18: *Angabe der Roadwarrior IP-Adresse.*

6.2.2 IPSec globale Einstellungen

Im Menü IPSEC GLOBALE EINSTELLUNGEN werden allgemeine Dinge festgelegt, die für alle IPSec VPN-Verbindungen gelten.

Auf der Registerkarte ALLGEMEIN steht die Funktion *NAT Traversal* zur Verfügung, die verhindert, dass die IPSec-Pakete durch die Adressumsetzung manipuliert werden können, so dass diese dann zu verwerfen sind. Das ist insbesondere dann der Fall, wenn sich mobile Nutzer, die selbst hinter einem NAT-Gerät positioniert sind, verbinden möchten.

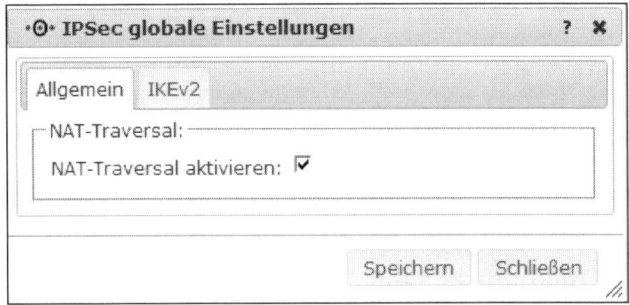

Bild 6.19: *Globale Einstellungen für IPSec.*

Internet Key Exchange

Das Protokoll *Internet Key Exchange* (IKE) wird zum Verwalten und Austauschen von IPSec-Schlüsseln benutzt. Es regelt den Aufbau einer Verbindung und dient der Authentifizierung der Kommunikationspartner und der Aushandlung der Verschlüsselungsparameter sowie der Generierung der Schlüssel.

Die Komplexität dieses Protokolls erschwert die Konfiguration einer IPSec-Verbindung gerade mit verschiedenen Endgeräten. Die neue Version des IKE-Protokolls (IKEv2) entschärft diese Problematik, ermöglicht einen schnelleren Verbindungsaufbau und eine stabilere Verbindung. Mittlerweile wird diese Version von vielen Programmen unterstützt und ist auch in Microsoft Windows 7 implementiert.

Bild 6.20: *Die IKE2-Einstellungen bestehen lediglich aus Angaben zum DNS- oder auch zu einem WINS-Server.*

In dem IKE2-Dialog werden die IP-Adressen des DNS-Servers und/oder die des WINS-Server (Windows Internet Name Service) hinterlegt, die dann den Gegenstellen übermittelt werden.

6.2.3 IPSec-Verbindungen

Auf der Seite *IPSec-Verbindungen* sind alle bereits konfigurierten nativen IPSec- und L2TP VPN-Verbindungen aufgeführt. Von hier aus können die Verbindungen bearbeitet, gelöscht, geladen, gestartet und gestoppt werden.

Außerdem lässt sich hier der jeweilige Status der Verbindungen in verschiedenen Phasen ablesen. Dies ist zweifellos eine sinnvolle Option, denn nicht selten scheitert der Verbindungsaufbau wegen minimaler Einstellungsunterschiede auf den Endgeräten. Die Fülle der kryptografischen Optionen beim Einrichten einer Verbindung lassen einen Administrator oftmals schier verzweifeln, was unter Umständen zu unsicheren Konfigurationen führt, damit es überhaupt zu einer Verbindung kommt.

Für L2TP werden mit der Erstellung durch den IPSec-Wizard jeweils zwei Verbindungen angelegt. Eine trägt den vergebenen Namen und die zweite den Zusatz _2. Die zweite Verbindung ist für Clients notwendig, die Microsoft Windows Vista oder Windows 7 benutzen, weil das

Betriebssystem hier als weiterer Parameter ein Subnetz erfordert. Die Appliance entscheidet beim Verbindungsaufbau des Clients, welche der Verbindungen jeweils zu nutzen ist.

Eine IPSec-Verbindung ist in zwei Phasen aufgeteilt. In der ersten handeln die beiden Verbindungspartner die Verschlüsselungsvereinbarung und die Authentifizierung aus. Das Internet Key Exchange-Protokoll definiert dabei, wie Sicherheitsparameter vereinbart und gemeinsame Schlüssel ausgetauscht werden sollen.

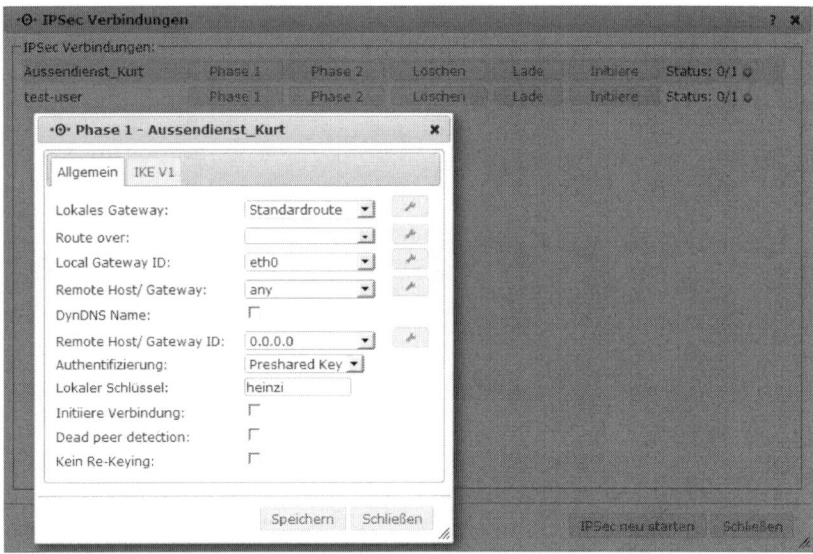

Bild 6.21: *Die Daten der Phase 1 einer vorhandenen VPN-Verbindung.*

In der zweiten Phase wird neues Schlüsselmaterial ohne Einbezug von vorherigen Schlüsseln erzeugt. Dadurch kann von vorherigen Schlüsseln nicht auf die neuen Schlüssel geschlossen werden.

Für die manuelle Bearbeitung der IPSec-Verbindungen sind tiefergreifende Kenntnisse über IPSec und die einzelnen Verbindungsparameter notwendig, so dass sich nur diejenigen Administratoren daran wagen sollten, die genau wissen, was die Optionen im Einzelnen bedeuten und bewirken.

In den meisten Fällen ist dies nicht notwendig, denn falls eine Verbindung nicht wie gewünscht funktionieren sollte, kann mit dem Assistenten recht schnell eine neue zusammengeklickt und daraufhin ausprobiert werden.

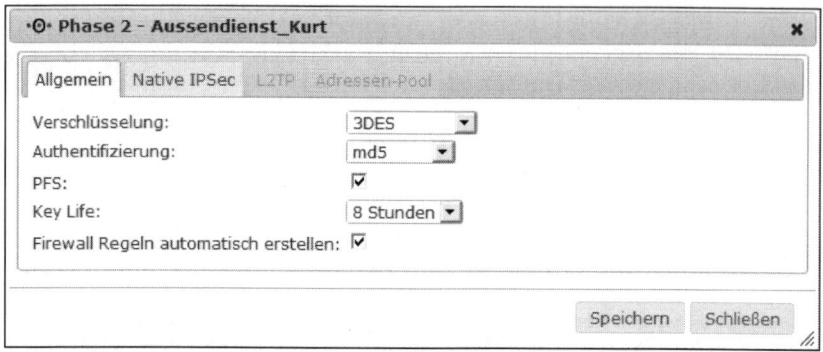

Bild 6.22: *Die Daten der Phase 2, wobei unter Native IPSec lediglich das dazugehörige Subnetz angegeben ist.*

6.2.4 LTTP und PPTP

Für die grundlegenden Einstellungen beim *Layer 2 Tunneling Protocol* (L2TP) und beim *Point to Point Tunneling Protocol (*PPTP) gibt es jeweils eine eigene   Konfigurationsseite, wobei die Einstellungsoptionen fast identisch sind und deshalb hier gemeinsam behandelt werden.

Bei LOKALE L2TP IP ist die IP-Adresse anzugeben, die vom L2TP-Interface benutzt werden soll. Dabei existiert kein explizites L2TP-Interface, vielmehr wird diese IP-Adresse als virtuelle Adresse an das externe Interface gebunden.

Unter L2TP ADRESSEN-POOL ist ein L2TP-Adressbereich einstellbar, der im gleichen Subnetz wie die L2TP IP-Adresse liegen muss. Das linke Feld bezeichnet den Anfang und das rechte Feld das Ende des Bereichs. Der Endwert orientiert sich automatisch am Anfangswert.

Die *Maximum Transmission Unit* (MTU) sollte den Standardwert von 1300 behalten. Im Bereich AUTHENTIFIZIERUNG wird festgelegt, auf welche Art und Weise sich die Benutzer zu authentifizieren haben. Möglich ist eine Authentifizierung an der lokalen Datenbank der Appliance, an einem Radius-Server oder beim Active Directory, letzteres jedoch nicht bei Verwendung vom PPTP.

Bild 6.23: *IP-Adresse, Adresspool und Authentifizierungsmechanismus festlegen.*

Über AN SCHNITTSTELLE BINDEN kann für L2TP bestimmt werden, über welches Interface die Pakete dieser Verbindung geroutet werden sollen.

Um dem VPN-Netzwerk bekannt zu machen, wo die Nameserver zu finden sind, werden jeweils auf der zweiten Registerkarte die IP-Adressen der DNS- und/oder WINS-Server mitgeteilt.

6.2.5 SSL VPN

Die Konfigurierung von IPSec-Verbindungen mit IKE-Protokoll gilt nach wie vor als ein komplexes Unterfangen mit einigen potentiellen Stolpersteinen. Deshalb sind viele Anwender in den letzten Jahren zu SSL-basierten VPNs wie OpenVPN gewechselt, die sich einfacher konfigurieren und betreiben lassen.

Der hauptsächliche Unterschied zwischen IPSec- und SSL-VPNs besteht in der Authentisierung und der Verschlüsselung. Während IPSec-VPNs eine hohe Flexibilität durch verschiedene Verschlüsselungsstufen und die integrierte Authentisierung über Zertifikate bieten, können SSL-VPNs übliche Web-Browser verwenden und bieten nur eine Verschlüsselungsoption. Dann ist allerdings nur der Zugriff auf Web-basierte Anwendungen möglich. Um auch mit SSL ein vollwertiges VPN-Verhalten zu erreichen, steht für die Verbindung zur Appliance ein vorkonfigurierter kostenloser OpenVPN-Client für Windows zur Verfügung. Mit dem passenden Regelwerk ist dann von der Appliance ein Zugriff auf das dahinterliegende LAN möglich.

Die grundlegenden Appliance-Einstellungen finden sich unter VPN – SSL VPN. Dort ist auf der Seite ALLGEMEIN zunächst im Feld SSL VPN IP die gewünschte IP-Adresse des virtuellen Interface einzutragen. Da diese VPN-Verbindung über ein eigenes virtuelles Interface hergestellt wird, ist der Adresspool von der IP-Adresse des Tunnel-Interfaces (tun) abhängig. Falls hier die IP-Adresse geändert wird, ändert sich auch die IP-Adresse des tun-Interface. Außerdem ist im Feld NETZMASKE noch die passende Subnetzmaske festzulegen.

Falls *Multipath Routing* zum Einsatz kommt, muss der Dienst an ein Interface im Feld AN SCHNITTSTELLE BINDEN verknüpft werden. Andernfalls ist diese Option ohne Belang.

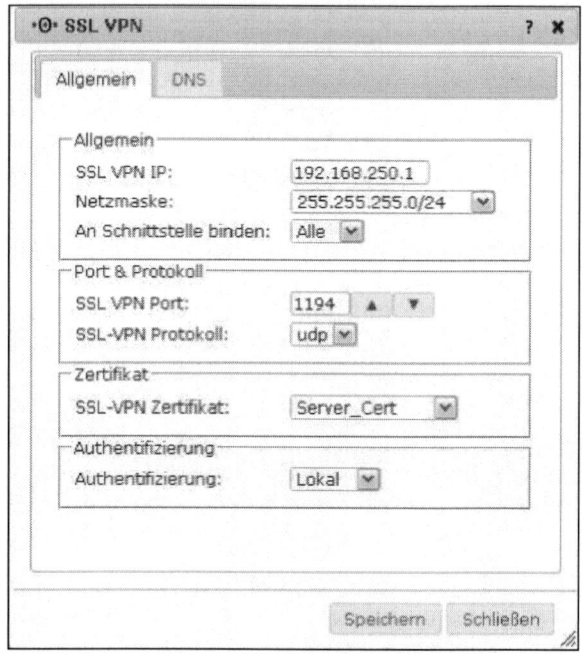

Bild 6.24: *Die allgemeinen Einstellungen für ein VPN mit SSL.*

Im Feld SSL VPN PORT wird der Port angegeben, den das VPN benutzen soll, wobei der Standardport 1194 bereits vorgegeben wird.

296

 **Tipp:** VPNs mit SSL lassen sich einfacher konfigurieren und betreiben als VPNs mit IPSec. Für Anwender, die lediglich einen Zugriff auf ihr Heim- oder Firmennetzwerk benötigen, ist wegen seiner einfacheren Verwaltung und Handhabbarkeit ein VPN mit SSL zu bevorzugen.

Standardmäßig wird für SSL VPN das Protokoll UDP benutzt. Prinzipiell könnte hier auch auf TCP gewechselt werden, was jedoch nicht zu empfehlen ist, weil dadurch ein recht großer Overhead produziert wird, d.h., um die gleiche Menge Daten zu übertragen, müssen dann mehr Pakete transportiert werden.

Zwingend notwendig ist ein Serverzertifikat, mit dem sich die Appliance als SSL VPN-Server zu autorisieren hat. Dieses Zertifikat muss mit der Option *Server-Authentifizierung* erstellt worden sein und wird dann unter SSL-VPN ZERTIFIKAT: eingetragen.

Im Feld AUTHENTIFIZIERUNG ist aus der Dropdownbox noch die jeweilige Methode (lokal oder RADIUS) auszuwählen und auf der zweiten Registerkarte DNS die IP-Adressen für die DNS-Server (primär, sekundär) anzugeben.

Konfigurieren von SSL-VPN für Roadwarriors in Kurzform

- Benötigte Netzwerkobjekte: Externes Interface, internes Netz, externe Benutzer (neu anzulegen, z.B. als SSL_VPN_Nutzer)

- Optional: Netzwerkgruppe für mehrere SSL-Benutzer anlegen

- CA, Server- und Client-Zertifikat erstellen

- Regel 1: Zugriff auf das externe Interface per SSL-VPN erlauben Quelle: Internet, Ziel: External Interface, Dienst: openvpn

- Regel 2: SSL-VPN-Benutzern den Zugriff auf das interne Netzwerk erlauben Quelle SSL_VPN_Nutzer, Ziel: Internal Network, Dienst: any

- AUTHENTIFIZIERUNG - BENUTZER HINZUFÜGEN - SSL VPN

- VPN - SSL VPN: Allgemeine Einstellungen (IP-Adresse, Authentifizierung) vornehmen

- ANWENDUNGEN - ANWENDUNGSSTATUS - SSL VPN Server neu starten

297

6.3 Zertifikate

Die Optionen für die Erstellung von Zertifikaten sind unter dem Punkt *Authentifizierung* untergebracht.

Zertifikate werden zur Authentifizierung von VPN-Beutzern eingesetzt. Ein Zertifikat ist eine Identitätsbescheinigung, die eine digitale Signatur enthält sowie einige Angaben über den Inhaber.

Zertifikate werden mit einer *Certification Authority* (CA) – auch als Stammzertifikat bezeichnet – signiert, um die Echtheit des Zertifikats zu garantieren. Für VPN-Verbindungen ist es möglich, eigene CA-Signaturen zu erstellen, um damit selbst erstellte Zertifikate signieren zu können, die dann an die Benutzer, die sich per VPN mit der Firewall bzw. dem lokalen Netz verbinden wollen, verteilt werden. Diese Signierung stellt sicher, dass nur Zertifikate zur Authentifizierung benutzt werden, die von der jeweiligen Firewall und nicht von dritten ausgestellt worden sind.

 **Hinweis:** Die selbsterstellten Zertifikate sind mit einer *Certification Authority* (CA) zu signieren, was auch mit einer selbstgenerierten Signatur durchgeführt werden kann. Die Appliance-Software bietet alle hierfür notwendigen Funktionen.

Für die vollständige Authentifizierung benötigt nicht nur die Gegenstelle ein Zertifikat, sondern auch die Firewall selbst. Es muss also ein Zertifikat für die Firewall erstellt werden und jeweils eines für jeden externen Benutzer (Client).

6.3.1 Stammzertifikat (CA) bestimmen

Um gültige Zertifikate zu erstellen, muss zunächst eine CA angelegt werden, um damit die erstellten Zertifikate signieren zu können. Hierfür ist in der Registerkarte CA auf HINZUFÜGEN zu klicken, woraufhin sich der Dialog ZERTIFIKAT HINZUFÜGEN öffnet, was eine etwas unglückliche Bezeichnung ist, weil hier ja eine CA und kein gewöhnliches Zertifikat erstellt werden soll.

Die Felder GÜLTIG VON und GÜLTIG BIS bestimmen den Gültigkeitszeitraum der CA. Läuft die Gültigkeit der CA ab, dann werden auch alle Zertifikate, die mit der CA signiert worden sind, ungültig.

Das Datum kann direkt in das erste Feld eingegeben werden, und beim Hineinklicken in das Feld öffnet sich ein Kalender zur Auswahl. Die den Datumsangaben folgenden drei Dropdownlisten sind für die Auswahl von Uhrzeiten vorgesehen.

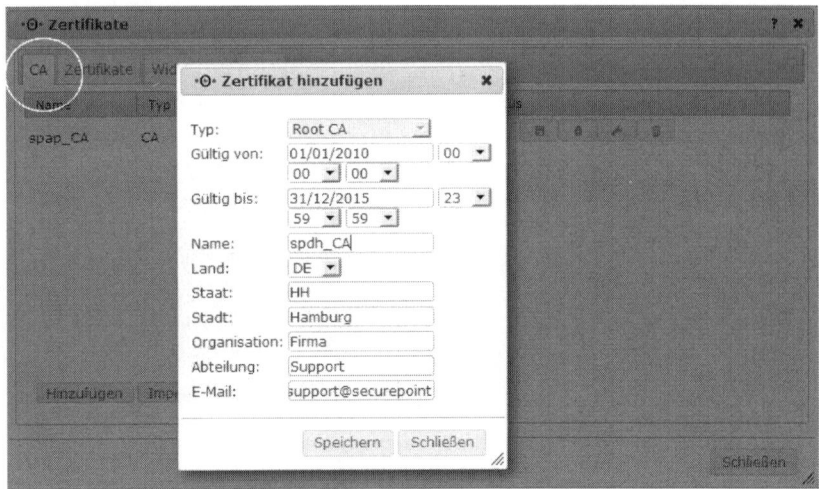

Bild 6.25: *Erstellen einer CA (spdh_CA).*

Nach der Eingabe der Bezeichnung für die CA und einiger Daten zu deren Herkunft, ist auf SPEICHERN zu klicken, damit sie erstellt wird. Die Angaben wie Name, Land, Stadt usw. sind dabei absolut notwendig, leere Felder sind nicht erlaubt und führen dazu, dass entweder keine CA oder eine fehlerhafte erzeugt wird, was in beiden Fällen nicht zu gebrauchen ist.

6.3.2 Zertifikate generieren

Zertifikate werden auf eine ähnlich einfache Art und Weise erzeugt, was über HINZUFÜGEN auf der Zertifikate-Seite eingeleitet wird. Dabei gibt es zwei unterschiedliche Typen: Für Clients und für Server. Die auszufüllenden Daten sind dabei bis auf eine Ausnahme gleich. Diese ist im letzten Punkt bei dem Punkt SERVER AUTHENTIFIZIERUNG anzuklicken, damit das

Zertifikat für einen Server gilt, andernfalls eben für einen Benutzer bzw. Client.

Später ist dem jeweiligen Zertifikat nicht mehr ohne Weiteres anzusehen, welchem Typ es entspricht, so dass es sinnvoll ist, im Zertifikatsnamen den Typ mit auszuweisen, etwa als Roadwarrior01 oder als SSL-Server.

Bild 6.26: *Das Erstellen eines Zertifikats für einen Client, welches mit der neu erstellen CA signiert wird.*

6.3.3 Zertifikate importieren und exportieren

Die erzeugten CAs und Zertifikate können im PEM-Format oder auch im PKCS #12-Format exportiert werden, damit sie den Clients zur Verfügung gestellt werden können. Außerdem gibt die Möglichkeit, externe Zertifikate im PEM-Format zu importieren.

In der Securepoint-Software ist ein direktes Löschen von Zertifikaten nicht möglich. Man kann diese nur widerrufen, also als ungültig erklären. Die ungültigen Zertifikate bleiben als ungültig gespeichert, damit sich niemand mit diesen Zertifikaten mehr authentifizieren kann. Ungültige Zertifikate können unter der Option WIDERRUFEN oder in der Zertifikatssperrliste, die auch als CRL (Certificate Revocation List) bezeichnet wird, eingesehen werden.

Eine CA kann hingegen gelöscht werden. Wenn dies erfolgt, werden auch alle Zertifikate, die mit dieser CA signiert wurden, gelöscht.

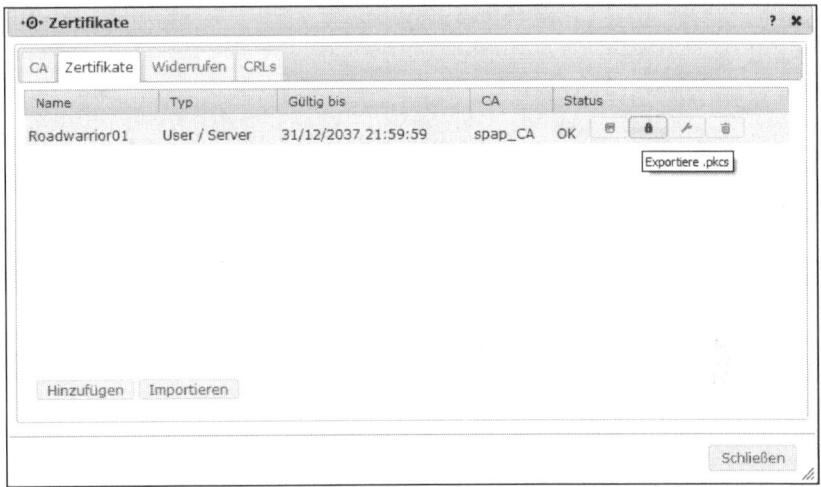

Bild 6.27: Ein Zertifikat kann importiert, exportiert, bearbeitet und widerrufen werden.

Windows 7 verfügt über einen integrierten IPSec-Client und benötigt ein (von der Appliance) ausgestelltes Zertifikat im PKCS #12-Format, um mit der Appliance ein VPN zu schalten. Dieses ist dem lokalen Computer über das Snap-In ZERTIFIKATE mithilfe der *Microsoft Management Console* (mmc, SNAP-IN HINZUFÜGEN) hinzuzufügen.

Daraufhin wird es mit dem Zertifikatsassistenten unter EIGENE ZERTIFIKATE importiert. Außerdem ist das Stammzertifikat (CA) noch im Ordner VERTRAUENSWÜRDIGE STAMMZERTIFIKATSSTELLEN zu platzieren und abschließend der Konsolenstamm zu speichern.

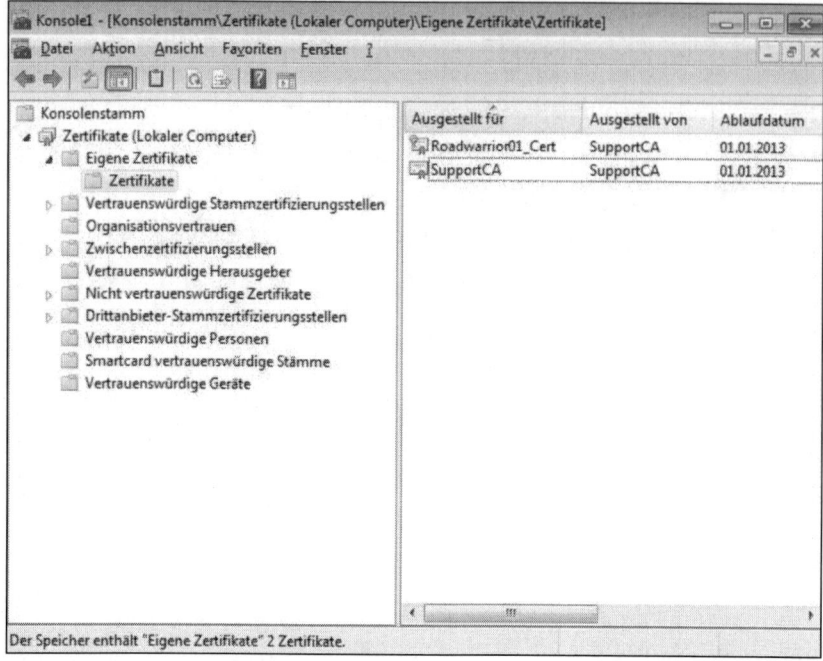

Bild 6.28: *Importieren der Zertifikate bei einem Windows 7-Client.*

6.4 Logging und Logserver

Im Regelwerk der Appliance kann der Administrator festlegen, ob und mit welcher Genauigkeit das Zutreffen bestimmter Regeln protokolliert werden soll. Die aktuellen Protokolldaten lassen sich unter LiveLog der Appliance-Sopftware betrachten, was insbesondere für Tests und für die Fehlersuche eingesetzt wird.

Wenn in einer aufgezeichneten Log-Datei nach etwas Bestimmten gesucht werden soll, kann ein Suchmuster (Zeit, Dienst, Inhalt) definiert werden, was nur dann funktioniert, wenn aktuell nichts aufgezeichnet wird, also die Log-Funktion gestoppt wurde.

Entsprechendes gilt für die Konfigurierung der maximalen Anzahl von Logging-Einträgen, was unter EINSTELLUNGEN festgelegt werden kann.

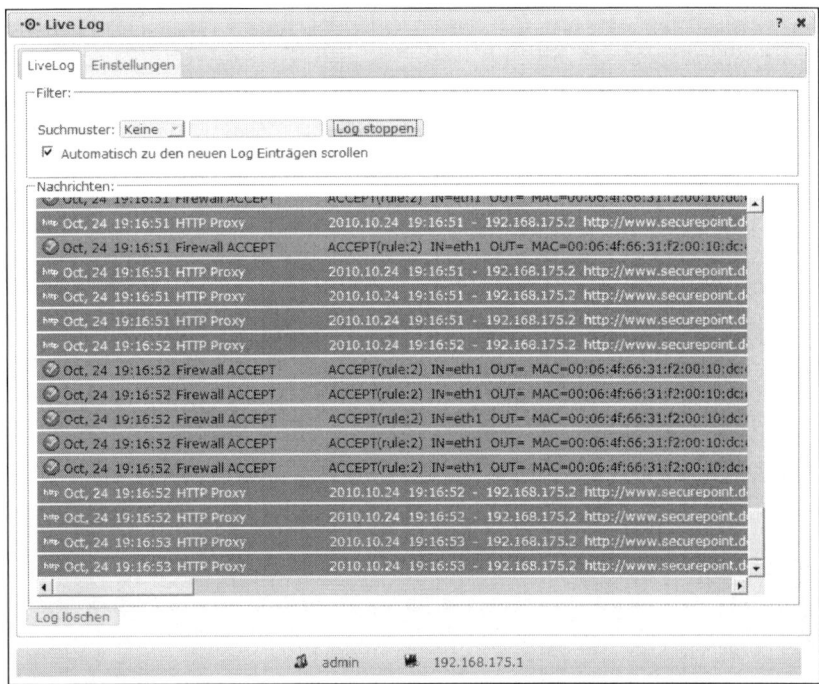

Bild 6.29: *Im Web-Cockpit kann ein Logging der Verbindungsdaten eingeschaltet werden.*

Außerdem gibt es eine Detailanzeige für die einzelnen Einträge, was insbesondere in den Spalten *Dienst* und *Inhalt* nützliche Informationen zutage fördert und durch einen Klick auf den entsprechenden Eintrag ausgelöst wird.

Eine Speichermöglichkeit der Daten ist unter LiveLog nicht direkt möglich. Dies funktioniert nur etwas eingeschränkt und unkomfortabel, indem die so genannten Rohdaten aus dem Log in eine ASCII-Datei (txt) geschrieben werden, die dann mit jedem üblichen Editor auf dem PC betrachtet und bearbeitet (markieren, suchen) werden können.

Die Darstellung der Rohdaten (Bild 6.30) erschwert die Orientierung in einer Log-Datei gegenüber der üblichen (Bild 6.29), wo die Dienste farbig gekennzeichnet sind und darüber hinaus eine Detailanzeige existiert. Außerdem steht auch keine kontinuierliche Logging-Funktion zur

Verfügung, um längerfristig Daten aufzuzeichnen, etwa um Angriffe analysieren zu können.

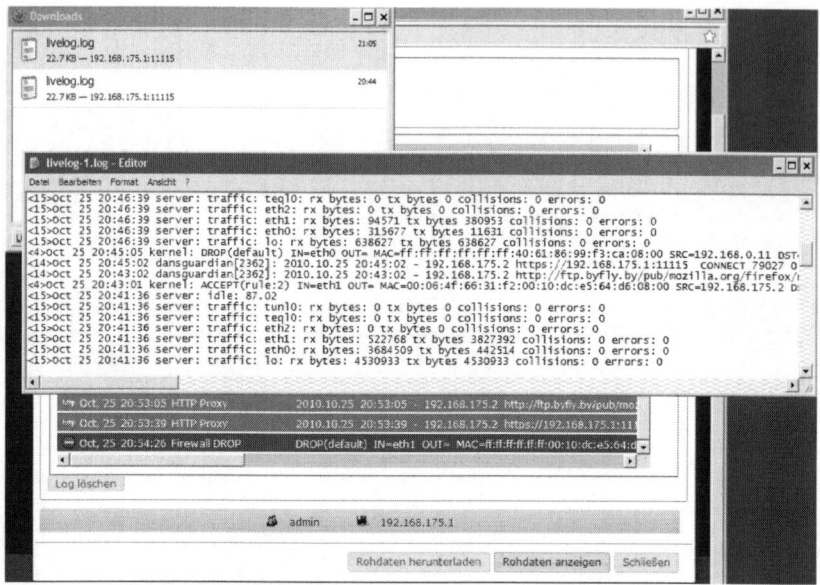

Bild 6.30: *Die Syslogdaten können im Rohformat für die weitere Analyse in einen Editor geladen werden.*

Mehr Komfort und ausführliche Reporting-Funktionen sind mit einem separaten Log-Server gegeben. Um bei der Appliance-Software einen Server für die Protokollierungsdaten hinzuzufügen, ist unter NETZWERK-SERVEREIGENSCHAFTEN-SYSLOG der Button SYSLOG SERVER HINZUFÜGEN anzuklicken (Kapitel 5.3.1).

Im folgenden Eingabefeld ist dann lediglich die IP-Adresse oder der Hostname des Servers einzugeben und abschließend HINZUFÜGEN zu selektieren. Das Löschen von eingetragenen Log-Servern ist durch das Anklicken des Abfalleimersymbols möglich.

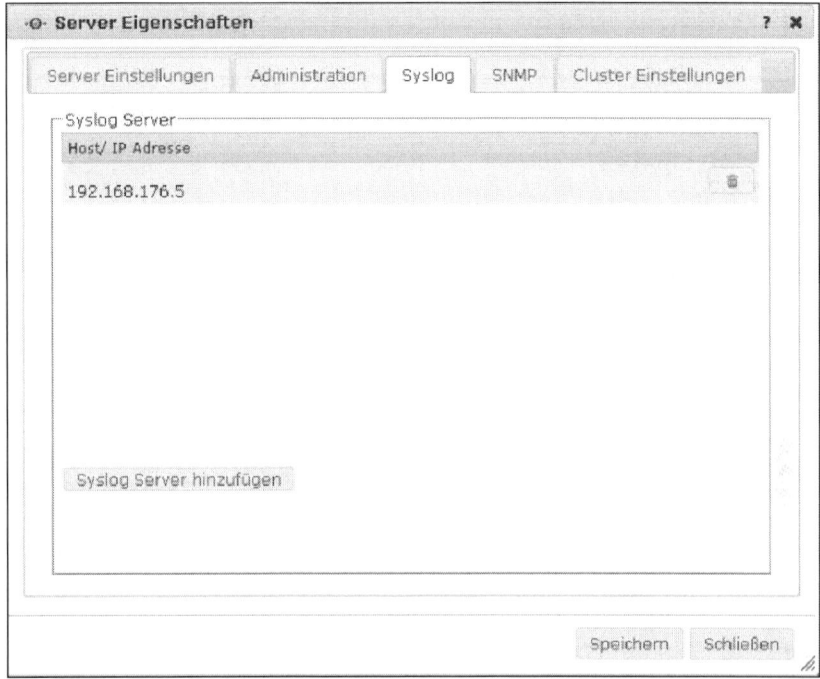

Bild 6.31: *Angabe eines Syslog-Servers für Protokollierungsdaten.*

Die Aufgaben eines Logservers ist das Sammeln und Sichern von Log-Daten, idealerweise mit der Funktion, in bestimmten (Angriffs-)Situationen Alarme auslösen zu können, was auch per Email bekannt gegeben werden kann.

Die Securepoint-Appliances kommunizieren über das standardisierte Syslog-Protokoll (RFC 3164 und 3195) mit einem Logserver, deshalb sind hierfür prinzipiell verschiedene Syslogserver-Typen einsetzbar. Die grafische Auswertung funktioniert (bisher) allerdings nur mit einem Logserver der Firma Securepoint. Dieser muss mit einem Windows-Betriebssystem arbeiten, auf dem die Securepoint-Logserver-Software installiert wird.

Eine Abfrage- und Verarbeitungsmöglichkeit der LogServer-Daten ist mit dem Web-Cockpit nicht möglich, allein wegen der mitunter nicht besonders leistungsfähigen Hardware, die in den Appliances zum Einsatz kommt. Stattdessen wird eine entsprechende Funktion im neuen *Security Operation Center* (SOC, siehe folgendes Kapitel) untergebracht (werden).

Deshalb ist eine Logserver-Funktion zur Zeit lediglich mit den Versionen 7 und 10 des Security Managers verfügbar.

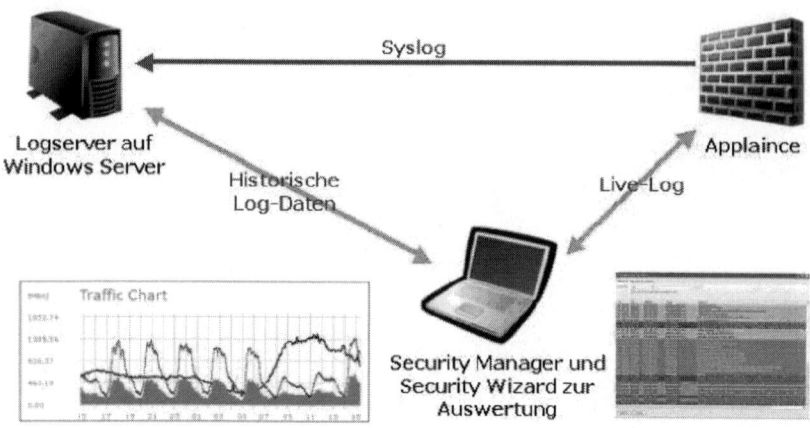

Bild 6.32: *Der Logserver arbeitet mit dem Security Manager zusammen.*

Zunächst muss der Logserver an der Appliance registriert werden, was auf einen Klick auf das Firewall-Symbol (ganz links) initiiert wird. Im Fenster FIREWALL HINZUFÜGEN ist auf die Seite *Logserver* zu wechseln und dort die IP-Adresse des Servers (wo der Windows-Logserver läuft) anzugeben. Des Weiteren ist *Login* und *Password* auszufüllen, wobei sich hier üblicherweise der Administrator des Servers mit seinem Account anmeldet. Dabei ist (ausnahmsweise) auch die Groß- und Kleinschreibung im Login-Feld zu beachten.

Bild 6.33: *Einstellen des Logservers im Security Manager.*

Auf der Appliance ist dann noch die Angabe der IP-Adresse unter NETZWERK – SERVEREINSTELLUNGEN für den Logserver notwendig. An dieser Stelle ist es auch möglich, mehrere Logserver anzugeben; dann sendet die Firewall die Lognachrichten zu all diesen Computern.

6.4.1 Windows Logserver

Die Installation der Logserver-Software auf einem Windows-Computer ist schnell erledigt. In der Computerverwaltung ist dann der Dienst *Securepoint LogServer* zu finden, der automatisch startet und gewissermaßen im Hintergrund arbeitet. Im Programm selbst (Securepoint10 – Log Server) sind noch einige Einstellungen vorzunehmen.

Zunächst ist der Benutzer (Administrator) in der Benutzerverwaltung hinzuzufügen und unter der Option SECURITY MANAGER die IP-Adresse des Netzes, von dem aus ein Security Manager auf den Logserver zugreifen darf.

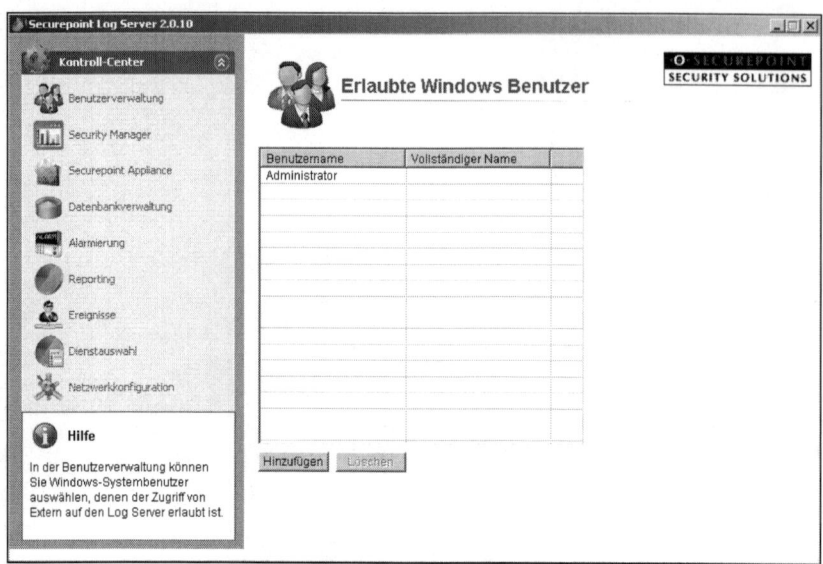

Bild 6.34: Die Einstellungsoptionen beim Logserver.

Die IP-Adressen der Appliances, die sich mit dem Logserver verbinden dürfen, sind unter *Serurepoint Appliances* zu bestimmen.

Achtung: Bei der Logserver-Software wird unter *Security Manager* die IP-Angabe eines Netzes (z.B. 192.168.175.0/24) erwartet, nicht die für einen einzelnen Computer.

Unter dem Bereich *Datenbankverwaltung* wird definiert, wie lange Daten aufbewahrt werden sollen und wie viel Speicherplatz die Logdaten maximal belegen dürfen. Ebenfalls wird hier dargestellt, inwieweit die Datenbank bereits mit Daten gefüllt ist.

Angriffe, die vom *Intrusion Detection System* (IDS) der Firewall erkannt werden, kann der Logserver sofort per Email oder über den Windows-Nachrichtendienst (net send) melden.

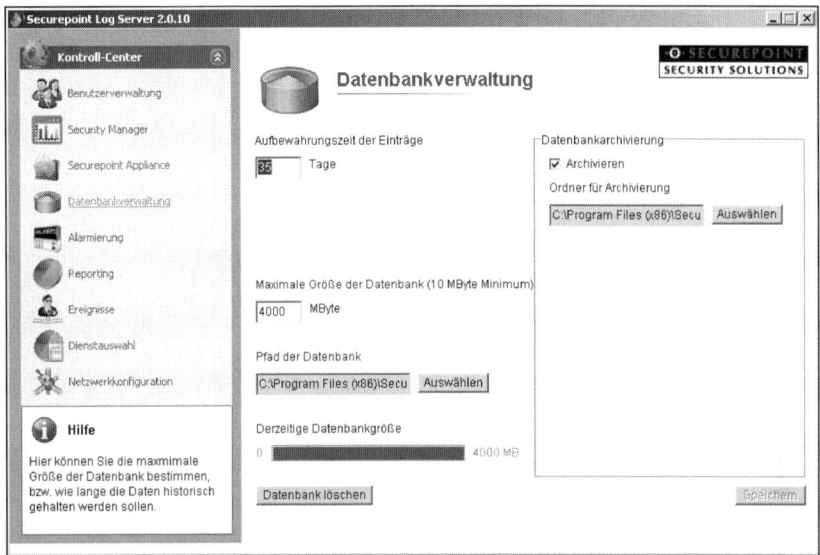

Bild 6.35: *Die Datenbankverwaltung beim Logserver.*

Wird der Windows-Nachrichtendienst verwendet, erscheint die Meldung direkt auf dem Bildschirm des unter *Alarmierung* angegebenen Computers. Falls dieser selbst keine Emails verschicken kann, ist noch die Möglichkeit vorhanden, hier die IP-Adresse eines Mailservers anzugeben.

Falls ein oder mehrere Administratoren täglich Reports erhalten sollen, müssen hier ihre Email-Adressen hinterlegt werden. Wie auch bei der Alarmierung, kann ein Mailserver angegeben werden. Die Reports enthalten html-Seiten mit den wichtigsten Informationen/Statistiken zu den Interfaces, Alarmierungen, IDS, Malware und Proxy.

Üblicherweise wird man mit den vorgegebenen Ports – SSH Server Port:22 und Syslog Server Port: 514 – arbeiten. Gleichwohl findet sich im letzten Menüpunkt *Netzwerkkonfiguration* die Möglichkeit, dies im Bedarfsfall zu ändern und den Syslog-Port an eine definierte IP-Adreses binden zu können.

Die Datenbank selbst befindet sich in dem Verzeichnis, wo die Logserver-Software installiert wurde (c:\Programme\Securepoint Log-Server) und wird als *syslog.db* bezeichnet. Je größer diese Datei ist, desto länger dauert natürlich auch der Abruf der Daten, etwa wenn hieraus über die Appliance ein Report erstellt werden soll.

Mitunter bleibt der Logserver-Client (für Version 7 und Version 10) dabei auch hängen. Deshalb ist es ratsam, solange es noch keinen Nachfolger für das SOC oder eine andere Lösung gibt, die Logdatei nicht zu groß werden zu lassen und sie gegebenenfalls einfach in ein anderes Verzeichnis zur Archivierung zu verschieben. Der Logserver wird dann wieder eine neue Datenbankdatei anlegen.

Wie zu Anfand dieses Kapitels erwähnt, gibt es grundsätzlich zwei verschiedene Möglichkeiten für das Logging: Das *Life Logging* mit der Anzeige der aktuell laufenden Aktivitäten auf der Appliance, wie es auch mit dem Web-Cockpit möglich ist, und das *Historical Logging* mit der Auswertung (längst) vergangener Daten, wofür ein Logserver zu installieren ist, was somit zum Reporting und der detaillierten Log-Analyse führt.

Bild 6.36: *Die Logserverunterstützung findet sich im Security Manager.*

Das Abrufen der Daten vom Logserver erfolgt mithilfe des *Security Managers* unter Report. Dabei können die historischen Logfiles im Detail gesichtet und dann daraus Reports generiert werden. Hierfür gibt die folgenden Möglichkeiten:

- **Interface Stats:** Interface Statistik, Übersicht des Traffic pro Interface

- **Alerts:** Anzahl der Alarmmeldungen und welche IP-Adresse sie betreffen.

- **IDS:** Intrusion Detection Statistiken

- **Malware:** Statistiken detektierter Malware, Anzahl von Viren und sonstiger Schadsoftware mit ihren jeweiligen Bezeichnungen.

- **Top Surfer:** Benutzer, die den meisten Traffic verursacht haben

- **Top Websites:** Die am häufigsten aufgerufenen Webseiten

- **Surfer + Websites:** Benutzer mit den meisten Aufrufen und deren bevorzugte Web-Seiten

Grundsätzlich können die Reports für eine Vielzahl von Appliances durchgeführt werden, wenn diese ihre Daten auf dem gleichen Logserver speichern.

Netzwerk-Integration

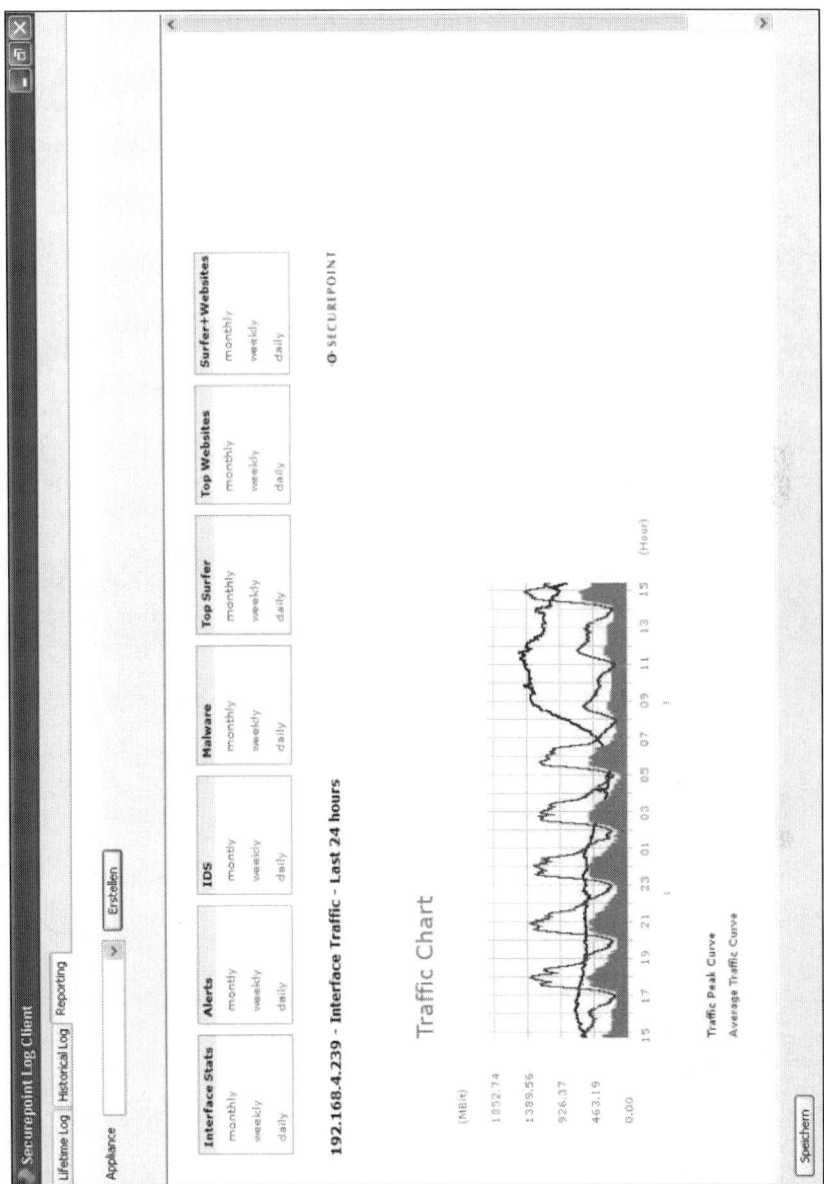

Bild 6.37: *Reporting mit grafischer Darstellung des Traffic.*

311

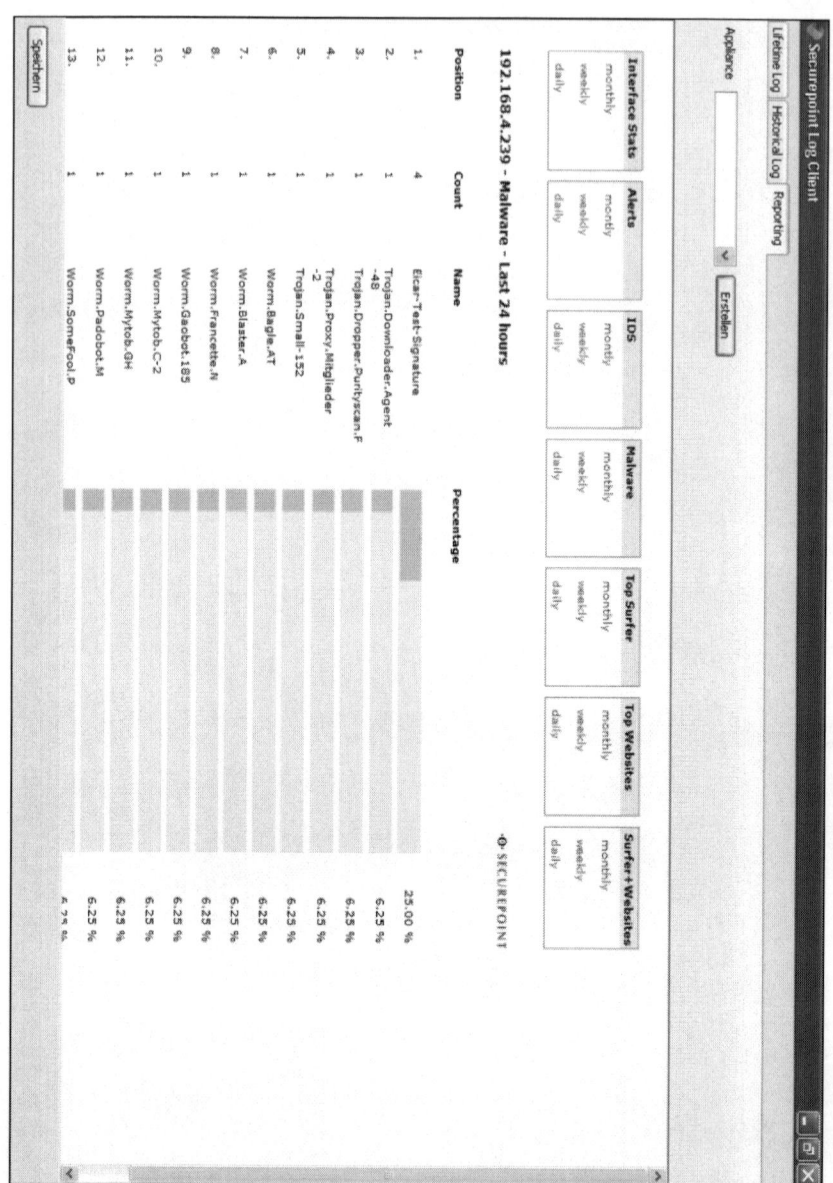

Bild 6.38: *Die aufgetretene Malware der letzten 24 Stunden.*

6.5 Securepoint Operation Center

Das *Securepoint Operation Center* (SOC) stellt die neue Verwaltungssoftware für Securepoint Appliances dar, mit der übergeordnete Administrationsaufgaben wie Monitoring und Backup erledigt werden können. Die Funktionen in der Übersicht:

- **Administration:** Hier existieren vielfältige Möglichkeiten, um eine große Anzahl von UTMs und VPN Gateways verwalten zu können.

- **Monitoring:** Administratoren können sich hiermit schnell einen Überblick vom Zustand der einzelnen Systeme verschaffen.

- **Automatisches Backup:** Durchführen zentral organisierter Backups, die verschlüsselt abgespeichert werden. Der Backup-Zeitraum ist frei einstellbar, und es können bis zu zehn Backups pro Maschine verarbeitet werden. Die Backups lassen sich über das System natürlich auch wieder zurück schreiben (restore).

- **User-Verwaltung:** Eigene Benutzerverwaltung mit der explizit eingestellt werden kann, welcher Operator wie (nur lesend oder auch schreibend) auf welche Firewalls zugreifen und wer SOC selber administrieren darf.

- **Auditing:** Sämtliche Vorgänge innerhalb von SOC werden mitgeschnitten und können somit im Detail nachvollzogen werden.

- **Client/Server:** SOC kann als Client/Server-Anwendung konfiguriert werden. Auf dem Server kann dann Monitoring und Backup automatisiert ablaufen, und beliebig viele Clients können auf den zentralen Data Provider zugreifen, um die Firewalls zu administrieren.

Das SOC wird lokal auf einem Windows-Computer installiert und ist funktionstechnisch an das Web-Cockpit der Securepoint Firewall Version angepasst. Die SOC-Oberfläche nimmt dabei entweder den kompletten Bildschirm ein oder ist etwas kleiner, wobei die Größe jedoch nicht – wie unter Windows eigentlich üblich – angepasst werden kann.

Die Menüs können sich zudem überdecken, so dass mitunter nur ein einziger Pfeil in der oberen Ecke der Oberfläche „als Ausweg bleibt", was sich bei der Bedienung als etwas unflexibel erweist. Das Beenden einer Seite oder auch der Wechsel von einer Seite zu einer anderen unterliegt unterschiedlichen Mechanismen (Zurück, Beenden, Abbrechen), was zunächst doch etwas gewöhnungsbedürftig erscheint. Am besten kommt man damit zurecht, wenn man sich die vier Hauptmenüs *Überwachung*, *Extras*, *Operation Center* und *Firewalls* als „Klappmenüs" vorstellt. Es kann immer nur eines davon geöffnet sein, wenn eines aufgeklappt wird, klappt das andere zu.

Auf der linken Seite des SOC sind die vier Bereiche *Überwachung*, *Extras*, *Operation Center* und *Firewalls* angeordnet. Im rechten Teil des Programmfensters werden aktuelle Lastdaten der verwalteten Firewalls oder auch die Securepoint-Webseite dargestellt.

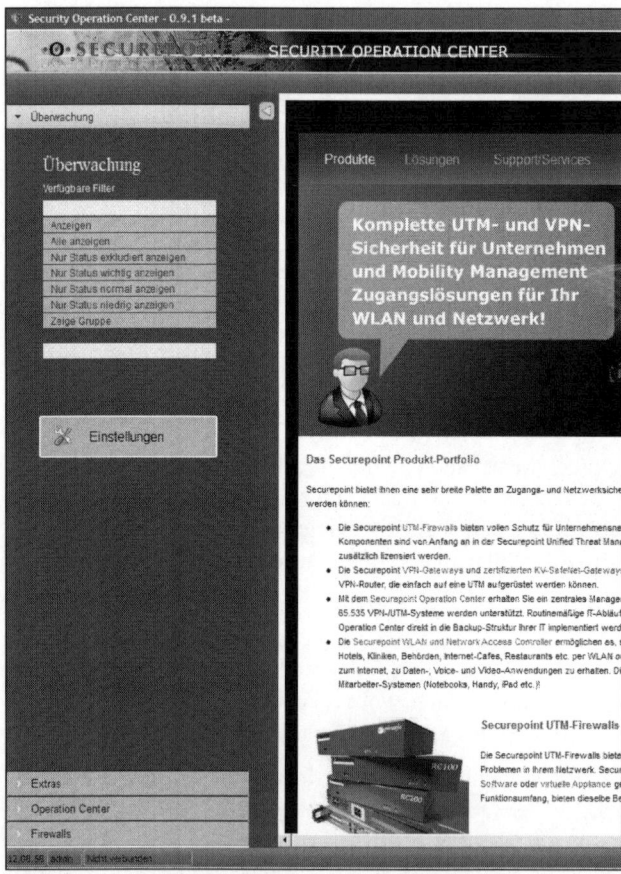

Bild 6.39: *Die Oberfläche des Securepoint Operation Center.*

Falls man direkt an einer Firewall angemeldet ist, wird im rechten Fenster das Administrations-Webinterface der jeweiligen Firewall angezeigt, dabei kann immer nur eine einzige direkte Verbindung zu einer Firewall aufgebaut werden. Die jeweilige Firewall ist dem SOC zunächst über FIREWALLS – ERWEITERT – HINZUFÜGEN bekannt zu machen.

6.5.1 Monitoring

Eine zentrale Funktion *des Securepoint Operation Centers* ist das Monitoring, was hier als *Überwachung* bezeichnet wird. Mit dieser Überwachungsfunktion kann die Systemauslastung jeder verwalteten Appliance grafisch angezeigt werden, wie die Auslastung des Prozessors, des Arbeitsspeichers und der Auslagerungspartition, ebenfalls die Anzahl der TCP- und UDP-Verbindungen sowie der Online/Offline Status.

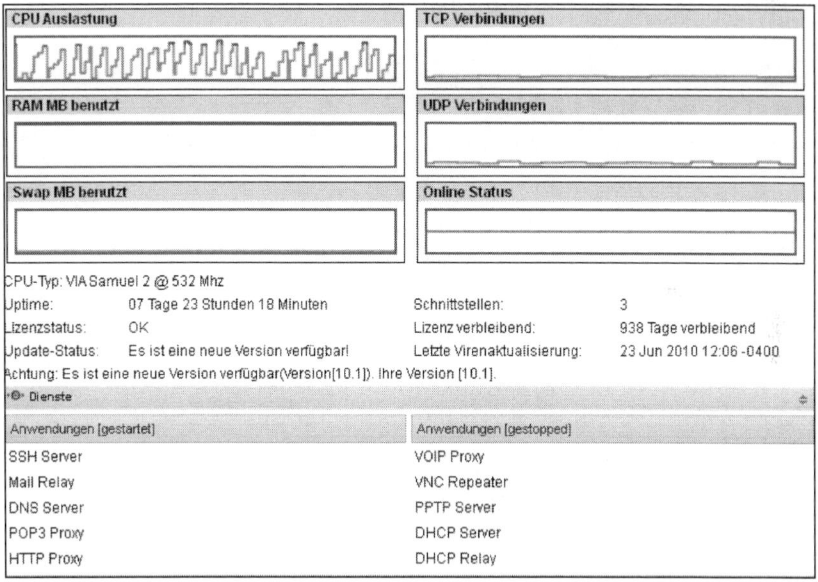

Bild 6.40: *Monitoring und grafische Darstellung der Auslastungen.*

Darunter werden einige Systemkomponenten sowie Lizenz- und Software-Eigenschaften dargestellt. Bei Bedarf können Listen über gestartete und gestoppte Anwendungen sowie über angelegte IPSec-Verbindungen angezeigt werden.

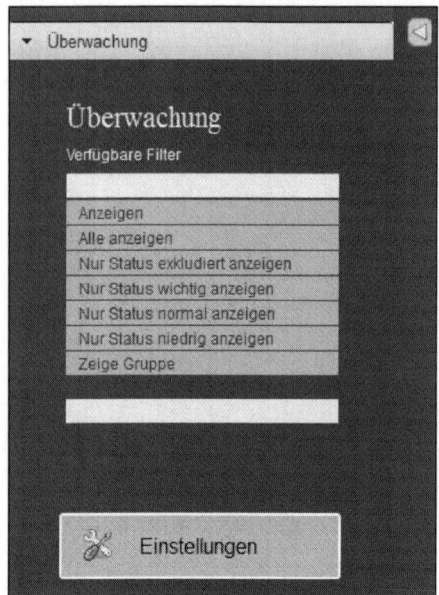

Bild 6.41: *Verfügbare Filter für die Überwachung.*

Mit Filtern kann festgelegt werden, von welchen Appliances die Überwachungsanzeigen dargestellt werden sollen. Die Filterauswahl ist auf der linken Seite unter dem Punkt *Überwachung* möglich, und zusätzlich zu diesem Filter kann die Ansicht mit der Leiste im unteren Bereich des rechten Fensters konfiguriert werden. Die Ansichtsoptionen tauchen nach einem Klick auf den schrägen Pfeil an unteren Rand auf.

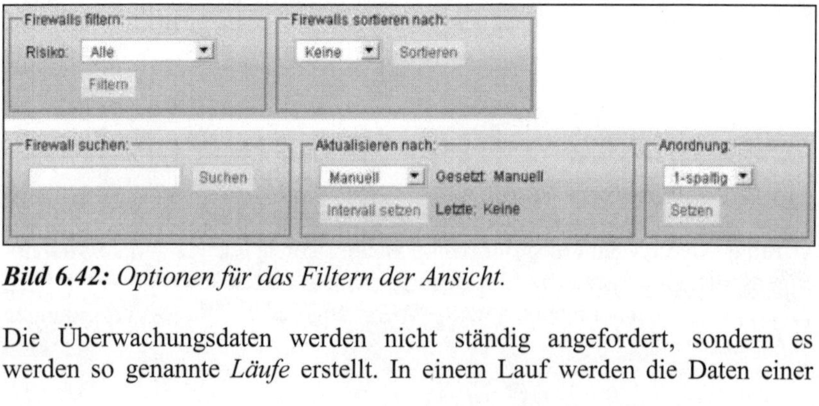

Bild 6.42: *Optionen für das Filtern der Ansicht.*

Die Überwachungsdaten werden nicht ständig angefordert, sondern es werden so genannte *Läufe* erstellt. In einem Lauf werden die Daten einer

Appliance einhundertmal abgefragt. Ein Laufintervall ist diejenige Zeit, die zwischen dem Ende des vorherigen Laufs und dem Start des neuen Laufs verstreicht. In den Standardeinstellungen ist dies eine Minute. Da nur eine Appliance zur Zeit und die Appliances nacheinander abgefragt werden, kann die tatsächlich verstrichene Zeit zwischen den Läufen größer sein.

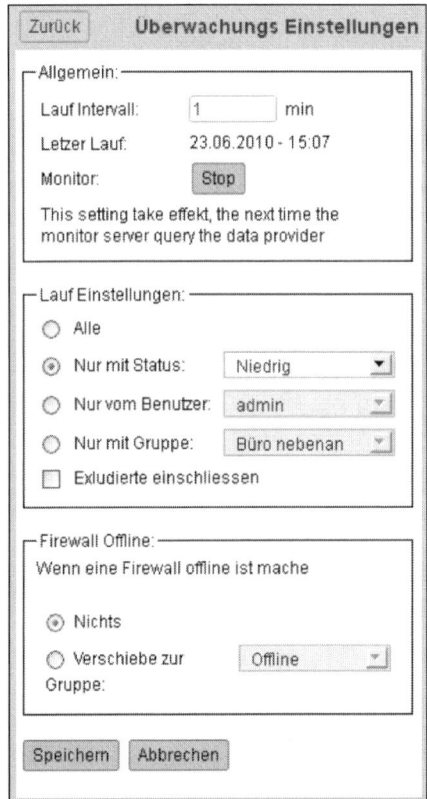

Bild 6.43: *Einstellungen für das Monitoring.*

Die Abfragen können für bestimmte Appliances durchgeführt werden. Zur Auswahl stehen:

- Alle Appliances

- Appliances mit einem bestimmten Status

- Appliances eines bestimmten Benutzers

317

- Appliances einer bestimmten Gruppe.

Außerdem kann bestimmt werden, ob auch exkludierte Maschinen mit abgefragt werden sollen. Exkludierte Maschinen sind Appliances, die normalerweise vom Monitoring ausgeschlossen worden sind. Wird eine abzufragende Appliance im Offline-Modus entdeckt, kann diese in eine vorgewählte Gruppe geschoben werden.

6.5.2 Extras

In dem Bereich *Extras* können Firewallgruppen, Benutzergruppen und Benutzer verwaltet werden. Außerdem sind hier ein CLI Log sowie eine Liste der verfügbaren Firewall-Versionen abzurufen. Von hier aus ist zudem der Punkt *Protokollierung* zu erreichen.

Bild 6.44: *Optionen im Extras-Menü.*

In der *Gruppenverwaltung* ist die Einteilung von Firewalls in logische Einheiten vorgesehen. Diese werden dann in der Auflistung der Firewalls oder bei den Filtereinstellungen des Monitorings benutzt. Jede Appliance muss einer Gruppe zugeordnet werden, andernfalls stehen bestimmte Funktionen nicht zur Verfügung

Bild 6.45: *Verfügbaren Gruppen in der Gruppenverwaltung.*

In den einzelnen Bereichen können über die Schaltflächen in den einzelnen Zeilen die Gruppen umbenannt oder auch gelöscht werden und im unteren Bereich lassen sich neue Gruppen anlegen. Beim Löschen einer Gruppe werden die dort enthaltenen Firewalls ebenfalls gelöscht.

Wenn das SOC mit einer Firewall verbunden ist, kann das so genannte *CLI Log* (Command Line Interface) die Ein- und Ausgaben der Kommunikation zwischen dem Operation Center und einer Firewall protokollieren, was zur Kontrolle und der Analyse der Kommunikation vorgesehen ist.

Diese Funktion entspricht derjenigen, die im Web-Cockpit unter dem Menüpunkt *Extras* zu finden ist. Allerdings ist die Protokollierung beim SOC nicht auf 100 Einträge beschränkt. Um im Protokoll zu scrollen, ist es nützlich, wenn die Aufzeichnung gestoppt wird, weil durch die fortlaufende Protokollierung immer zum neusten Log Eintrag gesprungen wird.

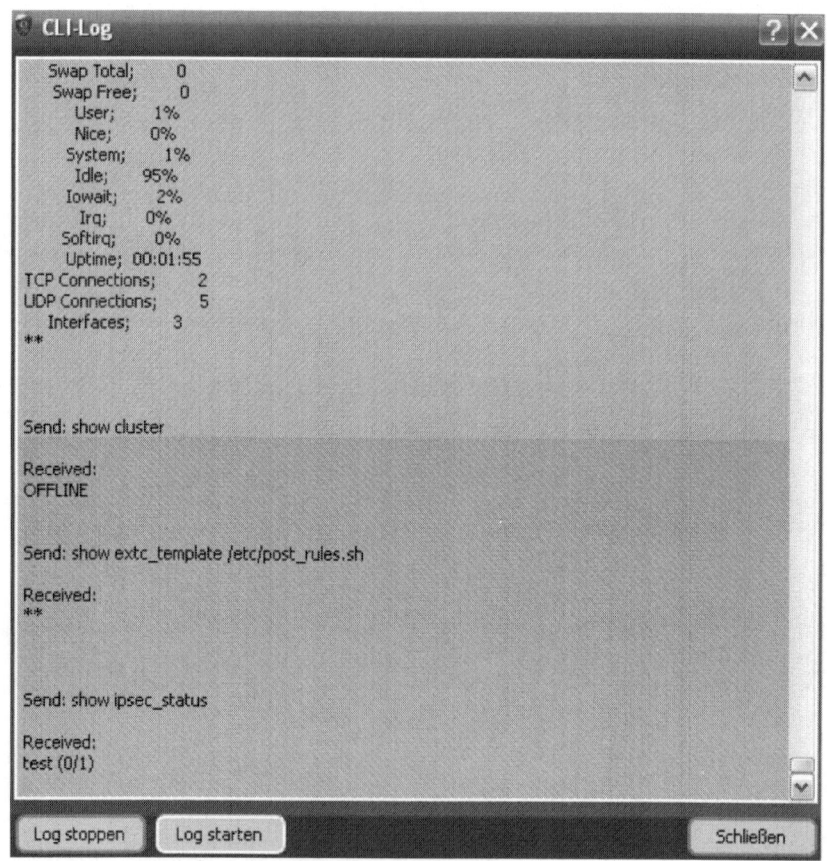

Bild 6.46: *Anzeige im CLI Log-Fenster.*

Die Anzeige ***Versionen*** im Extras-Menü bietet die Information über die verfügbaren Versionen des Operation Center und gibt hier auch die Möglichkeit, eine neue Version herunterzuladen, was automatisch angezeigt wird, wenn eine neue zur Verfügung steht.

Unter dem Punkt *Protokoll* werden Protokolleinträge angezeigt, die vom Data Provider-Dienst automatisch angelegt werden. Dabei werden alle Bedienungen protokolliert, die ein Benutzer am Securepoint Operation Center durchführt. Zusätzlich werden Aktionen wie das Erstellen von Sicherungen und Monitoringläufen des Systems protokolliert.

Somit kann genau nachverfolgt werden, welche Aktionen von den Benutzern und dem System ausgeführt worden sind. Das Protokoll ist lediglich von Benutzern mit Administratorrechten einsehbar.

Datum	Benutzer	Beschreibung	Quelle	Aktion
13.07.2010 - 13:08	admin	User admin logged in.	Operation Center	Permit
13.07.2010 - 13:10	admin	Save monitoring settings	Operation Center	Permit
13.07.2010 - 13:11	admin	Add new firewall testing - 192.168.175.42 - 22	Operation Center	Permit
13.07.2010 - 13:12	Service user	Save monitoring from testing - 192.168.175.42:22	Monitoring Service	Permit
13.07.2010 - 13:12	admin	Save new user: hugoAdmin: 0	Operation Center	Permit
13.07.2010 - 13:12	admin	Save new usergroup: trse	Operation Center	Permit
13.07.2010 - 13:12	admin	Save user hugo to group: trse	Operation Center	Permit
13.07.2010 - 13:13	admin	Save usergrp admin to firewall testing - 192.168.175.42:22 with right ReadWrite	Operation Center	Permit
13.07.2010 - 13:13	admin	Save user hugo to firewall testing - 192.168.175.42:22 with right Denial	Operation Center	Permit
13.07.2010 - 13:13	admin	User admin logged out.	Operation Center	Permit
13.07.2010 - 13:13	hugo	User hugo logged in	Operation Center	Permit
13.07.2010 - 13:13	hugo	User hugo logged out.	Operation Center	Permit
13.07.2010 - 13:14	admin	User admin logged in	Operation Center	Permit
13.07.2010 - 13:14	admin	Change user hugo to firewall testing - 192.168.175.42:22 with right Read	Operation Center	Permit
13.07.2010 - 13:14	admin	User admin logged out	Operation Center	Permit
13.07.2010 - 13:14	hugo	User hugo logged in	Operation Center	Permit
13.07.2010 - 13:14	hugo	Change firewall testing - 192.168.175.42 - 22	Operation Center	Denial
13.07.2010 - 13:15	hugo	Change user hugo to firewall testing - 192.168.175.42:22 with right ReadWrite	Operation Center	Permit
13.07.2010 - 13:15	hugo	User hugo logged out.	Operation Center	Permit
13.07.2010 - 13:15	admin	User admin logged in	Operation Center	Permit
13.07.2010 - 13:17	Service user	Save monitoring from testing - 192.168.175.42:22	Monitoring Service	Permit
13.07.2010 - 13:23	Service user	Save monitoring from testing - 192.168.175.42:22	Monitoring Service	Permit

Bild 6.47: *Die Protokollanzeige zeigt sämtliche Benutzeraktionen im SOC.*

In der Anzeige werden die Aktionen als *Permit* (Zulassung) oder *Denial* (Verweigerung) gekennzeichnet. Wurde von einem Benutzer mit einge- schränkten Rechten versucht, privilegierte Aktionen auszuführen, wird dies mit dem Eintrag *Denial* versehen. Zusätzlich wird die betreffende Zeile durch eine farbige Unterlegung gekennzeichnet (Bild 6.47).

In der Kopfleiste der Seite *Protokolleinträge* kann ein Filter für die Anzeige bestimmt werden. Hierfür gibt es die folgenden Möglichkeiten:

- **Alle:** Zeigt alle Protokolleinträge an.

- **Operation Center:** Zeigt alle Einträge des SOC an, also diejenigen Aktionen, die die Benutzer im Operation Center ausgeführt haben.

- **Überwachungsdienst:** Zeigt Einträge über durchgeführte Monitoringläufe.

- **Sicherungsdienst:** Zeigt Einträge über erstellte Konfigurationseinstellungen.

Nach der Auswahl ist auf den Button EINTRÄGE FILTERN zu klicken, damit die Anzeige daraufhin aktualisiert wird.

Bild 6.48: *Funktionen für die Protokolleinträge in der Kopfleiste.*

In der Mitte der Kopfleiste gibt es außerdem die Möglichkeit, durch die Protokollseiten zu navigieren. Die Anzahl der Einträge pro Seite ist standardmäßig auf 20 gesetzt. Im rechten Dropdownfeld kann die Anzahl der Einträge angepasst werden, und der Button mit den zwei grünen Pfeilen am rechten Rand ist für die Aktualisierung der Einträge zuständig.

Für die Festlegung, wie viele Tage die Protokollierung gespeichert werden soll, ist der Punkt PROTOKOLL-EINSTELLUNGEN im Menü *Operation Center* vorgesehen. Maximal sind 30 Tage möglich, wobei die Anzahl der Einträge keine Rolle spielt.

Für das Operation Center können Benutzer angelegt werden, was unter BENUTZER im Extras-Menü angeboten wird. Benutzer mit Administratorrechten können auf alle Funktionen des Operation Centers zugreifen, während die anderen das SOC nur als einfache Betrachter verwenden dürfen.

Der Administrator kann den einzelnen Konten Lese- und/oder Schreibrechte für bestimmte Appliances gewähren oder verbieten. Hierfür ist es möglich, die Benutzer des Operation Centers in Benutzergruppen einzuteilen und somit Zugriffskontrollen für Benutzergruppen zu definieren. Die Rechte des einzelnen Nutzers sind allerdings höherwertiger als die Rechte der Gruppe.

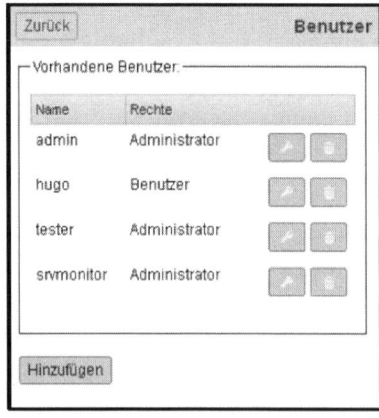 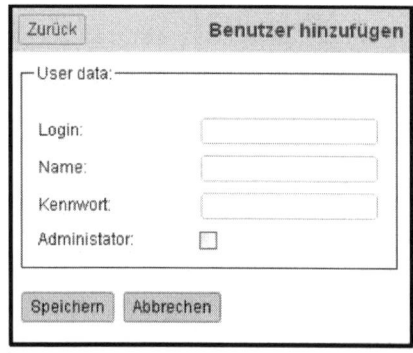

Bild 6.49: *Benutzerliste und Benutzer hinzufügen.*

6.5.3 Operation Center

Auf der Seite *Operation Center* sind die Funktionen und Einstellungs-möglichkeiten für alle wichtigen Optionen des SOC zu finden.

- **Vollbild umschalten:** Schaltet das Securepoint Operation Center in den Vollbildmodus. Um zum Fenstermodus zurückzukehren, ist die Schaltfläche erneut zu betätigen.

- **Einstellungen:** Öffnet einen Bereich für die grundlegenden Einstellungen.

- **Protokoll Einstellungen:** Einstellung der Vorhaltezeit für Protokolleinträge. Minimal 1 Tag, maximal 30 Tage.

- **Sicherungsdienst:** Öffnet die Einstellung des Sicherungsdienstes. Dieser legt ein Backup der Konfigurationen aller eingestellten Appliances an.

- **Datenquelle:** Der Data Provider ist ein Dienst, der auf die Datenbank zugreift und die angeforderten Daten auf Benutzerrechte hin überprüft. Das SOC greift stets über den Data Provider auf die Datenbank zu, was auch bei lokalen Installationen gilt. Außerdem kann entschieden werden, ob für den Verbindungsaufbau eine lokale SSH Verbindung mit der Firewall hergestellt wird oder die Daten an einen SSH-Dienst gesendet werden, der dann die Anfragen verwaltet.

- **Überwachung:** Öffnet die Einstellungen des Monitorings.

- **Anwendung beenden:** Beendet das Securepoint Operation Center.

Einstellungen bietet unterschiedliche Konfigurationsmöglichkeiten für das System. Unter Change-Log werden die Versionsänderungen aufgezeichnet. Bei den hierfür vorgesehenen Einstellungen ist die URL (Host) und der Dateiname des Change-Logs anzugeben. Diese Angaben sind ebenfalls nötig, um die Funktion im Webinterface aufrufen zu können.

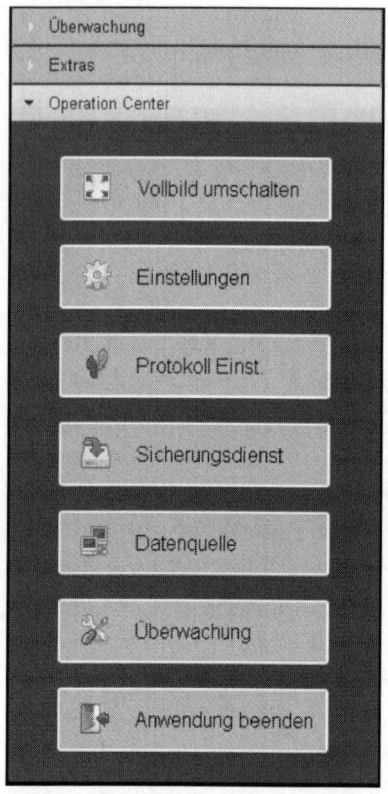

Bild 6.50: *Die Optionen im Operation Center.*

Bei *Sprache* kann zur Zeit nur von deutsch auf englisch und wieder zurück umgeschaltet werden. *Version* spezifiziert dasjenige Verzeichnis (Standard c:/Dokumente und Einstellungen ...), wo die einzelnen Versionen abgelegt werden sollen. Das Ändern des Kennwortes des aktuellen Benutzers ist unter *Kennwörter* möglich.

Bild 6.51: *Einstellungen im Operation Center.*

Bei *Anwendung beenden* wird festgelegt, ob eine Sicherheitsabfrage beim Beenden des Operation Centers angezeigt werden soll oder nicht. Die Auswahl der *Startseite* kennt die beiden Optionen ABOUT: BLANK (leere Seite) und SECUREPOINT, womit stets die Webseite von Securepoint im rechten Fenster der Oberfläche eingeblendet wird. Die erste Einstellungsoption erlaubt zudem, dass hier die Oberfläche einer Firewall dargestellt wird, sobald eine gefunden worden ist.

Ist ZEIGE AKTUALISIERUNGEN gesetzt, wird bei Verbindung mit einer Appliance eine Information dahingehend angezeigt, ob eine neue Version der Firewall Software vorliegt.

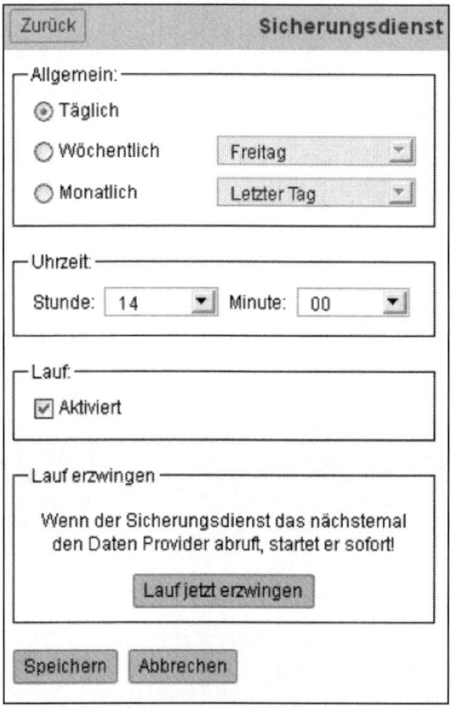

Bild 6.52: *Einstellen des Sicherungsdienstes.*

Der **Sicherungsdienst** stellt eine Backup-Funktion für die Konfigurationen aller eingetragenen Appliances zur Verfügung. Die Sicherungen werden in der Datenbank abgelegt, und pro Appliance können maximal zehn Sicherungen gespeichert werden.

Beim Anlegen einer weiteren Sicherung wird die älteste automatisch aus der Datenbank gelöscht. Die gespeicherten Konfigurationen sind im Bereich Firewalls selektierbar und lassen sich von dort aus wieder zurückspielen.

Für den Sicherungsdienst lässt sich auf der Konfigurationsseite (Bild 6.52) der Turnus (täglich bis monatlich), die Urzeit sowie der *Lauf* bestimmen. Nur wenn *Lauf* aktiviert ist, werden Sicherungen angelegt, und durch Betätigung des Buttons LAUF ERZWINGEN passiert dies sofort.

Unter **Datenquelle** geht es um den Dienst *Data Provider*, der die Verbindung zur Datenbank herstellt, in der alle Monitoring- und Sicherungsdaten gespeichert werden. Die Verbindung zur Datenbank ist nicht nur nötig, um bestehende Daten in den Manager zu laden, sondern auch, um neue Daten in die Datenbank zu schreiben.

Des Weiteren erstellt der Data Provider-Dienst eine Protokollierung der durchgeführten Bedienungsschritte aller SOC-Benutzer. Die Protokollierung umfasst nur die Bedienung des Operation Centers und nicht Einstellungen die über die SSH-Verbindung an den Appliances durchgeführt werden.

Ohne eine Verbindung zum Data Provider wird das Operation Center nicht gestartet. Deshalb wird beim Start des Operation Centers überprüft, ob eine Verbindung zu einem Data Provider-Dienst besteht.

Der Dienst kann auf einem lokalen Computer oder zentral auf einem Server installiert werden. Wenn der Data Provider zentral gehalten wird, kann von verschiedenen Rechnern auf die Datenbank zugegriffen werden.

Während der Installation gibt es die Möglichkeit auszuwählen, welche einzelnen SOC-Komponenten installiert werden sollen. Der Data Provider-Dienst trägt den Namen *Securepoint Data Provider*. Dieser wird standardmäßig installiert, beim Systemstart ausgeführt und benutzt die Adresse 6178 als Verbindungsport.

Wird der Data Provider-Dienst auf einem Server ausgeführt, der rund um die Uhr in Betrieb ist, hat das den Vorteil, dass Monitoring-Daten und -Backups fortlaufend erstellt und gespeichert werden, auch wenn der lokale Rechner, auf dem das Operation Center installiert ist, ausgeschaltet ist. Außerdem werden auch Aktionen von anderen Securepoint Operation Centern protokolliert. Ein weiterer Vorteil ist, dass auf diese Daten von allen Computern im Netzwerk aus zugegriffen werden kann, soweit auf diesen das Securepoint Operation Center installiert ist. Dies gilt nicht nur für das lokale Netzwerk, sondern auch für externe Mitarbeiter, die sich zum Beispiel über VPN mit dem Intranet verbinden.

Durch die Vergabe von Lese- und Schreibrechten kann auch bei einem zentral gehaltenen Dienst gewährleistet werden, dass Benutzer nur Daten der Appliances einsehen können, für die sie Leserechte oder Lese- und Schreibrechte erhalten haben. Exkludierte Appliances werden vom Dienst lediglich für die Benutzer mit Administratorrechten angezeigt.

Bild 6.53: *Eintragen einer neuen IP-Adresse für die Anmeldung am Data Provider-Dienst.*

Beim Start des SOCs wird versucht, eine Verbindung zum lokalen Data Provider-Dienst (IP-Adresse 127.0.0.1) aufzubauen. Wenn dieser Dienst nicht aktiv ist oder womöglich gar nicht installiert wurde, gibt es die bei der Anmeldung die Gelegenheit die IP-Adresse desjenigen Computers einzutragen, auf dem der Dienst verfügbar ist.

Hierfür ist auf TEST zu klicken, um die Verbindung aufzubauen und den Dienst zu überprüfen. Ist der Test erfolgreich, wird der Button SPEICHERN aktiviert (Bild 6.53), so dass die IP-Adresse nunmehr gespeichert werden kann. Erst jetzt ist eine Anmeldung am SOC möglich, und der Benutzername sowie das Kennwort können in den entsprechenden Feldern eingegeben werden. Danach ist auf ANMELDUNG zu klicken.

Für das Wechseln der IP-Adresse ist im Bereich *Operation Center* auf die Schaltfläche DATENQUELLE zu klicken, woraufhin sich das Fenster öffnet, in dem die aktuelle IP-Adresse des verwendeten Data Providers angezeigt wird.

Bild 6.54: *Wechseln des Data Povider.*

Im IP-Feld kann die IP-Adresse des Computers eingegeben werden, dessen Data Provider-Dienst genutzt werden soll. Standardmäßig wird hierfür der Port 6178 benutzt, was üblicherweise auch so belassen werden kann. Nach der Auslösung von VERBINDUNG TESTEN erscheint nach ein paar Sekunden die Meldung OK neben der Schaltfläche, und dann können die Daten mithilfe der Schaltfläche SPEICHERN gesichert werden.

Falls keine Verbindung hergestellt werden kann, sind die IP-Adresse und der Port zu überprüfen; es muss sichergestellt sein, dass der Dienst auf dem Zielcomputer aktiviert und erreichbar ist.

6.5.4 Firewalls

Im Firewall-Bereich werden alle eingetragenen Appliances aufgelistet. Die Firewalls können nach verschiedenen Kriterien wie nach Namen, Typen und Gruppenzugehörigkeiten geordnet werden.

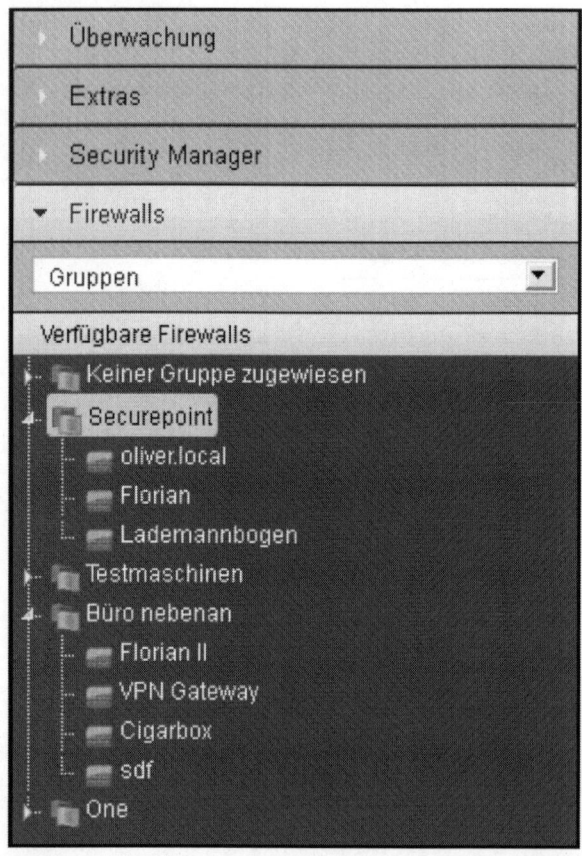

Bild 6.55: *Die Firewalls sind nach Gruppen geordnet.*

Zu jeder Firewall ist ein Kontextmenü verfügbar (rechter Maustastenklick auf die jeweilige Firewall), welches Optionen zur Bearbeitung der Firewall beinhaltet.

- **Verbinden:** Verbindung zur Firewall mit den gespeicherten Zugangsdaten aufbauen.

- **Abmelden:** Verbindung zur Firewall trennen.

- **SSH Konsole:** Öffnet eine SSH-Verbindung zur Firewall.

- **Eigenschaften:** Öffnet einen Dialog zur Bearbeitung der Firewall-Eigenschaften.

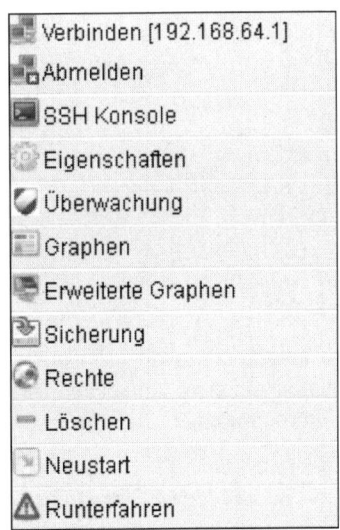

Bild 6.56: *Das Kontextmenü ist der Ausgangspunkt für zahlreiche Funktionen.*

- **Überwachung:** Zeigt eine Liste der gespeicherten Überwachungsläufe.

- **Graphen:** Öffnet Grafiken zur CPU-Last, zur Speicher- und zur SWAP-Nutzung.

- **Erweiterte Graphen:** Öffnet Grafiken zu den TCP- und UDP-Verbindungen sowie zum Online-Status.

- **Sicherung:** Zeigt die angelegten Sicherungen an.

- **Rechte:** Zeigt die Zugriffsrechte von Gruppen und Benutzern bei der jeweiligen Firewall.

- **Löschen:** Firewall aus der Liste löschen.

- **Neustart:** Firewall neu starten.

- **Runterfahren:** Abschalten der Firewall.

Bei geöffneter Firewall-Seite ist am unteren Rand eine Suchmaske (Suche, Erweitert) vorhanden. Hiermit kann nach Firewalls gesucht werden; sowohl nach deren Namen als auch nach deren IP-Adressen.

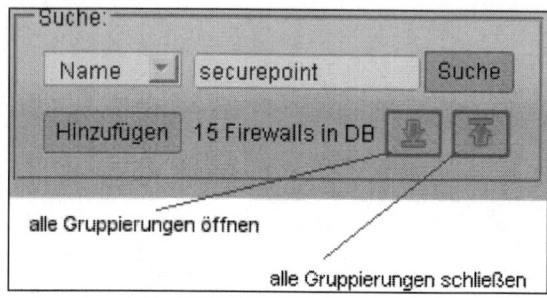

Bild 6.57: *Suchmaske auf der Firewall-Seite.*

Wenn die Suche erfolgreich war, wird die gefundene Firewall als Eintrag farbig markiert. Außerdem sind hier Schaltflächen platziert, mit denen alle Gruppierungen geöffnet und auch geschlossen werden können.

In der gleichen Maske gibt es noch den Button HINZUFÜGEN, womit sich eine neue Firewall anlegen lässt. Hierfür gibt es die folgenden Einstellungsmöglichkeiten:

- **Name:** Name der neuen Appliance.

- **IP:** IP-Adresse der Appliance.

- **Port:** Zu benutzender SSH Port (Standard 22).

- **Typ:** Auswahl des Appliance-Typs (Terra, Piranja, RC410 etc.).

- **Stadt:** Standort der Appliance.

- **Land:** Standort der Appliance.

- **Gruppe:** Anlegen einer Gruppe und Auswahl der Gruppen-zugehörigkeit.

- **Besitzer:** Besitzer der Appliance angeben, zunächst ist dies allein der Admin.

- **SSH:** Benutzername mit Kennwort für die SSH Verbindung angeben.

- **Überwachung:** Einstellung der Betriebsart für das Monitoring.
  IMMER: Appliance wird ständig überwacht.
  Exclude: Appliance wird von der Überwachung ausgeschlossen.
  STATUS: Setzen des Überwachungsstatus (niedrig, normal, wichtig).

- **Backup:** Sicherungsmodus festlegen, IMMER: Konfigurationen werden immer angelegt oder EXCLUDE: Die Appliance wird von der Sicherung ausgenommen.

Bild 6.58: *Hinzufügen einer Firewall.*

Im Kontextmenü gibt es zwei Funktionen für die Ausgabe von Grafiken. Hiermit lassen sich ganz einfach Last- und Verbindungsstatistiken grafisch darstellen, wobei immer die letzten hundert Werte der Überwachung verwendet werden, soweit diese vorhanden sind.

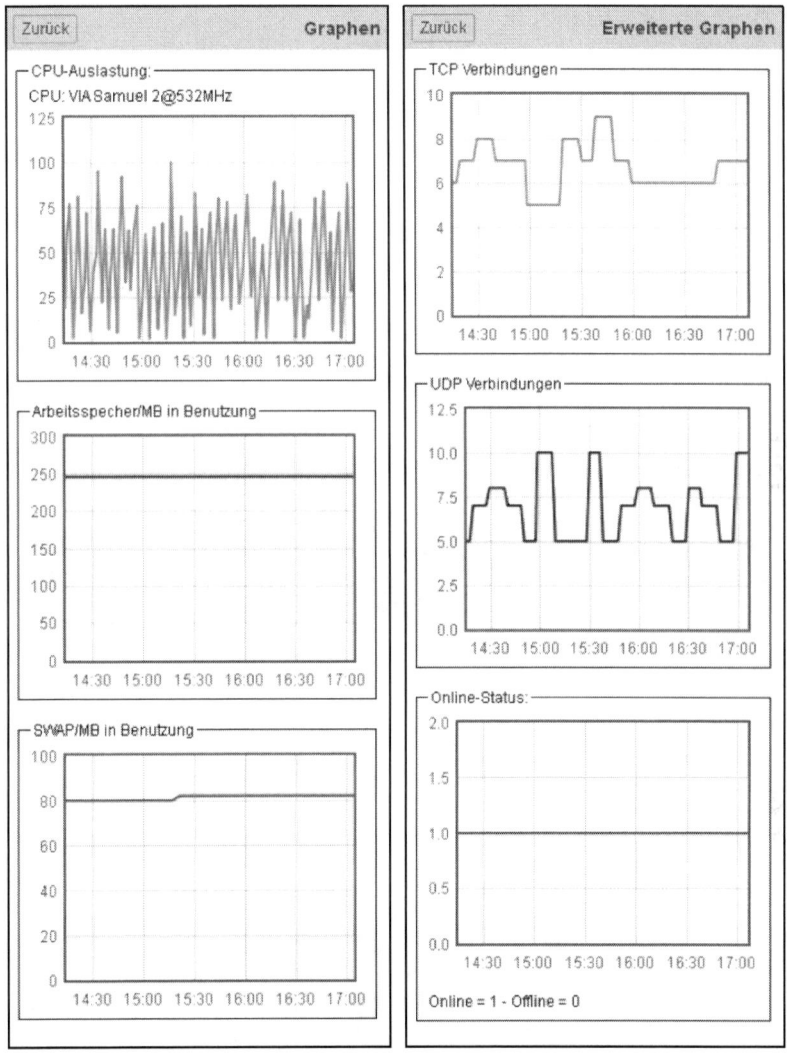

Bild 6.59: *Grafiken erleichtern die Übersicht bei der Systemauslastung.*

GRAPH zeigt die Prozessorlast, die Arbeitsspeicherauslastung und die Auslagerungsdateiauslastung an, während ERWEITERTE GRAPHEN für die Visualisierung für TCP- und UDP-Verbindungen und den Online-Status der Appliance zuständig ist.

Im Bereich **Sicherung** des Kontextmenüs sind die bisher angelegten Sicherungen (Backups) aufgelistet (beginnend mit der Neusten). Pro Appliance werden immer nur maximal zehn Sicherungen in der Datenbank gespeichert. Neben dem Namen der gespeicherten Konfiguration wird das Datum und die Uhrzeit der Sicherung angezeigt.

Bild 6.60: *Anzeige der vorhandenen Backups.*

Außerdem ist hier die Möglichkeit vorgesehen, die Daten zu exportieren oder auch die Konfiguration auf die Appliance zurückzuspielen. Dabei kann die Konfiguration unter einem neuen Namen oder auch unter dem alten zurückgeschrieben werden. Anschließend erscheint noch die Abfrage, ob die Konfiguration als Startkonfiguration verwendet und die Appliance neu gestartet werden soll.

Bild 6.61: *Anzeige und Setzen von Rechten für Firewalls.*

Unter den Eintrag **Rechte** im Kontextmenü können Zugriffsrechte für Appliances gesetzt werden. Die verfügbaren Rechte sind:

- **Verweigern:** Der Gruppe oder dem Benutzer wird die Ansicht auf diese Appliance verweigert.

- **Lesen:** Der Gruppe oder dem Benutzer steht die Appliance nur lesend zur Verfügung.

- **Lesen/Schreiben:** Die Gruppe oder der Benutzer darf die Einstellungen der Appliance lesen und bearbeiten.

Die Zugriffsrechte des Benutzers überschreiben dabei die Rechte der Gruppe. Wenn der Gruppe *Mitarbeiter* beispielsweise nur Leserecht gewährt wurde und der Benutzer A hier Mitglied ist, können ihm in der Benutzerverwaltung jedoch Lese- und Schreibrechte zugewilligt werden, so dass er dann lesend und schreibend auf die Appliances zugreifen kann.

337

7 Service und Fehlerbehebung

In diesem Kapitel sind einige Dinge erläutert, die insbesondere für Service, Wartung und die Fehlersuche bei Securepoint Appliances nützlich sind. Dazu gehört das Sichern, Laden und Kopieren von Konfigurationen sowie die Durchführung von Updates und Neuinstallationen. Dabei wird explizit auf die Version Securepoint 2007nx eingegangen, die von der Funktion her mit der Security Manager Version 10 identisch ist, sich allerdings vom aktuellen Web-Cockpit unterscheidet. Um eine Migration von einer älteren auf die aktuelle Version durchzuführen, sind die erwähnten Funktionen von ausschlaggebender Bedeutung.

Im Menü *Extras* gibt es außerdem noch einige Optionen, die in diesem Zusammenhang die Arbeit erleichtern. Das *User Interface* kann Benutzern einige speziellere Funktionen zur Verfügung stellen, und das *Command Line Interface* erlaubt es dem Administrator, verschiedene Befehle abzusetzen, um damit Appliances auch auf der Systemebene administrieren zu können.

7.1 Konfigurationen sichern und laden

Die Konfiguration der Appliance kann gespeichert und dementsprechend auch wieder geladen werden. Diese Möglichkeit erlaubt es, stets einen Backup der laufenden und funktionierenden Konfiguration anzufertigen und bereitzuhalten, was nur ein paar Mausklicks erfordert.

Dabei können gesicherte Konfigurationen auch leicht auf eine andere Hardware „überspielt" werden, um etwa eine Backup-Firewall anzulegen, oder im Bedarfs- und Fehlerfall auf verschiedene Konfigurationen zurückgreifen zu können.

7.1.1 Funktionen im Detail

Im Securepoint Security Manager finden sich die entsprechenden Optionen unter KONFIGURATION, wobei zwei unterschiedliche Mechanismen zur Verfügung stehen: SPEICHERN und KONFIGURATION LADEN sowie EXPORTIEREN mit dem dazugehörigen IMPORTIEREN.

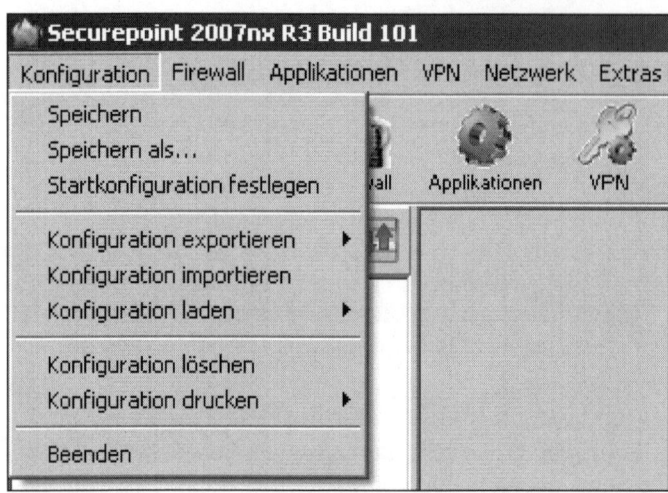

Bild 7.1: *Die Appliance-Konfiguration kann gesichert und wieder geladen werden.*

Mit SPEICHERN oder auch mit SPEICHERN ALS... wird eine vorhandene Konfigurationsdatei direkt auf der Festplatte oder in einem Flash-Speicher – je nach Typ – auf der Appliance abgelegt, während die Konfigurationsdatei mit EXPORTIEREN auf einen PC geschrieben werden kann. Typischerweise wird dies derjenige sein, der für die Verwaltung der Appliance per Securepoint Manager eingesetzt wird.

Grundsätzlich kann die Konfigurationsdatei auf einen x-beliebigen PC oder Server – auf dem man entsprechende Zugriffsrechte hat – exportiert werden. Es sollte natürlich ein sicherer Ort und kein allgemein verfügbares Netzlaufwerk sein.

Tipp: Die Optionen SPEICHERN oder SPEICHERN ALS... sollten regelmäßig nach der Durchführung von Konfigurationsänderungen ausgelöst werden, damit die Einstellung gesichert wird. Die Funktion SPEICHERN ist außerdem als Schaltfläche in der Tool-Leiste ausgeführt.

Die Voreinstellung für die Sicherungsdatei auf der Appliance (Speichern) lautet *wizard**, wobei bei SPEICHERN ALS... ein beliebiger Name mit maximal 256 Zeichen (Groß- und Kleinschreibung sowie Sonderzeichen sind erlaubt) verwendet werden kann.

Die gewählte Bezeichnung erscheint dann entsprechend bei KONFIGURATION LADEN. Sinnvollerweise wird man einen aussagekräftigen und wieder erkennbaren Namen für die Konfigurationssicherung verwenden.

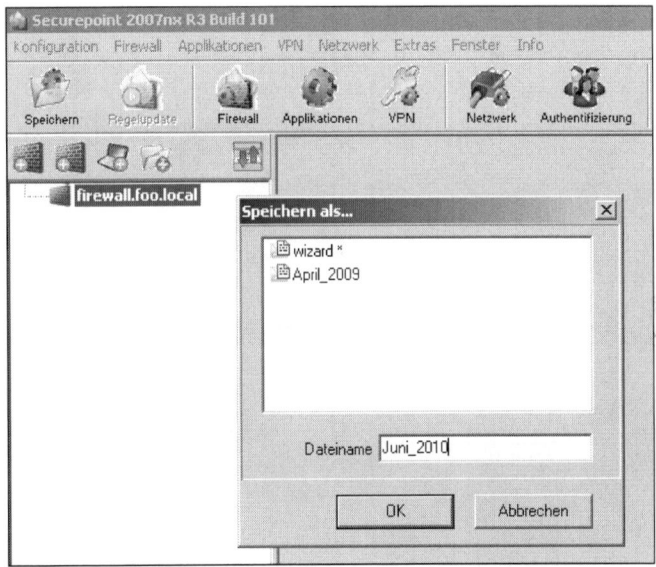

Bild 7.2: *Speichern der laufenden Konfiguration auf der Appliance unter einem neuen Namen.*

Um die Bezeichnung und damit die dazugehörige Konfiguration zu löschen, gibt es den Punkt KONFIGURATION LÖSCHEN, und als nützliche Option für die Dokumentation ist noch KONFIGURATION DRUCKEN zu finden.

Eine exportierte Konfigurationsdatei sollte generell an einem sicheren Speicherort (z.B. USB-Stick mit Verschlüsselung) aufbewahrt werden, denn prinzipiell könnte sie wieder in ein anderes Securepoint-System importiert werden, was dann auch Unbefugte tun könnten, denen damit wichtige Netzwerkinformationen zur Verfügung stünden. Eine typische Konfigurationsdatei hat eine Größe von ca. 300 kByte und passt damit auch auf kleinere Datenträger.

 **Hinweis:** Der Unterschied zwischen KONFIGURATION IMPORTIEREN und KONFIGURATION LADEN besteht darin, dass die erste Option eine Konfiguration von einem externen Laufwerk (PC im Netzwerk) lädt, während KONFIGURATION LADEN das Laden einer auf der Appliance gespeicherten Konfiguration veranlasst.

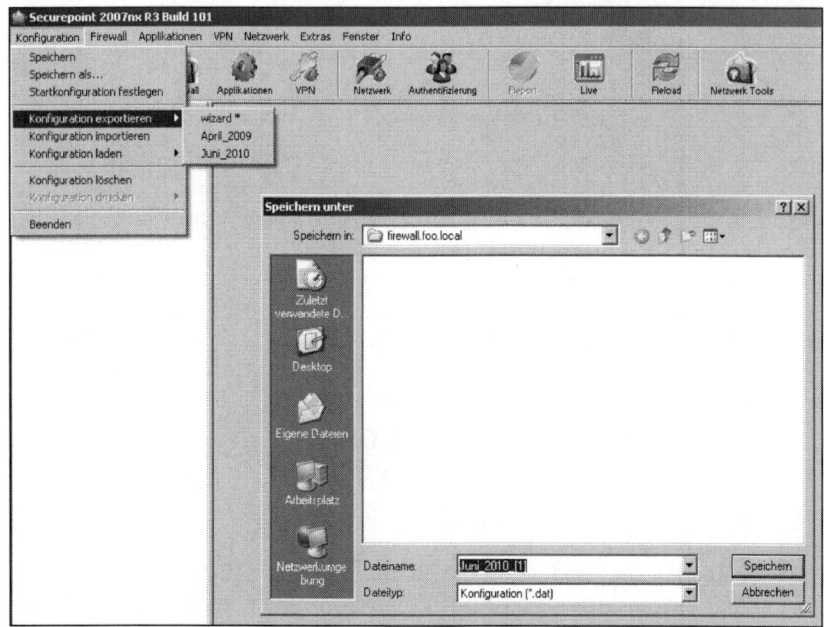

Bild 7.3: *Exportieren der Konfiguration auf ein PC-Laufwerk.*

Wie es im Konfiguration-Menü im Bild 7.1 erkennbar ist, sind einzelne Optionen etwas unglücklich angeordnet, was leicht zu Irrtümern beim Speichern und Laden führen kann. Bei einigen Punkten erscheinen erst dann die Auswahlmöglichkeiten, wenn der Menüpunkt tatsächlich selektiert wurde, während es bei anderen (die mit dem Pfeil, siehe Bild 7.1) gewissermaßen eine Voransicht auf das darauffolgende Menü gibt.

Es ist beispielsweise auch nicht zu erkennen, was als nächstes passiert, wenn KONFIGURATION LÖSCHEN selektiert wird. Wird die aktuelle Konfiguration vielleicht gelöscht? Richtig ist vielmehr, dass nach Anwahl noch ein weiteres Menü erscheint, womit die zu löschende Konfiguration dann explizit ausgewählt werden kann.

Bei KONFIGURATION EXPORTIEREN ist unbedingt darauf zu achten, dass tatsächlich die gewünschte Konfiguration selektiert wird, denn bei dem folgenden Auswahlmenü kann die zu exportierende Konfiguration unter einem neuen Namen auf dem PC gespeichert werden.

Wenn man hier nicht auf eine konsequente und nachvollziehbare Bezeichnungsnomenklatur Wert legt, ist eine hohe Verwechslungsgefahr gegeben. Das Problem tritt dann erst beim späteren Importieren auf, wenn die Konfiguration nicht wie erwartet aussieht. Es liegt dann eben nicht am Importieren oder sonst welchen Inkompatibilitäten, sondern es wurde zuvor die falsche Konfiguration unter dem anzunehmenden Namen exportiert.

Achtung: Die aktuell auf der Appliance laufende Konfiguration wird mit einem Stern (z.B. wizard*) ausgewiesen. Beim Exportieren muss die jeweilige Konfiguration noch explizit ausgewählt werden, denn es ist keineswegs so, dass standardmäßig die aktuelle exportiert wird.

Nach der kompletten Ausführung einer der unten genannten Funktionen wird die Meldung *Information: Die Operation wurde erfolgreich ausgeführt* ausgegeben.

- **Speichern:** Die Konfiguration wird auf der Appliance in der Datei *wizard** gespeichert.

- **Speichern als...:** Die Konfiguration kann unter einem eigenen Namen auf der Appliance gespeichert werden.

- **Startkonfiguration festlegen:** Auswahl der Konfiguration, die automatisch von der Appliance beim Start geladen werden soll.

- **Konfiguration exportieren:** Die Konfiguration wird auf ein externes Laufwerk (PC im Netzwerk) geschrieben.

- **Konfiguration importieren:** Die Konfiguration wird von einem externen Laufwerk (PC im Netzwerk) geladen.

- **Konfiguration laden:** Die Konfiguration wird aus der Datei, die mit SPEICHERN oder SPEICHERN ALS... auf die Appliance geschrieben wurde, geladen.

- **Konfiguration löschen:** Eine auf der Appliance gespeicherte Konfiguration kann nach Auswahl gelöscht werden.

- **Konfiguration drucken:** Eine auf der Appliance gespeicherte Konfiguration kann ausgedruckt werden.

Beim Exportieren sollte noch beachtet werden, dass im Menü zwar als Dateityp *.dat vorgegeben wird (Bild 7.3), allerdings wird die Extension nicht automatisch an den eingegeben Dateinamen gehängt, so dass beim darauf folgenden Importieren durchaus ein paar Schrecksekunden vergehen können, weil die exportierte Datei nicht gefunden wird.

 **Achtung: Die Endung DAT muss beim Exportieren manuell angegeben werden!**

Beim Importieren einer Konfiguration wird zum entsprechenden Verzeichnis auf dem PC-Laufwerk navigiert, die gewünschte Datei (*.dat) selektiert und der Öffnen-Button angeklickt.

Dann erscheint der bereits bekannte Dialog SPEICHERN ALS…, der dafür sorgt, dass die zu importierende Datei auf der Appliance unter einer der bereits vorhandenen oder unter einer neuen Bezeichnung gespeichert wird. Daraufhin erfolgt ein File-Upload mit der abschließenden Erfolgsmeldung.

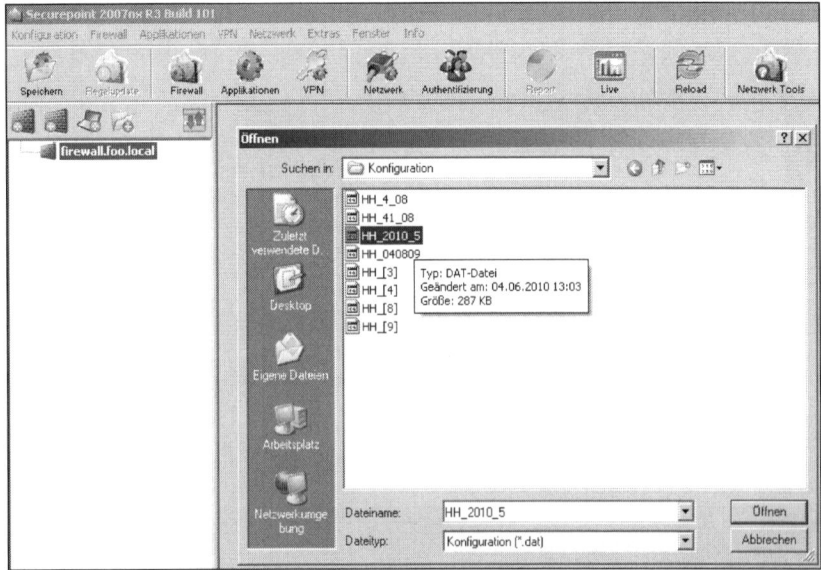

Bild 7.4: *Importieren einer Konfiguration auf die Appliance, die sich auf einem Netzlaufwerk befindet.*

Danach kann die importierte und unter einem (anderen) Namen auf der Appliance gespeicherte Konfiguration über KONFIGURATION LADEN transferiert werden. Ein Regelupdate oder ähnliches ist nicht notwendig, die neue Konfiguration sollte sofort einsatzbereit sein.

7.1.2 Konfiguration auf eine andere Firewall laden

Wie zuvor erläutert, ist es problemlos möglich, eine Konfiguration zu exportieren und wieder zu importieren, die dann auf der Appliance gespeichert wird. Dabei kann das Importieren und Laden durchaus auf eine zweite Appliance angewendet werden, damit diese beispielsweise als Backup-Firewall arbeiten kann, wenn die erste ausgefallen ist.

Zu beachten ist, dass die Interface-Daten und der Name der Firewall ebenfalls Bestandteil der Konfiguration sind. Deshalb dürfen beide Firewalls nicht gleichzeitig betrieben werden, bzw. sich nicht im gleichen Netzwerk befinden.

Grundsätzlich sollten sich die Systeme, zwischen denen Konfigurationen importiert und exportiert werden, auf dem gleichen Software-Stand

(Version, Build) befinden, weil es andernfalls zu unvollständigen und auch falschen Daten betreffs Interface-Daten und Firewall-Regeln kommen kann.

 **Achtung:** Grundsätzlich müssen Firewalls im gleichen internen Netz unterschiedliche Namen und IP-Adressen aufweisen. Dieses Prinzip kann leicht unabsichtlich verletzt werden, wenn eine Konfiguration auf einer zweiten Firewall importiert und geladen wird.

Falls die neue Konfiguration nicht gleich funktionieren sollte, wird sie unter STARTKONFIGURATION FESTLEGEN bestimmt, woraufhin ein Neuboot der Appliance ausgelöst wird (rechte Maustaste auf die Firewall-Bezeichnung). Danach besitzt die zweite Firewall aber den gleichen Namen wie die erste, was beim schlichten Laden der Konfiguration (s.o.) noch nicht der Fall ist.

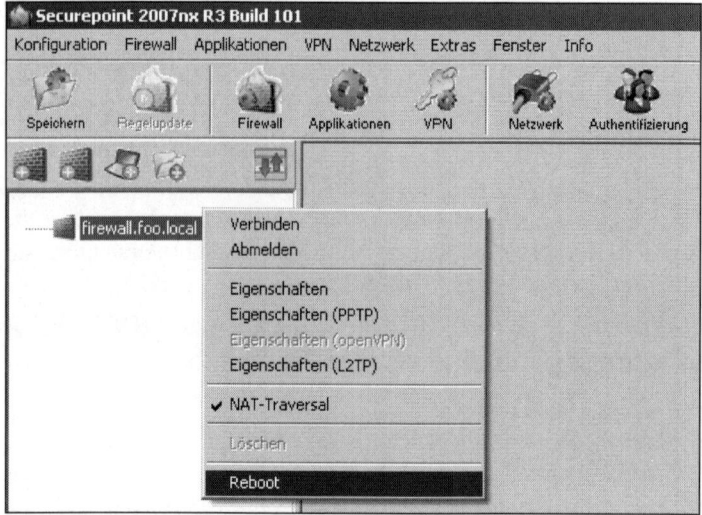

Bild 7.5: *Nach einem Reboot wird die Konfiguration neu geladen.*

Falls eine Firewall nicht mehr per Security Manager erreichbar sein sollte, weil die neu geladene Konfiguration nicht wie gewünscht reagiert, sollte zunächst die Erreichbarkeit per Ping-Befehl von einem PC aus auf die beiden Firewall-Interfaces (intern, extern) überprüft werden.

Unter *Netzwerk Tools* gibt es im Security Manager ebenfalls ein Ping Utility, welches quasi aufgrund seiner Position in der Appliance in beiden Netzwerken (intern und extern) arbeiten kann.

7.1.3 Konsolenunterstützung

An der Konsole der Firewall ist es möglich, eine andere Konfiguration für den Neustart zu laden, etwa diejenige, die zuvor einwandfrei mit bekannten Parametern funktioniert hat, wenn ein Problem mit der aktuellen vorliegen sollte.

Beim Boot des Systems erscheinen auf der ersten Menüseite der Konsole, die Optionen SECUREPOINT und SECUREPOINT CHANGE CONFIGURATION, wobei nach der Selektierung des ersten Punktes ein Boot mit der auf der Appliance festgelegten Startkonfiguration stattfindet (z.B. wizard), während nach der Anwahl des zweiten Punktes eine Auswahl aus allen auf der Firewall abgelegten und angezeigten Konfigurationen getroffen werden kann. Bei der Eingabe ist die jeweilige Schreibweise (groß und klein) sowie die Extension .db zu beachten, die ebenfalls manuell mit eingegeben werden muss.

Nach dem Boot können weitere Überprüfungen und auch Einstellungen an der Konsole mithilfe der CLI-Befehle, was im letzten Kapitel erläutert ist, durchgeführt werden.

Für einen ersten Test empfehlen sich die folgenden Kommandos zur Kontrolle der grundlegenden Einstellungen:

- **show interface:** zeigt die IP-Adressen mit den Netzweradapterdaten an.

- **show route:** zeigt die Route, mithin die IP-Adresse des Routers an, also den externen Weg.

- **show rule:** zeigt die Firewall-Regeln an.

7.2 Updates durchführen

Ein Update der Appliance-Software durchzuführen ist stets mit der Gefahr verbunden, dass danach (erst einmal) nicht die gleiche Funktionalität wie zuvor zur Verfügung steht. Üblicherweise sollten die Vorteile einer Aktualisierung jedoch überwiegen, so dass dieser Prozess (fast) zu den Pflichtübungen des UTM-Administrators gehört.

Ein Update der Virusdatenbank, was bei gültiger Lizenz automatisch erfolgt, ist selbstverständlich und wird hier nicht weiter betrachtet, vielmehr geht es um Updates der Firewall/Appliance-Software.

Im Security Manager oder auch im Web-Cockpit (unter Extras) gibt es die Möglichkeit, Updates manuell über AUF UPDATES PRÜFEN oder automatisch mithilfe des Securepoint Proxy Servers einzuspielen. Je nach aktuellem Versionsstand des Systems – und wie viele Update eben nicht durchgeführt worden sind – kann es sinnvoll sein, statt einem Update gleich eine komplette Neuinstallation der Appliance-Software vorzunehmen.

Dies ist immer dann empfehlenswert, wenn ein (großer) Versionsschritt angeboten wird, etwa wenn ein Wechsel von der Securepoint 2007nx-Version oder der Securepoint Version 10 zum Web-Cockpit vorgesehen ist.

Das in der Appliance integrierte Web-Cockpit sowie das Securepoint Operation Center (SOC) als neue Verwaltungssoftware bieten gegenüber der vorherigen Software eine ganze Reihe von Neuerungen, die nicht mithilfe üblicher Updates installiert werden können.

 **Achtung:** **Die Appliance-Software muss versionstechnisch mit der auf dem Computer installierten Software (Manager, Log Server) korrespondieren, wie es in den Securepoint-Dokumenten (Whitepapers) angegeben ist. Deshalb zieht ein Update der Appliance-Software nicht selten auch ein Update der PC-Software nach sich.**

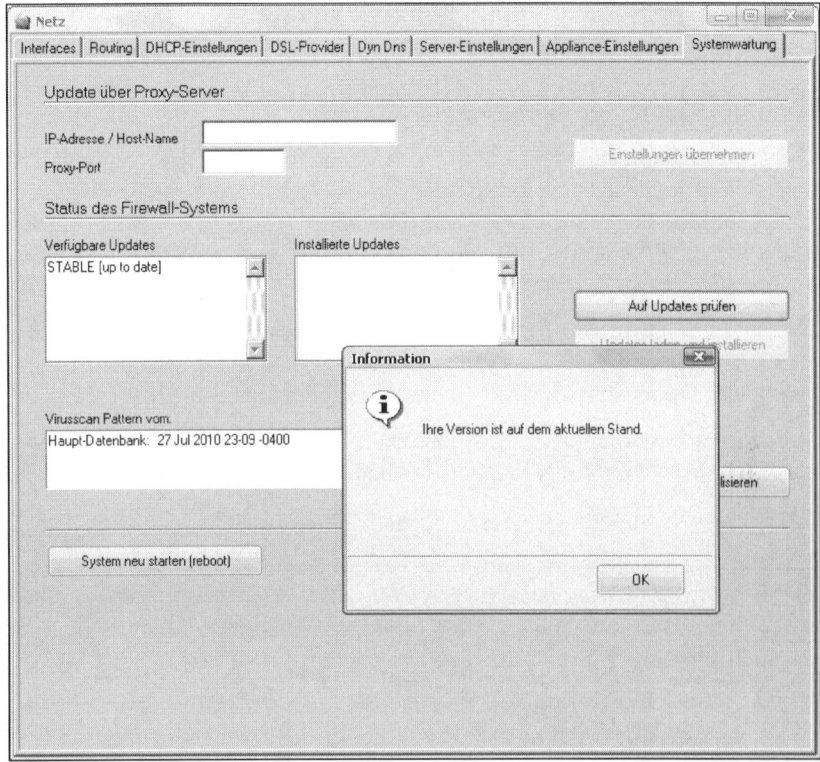

Bild 7.6: *Die Überprüfung hat ergeben, dass sich das System auf aktuellem Stand befindet.*

Grundsätzlich und auch im Speziellen, wenn beispielsweise ein Wechsel von der Securepoint 2007nx-Version zu der Securepoint Version 10 durchgeführt werden soll, ist vor einem größeren Update oder einer Neuinstallation die Konfiguration des laufenden Systems zu sichern (vgl. Kapitel 7.1).

Nach der Installation der neuen Version kann die zuvor gesicherte Konfiguration dann importiert und anschließend geladen werden. Danach müssen allerdings die Einstellungen für das Virenscanning und den Spamfilter wieder vorgenommen werden, weil diese Funktionen beim Übergang auf die Version 10 grundlegend überarbeitet worden sind.

Außerdem werden die manuell getroffenen Einstellungen in den Templates für das SMTP Gateway, den POP3-, den HTTP-Proxy sowie den DHCP-

Server nicht übernommen, so dass möglicherweise auch diese Funktionen wieder entsprechend den eigenen Bedürfnissen angepasst werden müssen.

Installationsmedien anfertigen

Bei einer Neuinstallation und auch beim Update ist generell zu unterscheiden, ob die Appliance über ein CD-ROM-Laufwerk verfügt oder nicht. Bei Modellen ohne CD-ROM-Laufwerk, wie beispielsweise die Typen Black Dwarf, Piranja, RC 100 oder RC 200, wird die Installation stattdessen mit einem USB-Stick vorgenommen.

Hierfür ist es notwendig, dass ein Stick mit mindestens einer Kapazität von 1 GByte vorhanden ist und die Appliance davon booten kann. Möglicherweise muss diese Option erst im BIOS-Setup der Appliance eingestellt werden.

In den meisten Fällen wird die Securepoint-Software in Form eines Image, vorliegen, welches von der Securepoint-Internetseite unter

http://www.securepoint.de/securepoint-downloads.html

bezogen werden kann. Ein derartiges Image enthält sowohl die Appliance- als auch die dazu passende PC-Software, so dass die zusammengestellten Programme dann auf dem gleichen Stand und Inkompatibilitäten nicht zu erwarten sind.

Im Download-Bereich von Securepoint sind die einzelnen Programme auch als selbstentpackende Exe-Dateien vorrätig, die unmittelbar installiert werden können. Dies funktioniert mit einem Image natürlich nicht, sondern es muss daraus erst einmal ein bootfähiger Datenträger (CD oder USB-Stick) angefertigt werden.

Jedes übliche Brennprogramm ist in der Lage, das Image zu laden und daraus den Datenträger entsprechend generieren zu können. Beim Brennprogramm *Nero Burning ROM* kann diese Funktion über RECORDER – IMAGE BRENNEN (Bild 7.7) selektiert werden, wobei die Funktions-bezeichnung etwas missverständlich erscheint, denn es wird kein Image gebrannt (erzeugt), sondern eben eine CD von einem (bereits existierenden) Image.

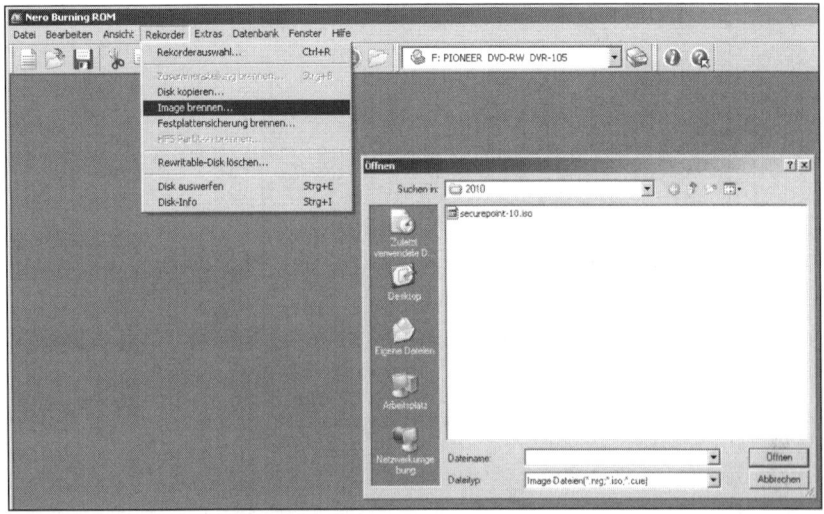

Bild 7.7: *Anfertigung der CD-ROM aus dem Securepoint-Image mit Nero Burning ROM.*

Hinweis: Der einzige Unterschied in der Durchführung zwischen einem Update und einer Neuinstallation besteht darin, dass nach dem Boot vom Datenträger statt INSTALL die Option UPDATE oder auch UPDATE (KD) selektiert wird.

Bei UPDATE (KD) bleiben die Konfigurationen auf der Appliance erhalten (Keep Defaults), und als Startkonfiguration wird die aktuelle festgelegt.

Um einen USB-Stick für den Boot zu präparieren, gibt es das *Securepoint Imaging Tool*. Hiermit wird ein Image, welches speziell für einen Stick ausgelegt ist, auf den Stick kopiert. Dabei stehen zwei unterschiedliche Images zur Verfügung: Eines für eine Neuinstallation (usb-install-image.img) und eines für einen Update (usb-updateimage.img), die beide von der Securepoint-Internet-Seite bezogen werden können.

Das Imaging Tool ist mit Vorsicht anzuwenden, denn alle Datenträger werden mit *Typ: Festplatte* bezeichnet, auch ein eingesteckter USB-Stick, d.h., vor dem Kopieren des Image sollte unbedingt – anhand des Laufwerkbuchstabens und/oder der Laufwerksgröße – kontrolliert werden, ob man unter *Ziel* auch wirklich den USB-Stick erwischt.

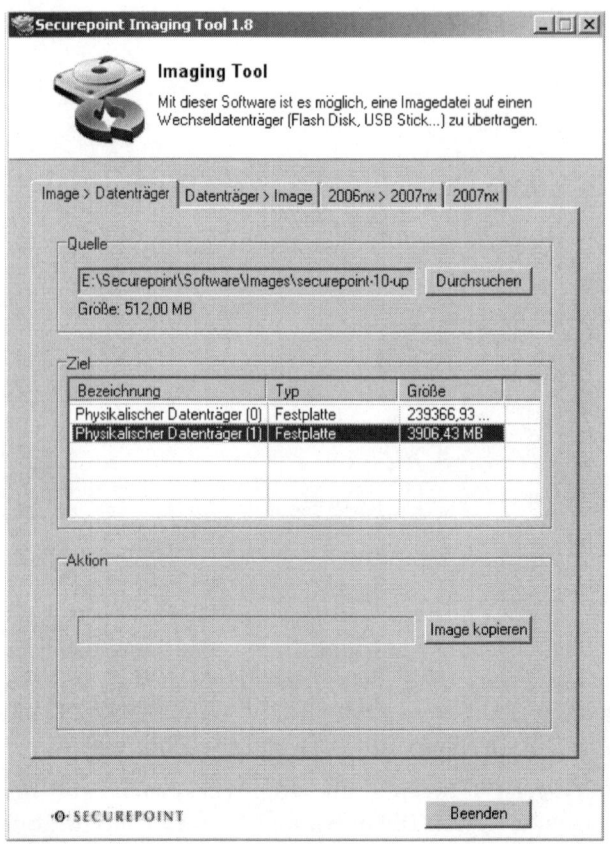

Bild 7.8: *Mit dem Imaging Tool wird das Image unter QUELLE auf den physikalischen Datenträger (1) unter ZIEL kopiert.*

Nach dem Kopieren des Image sind alle vorhandenen Daten auf dem Stick oder auf der Festplatte gelöscht! Der im Bild 7.8. als Ziel erkennbare Eintrag *physikalischer Datenträger (1) Festplatte* entspricht beispielsweise einem 4 GByte USB-Stick.

> **Achtung: Beim Imaging Tool werden auch USB-Sticks als Festplatten bezeichnet, was zu Verwechslungen mit der tatsächlichen Festplatte führen kann. Nach dem Kopieren des Image sind alle vorherigen Daten auf dem Datenträger unwiderruflich gelöscht!**

Wem diese Angelegenheit zu „gefährlich" und möglicherweise auch als zu umständlich erscheint, sollte statt des USB-Sticks ein externes USB-CD/DVD-Laufwerk an die Appliance anschließen, mit der angefertigten CD-ROM (s.o.) booten und das System damit aufspielen.

Mit dieser CD sollte ebenfalls sorgsam umgegangen werden. Falls sie in einem PC oder Labtop verbleiben sollte und damit gebootet wird, kann die Installation möglicherweise automatisch starten, so dass dann alle Daten auf der PC-Festplatte gelöscht werden.

Booten und Anmelden

Nach dem Boot mit der CD oder dem USB-Stick präsentiert die Appliance eine Anzeige, wie im Bild 7.9 gezeigt, wo entsprechend die gewünschte Option zu selektieren ist, wobei sich für einen Update mit der Übernahme von Einstellungsdaten die Option *Update (KD)* empfiehlt.

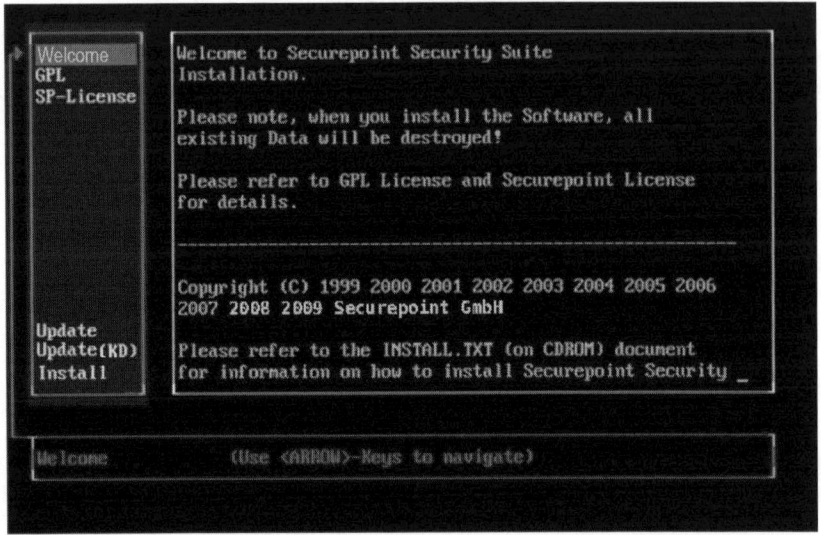

Bild 7.9: *Die Anzeige an der Konsole nach dem Boot. Für das Aufspielen des Appliance-Systems gibt es zwei Update-Optionen und eine für eine komplette Neuinstallation (Install).*

Die Installation oder ein Update geht sehr rasch vonstatten, woraufhin die SSH-Keys zur sicheren Kommunikation mit der Firewall generiert werden und der Anmeldebildschirm an der Konsole erscheint.

Dort ist die Anmeldung mit dem User *admin* und dem Passwort *insecure* an der Firewall gegeben, wobei das Password möglichst bald geändert werden sollte, was dann üblicherweise im Security Manager unter FIREWALL - BEARBEITEN oder im Web-Cockpit erledigt wird.

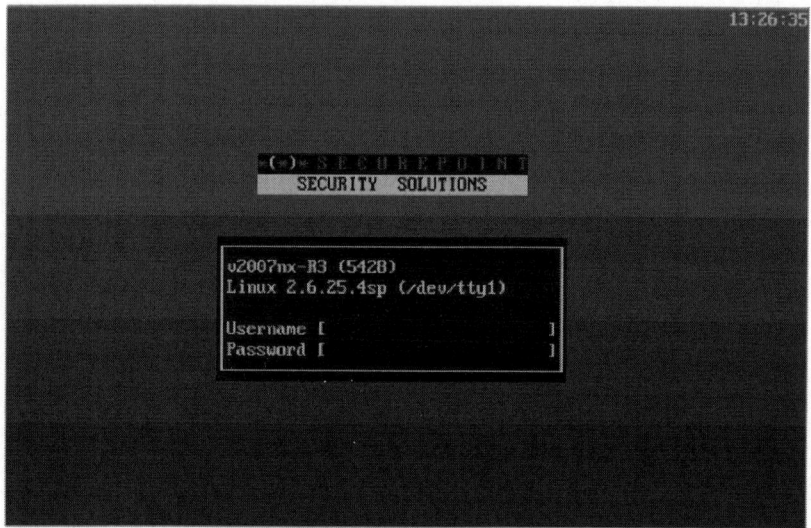

Bild 7.10: *Die Appliance ist jetzt einsatzbereit.*

Je nachdem, ob ein Update oder eine Neuinstallation stattgefunden hat, kann die Appliance daraufhin über die altbekannte IP-Adresse oder über die Default-IP-Adresse 192.168.175 (internes Netz, bitcount 24) erreicht werden. Weitere Arbeiten an der Konsole sind dann meist nicht mehr durchzuführen (vgl. Kapitel 7.1.3).

Update und Installation ohne Peripherie

Es ist ganz praktisch – etwa im Fehlerfall –, wenn ein Monitor und eine Tastatur an der Appliance angeschlossen sind, was für den laufenden Betrieb jedoch nicht notwendig ist. Selbst eine Installation oder ein Update sind auch ohne angeschlossene Peripherie durchführbar, wenn sich auf dem USB Memory-Stick oder auf der CD-ROM eine weitere Datei befindet. Je nachdem, wie diese Datei heißt, werden die verschiedenen Installationsmodi dann ohne weitere Aufforderung ausgeführt.

- Datei für Update: **autoupdate**

- Datei für Update (KD): **autoupdate_kd**

- Datei für Install: **Install**

Die drei Dateien sind in einem ZIP-Archiv, ebenfalls auf der Securepoint-Website, zu finden.

7.3 Extras

Im Extras-Menü des Web-Cockpits sind unterschiedliche Funktionen zusammengefasst. Einige davon wie *Firewall Updates*, *Registrierung* oder auch *Cockpit verwalten* sind bereits an anderen Stellen erläutert worden, so dass hier nicht mehr explizit darauf eingegangen wird.

Bild 7.11: *Die Optionen im Extras-Menü.*

- **CLI:** *Command Line Interface*, Protokollierung der Ein- und Ausgabe auf der Kommandozeile, direkte Befehle an die Firewall senden und Bearbeitung von Templates.

- **Firewall Aktualisierung:** Update der Firewall-Software und der Virusdatenbank durchführen.

- **Changelog:** Zeigt an, welche Updates stattgefunden haben und was dabei im Einzelnen durchgeführt wurde.

- **Registrierung:** Einspielen und Aktivieren der Lizenzdatei.

- **Cockpit verwalten:** Auswahl der anzuzeigenden Listenfenster und deren Positionierung im Cockpit.

- **Erweiterte Einstellungen:** Öffnet ein weiteres Browserfenster mit Einstellungsmöglichkeiten für fortgeschrittene Administratoren.

- **Alle Daten neu laden:** Konfigurationsdaten der Firewall werden neu eingelesen und das Administrator-Interface wird neu geladen.

- **Cockpit neu laden:** Lädt die im Cockpit dargestellten Werte neu. Ist auch über den Button in der Navigationsleiste ausführbar.

Interessant, und auch erst seit kurzem vorhanden, ist die Seite *Changelog*. Sie bietet eine Anzeige darüber, welche Versionen und Updates bereits eingespielt worden sind, mit der genauen Information, was dies im Einzelnen war (Bugfix, Update, neues Feature). Damit steht eine recht genaue Historie des Systems zur Verfügung, um auch im Fehlerfall – etwa wenn plötzlich der HTTP-Proxy nicht mehr wie bisher gewohnt funktioniert – feststellen zu können, wann welche Komponente der Software geändert worden ist.

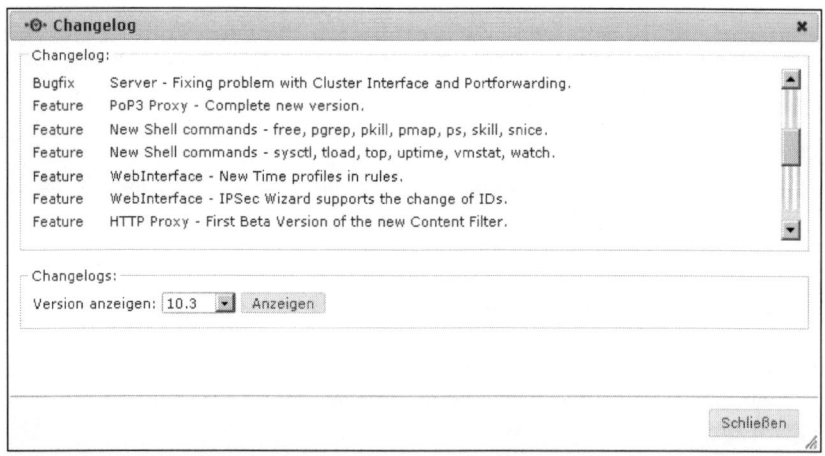

Bild 7.12: Nach Auswahl der Version unter ANZEIGEN, werden die Informationen über die einzelnen Software-Änderungen ausgegeben.

Die *Erweiterten Einstellungen* bieten einige speziellere Einstellungs-möglichkeiten, die nur in bestimmten Ausnahmesituationen eingesetzt werden sollten, denn sie sind nicht ganz ungefährlich und können die einwandfreie Funktion der Appliance beeinträchtigen, wenn dem Administrator nicht klar ist, was die Einstellungen genau bewirken.

Auf das *Command Line Interface* wird im Kapitel 7.5 noch genau eingegangen, während noch ein kurzer Blick auf die *Erweiterten Einstellungen* durchgeführt wird.

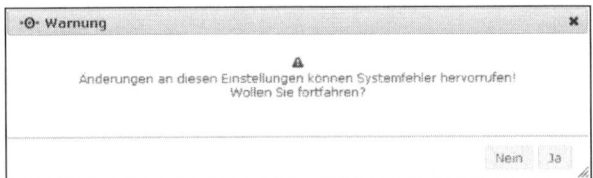

Bild 7.13: *Diese Warnung sollte ernst genommen werden.*

Auf der Seite *IPSec-Verbindungen* kann *Internet Key Exchange* für die Versionen IKEv1 und IKEv2 deaktiviert werden, so dass dann keine IPSec-Verbindungen mehr möglich sind. Die Seite *Portfilter* erlaubt Zulassungseinstellungen für IPSec-Verbindungen: NUR VERSCHLÜSSELTE L2TP-VERBINDUNGEN ZULASSEN und/oder RELATED CONNECTIONS erlauben, womit dem in der Firewall implementierten IP-Tables-Regelwerk gestattet wird, dass Tracking-Pakete von bereits bestehenden Verbindungen immer zugelassen werden. Damit eventuelle Änderungen in Kraft treten, ist abschließend der Button AKTUALISIERE REGELN zu betätigen.

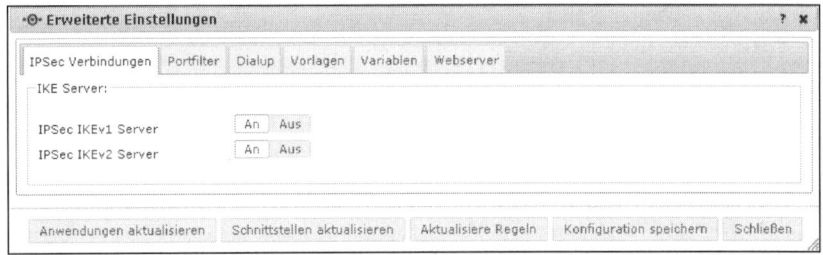

Bild 7.14: *Die erweiterten Einstellungen bieten recht unterschiedliche Optionen.*

Ebenfalls sehr speziell ist *Dialup* mit dem *Link Control Protocol* (LCP), welches von einigen Internet-Providern dazu verwendet wird, bestehende Verbindungen zu prüfen. Wenn diese Funktion nicht explizit vom Provider unterstützt wird, ist *Dialup* zu deaktivieren. Die Konfiguration ist hier über SCHNITTSTELLEN AKTUALISIEREN abzuschließen.

Um den Port des Webservers für SSL-verschlüsselte Verbindungen zu ändern, ist die Seite *Webserver* vorgesehen. Hier ist der User-Webinterface-Port im Bedarfsfall von standardmäßig 443 auf einen beliebigen anderen Port einstellbar. Die Konfigurationsänderung wird durch die Betätigung des Buttons SPEICHERN beendet.

Vorlagen – Templates

Die Konfigurationen der Dienste, die auf den Securepoint-Appliances verfügbar sind, sind nicht statisch vorhanden, sondern werden dynamisch aus so genannten Templates erzeugt, wenn der jeweilige Dienst gestartet wird.

Spezielle Änderungen von Diensten, die durch die Securepoint-Applikationen nicht einstellbar sind, können durch manuelle Bearbeitung der Templates erreicht werden. Templates werden mit der Konfiguration gespeichert, so dass sie auch nach einem Export bestehen bleiben.

Templates werden traditionell nicht direkt auf der Firewall bearbeitet, sondern müssen bei den älteren Software-Versionen in einen Editor (Notepad) kopiert werden. Hierfür ist außerdem die Verbindung über einen SSH-Client (PuTTY) mit der Firewall herzustellen. Nach dem Verändern der Templates ist das Laden auf die Firewall dann ebenfalls recht umständlich zu handhaben, was mit dem Kopieren über die Windows-Zwischenablage und dem Absetzen spezieller Befehle einhergeht.

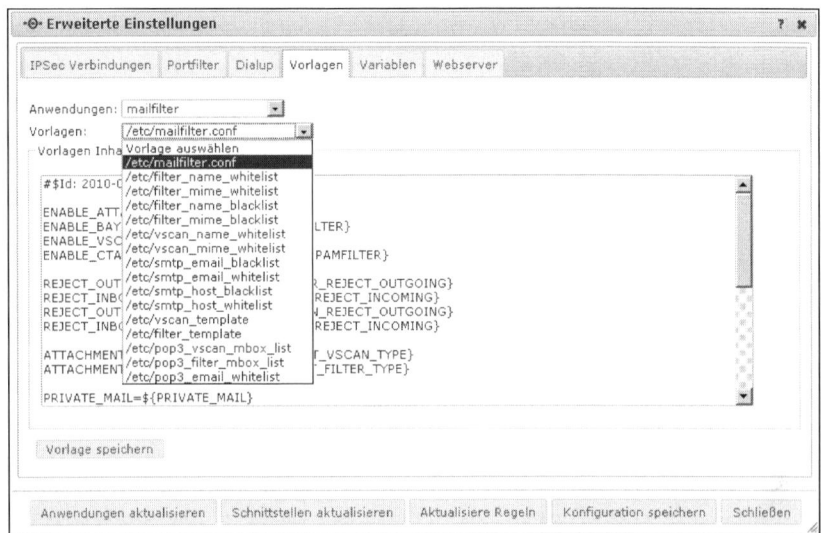

Bild 7.15: *Bearbeitung von Templates. Der Dienst Mailfilter (Anwendung) verfügt über zahlreiche Vorlagen.*

Mit dem Web-Cockpit ist das Anpassen von Templates weitaus einfacher, weil es bei den *Erweiterten Einstellungen* hierfür die Option *Vorlagen* (Bild 7.15) gibt. Aus dem Dropdown-Menü *Anwendungen* ist dann diejenige Anwendung herauszusuchen, deren Template bearbeitet werden soll. Die Firewall sucht nach den zugehörigen Templates und blendet das Dropdownfeld VORLAGEN ein. An dieser Stelle ist unter VORLAGE AUSWÄHLEN die entsprechende Datei zu selektieren. Je nach ausgewähltem Template (Dienst) kann es mehrere Vorlagen geben.

Nach der Durchführung der gewünschten Änderungen wird der Vorgang durch Betätigung von VORLAGE SPEICHERN abgeschlossen. Damit die Änderungen sofort übernommen werden, muss noch ANWENDUNGEN AKTUALISIEREN angeklickt und die Anwendung neu gestartet werden.

Variablen

Die Variablen, die in den Diensten zur Anwendung kommen, können wie die Templates ebenfalls eingesehen, verändert und gelöscht werden, was über das Menü *Variablen* erfolgt. Hierfür ist zunächst im Dropdown-Menü ANWENDUNGEN diejenige Anwendung zu selektieren, deren Variablen eingesehen werden sollen, die daraufhin (Entryname) angezeigt werden. Das

Löschen einer Variablen ist wie üblich durch das Anklicken des Abfalleimersymbols an der betreffenden Stelle möglich.

Um den Wert einer Variablen anzeigen zu lassen, ist auf das Lupensymbol in der Zeile der jeweiligen Variablen zu klicken. Der Wert wird daraufhin im Fenster *Variablenwert* angezeigt. Er kann nicht direkt editiert werden, deshalb ist er ggf. zu löschen und dann mithilfe der Option VARIABLE HINZUZUFÜGEN neu zu bestimmen.

Damit die Änderungen in Kraft treten, muss die Applikation neu gestartet werden, hierzu ist wie üblich auf den Button ANWENDUNGEN AKTUALISIEREN zu klicken.

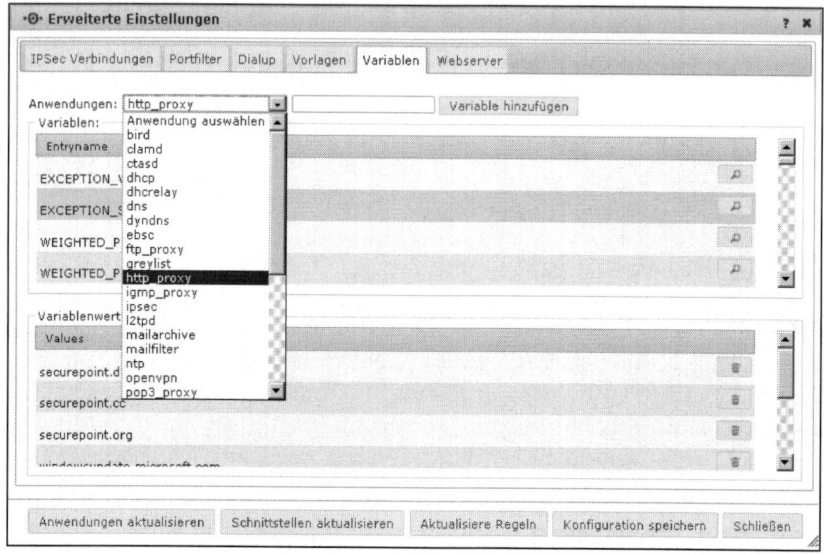

Bild 7.16: *Anzeigen der Variablen, hier die vom http_proxy.*

7.4   User Interface

Im Gegensatz zum Administrator-Interface, welches den Administratoren der Firewall vorbehalten ist, kann das User-Interface von allen eingetragenen Benutzern verwendet werden, die zu der Gruppe User-Interface in Kombination mit Spamfilter-Admin, SSL-VPN, SPUVA-User oder dem Recht, ihr Kennwort zu ändern, gehören. Diese Funktionalität ist sinnvoll, um den Administrator dahingehend zu entlasten, dass die Benutzer ihr

Password selbst ändern, das SPAM-Filtering nach ihren eignen Kriterien konfigurieren und zur Verfügung gestellte Downloads (SSL-VPN Client) selbst abholen können.

Die Benutzer erreichen das User-Interface im Webbrowser über die IP-Adresse des internen Interface (eth1) unter der Benutzung des HTTPS-Protokolls. Etwa mit:

https://192.168.175.1

Wenn sich die Benutzer außerhalb des internen Netzes einloggen möchten, beispielsweise vom Internet oder aus einer DMZ, ist noch eine extra Regel für den HTTPS-Zugriff auf das interne Interface anzulegen.

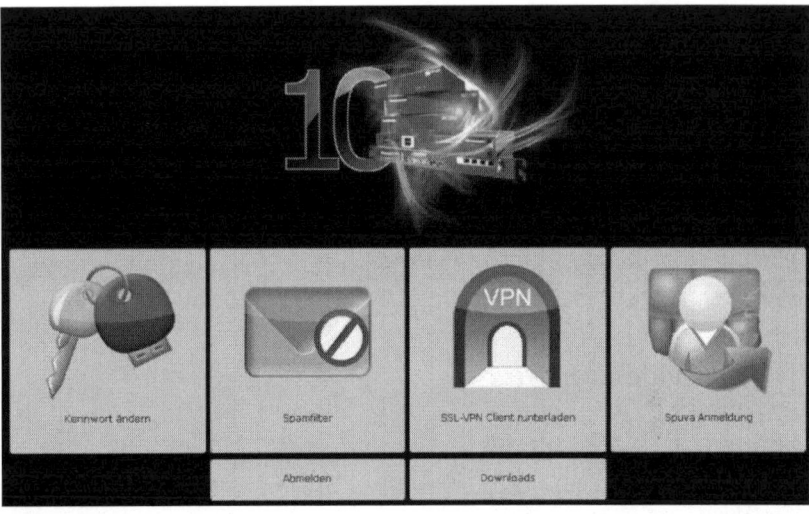

Bild 7.17: *Das User-Interface bietet je nach User-Typ unterschiedliche Optionen.*

Bereich	Beschreibung	Berechtigungen
Kennwort ändern	Dialog zum Ändern des Kennworts entsprechend den konfigurierten Komplexitätsregeln.	User-Interface mit Recht zur Kennwortänderung
Spamfilter	Anzeige der empfangenen Emails und ihre Einteilung in Ham und Spam. Möglichkeit manueller Nachsortierung bei falscher automatischer Klassifizierung.	User-Interface mit Spamfilter-User

Bereich	Beschreibung	Berechtigungen
SSL-VPN Client runterladen	Das ZIP Archiv enthält den portablen OpenVPN Client, die Konfigurationsdatei und die Zertifikate.	User-Interface mit SSL-VPN
SPUVA-Anmeldung	Zentrale Benutzer-Authentifizierung	User-Interface mit SPUVA- User
Abmelden	Schließen und Beenden der Sitzung	User-Interface
Downloads	Zeigt alle Dateien an, die als Download zur Verfügung stehen	User-Interface

Tabelle 7.1: *Funktionen und Berechtigungen für die Bereiche des User-Interface.*

Das User-Interface unterteilt sich in sechs Bereiche. In Abhängigkeit von der jeweiligen Gruppenzugehörigkeit der Benutzer gelten unterschiedliche Darstellungen und Berechtigungen für den Zugriff auf einzelne Bereiche, wie es in der Tabelle 7.1 angegeben ist.

Die Benutzer werden mit ihren jeweiligen Rechten unter AUTHENTIFIZIERUNG – BENUTZER – HINZUFÜGEN eingerichtet (siehe Kapitel 6.1), wobei nicht vergessen werden sollte, hier unter EXTRAS noch die Option für das Ändern des Kennworts sowie die Komplexitäts-anforderungen zu spezifizieren.

7.4.1 Spam-Filtering

Bis auf das Spam-Filtering sind die Funktionen des User-Interface selbsterklärend, so dass hier nur noch kurz auf das Spamfilter eingegangen wird, welches sich über die Seiten Ham, Spam, Gelöscht und Statistik erstreckt.

Die Benutzer der Gruppe *Spamfilter User* können sich im User-Interface den Spamfilter anzeigen lassen. Dort werden alle Emails aufgelistet und nach ihrer Klassifizierung als Ham und Spam angezeigt.

Emails, die fälschlicherweise als Spam deklariert worden sind, können hier in Ham „umgemünzt" werden. Wichtig ist auch, dass nicht erkannte Spam-Emails aus dem Ham-Bereich in den Spam-Ordner geschoben werden, damit die Lernfunktion des Spam-Filters trainiert wird und zukünftig möglichst wenig automatische Falscheinordnungen stattfinden.

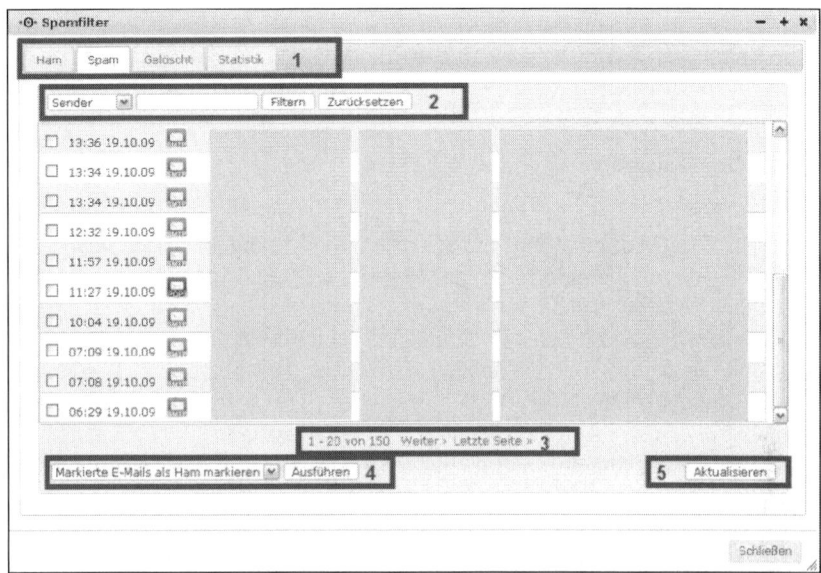

Bild 7.18: *Die einzelnen Bereiche für die Konfigurierung des Spamfilters.*

Die Emails werden grundsätzlich zeitlich geordnet angezeigt – die neueste zuerst. Es ist jedoch auch möglich, die Anzeige anhand mehrerer Funktionen zu verändern. Zum einfacheren Verständnis der Spamfilter-Funktionen ist die Seite (Bild 7.18) zur Anschauung in fünf Bereiche aufgeteilt.

1 – Registerkarten: HAM für erkannte, erwünschte Emails, SPAM für erkannte, unerwünschte Emails, GELÖSCHT für durch den Spamfilter-User gelöschte Emails und STATISTIK mit der Anzeige der Ham- und Spam-Emails in Abhängigkeit ihres Herkunftslandes.

2 – Filter: Im Filterbereich kann die Liste nach Absender, Empfänger, Betreff, SMTP, POP3 oder Virus geblockt gefiltert werden. Für einige Kriterien wird ein Muster benötigt, wofür ein extra Eingabefeld zur Verfügung steht. Die Filterung wird nach dem Betätigen des Filter-Buttons ausgeführt. Über den Button ZURÜCKSETZEN ist die Auswahl zurücksetzbar.

3 – Seitennavigation: Es werden immer 10 Einträge pro Seite angezeigt. Mit den Schaltflächen ZURÜCK und WEITER BLÄTTERN sowie ERSTE SEITE und LETZTE SEITE ist ein einfaches Navigieren möglich. Zu beachten ist, dass bei normaler Fenstergröße nicht alle 20 Zeilen dargestellt werden können und die Liste mit einem vertikalen Scrollbalken versehen ist.

4 – Aktionen: Für markierte Emails (Checkbox in der ersten Spalte) kann eine bestimmte Aktion ausgewählt werden, wie *markieren als Ham/Spam*, *löschen* oder *erneut versenden*, was erst dann ausgeführt wird, wenn der Button AUSFÜHREN gedrückt wird.

5 – Aktualisieren: Mithilfe des Buttons AKTUALISIEREN wird die Seite neu geladen.

Der Spamfilter-Administrator hat außerdem die Möglichkeit, sich neben den Angaben in der Tabelle auch den Inhalt und die Anhänge der Emails anzeigen zu lassen. Der Inhalt ist allerdings nur sichtbar, wenn diese Option in den Einstellungen für den Spamfilter aktiviert worden ist. Dabei ist natürlich der Datenschutz (Kapitel 1.3) zu beachten, denn ohne Kenntnis – besser noch nur mit ausdrücklicher Einwilligung oder per Dienstvereinbarung – des Nutzers darf in der Bundesrepublik Deutschland der Inhalt einer fremden Email nicht angezeigt oder eingesehen werden.

7.5 Command Line Interface

Über das *Command Line Interface* werden Befehle an die Appliance-Software – gewissermaßen an die Firmware der Firewall – gesendet. Die meisten Aktionen, die im Administrator-Interface ausgeführt werden, basieren auf den CLI-Kommandos. Unter EXTRAS – CLI können in der CLI-Zeile die gewünschten Befehle abgesetzt werden (Button: SENDE BEFEHL).

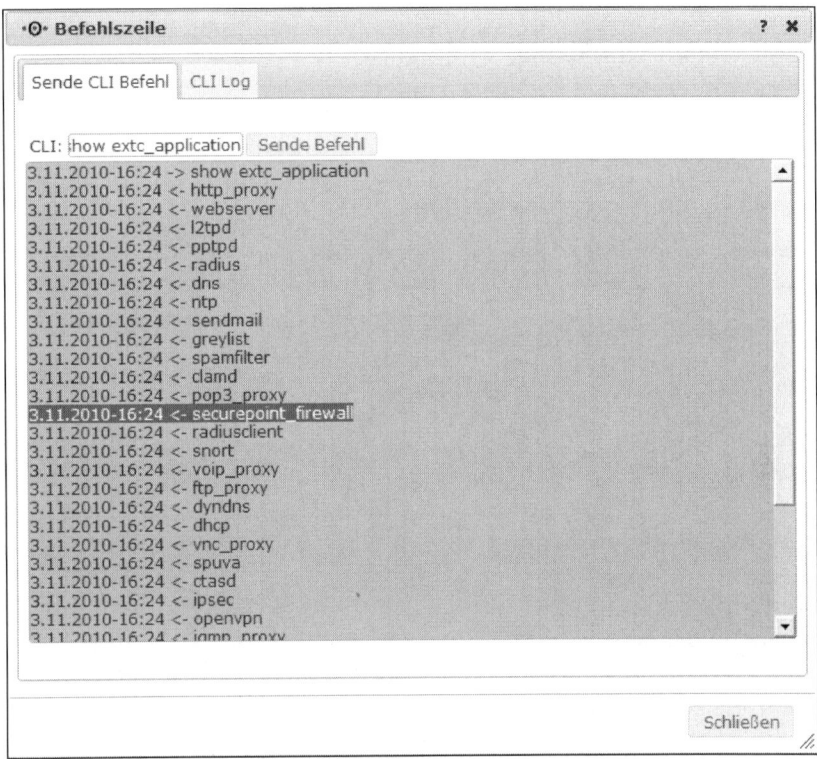

Bild 7.19: *Hier ist der Befehl show extc_application gesendet worden, der die vorhandenen Applikationen auflistet.*

Optional kann auf der Seite *CLI Log* das Logging für diese Befehlsverarbeitung eingeschaltet werden. Die an die Firewall gesendeten Befehle werden dabei blau, die Antworten grün und Fehler rot hinterlegt.

Das Interessante an den CLI-Befehlen ist einerseits, dass damit sehr schön die Funktionsweise analysiert und beobachtet werden kann, also, was auf der Firewall passiert. Auch wenn scheinbar „Ruhe herrscht", findet eigentlich laufend eine Kommunikation statt, was beispielsweise im CLI Log zu beobachten ist.

Anderseits lässt sich die Firewall mit den CLI-Befehlen auch an der Konsole, also direkt an der Appliance mit angeschlossenem Monitor und einer Tastatur administrieren, was, wie es bereits im Kapitel 7.1.3

angesprochen wurde, als nützliches Hilfsmittel im (vermeintlichen) Fehlerfall dienlich sein kann.

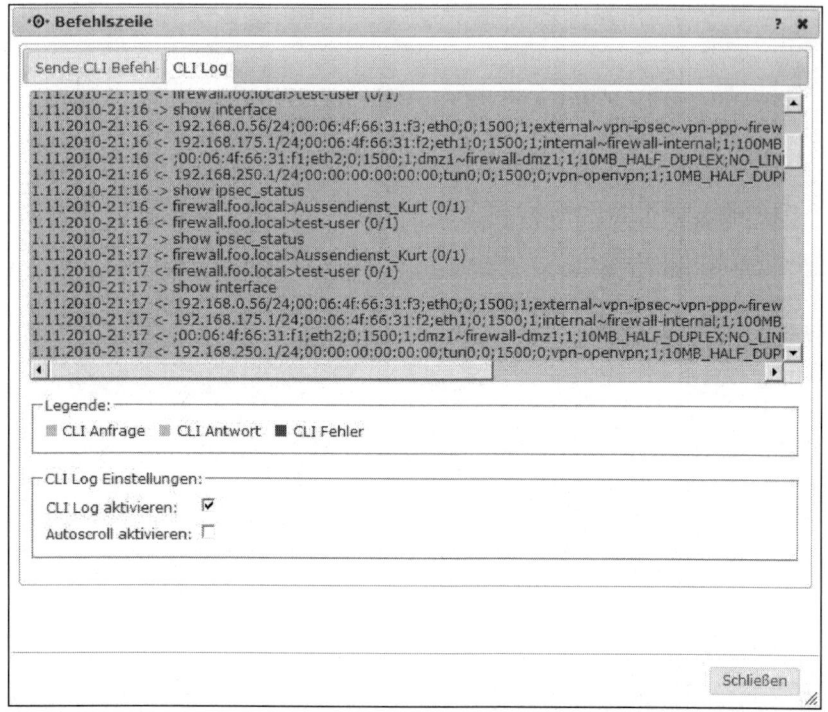

Bild 7.20: *Die Darstellung im CLI Log ist oftmals sehr aufschlussreich.*

Um darzustellen, wie mit CLI-Befehlen umzugehen ist, wird im Folgenden ein kleines Beispiel gezeigt. Im Kapitel 7.1.3 wurde erläutert, dass es problemlos möglich ist, die Konfiguration einer Firewall auf eine andere zu kopieren. Dabei sind die IP-Adresse sowie der Name der Firewall Bestandteil der Konfiguration, so dass nicht beide Appliances (mit der gleichen Konfiguration) gleichzeitig betrieben werden dürfen. Eine Änderung dieser Parameter ist deshalb nicht ohne Weiteres mit dem Web-Cockpit möglich. An der Konsole und mit CLI-Befehlen ist dies jedoch schnell erledigt, etwa für die Änderung der Firewall-Bezeichnung.

Nach der Eingabe von show extc_application werden die einzelnen Applikationen der Firewall angezeigt (siehe auch Bild 7.19). Der Name der Firewall ist in der Applikation securepoint_firewall enthalten, deshalb wird nun der Befehl `show extc_entry securepoint_firewall` gesendet.

```
3.11.2010-16:26 -> show extc_entry securepoint_firewall
3.11.2010-16:26 <- name;
3.11.2010-16:26 <- VERSION;Firewall version
3.11.2010-16:26 <- LASTRULE_LOGGING;
3.11.2010-16:26 <- UPDATEPROXYIP;update proxy ip address
3.11.2010-16:26 <- UPDATEPROXYPORT;update proxy port
3.11.2010-16:26 <- UPDATEPROXYUSER;update proxy login name
3.11.2010-16:26 <- UPDATEPROXYSECRET;update proxy login secret
3.11.2010-16:26 <- HTTP_TRANSPARENT_LIST;static nat for http proxy
3.11.2010-16:26 <- HTTP_TRANSPARENT_EXCEPTION_LIST;http static nat exceptions
3.11.2010-16:26 <- POP3_TRANSPARENT_LIST;static nat for pop3 proxy
3.11.2010-16:26 <- POP3_TRANSPARENT_EXCEPTION_LIST;pop3 static nat exceptions
3.11.2010-16:26 <- IPCONNTRACK;Maximum count of simultaneous connections
3.11.2010-16:26 <- TIMESERVER_LIST;Timeserver vor local time
3.11.2010-16:26 <- MANAGER_IP_LIST;List of manager ips
3.11.2010-16:26 <- MANAGER_HOST_LIST;list of manager hosts
3.11.2010-16:26 <- CLUSTER_ID;
3.11.2010-16:26 <- CLUSTER_SECRET;
3.11.2010-16:26 <- PPPOE_LCP_ECHO;send lcp echo
3.11.2010-16:26 <- CLUSTERADVBASE;
3.11.2010-16:26 <- CLUSTERDEADRATIO;
3.11.2010-16:26 <- CLUSTERPREEMTIVE;
3.11.2010-16:26 <- TIMEZONE;
3.11.2010-16:26 <- TIMEZONE_VALUES;
3.11.2010-16:26 <- NAMESERVER1;
```

Bild 7.21: *Die Darstellung der Einsprünge von der Applikation securepoint_firewall.*

Die Bezeichnung der Firewall steckt im Wert *name* (Bild 7.21), was mit `show extc_value securepoint_firewall name` zur Anzeige zu bringen ist.

```
3.11.2010-16:32 -> show extc_value securepoint_firewall name
3.11.2010-16:32 <- firewall.foo.local
```

Bild 7.22: *Die Firewall heißt firewall.foo.local.*

Um den Namen `firewall.foo.local` beispielsweise in `firewall.securepoint.local` zu ändern, ist folgendes Kommando auszuführen.

```
change extc_value securepoint_firewall name firewall.securepoint.local
```

Mit dem folgendem Befehl wird der Eintrag temporär abgelegt:

```
update applications securepoint_firewall
```

Und mit dem Befehl config save NamederjeweilgenKonfiguration werden die Daten dann permanent auf der Appliane gespeichert.

Traditionell – und in den Zeiten, als es noch kein Web-Cockpit gab – ist es auch möglich, mit einem SSH-Client wie Putty eine Konsolenverbindung zur Appliance herzustellen und dann über diese Verbindung CLI-Befehle abzusetzen.

Sowohl direkt an der Konsole als auch per SSH-Client wird CLI mit automatischer Vervollständigung unterstützt; beim Drücken der Tabulatortaste wird der Befehl vervollständigt, oder es werden alle verfügbaren Befehle angezeigt. Diese Funktion unterstützt lediglich Befehle, jedoch keine Pfadangaben.

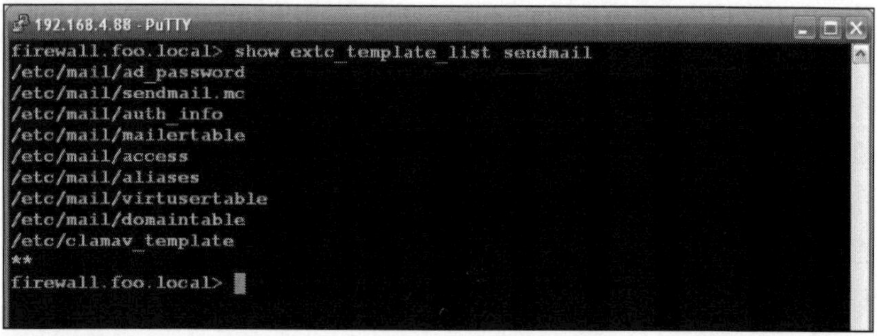

Bild 7.23: *Anzeige der Templates, die in der Applikation* SENDMAIL *verwendet werden.*

Die CLI-Befehle sind als Übersicht in der Tabelle 7.2 gezeigt. Bei den Kommandos *clear*, *logout* und *reboot* sind keine Parameter anzugeben. Wie die anderen Befehle angewendet werden, ist im Anhang gezeigt.

Kommando	Beschreibung
add	Konfigurationseinträge hinzufügen
change	Konfigurationseinträge editieren
clear	Löschen der Anzeige*
config	Konfigurationsdaten anzeigen*
debug	Debug-Routinen anzeigen*

Kommando	Beschreibung
delete	Konfigurationseinträge löschen
export	Konfiguration exportieren
import	Konfiguration importieren
logout	Abmelden*
protect	Spezielle Einstellungen*
reboot	System neu starten*
register (key)	System registrieren
restart	Applikationen neu starten
run	Befehl ausführen
show	Konfiguration anzeigen
start	Applikation starten
stop	Applikation stoppen
update	System aktualisieren

Tabelle 7.2: Die CLI-Befehle in der Übersicht (nicht im Web-Cockpit anwendbar).*

Anhang A: CLI-Befehle

Befehlsgruppe: add

add adsl	create a new adsl connection
usage	add adsl <name> <user> <password> <defaultroute 0/1> [forced disconnection time]
example	add adsl telekom securepoint secret 1

add bond	add interface to bond
usage	add bond <bond name> <interface name>
example	add bond bond0 eth1

add domain	new dns domain
usage	add domain <domain> [serial] [retry] [expire] [minimum]
example	add domain foo.local

add extc_application	new extc application
usage	add extc_application <application name>
example	add extc_application SERVICE_DYNDNS

add extc_entry	new extc_entry
usage	add extc_entry <application name> <entry name> [description]
example	add extc_entry SERVICE_WEBSERVER perl

add extc_glob_entry	new global extc entry
usage	add extc_glob_entry <entry name>
example	add extc_glob_entry GLOB_ADMIN_HOST

add extc_template	new extc_template
usage	add extc_template <application name> <template name> (multiline templates end with '**\n')
example	add extc_template http_proxy /etc/squid/users.txt

add extc_value	add extc config data
usage	add extc_value <application> <entry> <data>
example	add extc_value SERVICE_WEBSERVER perl cgi_script_language

add hidenat	create new hidenat entry
usage	add hidenat <network behind nat(netobject)> <nat ip> <destination(netobject)> [position] [inverse hidenat 1]
example	add hidenat Internal_Network ppp0 any

add interface	create new interface
usage	add interface <name> <addr/net> <dhcp> <mtu> <ping 1/0> <zone> <auto_ng> <10MBIT_HALF_DUPLEX | 10MBIT_FULL_DUPLEX | 100MBIT_HALF_DUPLEX | 100MBIT_FULL_DUPLEX>
example	add interface eth1 192.168.175.1 0 1500 1 internal 1 100MBIT_FULL_DUPLEX

add interface_cluster	create new cluster interface
usage	add interface_cluster <cluster name> <interface >
example	add interface_cluster cluster0 eth0

add interface_pppoe	create a new pppoe interface
usage	add interface_pppoe <ppp interface> <eth interface> <adsl name> [forced disconnection time]
example	add interface_pppoe ppp0 eth1 dslProvider1 2

add interface_pptp	create a new pptp/dsl interface
usage	add interface_pptp <ppp interface> <modem IP> <adsl name> [forced disconnection time]
example	add interface_pptp ppp0 89.174.21.1 dslProvider1

add ip	add new ip-address to interface
usage	add ip <interface name><addr/net>
example	add ip eth1 192.168.175.50

add ipsec	create a new ipsec connection
usage	add ipsec <name> <initiator 0/1> <CERT | SECRET> <l2tp 0/1> <local> <local cert> <local ID> <remote> <subnet within 0/1> <CERT | SUBJECT | IP> <remote cert, subject or IP> <keylife> <ikelifetime> <pfs> <keyingrtries> <ike-crypt> <esp-crypt> [SECRET] The *-crypt parameter-syntax:{3des, aes, serpent, twofish, blowfish} – {md5, sha, sha2} – [modp {1024, 1536, 2048, 3072, 4096, 6144, 8192}] [!]
example	add ipsec testSec 0 SECRET 0 defaultroute eth0 any IP 0.0.0.0 8 1 1 1 3des-md5-modp1024 3des-md5 insecure

add ipsec_subnets	add subnets to an ipsec connetion
usage	add ipsec_subnets <name> <local subnet> <remote subnet>
example	add ipsec_subnets testSec 192.168.4.0/24 10.1.2.5/32

add manager	add a new manager
usage	add manager <IP/net>
example	add manager 10.1.2.12/32

add mx	new dns mx entry
usage	add mx <domain> [name] <hostname> [priority]
example	add mx foo.local "" mx.foo.local 10

add networkobject	create new node
usage	add networkobject <name> <addr/net> <zone> [networkgroup] [nat IP]
example	add networkobject internal-interface 10.1.2.1/32 firewall-internal

add networkobjectingroup	add node to nodegroup
usage	add networkobjectingroup <node group name> <node name>
example	add networkobjectingroup Grp-internal-interface internal-interface

add networkgroup	create new nodegroup
usage	add networkgroup <node group name> <image nr>
example	add networkgroup Grp-internal-interface 22

add ns	new dns ns entry
usage	ad ns <domain> <hostname>
example	ad ns foo.local ns.foo.local

add ptr	new dns ptr record
usage	add ptr <domain> <IP (part)> <name>
example	add ptr 4.168.192.in-addr.arpa 88 ns.foo.local

add qos	create new priority
usage	add qos <qos name> <min-in> <max-in> <min-out> <max-out>
example	add qos adsl2500 2560 2560 336 336

add route	create new route
usage	add route <source> <destination> <gateway>
example	add route 10.1.2.5 192.168.175.1 10.1.2.1

add rule	create new rule
usage	add rule <src netgroup> <dst networkgroup> <srvgroup> <active 0/1> <ACCEPT | REJECT | DROP> <logging (NONE | MEDIUM | ALL)> [times (day-start-stop,...)] [qos name] [comment]
example	add rule Grp-internal-interface internet any 1 ACCEPT NONE

add ruleatposition	create a new rule at given position
usage	add ruleatposition <pos> <src netgroup> <dst netgroup> <srvgroup> <active 0/1> <ACCEPT	REJECT	DROP> <logging (NONE | MEDIUM | ALL)> [times (day-start-stop)] [qos name] [comment]
example	add ruleatposition 1 Grp-internal-interface internet any 1 ACCEPT NONE

add rulegroup	create new rulegroup
usage	add rulegroup <name> <stat> [rule_id]
example	add rulegroup mail 2

add service	create new service
usage	add service <service name> <proto> [src ports] [dst ports] [icmp message]
example	add service log_client tcp
add servicegroup	create new servicegroup
usage	add servicegroup <servicegroupname>
example	add servicegroup pop3-proxy

add serviceingroup	add service to servicegroup
usage	add serviceingroup <servicegroup name> <service name>
example	add serviceingroup mail pop3-proxy

add subdomain	new dns subdomain
usage	add subdomain <domain> <name> <value>
example	add subdomain foo.local www 192.168.1.10

add subdomain	new dns subdomain
usage	add subdomain <domain> <name> <value>
example	add subdomain foo.local www 192.168.1.10

add syslogserver	new syslogserver
usage	add syslogserver <addr>
example	add syslogserver <192.168.130.3>

add user	create new user
usage	add user <name> <full name> <email> <password> <rights> [pptp IP] [l2tp IP] [openvpn IP]
example	add user root user-root user_root@securepoint.de 1

add userattribute	add attribute to user
usage	add userattribute <user name> <attribute>
example	add userattribute spam_admin spam_admin@securepoint.de

add x509	create a new x509 certificate
usage	add x509 <key size> <not before> <not after> <common name> <country> <state> <local> <organization> <organization unit> <email> [alternative name] [ca]
example	add x509 1024 20080101 20081231 fwSecPoint DE NDS LG securepoint support support@securepoint.de

add x509_openvpn_client	create a new openvpn x509 client certificate
usage	add x509_openvpn_client <key size> <not before> <not after> <common name> <country> <state> <local> <organization> <organization unit> <email> <alternative name> <ca>
example	add x509_openvpn_client 1024 20080101 20081231 testkey DE NDS LG Securepoint support support@securepoint.de foobar testca

add x509_openvpn_server	create a new openvpn x509 server certificate
usage	add x509_openvpn_server <key size> <not before> <not after> <common name> <country> <state> <local> <organization> <organization unit> <email> <alternative name> <ca>
example	add x509_openvpn_server 1024 20080101 20081331 testkey DE NDS LG Securepoint support support@securepoint.de foobar testca

add zone	create new zone
usage	add zone <name> [interface]
example	add zone dmz7 eth2

Befehlsgruppe: change

change adsl	change adsl connection
usage	change adsl <name> <password>
example	change adsl telekom securepoint topsecret

change bootparameter	change boot parameters
usage	change bootparameter <device> <kernel> <parameter>
example	change bootparameter /dev/hda2 vmlinux „noapic console=ttyS0,38400n"

change cluster	change cluster state
usage	change cluster <MASTER | BACKUP | OFFLINE>
example	change cluster BACKUP

change extc_glob_value	change global extc values
usage	change extc_glob_value <entry name> <new value>
example	change extc_glob_value GLOB_ADMIN_EMAIL admin@securepoint.de

change extc_template	change extc template
usage	change extc_template <application>
example	change extc_template /etc/mail/sendmail.mc

change extc_text	change extc values with linebreaks
usage	change extc_text <application> <entry>
example	change extc_text

change extc_value	change extc value - if the value is a list, it will be deleted
usage	change extc_value <application> <entry> [value 1] [value 2] ... [value n]
example	change extc_value sendmail ENABLE_CUSTOMFILTER 1

change hidenat	change hidenat entry
usage	change hidenat <ID> <network behind nat> <nat IP> <dest (netobject)> [inverse nat (1)]
example	change hidenat internal_network ppp0 any

change hidenat_order	change hidenat position
usage	change hidenat_order <ID> <new position>
example	change hidenat_order 1 5

change interface_bandwidth	change interface bandwidht
usage	change interface_bandwidth <interface> <bandwidth>
example	change interface_bandwidth ppp0 1024

change interface_cluster_spare	change cluster interface spare(-firewall) addresses
usage	change interface_cluster_spare <cluster interface> [spare IP 1] ... [spare IP n]
example	change interface_cluster_spare cluster0 192.168.130.123/24

change ip	change interface ip address
usage	change ip <interface> <old address> <new address>
example	change ip eth1 192.168.175.1/24 10.1.2.1/24

change ipsec	change ipsec connection
usage	change ipsec <ID> <name> <initiator (1/0)> <CERT | SECRET> <l2tp (1/0)> <local> <local cert> <local ID> <remote> <subnet within (1/0)> <CERT | SUBJECT | IP> <remote cert, subject or IP> <keylife> <ikelifetime> <pfs> <keyingretries> <ike-crypt> <esp-crypt> [secret] The *-crypt parameter-syntax:{3des, aes, serpent, twofish, blowfish} – {md5, sha, sha2} – [modp {1024, 1536, 2048, 3072, 4096, 6144, 8192}] [!]
example	change ipsec 1 firewall.foo.local>SecPoint 0 SECRET 0 defaultroute eth0 any IP 0.0.0.0 8 1 1 1 3des-md5-modp1024 3des-md5 insecure

change ipsec_nexthop	set the ipsec leftnexthop parameter
usage	change ipsec_nexthop <ipsec name> <nexthop IP address>
example	change ipsec_nexthop firewall.foo.local>SecPoint 192.168.175.1

change ipsec_nat_traversal	set nat traversal status
usage	change ipsec_nat_traversal <0/1>
example	change ipsec_nat_traversal 1

change ipsec_dead_peer_detection	set ip dead peer detection
usage	change ipsec_dead_peer_detection <name> <0/1>
example	change ipsec_dead_peer_detection firewall.foo.local>SecPoint 1

change interface	change interface parameter
usage	change interface <interface name> <dhcp> <mtu> <ping (0/1)> <zone> <auto_ng> <10MBIT_HALF_DUPLEX | 10MIBT_FULL_DUPLEX | 100MBIT_HALF_DUPLEX | 100MBIT_FULL_DULPEX>
example	change interface eth1 1 1500 0 firewall-internal 0 100MBIT_FULL_DUPLEX

change kernelparameter	change kernel parameter
usage	change kernelparameter <kernelparameter> [new value]
example	change kernelparameter net.ipv4.icmp_errors_use_inbound_ifaddr 1

change networkobject	change networkobject
usage	change networkobject <old name> <new name> <new ip/mask> <new zone> [new nat IP]
example	change networkobject internal-interface dmz 10.1.2.2/24 dmz1

change networkgroup	change networkgroup name
usage	change networkgroup <old name> <new name>
example	change networkgroup dmz1 dmz-mailserver

change qos	change priority
usage	change qos <name> <min-in> <max-in> <min-out> <max-out>
example	change qos adsl1000 1184 1184 160 160

change ruleorder	move rules
usage	change ruleorder <rule ID> <new position>
example	change ruleorder 1 2

change rule	edit rule
usage	change rule <rule ID> <src netgroup> <dst netgroup> <srvgroup> <active(0/1)> <ACCEPT | REJECT | DROP> <logging (NONE | MEDIUM | ALL)> [times (day-start-stop, ...)] [qos name] [comment]
example	change rule 3 internal-network internet any 1 ACCEPT NONE

change rulegroup	edit rulegroup
usage	change rulegroup <old name> <new name> <newstatus (1:collapsed/ 2:expanded> [new rule ID]
example	change rulegroup mail imap 1

change service	edit service
usage	change service <old name> <new name> <proto> [src ports] [dst ports] [icmp messages]
example	change service squid proxy tcp

change servicegroup	edit servicegroup
usage	change servicegroup <old name> <new name>
example	change servicegroup mail email

change syslogserver	edit syslogserver
usage	change syslogserver <ID> <new address>
example	change syslogserver 1 192.168.175.50

change terminal	change terminal-type
usage	change terminal <new terminal type>
example	change terminal

change user	change user parameter
usage	change user <user name> <full name> <email> <password> <rights> [ppptp IP] [l2tp IP] [openvpn IP]
example	change user spam_admin Meyer spam_admin@SecPoint.de spamsecure 000001000

change user_openvpn_ip	change the users ip in the openvpn network
usage	change user_openvpn_ip <user name> [new IP]
example	change user_openvpn_ip ovpn_tester 192.168.175.20

change x509	change x509 certificate
usage	change x509 <not before> <not after> <common name> <country> <state> <local> <organisation> <organization unit> <email> [alternative name]
example	change x509 20080101 20081231 secpoint DE NDS LG securepoint support support@securepoint.de

change zone	change zone name
usage	change zone <old zone name> <new zone name> [interface]
example	change zone internal-network local-net eth1

Befehlsgruppe: config

config delete	delete configuration from hdd
usage	config delete <name>
example	config delete securepoint

config export	export configuration (save config to /databases)
usage	config export <name>
example	config export securepoint

config import	import configuration (load config from /databases)
usage	config import <name>
example	config import securepoint

config list	list available configurations
usage	config list *no options*
example	config list

config load	load configurations from hdd
usage	config load <name>
example	config load testconf

config new	create a new configuration
usage	config new <name>
example	config new securepoint2

config save	save configurations on hdd
usage	config save <name>
example	config save securepoint

config set	set the given config to start config
usage	config set <name>
example	config set securepoint

config running	show name of running config
usage	config running *no options*
example	config running

Befehlsgruppe: delete

delete adsl	delete adsl connection
usage	delete adsl <name>
example	delete adsl telekom

delete crl	delete a imported CRL (certificate revocation list)
usage	delete crl <name>
example	delete crl invalidCerts

delete domain	delete domain
usage	delete domain <name>
example	delete domain testdomain.de

delete extc_application	delete application with all config entries
usage	delete extc_application <application name>
example	delete extc_application snort

delete extc_template	delete given template
usage	delete extc_template <template name>
example	delete extc_template /etc/mail/sendmail.mc

delete extc_value	delete extc values
usage	delete extc_value <application> <entry> [nummber]
example	delete extc_value webserver cgi

delete hidenat	remove hidenat entry
usage	delete hidenat <ID>
example	delete hidenat 1

delete interface	delete an interface
usage	delete interface <interface name>
example	delete interface eth2

delete ip	remove ip address from interface
usage	delete ip <interface name> <address>
example	delete ip eth1 192.168.175.1

delete ipsec	delete an ipsec connection
usage	delete ipsec <common name>
example	delete ipsec fwSecPoint

delete ipsec_subnets	delete ipsec subnets
usage	delete ipsec_subnets <local subnet> <remote subnet>
example	delete ipsec_subnets 192.168.175.0/24 192.168.180.0/24

delete manager	delete manager ip/net
usage	delete manager <IP/net>
example	delete manager 192.168.175.10/32

delete networkobject	delete node
usage	delete networkobject <node name>
example	delete networkobject mailserver

delete networkgroup	delete nodegroup
usage	delete networkgroup <nodegroup name>
example	delete networkgroup Grp-mailserver

delete networkobjectingroup	remove node from nodegroup
usage	delete networkobjectingroup <networkgroup> <networkobject>
example	delete networkobjectingroup

delete qos	delete priority
usage	delete qos <qos name>
example	delete qos adsl1500

delete rule	delete rule
usage	delete rule <ID>
example	delete rule 2

delete rulegroup	delete rulegroup
usage	delete rulegroup <name>
example	delete rulegroup mail

delete route	delete route
usage	delete route <route ID>
example	delete route 1

delete service	delete service
usage	delete service <service name>
example	delete service smtp

delete servicegroup	delete servicegroup
usage	delete servicegroup <servicegroup name>
example	delete servicegroup mail

delete serviceingroup	delete serviceingroup
usage	delete serviceingroup <servicegroup name> <service name>
example	delete serviceingroup mail smtp

delete subdomain	delete subdomain/mx
usage	delete subdomain <ID>
example	delete subdomain 2

delete syslogserver	delete syslogserver
usage	delete syslogserver <ID>
example	delete syslogserver 1

delete userattribute	remove userattribute from user
usage	delete userattribute <user name> <attribute value>
example	delete userattribute spam_admin spam_admin@SecPoint.de

delete user	delete user
usage	delete user <name>
example	delete user secPointUser

delete x509	revoke x509 certificate
usage	delete x509 <x509 cert>
example	delete x509 server_cert

delete zone	delete zone
usage	delete zone <name>
example	delete zone dmz2

Befehlsgruppe: export

export crl	export CRL (certificate revocation list)
usage	export crl <x509_ca>
example	export crl fw_foo_ca

export x509	export x509 cerificate
usage	export x509 <cert common name>
example	export x509 fwSecPoint

export x509_pkcs12	export x509-p12 certificate
usage	export x509_pkcs12 <cert common name> [password]
example	export x509_pkcs12 fwSecPoint

Befehlsgruppe: import

import crl	import a crl (certificate revocation list)
usage	import crl <name>
example	import crl fw_foo-ca

import extc_value	import mutliline text
usage	import extc_value <application name> <entry name> [value]
example	import extc_value webserver cgi

import update	import b64-update
usage	import update *no options*
example	import update

import x509	import a x509 certificate
usage	import x509 <name>
example	import x509 client_cert

import x509_pkcs12	import a pkcs12 struct (multiline base 64 endoded pkcs12, end with '**\n')
usage	import x509_pkcs12 <name> <password>
example	import x509_pkcs12 client_cert

Befehlsgruppe: protect

protect application	watch status oft he typed application (only used in high availability systems)
usage	protect application <application name> <protect (0/1)>
example	protect application SERVICE_OPENSSH 1

384

Befehlsgruppe: restart

restart application	restart application
usage	restart application <application name>
example	restart application SERVICE_OPENSSH

Befehlsgruppe: run

run ipsec	ipsec runtime settings
usage	run ipsec <delete | add | up> <connection name>
example	run ipsec add firewall.foo.local>SecPoint

run log	show log
usage	run log *no options*
example	run log

run mailq	show sendmail-queue
usage	run mailq *no options*
example	run mailq

run nslookup	run dns querys
usage	run nslookup <DNS name>
example	run nslookup securepoint.de

run ping	send ICMP-ECHO_REQ pakets
usage	run ping <destination IP> [source IP]
example	run ping 216.239.59.104

run showroute	show current routing table
usage	run showroute *no options*
example	run showroute

Befehlsgruppe: show

show adsl	show adsl connections data
usage	show adsl *no options*
example	show adsl

show application	show all applications (stopped/running)
usage	show application *no options*
example	show application

show bond	show interfaces which are in a bond
usage	show bond <bond name>
example	show bond bond0

show bootparameter	show boot options like boot device, kernel etc.
usage	show bootparameter *no options*
example	show bootparameter

show cluster	show cluster state
usage	show cluster *no options*
example	show cluster

show crl	list all available crls (certificate revocation lists)
usage	show crl *no options*
example	show crl

show database	show all databases (configurations)
usage	show database *no options*
example	show database

show domain	show dns domains
usage	show domain *no options*
example	show domain

show extc_glob_entry	show global entries
usage	show extc_glob_entry *no options*
example	show extc_glob_entry

show extc_application	show all applications
usage	show extc_application *no options*
example	show extc_application

386

show extc_entry	show all entries in <application>
usage	show extc_entry <application>
example	show extc_entry SERVIVE_WEBSERVER

show extc_glob_value	show extc global values
usage	show extc_glob_value <global entry name>
example	show extc_glob_value GLOB_ADMIN_EMAIL

show extc_template	show the template with the given name
usage	show extc_template <template name>
example	show extc_template /etc/mail/sendmail.mc

show extc_template_list	list all templates for given application
usage	show extc_template_list <application name>
example	show extc_template_list SERVICE_WEBSERVER

show extc_value	show extc config values
usage	show extc_value <application> <entry>
example	show extc_value SERVICE_WEBSERVER cgi

show fwupdate_missing	show missing updates
usage	show fwupdate_missing *no options*
example	show fwupdate_missing

show fwupdate_installed	show installed updates
usage	show fwupdate_installed *no options*
example	show fwupdate_installed

show hidenat	list all hidenat entries
usage	show hidenat *no options*
example	show hidenat

show interface	show all interfaces
usage	show interface *no options*
example	show interface

show interface_cluster_spare	show spare(-firewall) ip addresses
usage	show interface_cluster_spare <cluster interface>
example	show interface_cluster_spare cluster0

show interface_type	show the interface type
usage	show interface_type *no options*
example	show interface_type

show ipsec	show all ipsec connections
usage	show ipsec *no options*
example	show ipsec

show ipsec_subnets	show all subnets of given ipsec connection
usage	show ipsec_subnets <name>
example	show ipsec_subnets firewall.foo.local>SecPoint

show ipsec_nat_traversal	show nat traversal status
usage	show ipsec_nat_traversal *no options*
example	show ipsec_nat_traversal

show ipsec_dead_peer_detection	dead peer detection status
usage	show ipsec_dead_peer_detection <name>
example	show ipsec_dead_peer_detection firewall.foo.local>SecPoint

show ipsec_status	ipsec connection status
usage	show ipsec_status *no options*
example	show ipsec_status

show kernelparameter	show kernel parameters
usage	show kernelparameter *no options*
example	show kernelparameter

show manager	show all manager ips/nets
usage	show manager *no options*
example	show manager

show networkobject	show all nodes
usage	show networkobject *no options*
example	show networkobject

show networkgroup	show all nodegroups
usage	show networkgroup *no options*
example	show networkgroup

show networkobjectingroup	show all nodes in nodegroup
usage	show networkobjectingroup <networkgroupname>
example	show networkobjectingroup Grp-internal-interface

show networkobjectingroupall	show all nodegroups with nodes
usage	show networkobjectingroupall *no options*
example	show networkobjectingroupall

show qos	show all priorities
usage	show qos *no options*
example	show qos

show rule	show all rules/search in rules
usage	show rule *no options*
example	show rule

show route	show all routes
usage	show route *no options*
example	show route

show servicegroup	show all servicegroups
usage	show servicegroup *no options*
example	show servicegroup

show service	show all services
usage	show service *no options*
example	show service

show serviceingroupall	show all servicegroups with their services
usage	show serviceingroupall *no options*
example	show serviceingroupall

show serviceingroup	show servicegroup services
usage	show serviceingroup <service group name>
example	show serviceingroup mail

show spuvauser	show online spuvausers
usage	show spuvauser *no options*
example	show spuvauser

show status	show server info/status
usage	show status *no options*
example	show status

show sub_domain	show subdomains/mx
usage	show sub_domain <domain>
example	show sub_domain foo.local

show syslogserver	show syslogservers
usage	show syslogserver *no options*
example	show syslogserver

389

show user	show all users
usage	show user *no options*
example	show user

show userattribute	show all user attributes
usage	show userattribute <user name>
example	show userattribute spam_admin

show virusscan	show virusscan patternfiles
usage	show virusscan *no options*
example	show virusscan

show x509	show all x509 certificates
usage	show x509 *no options*
example	show x509

show validx509	show only valid x509 certificates
usage	show validx509 *no options*
example	show validx509

show zone	show all zones
usage	show zone *no options*
example	show zone

Befehlsgruppe: start

start application	start applications
usage	start application <application name>
example	start application SERVICE_IDS

start application_debug	start applications in debug modus
usage	start application_debug <application name>
example	start application_debug SERVICE_IDS

Befehlsgruppe: stop

stop application	stop application
usage	stop application <application name>
example	stop application SERVICE_IDS

Befehlsgruppe: update

update interface	update interfaces
usage	update interface *no options*
example	update interface

update interface_dhcp_lease	update the dhcp lease on given interface
usage	update interface_dhcp_lease <interface name>
example	update interface_dhcp_lease eth0

update rule	update rules
usage	update rule *no options*
example	update rule

update routes	update the routing table
usage	update routes *no options*
example	update routes

update applications	update applications
usage	update applications *no options*
example	update applications

update firewall	update firewall server
usage	update firewall *no options*
example	update firewall

update virusscan	update virusscanner
usage	update virusscan *no options*
example	update virusscan

update keys	regenerate keys for ssh,spuva,webserver
usage	update keys *no options*
example	update keys

Anhang B: Glossar

Access Point Ein *Access Point* (Basisstation) bildet die Brücke zwischen LAN und WLAN und überträgt alle Daten zwischen den beiden Netzen. Die WLAN-Clients (PC, Notebook, PDA, Handy) sind hierfür mit Funk-Netzwerkadaptern ausgestattet.

Active Directory Microsofts Erweiterung des Domänenkonzeptes mit zentraler Benutzer- und Computerdatenbank.

ADSL Das *Asymmetric Digital Subscriber Line*-Verfahren ist ein Übertragungsverfahren für die schnelle Datenübertragung mit der üblichen Kupfer-Telefonverkabelung. ADSL nutzt die restliche Bandbreite, die nicht für Telefongespräche benötigt wird.

ANSI Abk. für *American National Standards Institute*, dt. Nationales Amerikanisches Institut für Normung. Eine Behörde in den USA, die technische Normen erstellt und herausgibt. ANSI ist vergleichbar mit DIN in Deutschland.

APIPA *Automatic Private IP Adressing* ist eine automatische Adressenvergabe ohne DHCP im Bereich von 169.254.0.1 bis 169.254.255.254 und wurde mit Windows 2000 eingeführt.

Appliance Hiermit wird ein Gerät, eine Hardware wie eine Firewall oder ein Server bezeichnet, die mit entsprechender Software ausgeliefert wird.

ASCII-Code Ein amerikanischer Standardcode für den Informations-austausch. Es ist ein 7-Bit-Code, der 32 Steuerzeichen für eine Datenübertragung und 96 alphanumerische Zeichen kodiert.

AT-Befehle Die Attention-Befehle wurden ursprünglich vom Modem-Hersteller Hayes definiert und werden daher auch unter dieser Bezeichnung geführt. Sie stellen im DFÜ-Bereich einen Standard zur Steuerung von Modems und auch ISDN-Karten dar.

ATM *Asynchronous Transfer Mode* bezeichnet ein verbindungs-orientiertes Transportverfahren für die Datenübertragung, welches vorwiegend im Backbone zum Einsatz kommt. Die Daten werden in Zellen fester Größe übertragen, weshalb die Sicherheit der Übertragung sehr hoch und keine separate Fehlerbehandlung notwendig ist. ATM wird auch im WAN-Bereich zunehmend von Ethernet abgelöst.

AUI-Anschluss   Das *Attachment Unit Interface* bei einer Netzwerkeinheit verfügt über einen 15-poligen Anschluss für einen externen Medienkonverter.

Authentication   Überprüfen der Identität einer Person oder eines Computers, was mitunter auch als Authentification und im Deutschen als Authentifizieren oder Authentisieren bezeichnet wird.

Backbone   Das Rückgrad eines Netzwerkes, welches den Hauptverteiler und den leistungsfähigsten Teil eines Netzes (LAN, WAN) bildet.

Baudrate   Die Anzahl der Zustandsänderungen eines Übertragungskanals pro Sekunde. Bei binären Datenkanälen (ohne Komprimierung) ist die Baudrate gleich der Zahl der übertragenen Bit pro Sekunde bps.

BIOS-Setup   Einstellung der jeweiligen PC-Ausstattung (z.B. Laufwerke, On Board-Peripherie). Wird über eine bestimmte Taste (meist Entf) oder auch Tastenkombination nach dem Einschalten des PC aufgerufen.

Bridge   Mit Hilfe einer Bridge (Brücke) kann man zwei, auch unterschiedliche Netzwerke koppeln. Die Aufgabe einer Brücke besteht darin, Datenpakete an die entsprechenden PCs weiterzuleiten und den unterschiedlichen Netzwerktypen entsprechend anzupassen.

CA   *Certification Authority* ist eine Zertifizierungsstelle für digitale Zertifikate. CA wird oftmals auch als Stammzertifikat bezeichnet mit dem dann andere – auch selbst erstellte – Zertifikate signiert werden.

CAPI   *Common Application Programming Interface* ist eine Windows-Software-Schnittstelle für den Umgang mit ISDN-Adaptern.

CCITT   *Comité Consultatif Internationale de Télégraphique et Téléphonique,* dt. Internationales Komitee für den Telegraphie- und Telefonverkehr. Eine Unterunterorganisation der UN, die international verbindliche Standards im Bereich der Telekommunikation erstellt hat.

CIDR   *Classless Inter Domain Routing* ist ein im Jahre 1993 eingeführtes Verfahren zur effizienteren Nutzung des IP-Adressraumes mit 32 Bit, was insbesondere für die Größe von Routing-Tabellen von Bedeutung ist.

CIFS   Abk. für *Common Internet File System*, ein Dateisystem für die Dateispeicherung in Netzwerken, welches insbesondere von den Microsoftsystemen eingesetzt wird. Es gehört zur Familie der SMB-Systeme (Server Message Block).

CLI   Ein *Command Line Interface* ist bei konfigurierbaren Netzwerkeinheiten die Zeile (Terminalmodus) für die Eingabe von Kommandos.

Client   Ein Client (Kunde) im Computernetzwerk ist eine Anwendung, die die Dienstleistungen eines Servers in Anspruch nimmt. Der Client kann ein Programm oder eine Workstation (Arbeitsstation) sein, die beispielsweise den Festplattenplatz des Dateiservers nutzt oder Internetseiten vom Webservers anfordert.

Controller Eine elektronische Einheit, die die Funktion eines Peripheriegeräts steuert; Beispiele sind Diskettencontroller, Festplattencontroller und LAN-Controller.

CR   Abk. für *Carriage Return*, dt. Wagenrücklauf. CR ist ein ASCII-Steuerzeichen mit dem Code 0dh, das zu einer Positionierung des Cursors am Zeilenanfang führt.

CRC   Abk. für *Cyclic Redundancy Check* oder *Cyclic Redundancy Code*, dt. zyklische Redundanzprüfung oder zyklischer Redundanzcode. Eine Familie von redundanten Codes, die Datenfehler sehr effektiv erkennen können, Bündelfehler z.B. mit mehr als 99,99 % Wahrscheinlichkeit. CRC findet vor allem bei der Datenaufzeichnung und Datenübertragung Anwendung.

CRL   Die *Certificate Revocation List* ist eine Liste mit gesperrten Zertifikaten (Zertifikatssperrliste), die an entsprechender Stelle (Server, Appliance) vorgehalten wird, damit keine abgelaufenen Zertifikate (Schlüssel) verwendet werden können.

CSMA/CA   Abk. für *Carrier Sense Multiple Access/Collision Avoidance* Ein Verfahren zur Steuerung des Netzwerkzugriffs in einem WLAN.

CSMA/CD   Abk. für *Carrier Sense Multiple Access/Collision Detection*. Ein Verfahren zur Steuerung des Netzzugriffs in einem LAN. Das bekannteste LAN mit CSMA/CD-Verfahren ist das traditionelle Ethernet.

DDNS   *Dynamic Domain Name Service* ist eine Erweiterung des DNS und wird beim Einsatz von dynamischen WAN-IP-Adressen genutzt. Dabei wird die IP-Adresse, die dynamisch per PPP oder DHCP einem Computer zugeordnet wurde, dem DNS-Server bekannt gegeben, der sie an entsprechender Stelle in seine Tabelle einfügt. Aus Sicherheitsgründen müssen diejenigen Computer, die DDNS nutzen wollen, explizit beim DNS-Server angegeben werden.

DdoS   (Distributed) Denial of Service-Attacken sind strafbare Angriffe auf Computer, deren Ziel es ist, die betroffenen Computer und die auf ihnen laufenden Dienste arbeitsunfähig zu machen. *Distributed* bedeutet hier, dass die Attacken verteilt aus dem Internet stattfinden. Durch die Vielzahl gleichzeitig angreifender Computer wird die Wirksamkeit der Angriffe deutlich erhöht. Schutz vor DoS-Attacken bieten Firewalls.

DES   Der *Data Encryption Standard* ist eine von IBM entwickelte Spezifikation zur Verschlüsselung von Computerdaten, die 1976 von der US-Regierung als Standard übernommen wurde. DES ist eine Blockchiffrierung, die die Daten in Blöcken fester Länge (64 Bit) verschlüsselt.

DHCP   Das *Dynamic Host Configuration Protocol* dient der automatischen und dynamischen Vergabe von IP-Adressen. Die Computer eines Netzwerkes erhalten dabei keine feste IP-Adresse durch den Administrator zugeordnet, sondern fordern beim DHCP-Server automatisch oder dynamisch ihre jeweilige IP-Adresse an.

DIN   Abk. für *Deutscher Industrie Normenausschuss* oder auch Deutsche Industrienorm. Eine Organisation, die für Deutschland verbindliche technische Normen erstellt.

DMZ   DMZ steht für *Demilitarisierte Zone*. Der Begriff stammt ursprünglich aus dem Bereich des Militärs und bezeichnet eine Pufferzone zwischen zwei feindlichen Gebieten. Im Netzwerkbereich ist mit DMZ meist ein separates Netzwerk zwischen dem lokalen Netz und dem Internet gemeint. In der DMZ werden alle Dienste zur Verfügung gestellt, die in direktem Kontakt zum Internet stehen, wie der Web- oder Mailserver. Zur Sicherheit wird jeglicher Datenverkehr von der DMZ zum lokalen Netzwerk durch eine Firewall unterbunden, so dass das LAN vom Internet aus nicht zugänglich und damit geschützt ist.

DNS
Das Domain Name Service-Protokoll nimmt die Umwandlung der nummerischen IP-Adressen in alphanumerische Internet-Adressen und umgekehrt vor.

Dsub
Dsub ist ein Steckverbindungssystem mit einer unterschiedlichen Polanzahl. Die serielle Schnittstelle verfügt über einen 9-poligen und die parallele Schnittstelle über einen 25-poligen Dsub-Anschluss.

Duplex
Die gleichzeitige Übertragungsmöglichkeit von Daten über einen Kanal in beide Richtungen.

DynDNS
Ein Internetdienst, der es bei wechselnden IP-Adressen (vom Provider zugeteilt) erlaubt, dass der Hostname der gleiche bleibt. DynDNS verlangt eine entsprechende Registrierung.

EAP
Das *Extensible Authentification Protocol* ist ein Protokoll für die Authentifierung von Computern und Benutzern mithilfe eines (Windows-)Servers.

Email
Mit *Electronic Mail* (elektronischer Brief) werden Nachrichten digital zwischen Computern übermittelt. Eine Nachricht setzt sich aus einem Kopf- und einem Nutzdatenteil zusammen. Der Kopf enthält Datum, Empfänger, Absender, Bezug und ggf. Kopieempfänger. Der Nutzdatenteil besteht typischerweise aus Text, kann aber auch Bilder oder kleine Programme enthalten.

Ethernet
Ein LAN, das 1976 von XEROX entwickelt wurde und ursprünglich eine Bustopologie mit Koaxialkabeln und das CSMA/CD-Zugriffsverfahren mit 10 MBit/s verwendet. Ethernet hat im Laufe der Jahre zahlreiche Erweiterungen erfahren wie *Fast Ethernet* (100 MBit/s) oder *Gigabit Ethernet* (1 GBit/s). Twisted-Pair- und Lichtwellenleiter (Glasfaser) sind hierfür das Standardverbindungsmedium.

Firewall
Eine Firewall ist ein Computer und/oder ein spezielles Programm mit Filter- und Überwachungsfunktion für den Schutz vor Angriffen und unerlaubten Zugriffen aus dem Internet.

Fragmentierung
Bei der Datenübertragung zwischen Sender und Empfänger kann es vorkommen, dass die zu übertragenden Pakete für die im Netz vorhandenen Router zu groß sind. In diesem Fall werden die Datenpakete in Teile zerlegt (fragmentiert) und einzeln durch das Netz geschickt.

FTP   Das *File Transfer Protocol* dient dem Dateitransfer zwischen einem FTP-Server und einem FTP-Client. Es ermöglicht ein schnelles, gleichzeitiges Übertragen mehrerer Dateien zwischen den beiden Kommunikationspartnern. Der FTP-Server ist ein Computer im Internet, der über ein Dateiarchiv verfügt und dieses verschiedenen Clients zur Verfügung stellt. FTP-Client kann jeder beliebige Computer sein, der Zugang zum Internet hat und über einen passenden Benutzernamen mit Passwort verfügt.

Gateway   Unter einem Gateway versteht man die Hard- und Software, um Netzwerke mit völlig unterschiedlichen Protokollen zu koppeln. Im Gegensatz zu Tunneling-Protokollen (z.B. PPTP), bei denen die Pakete der unterschiedlichen Protokolle ineinander verpackt werden, sorgt das Gateway für eine geeignete Protokollumsetzung, um Nachrichten von einem Computernetz zum anderen zu übermitteln.

Halbduplex   Die Übertragung von Daten in einer Richtung, wobei die Übertragungsrichtung umgeschaltet werden kann. Die beiden Kommunikationsteilnehmer können also abwechselnd als Sender und Empfänger arbeiten.

HomePlug   Die HomePlug-Technologie ermöglicht den Aufbau eines hausinternen Computernetzwerkes über die vorhandene 230V-Stromleitung, weshalb zur Vernetzung keine neuen Kabel verlegt werden müssen. Die zu übertragenden Daten werden im Frequenzbereich von 4.3 – 20.9 MHz auf die bestehenden Stromleitungen aufmoduliert.

HTTP   Das *Hyper Text Transfer Protocol* ist ein Kommunikationsprotokoll zwischen dem Web-Server und dem Web-Browser (z.B. Internet Explorer, Firefox). Es definiert, wie HTML-Dokumente (Webseiten) über das Internet transportiert werden.

Hub   Ein Hub ist ein Signalverstärker zur Erweiterung eines Netzwerkes. Da er über mehrere Ports verfügt, können mehrere PCs angeschlossen werden, die somit eine Sternverkabelung bilden. Der Hub regeneriert die eingehenden Signale und leitet sie, im Gegensatz zum Switch, an alle weiteren angeschlossenen PCs weiter. Durch den Einsatz eines Hubs kann in einem LAN die maximale Reichweite eines Signals erhöht werden.

IAS	Der Internetauthentifizierungsdienst von Microsoft stellt ab Windows Server 2003 einen integrierten RADIUS-Server zur Verfügung.
IDS/IPS	Abk. für *Intrusion Detection System* und *Intrusion Prevention System*. Eigenschaften einer Firewall oder auch eines separaten Programms für das Erkennen und Abweisen von Paketen, die nicht dem RFC-Standard entsprechen und deshalb als gefälscht angesehen werden.
IEEE	Abk. für *Institute of Electrical and Electronics Engineers*, dt. Institut der Elektro- und Elektronikingenieure. Eine Ingenieursvereinigung in den USA, die Standards und Normen erstellt.
IEEE 1284	Standard für die Druckerschnittstelle, die verschiedene Übertragungsarten (SPP, ECP, EPP) implementiert.
IEEE 1394	Standard für ein serielles Bussystem, welches auch als Firewire bezeichnet und insbesondere für den Anschluss von Digitalkameras an einen Computer eingesetzt wird.
IKE	*Internet Key Exchange* ist ein Protokoll für die Schlüsselverwaltung von IPSec-Verbindungen. Es gilt als recht komplex (IKEv1) und fehleranfällig, was die zweite Version (IKEv2) behebt, die nur mit UDP-Nachrichten arbeitet.
IMAP	Das *Internet Message Access Protocol* ist ein Protokoll für den Zugriff auf Email-Server. Es erlaubt die Verwaltung der Emails direkt auf dem Email-Server, so dass hiermit entsprechende Sortierungen in Postfächer und das Beseitigen von Malware möglich sind.
Internet	Ein weltweites Netz (WAN), das ursprünglich für einen Datenaustausch zwischen Universitäten und Forschungseinrichtungen vorgesehen war. Mittlerweile kann jeder PC-Benutzer, der im Besitz eines Modems und einer Telefonleitung ist, Zugang zum Internet erhalten.
Intranet	Das Intranet ist ein begrenztes Internet, das sich die Technologie des Internets für geschlossene Firmennetzwerke zunutze macht. Die dort zur Verfügung stehenden Informationen sind ausschließlich auf das Innere des Unternehmens beschränkt und nach außen hin geschützt.

IP	Das *Internet Protocol* ist ein Transportprotokoll, mit dem Datenpakete von einem Computer über Netzwerke hinweg zu einem Empfänger transportiert werden. IP garantiert weder die Einhaltung der Reihenfolge noch die Ablieferung der Pakete an die Zieladresse. Die Übertragung der Pakete ist nicht gesichert, und auf IP-Ebene gibt es keine Empfangsquittierung.
IP Masquerading	*IP Masquerading* ist ein Verfahren, mit dem ein gesamtes Netzwerk mit nur einer registrierten IP-Adresse den Internetzugang nutzen kann. Dazu registrieren sich die netzinternen Computer über ihre Portnummern beim Router. Der Router selbst bekommt vom ISP (Internet Service Provider dynamisch (per PPP oder DHCP) eine registrierte IP-Adresse zugeordnet.
IP Spoofing	Beim *IP Spoofing* benutzt ein angreifender Computer eine fremde IP-Adresse und täuscht somit eine gefälschte Identität vor. Mit dieser kann er vertrauliche, fremde Daten mithören oder Daten unter falscher Adresse versenden.
IP-Adresse	Die IP-Adresse ist eine logische Adresse zur Identifizierung einzelner Netzwerkteilnehmer. Jeder Computer besitzt mindestens eine IP-Adresse, die statisch oder dynamisch vergeben werden kann.
IPSec	*IP Secure* ist eine sichere Form von IP, wo die Daten verschlüsselt übertragen werden.
ISDN	Das *Integrated Service Digital Network* ist ein Digitalnetz der Deutschen Telekom. Dem Benutzer stehen damit unterschiedliche Dienste wie Telefon, Fax und Datenübermittlung zur Verfügung.
ISP	*Internet Service Provider* können als Türöffner ins Internet verstanden werden. Sie verfügen über die gesamte Infrastruktur (Router, DNS etc.), die zum Zugang ins weltweit größte Computernetz erforderlich ist.
ITU	*International Telecommunication Union*, internationale Standardisierungs-Organisation für den Bereich der Telekommunikation.
Koaxialkabel	Antennenkabel und Kabel für einfache Netzwerkverbindungen (10 MBit/s), welches aus einem Innenleiter und einem Abschirmgeflecht besteht.

L2TP	Das *Layer 2 Tunneling Protocol* ist für die Realisierung von VPNs zuständig, es bildet im Internet einen Tunnel zwischen zwei Partnern (Client/Server oder Client/Client).
LAN	Abk. für *Local Area Network*, dt. lokales Netzwerk. LAN bezeichnet Datennetze, die räumlich begrenzt sind. Typische Reichweiten betragen weniger als 500 m. Für LANs haben sich in erster Linie Ethernet und die daraus entstandenen Weiterentwicklungen (Fast-, Gigabit-Ethernet) durchgesetzt.
LCP	Das Link Control Protocol wird für die Konfigurierung einer Datenverbindung mit dem Point-to-Point Protocol eingesetzt.
LDAP	Das *Lightweight Directory Access Protocol* wird bei Verzeichnisdiensten verwendet. Es ist wesentlicher Bestandteil der Active Directory-Architektur von Microsoft.
MAC-Adresse	Die MAC-Adresse (Media Access Control) ist eine weltweit eindeutige physikalische Adresse, die fest in der Hardware der Netzwerkkarte integriert ist.
MIME	*Multipurpose Internet Mail Extensions* ist ein Standard für Kodierungen, der ursprünglich nur für Emails gedacht war. Mittlerweile wird der Standard für verschiedene Internet-protokolle und (Linux-)Desktop-Lösungen angewendet.
mmc	Die *Microsoft Management Console* ist ein Verwaltungs-Tool mit grafischer Oberfläche für Windows-Betriebssysteme. Es führt Programme aus, die als Snap-In bezeichnet werden und die Dateiendung *msc* aufweisen.
Modem	Ein Modem dient dazu, die vom Computer erhaltenen digitalen Daten in entsprechende analoge Tonfrequenzsignale umzuwandeln und diese über das Telefonnetz an ein anderes Modem zu übertragen. Dort werden die ankommenden analogen Signale dann zurück digitalisiert und so zur weiteren Verarbeitung verfügbar gemacht.
MTU	Eine *Maximum Transmission Unit* ist ein Maß für die Netzlast. Oftmals wird hiermit die maximale Paketgröße eines Protokolls oder auch eines Übertragungsrahmens beschrieben, wobei es hierfür unterschiedliche Interpretationen gibt, so dass MTU-Angaben nicht direkt vergleichbar sind.
NAS	Systeme laut *Network Attached Storage* sind Speicherheiten, die üblicherweise mit Festplatten bestückt sind und über einen integrierten Webserver verfügen, so dass sie direkt an ein Netzwerk angeschlossen werden könen.

OSI-Modell	Das *Open Systems Interconnection*-Model ist ein Schichten-modell der *International Organization for Standardization* (ISO), dem internationalen Standardisierungs-gremium. Das Modell beschreibt im Wesentlichen sieben Schichten, die die Grundlage von Kommunikationsprotokollen in Computer-netzwerken bilden.
Ping of Death	Bei einer Ping of Death-Attacke wird ein Ping-Datenpaket über seine max. zugelassene Länge hinaus vergrößert und versendet. Der mit einem derart manipulierten Datenpaket konfrontierte Computer stellt häufig den Betrieb ein. Die genauen Auswirkungen sind vom jeweiligen Betriebssystem abhängig.
Platine	Auch als Board bezeichnet. Eine Karte, auf der elektronische Bausteine und Leiterbahnen verschaltet sind.
Port Forwarding	*Port Forwarding* dient dazu, einen Dienst, der im lokalen Netz unter dem Port x angeboten wird, im Internet unter einem anderen Port y bereitzustellen.
Port Trigger	Über *Port Trigger* (Auslöser) lässt sich dynamisch ein virtueller Server realisieren. Eine häufige Anwendung findet diese Funktion in Videokonferenzen und Onlinespielen.
Powerline	Die Powerline-Technologie war ursprünglich für Internet-zugänge durch die Stromversorgungsunternehmen vorgesehen. Die Daten werden von der Trafostation bis zum Haushalt über das herkömmliche Stromleitungsnetz übertragen. Mittlerweile sind diese Powerline-Netze eingestellt worden. Ableger dieser Technologie werden für die Vernetzung im Haus (HomePlug, dLAN) eingesetzt.
PPP	Das *Point to Point Protocol* beschreibt eine Punkt zu Punkt-Verbindung über physikalische Übertragungsmedien, wie beispielsweise Ethernet oder ATM. Dazu werden die Netzwerkprotokollpakete in PPP-Pakete gepackt und verkapselt versendet.
PPTP	Das *Point to Point Tunneling Protocol* setzt auf IP auf und ist für die Realisierung von VPNs zuständig, es bildet im Internet einen Tunnel zwischen zwei Partnern (Client/Server oder Client/Client) und wurde erstmalig in Windows NT 4.0 implementiert.

Proxy	Ein Proxy (Stellvertreter) oder auch Proxy-Server ist zwischen LAN und Internet geschaltet, was das Zwischenspeichern von Webseiten und deshalb auch das Filtern von Inhalten ermöglicht.
Remote Management	*Remote Management* ermöglicht die Konfiguration über das Internet (WAN), wie eines Routers oder eines Servers.
RFC	Abk. für *Request for Comment*. Hiermit werden Dokumente für die Netzwerktechnik bezeichnet, die nach einer gewissen Bearbeitungszeit oftmals als verbindlicher Standard verabschiedet werden.
RIP	Das *Routing Information Protocol* dient dem Informationsaustausch zwischen Routern und unterstützt das dynamische Routing. Bei RIP schicken alle Router in Intervallen ihre eigenen Routing-Tabellen an alle anderen angrenzenden Router. Auf Basis der empfangenen Tabellen berechnen die Router die kürzesten Entfernungen zu jedem Zielnetzwerk.
Router	Ein Router verbindet mindestens zwei Netzwerke miteinander. Diese können lokale Netze oder weitreichende Netze, wie das Internet sein.
Routing	Unter Routing versteht man die Bestimmung der optimalen Wegwahl für Datenpakete vom Sender zum Empfänger über mehrere Netzwerke hinweg. Damit die Pakete auch über lokale Netzwerkgrenzen hinaus versendet werden können, wird ein routing-fähiges Protokoll wie das IP verwendet. Die Wegwahl wird von Routern getroffen, die über Routing-Tabellen die kürzeste Strecke bestimmen.
SDLC	Abk. für *Synchronous Data Link Control*, dt. synchrone Datenverbindungssteuerung. Ein von IBM entwickeltes Protokoll für den synchronen Datenaustausch.
Server	Im Computernetzwerk stellt ein Server (Zusteller / Diener) anderen Computern Daten und Ressourcen zur Verfügung.
SMTP	Das *Simple Mail Transfer Protocol* ist der Internetstandard zur Verteilung elektronischer Post. Zunächst wird die E-Mail per SMTP an den SMTP-Server eines ISP (Internet Service Provider) geschickt und von da aus weiter durch das Internet bis zum Posteingang des Empfängers. Dabei können weitere SMTP-Server als Zwischenstationen benutzt werden. SMTP ist lediglich für den Versand der Nachrichten zuständig und definiert nicht, wie diese übermittelt oder beim Empfänger präsentiert werden.

Socket	Mit *Socket* wird ein Software-technischer Endpunkt einer Kommunikationsverbindung bezeichnet, der aus einer Netzwerk-, einer Computer- und einer Port-Nummer besteht. Auf einen Socket können verschiedene Anwendungen aufsetzen. FTP und Telnet sind Beispiele dafür.
SPUVA	Der *SecurePoint User Verification Agent* ist eine Appliaktion, die für die Authentifizierung von Appliance-Benutzern verwendet wird.
Switch	Ein Switch ist ein Signalverstärker zur Erweiterung eines Netzwerkes. Im Gegensatz zum Hub werden die eingehenden Pakete anhand von Adresstabellen nur an den PC weitergeleitet, für den sie bestimmt sind.
SYN Flooding	Bei einer SYN Flooding-Attacke werden von einem angreifenden Computersystem SYN-Pakete verschickt, die eine gefälschte, nicht existente Absenderadresse beinhalten. Der angegriffene Computer versucht, auf diese Datenpakete mit ACK-Paketen zu antworten, kann aufgrund der Adressfälschung aber keinen anderen Computer erreichen, so dass er wertvolle Verbindungskapazitäten verbraucht und von anderen Computern zeitweise nicht mehr erreichbar ist.
TCP	Das *Transmission Control Protocol* ist ein verbindungsorientiertes Transportprotokoll, das für den Auf- und Abbau von Verbindungen sorgt und für das Vermeiden und Beheben von Übertragungsfehlern zuständig ist.
Terminal	Eine Einheit zur Datenein- und Datenausgabe, die nur eine einfache lokale Logik aufweist und üblicherweise über eine serielle Schnittstelle mit einem Rechner verbunden ist.
TFTP	TFTP ist die Abkürzung für *Trivial File Transfer Protocol* (einfaches Dateiübertragungsprotokoll) und bezeichnet eine vereinfachte Form des FTP, welches von Netzwerkeinheiten häufig zur System-/Konfigurationssicherung eingesetzt wird.
Token Passing	Ein Verfahren zur Steuerung des Netzzugriffes in einem LAN mit Ringtopologie, bei dem ein Datenpaket (das Token) fortwährend im Ring umläuft. Eine Station darf nur dann Daten senden, wenn es im Besitz dieses Tokens ist.
Token Ring	Ein LAN von IBM, das eine logische Ringstruktur verwendet, die zumindest teilweise auf einer physikalischen Stern-topologie aufbaut.

TP-Kabel   Twisted-Pair-Kabel für Netzwerkverbindungen, welches aus einzelnen Leitungen besteht, die miteinander verdrillt sind.

Traffic   Mit *Traffic* wird umgangssprachlich der Datenverkehr, die Datenrate (in einem Kanal) bezeichnet.

UART   Abk. für *Universal Asynchronous Receiver and Transmitter*, dt. universeller asynchroner Empfänger und Sender. Ein Mikrochip für eine serielle Schnittstelle, der die Serialisierung paralleler Daten und das Einfügen der Start-, Paritäts- und Stoppbits sowie die Parallelisierung serieller Daten und die Abtrennung der Start-, Paritäts- und Stoppbits ausführt.

USB   Der *Universal Serial Bus* ist ein Standard zum Anschluss von Peripheriegeräten an den Computer. Derzeit gibt es drei Versionen des USB-Standards. Version 1.1 unterstützt Übertragungsraten von 1,5 und 12 MBit/s, während das abwärtskompatible USB 2.0 Übertragungsraten von 480 MBit/s bietet und USB 3.0 soll davon die zehnfache Datenrate ermöglichen.

V.90-Standard   Standard für Modems mit einer Datenrate von maximal 56 kBit/s vom Provider zum Anwender. In der Gegenrichtung sind maximal 33,6 kBit/s möglich. Im Jahre 2000 wurde von der ITU der Nachfolger V.92 definiert, der als wesentliche Neuerungen einen schnelleren Verbindungsaufbau ermöglichen soll. Weiterhin kann das Modem die Leitung zum Telefonieren freigeben, und vom Anwender zum Provider sind 48 kBit/s vorgesehen.

Virtueller Server   Durch diese Funktion erscheint der Router zum Internet hin wie ein echter Server. Wird über das Internet eine HTTP-Anfrage an einen bestimmten Port des Router gestellt, so leitet er diese anhand seiner Zuordnungstabelle an die entsprechende interne IP-Adresse (z.B. des Webservers) weiter.

VoIP   *Voice over IP* ist die Übertragung von Sprachdaten über IP-basierte Netzwerke (IP-Telefonie), was in Abhängigkeit von den Geräten und Netzen in recht unterschiedlicher Qualität geschieht. Bei genauerer Betrachtung (komplette Anlageninstallationen) ist VoIP keine kostengünstigere Alternative zur klassischen Telefonie und wirft einige neue Sicherheitsprobleme (Abhörmöglichkeit) auf.

VPN Abk. für *Virtual Private Network* (virtuelles privates Netzwerk). Mit der VPN-Technik ist es möglich, zwei Unternehmensstandorte zu koppeln oder eine Verbindung zwischen einem Home-Office und dem Firmennetzwerk herzustellen. Dabei wird über das Internet ein gesicherter Tunnel zwischen den Teilnehmern aufgebaut, der einen abhörfreien Datentransfer ermöglicht.

WAN *Wide Area Networks* sind für die Datenübertragung über weite Strecken konzipiert. Sie bestehen aus mehreren LANs (Local Area Networks), die durch Fernleitungen über große Entfernungen per Vermittlungsknoten (Router) miteinander verbunden sind..

WEP *Wired Equivalent Privacy* ist ein Codierungsverfahren zur Datenverschlüsselung zwischen WLAN-Stationen, um unerlaubtes Mithören und die Anbindung fremder, unberechtigter Stationen zu verhindern.

WLAN In einem *Wireless* (kabellosen) *Local Area Network* wird das in herkömmlichen LANs übliche Netzwerkkabel durch eine Funkverbindung ersetzt.

WWW Das *World Wide Web* bezeichnet einen Dienst im Internet, welches seinen Anfang 1989 am Europäischen Kernforschungszentrum in Genf hatte. Hier galt es ein System zu entwickeln, um in vorhandenen Dokumenten leicht zu navigieren und wesentliche Informationen schnell herauszufiltern. Entscheidend für den Erfolg des WWW sind die Dokumentenbeschreibungssprache HTML (Hypertext Markup Language) und die Querverweise zu anderen Textstellen und Dokumenten (Hypertextfunktionen).

Anhang C: Bilderverzeichnis

415

Anhang D: Tabellenverzeichnis

Stichwortverzeichnis

G

H

I